Logistik mit SAP S/4HANA®

 PRESS

SAP PRESS ist eine gemeinschaftliche Initiative von SAP SE und der Rheinwerk Verlag GmbH. Ziel ist es, Anwendern qualifiziertes SAP-Wissen zur Verfügung zu stellen. SAP PRESS vereint das fachliche Know-how der SAP und die verlegerische Kompetenz von Rheinwerk. Die Bücher bieten Expertenwissen zu technischen wie auch zu betriebswirtschaftlichen SAP-Themen.

Frank Densborn, Frank Finkbohner, Jochen Freudenberg,
Kim Mathäß, Frank Wagner
Migration nach SAP S/4HANA
560 Seiten, 2017, gebunden
SAP PRESS, ISBN 978-3-8362-4297-4

Thorsten Lüdtke
SAP BW/4HANA. Konzepte, Prozesse, Funktionen
610 Seiten, 2017, gebunden
SAP PRESS, ISBN 978-3-8362-4551-7

Janet Salmon, Thomas Kunze, Daniela Reinelt, Petra Kuhn, Christian Giera
SAP S/4HANA Finance. Prozesse, Funktionen, Migration
517 Seiten, 2016, gebunden
SAP PRESS, ISBN 978-3-8362-4193-9

Jörg Lange, Frank-Peter Bauer, Christoph Persich, Tim Dalm,
Gunther Sanchez, Tobias Adler
Warehouse Management mit SAP EWM. Das umfassende Handbuch
1.125 Seiten, 3., aktualisierte und erweiterte Auflage 2016, gebunden
ISBN 978-3-8362-3968-4

Michael Anderer
SAP Retail. Prozesse, Funktionen, Customizing
568 Seiten, 2017, gebunden
SAP PRESS, ISBN 978-3-8362-4072-7

Aktuelle Angaben zum gesamten SAP PRESS-Programm finden Sie unter
www.sap-press.de.

Jasmin Burgdorf, Mario Destradi,
Martin Kiss, Maik Schubert

Logistik mit SAP S/4HANA®

Liebe Leserin, lieber Leser,

was bleibt gleich, was hat sich geändert? So lauten die Fragen, die sich rund um die SAP-S/4HANA-Funktionen für das Supply Chain Management ranken. Mal abgesehen von der In-Memory-Datenbank SAP HANA, die Geschwindigkeit in Prozesse und Auswertungen bringt, gibt es zahlreiche Neuerungen, die Logistikern das Leben leichter machen.

Das beginnt bei dem neuen Geschäftspartnerkonzept, das nun die Kreditoren- und Debitorenstammdaten als zentralen Geschäftspartner zusammenfasst. Weiter geht es mit den modernen SAP-Fiori-Oberflächen, die in Einkauf, Vertrieb, Produktionsplanung und vielen weiteren Bereichen die Übersichtlichkeit erhöhen: Sie finden nun alle für Sie relevanten Informationen auf einen Blick – auch unterwegs auf Smartphone oder Tablet.

Sind Sie neugierig geworden, welche Möglichkeiten sich Ihnen darüber hinaus eröffnen oder wie Sie den konkreten Umstieg in Angriff nehmen? Dann fangen Sie am besten gleich an zu lesen!

Senden Sie mir gerne anschließend Ihr Feedback. Wir freuen uns stets über Lob, aber auch über kritische Anmerkungen, die uns helfen, unsere Bücher zu verbessern. Scheuen Sie sich nicht, mich zu kontaktieren. Ihre Fragen und Anmerkungen sind jederzeit willkommen.

Ihre Eva Tripp
Lektorat SAP PRESS

eva.tripp@rheinwerk-verlag.de
www.rheinwerk-verlag.de
Rheinwerk Verlag · Rheinwerkallee 4 · 53227 Bonn

Auf einen Blick

Wir hoffen, dass Sie Freude an diesem Buch haben und sich Ihre Erwartungen erfüllen. Ihre Anregungen und Kommentare sind uns jederzeit willkommen. Bitte bewerten Sie doch das Buch auf unserer Website unter **www.rheinwerk-verlag.de/feedback**.

An diesem Buch haben viele mitgewirkt, insbesondere:

Lektorat Eva Tripp
Korrektorat Sibylle Feldmann, Düsseldorf
Herstellung Kamelia Brendel
Typografie und Layout Vera Brauner
Einbandgestaltung Nadine Kohl
Coverbild iStockphoto: 482522411 © hxdyl
Satz SatzPro, Krefeld
Druck Beltz Bad Langensalza GmbH, Bad Langensalza

Dieses Buch wurde gesetzt aus der TheAntiquaB (9,35/13,7 pt) in FrameMaker. Gedruckt wurde es auf chlorfrei gebleichtem Offsetpapier (80 g/m²). Hergestellt in Deutschland.

Bibliografische Information der Deutschen Nationalbibliothek:
Die Deutsche Nationalbibliothek verzeichnet diese Publikation in der Deutschen Nationalbibliografie; detaillierte bibliografische Daten sind im Internet über *http://dnb.d-nb.de* abrufbar.

ISBN 978-3-8362-5611-7

1. Auflage 2017
© Rheinwerk Verlag, Bonn 2017

Informationen zu unserem Verlag und Kontaktmöglichkeiten finden Sie auf unserer Verlagswebsite **www.rheinwerk-verlag.de**. Dort können Sie sich auch umfassend über unser aktuelles Programm informieren und unsere Bücher und E-Books bestellen.

Inhalt

5 Vertrieb 195

6 SAP Retail

251

7 Lagerverwaltung mit Embedded EWM

285

8 Reporting mit Embedded Analytics

9 Integration mit SAP S/4HANA Finance

10 Migration von SAP ERP auf SAP S/4HANA 405

11 Change-Management 435

Anhang

Vorwort

Wollen Unternehmen aus den Sparten Logistik und Handel heute wettbewerbsfähig bleiben, sehen sie sich permanent mit den gleichen Herausforderungen konfrontiert: Sie müssen stets in Echtzeit entscheiden, schnell und unkompliziert die effizienteste Antwort auf sich kurzfristig ändernde Anforderungen finden, Bedarfe zuverlässig prognostizieren und Geschäftsdaten live – auch mobil – im Blick behalten, um unterwegs ebenfalls produktiv zu bleiben. Ziele, die mit SAP S/4HANA jetzt real erreichbar werden. Denn Deutschlands führender Softwarekonzern erfindet seine Business Suite neu, hat gerade neue Funktionen für die Unterstützung von Logistikprozessen in SAP S/4HANA veröffentlicht. Mit »SAP Business Suite 4 SAP HANA«, kurz SAP S/4HANA, liefert SAP nicht weniger als die Basis für die digitale Transformation der Wirtschaft.

Das Konzept aus HANA-Datenbank mit In-Memory-Technologie und einem codeoptimierten System hebt die Digitalisierung von Firmen auf eine neue, zukunftssichere Stufe – erfüllt doch SAP S/4HANA schon heute Anforderungen von morgen und schafft die Basis, um im Wettbewerb auch weiterhin vorn zu bleiben. Worin also liegt der unbestreitbare Mehrwert von SAP S/4HANA? Das Paket ebnet den Weg in die Zukunft – weg von unflexiblen, selbst entwickelten Insellösungen zurück zu schlanken Standardprozessen, die sich über den digitalen Kern stabil abbilden lassen. Unternehmen werden flexibler und profitieren von der Echtzeitverarbeitung – sei es, um Lieferungen oder Absätze zu prognostizieren, Vorräte optimal zu managen oder Preise und Aktionen in Echtzeit anzupassen.

Firmen individualisieren ihre Anwendungen heute zunehmend in der Cloud, ohne ihre stabilen Kernprozesse zu verändern. Applikationen für alle Unternehmensbereiche lassen sich an den eigenen digitalen Kern andocken, anpassen und nutzen. So treiben Betriebe ihre Innovationen in kürzeren Zyklen voran, bringen Produkte rascher auf den Markt und verzahnen ihre Systeme auch mit Partnern.

Innovationen mit der Cloud

Klar ist aber ebenfalls, dass sich die Früchte der neuen SAP-Suite nicht im Vorbeigehen ernten lassen. So entstehen durch das SAP-Business-Partner-Modell für den Mittelstand Herausforderungen, die systemdurchgängige Veränderungen nach sich ziehen. Wer etwa von einer Vorgängersuite migriert, muss nicht nur seine Prozess-, sondern auch seine Systemlandschaft simplifizieren, um zurück zum Standard zu finden. Gefragt sind Lösungen: zum einen seitens SAP als Anbieter, da SAP S/4HANA noch auf

Jahre verfeinert wird, zum anderen aber auch seitens der Anwender, die überlegen, wo die Reise für sie beginnt.

Neuerungen für Retail und Logistik

Wie genau also kann die neue SAP-Lösung SAP S/4HANA helfen, Unternehmen aus Logistik und Handel in diesen schnelllebigen Zeiten wettbewerbsfähig zu halten? Welche Vorteile bietet das neue Konzept des digitalen Kerns? Wie migrieren oder neu implementieren? Warum auf Cloud-Applikationen setzen, um das eigene Geschäft zu beschleunigen? Fragen, die das vorliegende Buch beantwortet. Ob Beschaffung, Vertrieb und Distribution oder Kontraktmanagement, ob Streckengeschäft oder Sortimentsplanung: Die einzelnen Kapitel stellen die entscheidenden Neuerungen vor, die SAP S/4HANA für Handels- und Transportunternehmen bietet. Aufgeschrieben von Praktikern für Praktiker – QSC-Experten mit jahrelanger SAP-Erfahrung, die mit diesem Buch eine Roadmap liefern für Mittelständler aus den Sparten Retail und Logistik.

Partner für den Mittelstand

Warum ausgerechnet von QSC? Weil wir als SAP-Full-Service-Dienstleister und langjähriger SAP-Partner sowie Digitalisierer für den Mittelstand alle Services rund um SAP aus einer Hand bieten. Dazu zählen nicht nur Basisbetrieb, Application Management, Beratung und Implementierung, sondern auch Anwendersupport, Wartung sowie alle erforderlichen Softwarelizenzen. Bereits heute vertrauen mehr als 100 Unternehmen aus den Branchen Handel, Konsumgüter, Logistik, Energiewirtschaft, Anlagen- und Maschinenbau auf QSC. Mit unserer auf Internet-of-Things-Anwendungen spezialisierten Tochter Q-loud bieten wir Kunden eine in Deutschland einzigartige IoT-Ende-zu-Ende-Kompetenz, die mit Hardware, Software, Connectivity, Plattform, Integration und Betrieb alle Gewerke für einen skalierbaren, sicheren, weltweiten IoT-Betrieb umfasst.

SAP Recognized Expertise

Hinzu kommt: Erst im Sommer dieses Jahres hat SAP die QSC AG mit dem Prädikat »SAP Recognized Expertise« in der Kategorie Retail ausgezeichnet. Nur zwei Unternehmen in Deutschland und zehn weltweit haben diese Zertifizierung bis heute erhalten.

Beste Voraussetzungen also für eine kurzweilige und im Wortsinn gewinnbringende Lektüre!

Ihr

Hartmut Hopf
Bereichsleiter SAP Applications
QSC AG

Thorsten Raquet
Leiter SAP Competence Center
Retail, Sales and Service
QSC AG

Einleitung

Die Bedeutung der Digitalisierung nimmt stetig zu, und der Ruf nach Innovationen und Agilität wird immer lauter. Selbst etablierte Unternehmen können sich nicht mehr auf ihren vergangenen Erfolgen ausruhen, sondern müssen sich den neuen Anforderungen des digitalen Wandels stellen. Heutzutage nehmen die technologischen Veränderungen nicht nur auf eine Branche oder einen einzelnen Unternehmensbereich Einfluss, sondern wirken sich überall aus. Wenn Unternehmen die Wichtigkeit der Mitgestaltung des digitalen Wandels nicht erkennen, besteht die Gefahr, dass ihre Kunden von agilen Start-ups abgeworben werden und sich dadurch komplette Branchen revolutionieren. Aus diesem Grund ist es auch für Sie unerlässlich, sich dem massiven Veränderungsdruck zu stellen und anzufangen, nach den neuen Regeln zu spielen.

Digitale Transformation

In diesem Buch zeigen wir Ihnen die Veränderungen auf, die die digitale Transformation für die logistischen Prozesse Ihres Unternehmens bewirkt. Unter dem Begriff *Logistik* verstehen wir nicht nur den Transport von Waren, sondern sowohl die gesamte Warenwirtschaft mit Bestandsführung und Bestandsbewertung als auch operative Prozesse wie Einkauf, Verkauf und Produktion. Die drei wichtigsten Erwartungen, mit denen die Logistikabläufe Ihres Betriebs heutzutage konfrontiert werden, sind Geschwindigkeit, Einzigartigkeit und Innovation. Daher müssen logistische Prozesse so aufgesetzt sein, dass Unternehmen anhand individueller Kundenanforderungen schnell produzieren und liefern können. Des Weiteren muss der aktuelle Fertigungsstand jederzeit abrufbar sein, und es muss die Möglichkeit bestehen, sofort auf Nachfrageschwankungen und neue Kundenimpulse reagieren zu können.

Als Reaktion auf den digitalen Wandel hat die SAP im Februar 2015 das Produkt SAP S/4HANA neu eingeführt. Es stellt die Business Suite des digitalen Zeitalters dar und ist für die Anwenderunternehmen mit einigen gravierenden Veränderungen verbunden. SAP S/4HANA ist die Abkürzung für SAP Business Suite 4 SAP HANA. Das S steht hierbei für Suite und verdeutlicht, dass es sich bei SAP S/4HANA um eine neue Business Suite handelt, die Vorteile wie z. B. die Simplifizierung der Systemarchitektur, der Benutzeroberfläche und des Datenmodells mit sich bringt. Der Namensbestandteil *SAP HANA* drückt aus, dass die Business Suite sowohl auf der Technologie als auch auf der Plattform SAP HANA basiert. Durch die *4* wird hervorgehoben, dass SAP S/4HANA nach SAP R/2 und SAP R/3 die neue große Innovation darstellt.

SAP S/4HANA als Business Suite des digitalen Zeitalters

SAP HANA als Basis von SAP S/4HANA

Die Basis von SAP S/4HANA ist die SAP-HANA-Plattform. SAP HANA ist eine In-Memory-Datenbank, die die Daten im Vergleich zu klassischen Datenbanksystemen um ein Vielfaches schneller verarbeitet. Daher können große Datenmengen nahezu in Echtzeit ausgewertet werden, und es ergeben sich neue Möglichkeiten zur Generierung von Wettbewerbsvorteilen. Durch den Einsatz von SAP S/4HANA ist es Ihnen z. B. möglich, den Lagerbestand Ihres Unternehmens jederzeit zu kontrollieren. Sollte es zu Bestandsschwankungen kommen, können Sie diese sofort entdecken und durch gezielte Maßnahmen beseitigen.

SAP Fiori als Benutzeroberfläche von SAP S/4HANA

Die Benutzeroberfläche von SAP S/4HANA wird nach den Designgrundsätzen von SAP Fiori entwickelt. SAP Fiori ist Teil der SAP-User-Experience-(UX-)Strategie, die darauf abzielt, die komplexen SAP-Anwendungen in rollenbasierte SAP-Fiori-Apps zu unterteilen. Dadurch soll eine personalisierte und komfortable User Experience ermöglicht werden. Zum Beispiel werden den Disponenten auf ihren Cockpits nur die Informationen angezeigt, die für sie relevant sind. Dadurch behalten sie stets den Überblick und können schneller Ergebnisse erzielen.

SAP S/4HANA als digitaler Kern und seine Ergänzungen

SAP bezeichnet SAP S/4HANA als digitalen Kern der transformierten Wirtschaft. Dieser bildet das Grundgerüst der Business Suite des digitalen Zeitalters und umfasst Lösungen für unternehmenskritische Kerngeschäftsprozesse wie z. B. Order to Cash und Procure to Pay. Hierbei ist zu erwähnen, dass die Anwendungsbereiche eines »gewöhnlichen« ERP-Systems auch im SAP-S/4HANA-System integriert sind, allerdings liegen sie in einer vereinfachten Version vor. Das bedeutet, dass die Kerngeschäftsprozesse z. B. für Beschaffung, Produktion und Logistik erneuert oder verschlankt wurden und dadurch jetzt einfacher handzuhaben sind. Mithilfe von SAP S/4HANA als digitalem Kern der transformierten Wirtschaft kann die durchgängige Vernetzung von wichtigen Geschäftsprozessen gewährleistet werden. Des Weiteren können Echtzeiteinblicke in die Organisation nahezu ohne Wartezeit ermöglicht und intelligente Vorhersagen zur Optimierung der Wertschöpfung getroffen werden. Um den Mehrwert von SAP S/4HANA für Unternehmen weiter zu steigern, kann der digitale Kern durch Cloud-Anwendungen ergänzt werden. Bereits seit 2012 führt SAP Zukäufe von cloudbasierten Geschäftsanwendungen wie z. B. Ariba, Hybris und SuccessFactors durch, nachdem erkannt wurde, dass die Nachfrage nach cloudbasierten Geschäftsanwendungen zunehmend steigt. Dadurch haben Unternehmen die Möglichkeit, ihre Geschäftsprozesse über ihre eigenen Unternehmensgrenzen hinaus zu erweitern. Zum Beispiel können die Ariba-Cloud-Anwendung im Einkauf und die Hybris-Cloud-Anwendung für Marketing und Vertrieb eingesetzt werden. Durch die individuelle SAP-S/4HANA-Erweiterung haben Sie die Möglichkeit, Ihr System an Ihre Bedürfnisse anzupassen.

SAP S/4HANA kann sowohl On-Premise als auch in der Cloud und in einer hybriden Umgebung bereitgestellt werden. Dadurch können Sie das Modell wählen, das am besten für Ihr Unternehmen geeignet ist.

Durch den Einsatz von SAP S/4HANA werden die Geschäftsprozesse bzw. Teilprozesse eines Unternehmens verschlankt oder teilweise sogar entbehrlich gemacht. Insofern wirkt sich die Einführung von SAP S/4HANA sowohl auf die Prozessstruktur als auch auf die Organisation eines Unternehmens aus. Das Ziel dieses Buchs ist es, Ihnen die Veränderungen aufzuzeigen, die SAP S/4HANA in Version 1610 für die logistischen Prozesse Ihres Unternehmens mit sich bringt. Hierbei wird nicht nur der Logistikbereich im engeren Sinne, sondern sowohl die gesamte Warenwirtschaft mit Bestandsführung und Bestandsbewertung als auch operative Prozesse wie Einkauf, Verkauf und Produktion betrachtet. Wir möchten Ihnen zeigen, welche neuen Funktionen SAP S/4HANA 1610 für die logistischen Prozesse mit sich bringt und wie Sie mit einem Wechsel auf SAP S/4HANA, der Business Suite der Zukunft, Innovationen vorantreiben und Ihrem Unternehmen Wettbewerbsvorteile sichern können.

Ziel dieses Buchs

Zielgruppen dieses Buchs

Dieses Buch soll Ihnen den Einstieg in und den Wechsel auf SAP S/4HANA im Hinblick auf Ihre logistischen Prozesse erleichtern. Aufgrund der Schwerpunkte des Buchs ist es erforderlich, dass Sie über Grundkenntnisse im Hinblick auf ERP-Systeme und Logistikprozesse verfügen. Sie werden insbesondere dann von der Lektüre profitieren, wenn Sie einer der folgenden Zielgruppen angehören:

- Sie sind CIO, Logistikleiter, IT-Verantwortlicher, IT-Architekt oder IT-Leiter und müssen entscheiden, ob und wann Logistik mit SAP S/4HANA in Ihrem Unternehmen eingeführt werden soll.
- Sie sind Manager oder Abteilungsleiter im Bereich Logistik und möchten wissen, welche Veränderungen sich durch die Umstellung auf SAP S/4HANA für Ihre Abteilung ergeben.
- Sie sind Projektleiter eines Einführungs- oder Migrationsprojekts auf SAP S/4HANA oder sind als Projektmitarbeiter in solch ein Projekt involviert.

- Sie sind Anwendungsbetreuer für die SAP-Komponenten des Logistikumfelds und werden mit den Neuerungen konfrontiert, die sich durch SAP S/4HANA für Ihr Arbeitsumfeld ergeben.

- Sie sind SAP-Berater und möchten einen Überblick über die neuen Funktionen erhalten, die SAP S/4HANA für die Logistikbranche mit sich bringt.

Je nachdem, welcher dieser Zielgruppen Sie angehören, haben Sie abweichende Fragestellungen und werden die einzelnen Kapitel mit unterschiedlich starkem Interesse lesen.

Aufbau dieses Buchs

SAP Best Practices

Dieses Buch umfasst elf Kapitel, deren Inhalte nachfolgend zusammengefasst dargestellt werden. In den einzelnen Kapiteln verwenden wir teilweise Beispiele, die sich an den SAP Best Practices for SAP S/4HANA orientieren. Die Best Practices enthalten zu Demonstrations- und Übungszwecken eine detaillierte Beschreibung zur Konfiguration der SAP-Kerngeschäftsprozesse im Fiori-Launchpad. Sie sollen die Umstellung auf SAP S/4HANA sowohl vereinfachen als auch beschleunigen. Abbildung 1 gewährt Ihnen einen Überblick über die Best Practices mit Logistikrelevanz, die in diesem Buch behandelt werden. Jeder hier gezeigte Teilprozess wird in dem entsprechenden Kapitel (z. B. Kapitel 3, »Einkauf«) beschrieben und dort mit einer detaillierten Abbildung dargestellt. Der Übersicht halber haben wir die Teilprozesse in der Gesamtübersicht in eine chronologische Reihenfolge gebracht, die eine *mögliche Ablaufkette* darstellt. Bitte beachten Sie, dass dies lediglich Ihrem besseren Verständnis dient und dass die Teilprozesse in den Kapiteln nicht diese Ablaufkette widerspiegeln.

SAP S/4HANA als digitaler Kern

Durch SAP S/4HANA werden nicht mehr alle Funktionen in einem Gesamtsystem vereint. Stattdessen wird ein digitaler Kern bereitgestellt, der durch Cloud-Anwendungen ergänzt werden kann. Diese Änderungen stehen im Mittelpunkt von Kapitel 1, »Der digitale Kern und die Ergänzungen«. In diesem Kapitel stellen wir Ihnen die neue Systemarchitektur von SAP S/4HANA sowie deren Auswirkung auf die Performance vor. Des Weiteren beschreiben wir die Applikationen, die im digitalen Kern enthalten sind, und erläutern, durch welche Cloud-Anwendungen der digitale Kern ergänzt werden kann. Darüber hinaus beschäftigen wir uns mit den Vereinfachungen gegenüber der SAP Business Suite und stellen die unterschiedlichen Einsatzszenarien von SAP S/4HANA dar.

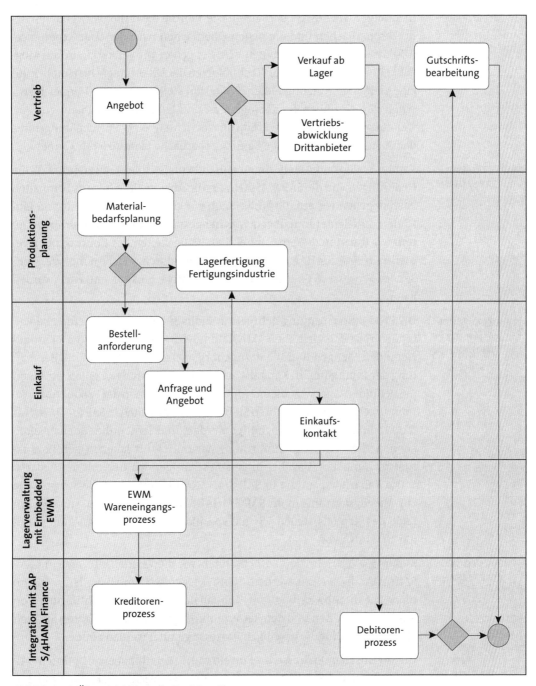

Abbildung 1 Übersicht über die Best Practices

Benutzerober-
flächen

In Kapitel 2, »Benutzeroberflächen«, lernen Sie die bisher verwendeten Benutzeroberflächen und die neuen Oberflächen nach der User-Experience-(UX-)Strategie von SAP kennen. Hierbei gehen wir verstärkt auf die Möglichkeiten ein, die die neuen Technologien der UX-Strategie im Hinblick auf eine vielfältige Nutzung bieten. Weiterhin stellen wir einen Vergleich zwischen den einzelnen Technologien an und geben Ihnen anhand von Anwendungsbeispielen und Erfahrungsberichten eine Entscheidungshilfe, damit Sie die für Sie richtige Benutzeroberfläche identifizieren können.

Einkauf in
SAP S/4HANA

Kapitel 3, »Einkauf«, stellt Ihnen anhand von Beispielen aus der Praxis die Neuerungen vor, die SAP S/4HANA für die Abläufe des Einkaufs beinhaltet. Hierbei gehen wir auf die Funktionen ein, die das Tagesgeschäft von Einkäufern effizienter und übersichtlicher gestalten können. Weiterhin erläutern wir Ihnen in diesem Kapitel die Möglichkeiten des Kontraktmanagements in SAP S/4HANA und beschreiben, durch welche Employee-Self-Service-Prozesse (ESS-Prozesse) der operative Einkauf entlastet werden kann.

Produktions-
planung in
SAP S/4HANA

Die Produktionsplanung definiert in Industrieunternehmen einen bedeutenden Teil der logistischen Aktivitäten. Sie bestimmt sowohl die zu produzierenden Mengen und die dazugehörigen Termine als auch die Beschaffung der Inputgüter. In Kapitel 4, »Produktionsplanung«, stellen wir Ihnen die Veränderungen vor, die sich durch SAP S/4HANA in der Produktionsplanung ergeben. Hierbei erfahren Sie, welche Stammdaten in SAP S/4HANA für die Produktionsplanung benötigt werden, und lernen die Möglichkeiten kennen, die es zur Durchführung einer mittel- bis langfristigen Produktionsplanung gibt. Darüber hinaus beschäftigen wir uns mit der Bedarfs- sowie Kapazitätsplanung in SAP S/4HANA und erläutern die Schritte, die zur Auftragsausführung in SAP S/4HANA vollzogen werden müssen. Am Ende des Kapitels stellen wir die spezifischen Planungsabwicklungen in SAP S/4HANA vor.

Vertrieb in
SAP S/4HANA

Kapitel 5, »Vertrieb«, verdeutlicht Ihnen, wie die Vertriebsprozesse mit SAP S/4HANA abgewickelt werden. Hierbei legen wir ein besonderes Augenmerk auf die Abwicklung von Kundenaufträgen, die Durchführung von Streckengeschäften und den Retourenprozess. Zusätzlich erfahren Sie, welche Fiori-Apps für die jeweiligen Prozesse genutzt werden können.

Retail in
SAP S/4HANA

Die logistischen Prozesse im Einzelhandel (Retail) haben sich durch SAP S/4HANA kaum verändert. Allerdings gibt es hinsichtlich der Stammdaten und der Aktivierung der Branchenlösung SAP Retail einige Neuerungen, die wir Ihnen in Kapitel 6, »SAP Retail«, erläutern. Darüber hinaus erfahren Sie, in welcher Weise sich die SAP-Retail-Branchenlösung in den SAP-S/4HANA-Kern integriert.

SAP Extended Warehouse Management (SAP EWM) ist als sogenanntes »Embedded EWM« in den Kern von SAP S/4HANA integriert. In Kapitel 7, »Lagerverwaltung mit Embedded EWM«, beschreiben wir die architektonischen Aspekte, die Sie hinsichtlich der Integration zu beachten haben. Außerdem beschäftigen wir uns mit den Voraussetzungen, die in Bezug auf Stammdaten erfüllt werden müssen, und gehen auf die grundlegende Handhabung der Anwendung ein.

Embedded EWM in SAP S/4HANA

Kapitel 8, »Reporting mit Embedded Analytics«, erklärt, wie die Funktionen des operationalen Reportings in SAP S/4HANA mittels des Embedded-Analytics-Konzepts realisiert werden. In diesem Kapitel lernen Sie die Entwicklung des operationalen Reports, die aktuellen Neuerungen von SAP S/4HANA im Bereich Embedded Analytics sowie die Architektur und das Konzept von Embedded Analytics kennen. Darüber hinaus zeigen wir Ihnen, auf welche Weise sich das operationale Reporting mittels SAP S/4HANA Embedded Analytics mit SAP Business Warehouse (BW) und SAP BusinessObjects erweitern lässt.

Reporting in SAP S/4HANA

Das Rechnungswesen hat die entscheidende Aufgabe, die durch den betrieblichen Leistungsprozess entstehenden Geld- und Leistungsströme systematisch zu erfassen, zu überwachen und Daten für Managemententscheidungen aufzubereiten. Demzufolge sind die Komponenten *externes Rechnungswesen* und *Management Accounting* (auch bekannt als *internes Rechnungswesen*) zentrale Bestandteile eines jeden SAP-ERP-Systems, ganz gleich ob SAP S/4HANA oder SAP ERP ECC 6.0. In Kapitel 9, »Integration mit SAP S/4HANA Finance«, erläutern wir Ihnen die Veränderungen, die SAP S/4HANA Finance sowohl für das externe als auch für das interne Rechnungswesen hervorbringt.

Finanzwesen in SAP S/4HANA

In Kapitel 10, »Migration von SAP ERP auf SAP S/4HANA«, beschreiben wir den Weg zur Umstellung auf die SAP-S/4HANA-Lösung. Hierbei erläutern wir die Voraussetzungen, die hinsichtlich der Datenmigration erfüllt werden müssen, und gehen auf die Werkzeuge und Guidelines ein, die für den Wechsel von SAP ERP auf SAP S/4HANA verwendet werden können.

Migration auf SAP S/4HANA

Die Umstellung auf SAP S/4HANA geht mit einer Veränderung der Arbeitsabläufe, der Prozesse und der Organisation einher. In Kapitel 11, »Change-Management«, lernen Sie die Aspekte kennen, die Sie hinsichtlich der Einführung von SAP S/4HANA zu beachten haben. Hierbei wird Ihnen z. B. erklärt, auf welche Weise Sie Mitarbeiter in den Veränderungsprozess einbeziehen können.

Change-Management

Um Sie auf wichtige Informationen hinzuweisen und Ihnen so die Arbeit mit diesem Buch zu erleichtern, verwenden wir im Text Kästen mit den folgenden Symbolen:

[+] **Tipp**: Kästen mit diesem Symbol geben Ihnen Empfehlungen zu Einstellungen oder Tipps aus der Praxis.

[»] **Hinweis**: Dieses Symbol weist Sie auf zusätzliche Informationen hin.

[zB] **Beispiel**: Mit diesem Symbol haben wir Beispiele gekennzeichnet, die den Text illustrieren.

Danksagung

Ein Buchprojekt ähnelt einer langen, mehrmonatigen Reise, die mit einer Idee beginnt, in einer Planung weiter mit Leben gefüllt wird und sich schließlich in einer Reisegruppe findet, die mithilfe diverser Unterstützer und Helfer die einzelnen Reisestationen besucht. Unsere »Reisegruppe« aus 18 Autoren möchte allen, die dieses Projekt ermöglicht haben, herzlichst danken. Hervorzuheben sind, neben den vielen QSC-internen Unterstützern, insbesondere folgende QSC-Kollegen: Meik Brand, der dieses Projekt initiiert und im Lenkungskreis begleitet hat. Stanja Müller-Wolf, die mit innovativen Ideen das Buchmarketing vorangetrieben hat. Jörg Penk, der unser Demosystem aufgesetzt, aktualisiert und die Autorenanforderungen stets schnell und nahtlos umgesetzt hat.

Daneben gab es eine Heerschar an externen Unterstützern.

Aus dem Rheinwerk Verlag (SAP PRESS) sind insbesondere unsere Lektorin und Ansprechpartnerin Eva Tripp sowie ihre Kolleginnen und Kollegen Janina Karrasch, Hauke Drefke, Martin Angenendt und Norbert Englert zu nennen.

Unserem Fotografen, Franz Schepers, möchten wir für die ausgezeichneten Autorenfotos und die professionelle Betreuung während der Fotoshootings danken.

SAP unterstützte dieses Buchprojekt auf breiter Front mit neuesten Produktinformationen zu SAP S/4HANA, technischen Infos und Ratschlägen. Hier möchten wir besonders nachfolgende SAP-Mitarbeiterinnen und Mitarbeiter nennen: Michael Sokollek, Dani Khalaf, Werner Ellinger, Thomas Kunze, Marc-Oliver Wiedemann, Tonda Rolf Günther Oberbacher, Timo Deiner, Nis Boy Neave, Andreas Wormbs, Jürgen Hauck, Ralf Schraenkler, Philipp Herz, Jürgen Butsmann, Tina Rauschenbach, Guido Adler, Kristina Noe und Christian Vogler.

Darüber hinaus möchten wir uns jeweils noch persönlich bedanken:

Carmen: Herzlich danken möchte ich meinem Mann Wolfgang. Du hast mich in dieser Zeit mit deinem Verständnis, Zuspruch und vielen Kannen Tee wundervoll unterstützt.

Christian: Vielen Dank an meine Ehefrau Sarah Sophia, die mich in Form von Geduld und Verständnis insbesondere während der Schreibphase sehr unterstützt hat. Des Weiteren danke ich allen Autoren des Buchs für den tollen inhaltlichen Austausch.

Ferenc: Ich möchte meiner Frau Grit und meinen Kindern Ildikó und Miklós für die Unterstützung danken, die ich in dieser arbeitsreichen Zeit erfahren habe! Ohne sie wäre mein Anteil an diesem Buch nicht möglich gewesen.

Isabella: Danke an alle Autorenkolleginnen und -kollegen für die hervorragende Zusammenarbeit auch in den anstrengenden Phasen. Ein ganz besonderes Dankeschön geht an meinen Mann Mathias für seine grenzenlose Geduld mit mir während meiner kreativen Phasen und für seine Unterstützung – vor allem auch der kulinarischen Art.

Jasmin: Meiner Familie und Freunden möchte ich dafür danken, dass sie mir in der Schreibphase den Rücken freigehalten haben. Unserem motivierten Buchprojektteam, den Autoren, unserem technischen Support, dem Marketing und selbstverständlich der SAP PRESS, danke ich für die erfolgreiche und tolle Zusammenarbeit.

Jonathan: Ich möchte mich bei den Projektleitern Jasmin Burgdorf und Mario Destradi bedanken. Stets für Fragen offen, haben sie das Projekt unermüdlich vorangetrieben und sich von unzähligen Problemen nicht aus der Bahn werfen lassen. Ohne euch gäbe es dieses Buch nicht, deshalb gebührt euch mein vollster Dank!

Maik: In der Recherche zu dem Kapitel über SAP Retail habe ich mit mehreren SAP-Experten gesprochen und möchte mich an dieser Stelle noch einmal für die freundliche Unterstützung, insbesondere von Frau Khalaf, bedanken. Auch meiner Frau danke ich für ihre Geduld und ihr Verständnis!

Mario: Zunächst möchte ich meiner Frau Tanaz herzlichst danken, die mir genügend Freiräume an Abenden und Wochenenden für meine Autorenarbeit und die Projektleitung zugestanden hat. Darüber hinaus bedanke ich mich für die hervorragende Zusammenarbeit mit dem »inneren Kreis« Jasmin Burgdorf, Maik Brand sowie Stanja Müller-Wolf, meinem Kapitel-Reviewer Henning Schürenberg und dem Autorenteam.

Martin: Mein besonderer Dank gilt meiner Familie und meinen Freunden, die mich stets unterstützt haben. Johanna Jacobs danke ich von Herzen für ihre Geduld und Unterstützung während der Schreibphase.

Matthias: Ich bedanke mich bei meiner Familie für die Geduld und die freie Zeit, die sie mir an den Wochenenden ermöglicht hat. Außerdem möchte ich mich bei Isabella Löw für die enge Zusammenarbeit sowie bei allen Kollegen bedanken, die das Buchprojekt initiiert und unterstützt haben.

Stefano: Ich bedanke mich bei meiner Familie für die Inspiration und die Unterstützung. Meinem Team danke ich dafür, dass es mir den Rücken freigehalten hat.

Kapitel 1
Der digitale Kern und die Ergänzungen

In diesem Kapitel stellen wir Ihnen die neue Systemarchitektur von SAP S/4HANA vor. Wir geben Ihnen einen Überblick über die neue Datenbanktechnologie und erläutern die Auswirkungen auf Anwendungen und Performanz des Systems. Sie lernen außerdem mögliche Einsatzszenarien für die Verteilung Ihrer Systemlandschaft kennen.

Dieses Kapitel gibt Ihnen eine Einführung in den Kern von SAP S/4HANA. Wir stellen Ihnen die wesentlichen Änderungen der Datenbanktechnologie und deren Bedeutung für die Performanz des Systems vor. Dabei gehen wir auf das Zusammenspiel mit der HANA-Datenbank und den Applikationen des digitalen Kerns ein. Wir beleuchten die Simplifizierungen gegenüber den früheren Business Suites von SAP und zeigen Ihnen, durch welche Maßnahmen diese Vereinfachungen ermöglicht werden: Zum einen wurde eine Vereinfachung des Datenmodells vorgenommen, zum anderen wurden durch die Änderung der Datenbanktechnologie viele Tabellen und Views obsolet, und schließlich bietet SAP für ausgewählte Funktionalitäten Cloud-Lösungen an.

SAP S/4HANA wird zukünftig also nicht mehr alle Funktionen in einem Gesamtsystem vereinen, das Anwenderunternehmen selbst betreiben können. Stattdessen wird ein digitaler Kern bereitgestellt, der durch Cloud-Anwendungen ergänzt wird. Wir möchten Ihnen in diesem Kapitel die Applikationen des digitalen Kerns kurz vorstellen. Anschließend gehen wir auf die ergänzenden Cloud-Anwendungen ausführlicher ein und stellen Ihnen die Möglichkeiten der Anbindung zwischen Kern und Cloud-Anwendungen vor.

Aus dem Ansatz, eine Systemarchitektur aus digitalem Kern und Cloud-Anwendungen zu entwerfen, ergeben sich verschiedene Einsatzszenarien. Es kann zwischen kundenindividuellen (On-Premise-)Implementierungen und der Nutzung von Cloud-Systemen unterschieden werden. Dabei können unterschiedliche, auch hybride, Cloud-Landschaften aufgebaut werden. Die verschiedenen Ansätze und Lösungsarchitekturen stellen wir Ihnen in diesem Kapitel kurz vor.

1.1 SAP S/4HANA – Datenbank und Applikationen

Abgrenzung
SAP HANA und
SAP S/4HANA

Zu Beginn dieses Kapitels erläutern wir einige Begriffe, zwischen denen es im Zusammenhang mit SAP S/4HANA zu unterscheiden gilt. SAP HANA ist eine Technologieplattform, die unter anderem die In-Memory-Datenbank umfasst, auf die in Abschnitt 1.1.2, »Datenbank, In-Memory-Technologie und Echtzeitdatenauswertung«, näher eingegangen wird.

SAP S/4HANA ist die Business Suite der nächsten Generation. Sie basiert auf der genannten In-Memory-Plattform SAP HANA und umfasst eine Reihe von Applikationen innerhalb des digitalen Kerns. Diese werden in Abschnitt 1.1.3, »Applikationen im digitalen Kern«, vorgestellt. Ergänzt wird die Business Suite durch eine Reihe von reinen Cloud-Anwendungen, die mit SAP S/4HANA integrierbar sind, näher erläutert in Abschnitt 1.2, »Ergänzende Cloud-Anwendungen«.

[»]

Einsatz des digitalen Kerns in der Cloud

Wenn in diesem Zusammenhang vom digitalen Kern und ergänzenden Cloud-Anwendungen gesprochen wird, bedeutet dies nicht, dass SAP S/4HANA zwangsläufig als eigene Installation betrieben werden muss. Es ist ebenso möglich, den digitalen Kern aus der Cloud zu konsumieren. Welche Einsatzszenarien sich daraus ergeben, wird in Abschnitt 1.3, »Einsatzszenarien von SAP S/4HANA«, näher erläutert.

1.1.1 Simplifizierungen: Anwendungen und Datenmodell

Anwendungen
überarbeitet oder
weggefallen

Ein wesentliches Merkmal von SAP S/4HANA ist die große Zahl an Vereinfachungen gegenüber SAP ECC 6.0. Bezogen auf die Anwendungen, lassen sich die Simplifizierungen nach den beiden folgenden Kriterien unterscheiden:

- **Anwendung überarbeitet**
  Die Überarbeitung dient im Wesentlichen dazu, die Leistungen der SAP-HANA-Plattform bestmöglich ausnutzen zu können. Dazu trägt auch die Konsolidierung redundanter Funktionen und technischer Lösungen wie z. B. der Nutzung des Geschäftspartneransatzes bei. Eine Grundlage für die Überarbeitung vieler Anwendungen ist das vereinfachte Datenmodell.

- **Anwendung weggefallen**
  Einige Anwendungen haben für SAP keine strategische Bedeutung mehr und sind daher weggefallen. So stehen z. B. SAP E-Recruiting und SAP

Learning Solution in SAP S/4HANA auch im sogenannten Kompatibilitätsmodus nicht mehr zur Verfügung. Oftmals ist eine alternative Anwendung bereits verfügbar und kann zukünftig anstelle der weggefallenen Funktionalität verwendet werden. Bei den genannten Beispielen ist dies z. B. mit SAP SuccessFactors der Fall (siehe hierzu SAP-Hinweise 2383888 und 2383837).

Neben den Anwendungen ist auch das Datenmodell vereinfacht worden. Dabei wurde der häufig als *Principle of One* bezeichnete Ansatz verfolgt. Zusammengefasst besagt dieses Prinzip, dass es zukünftig nur noch einen Lösungsansatz geben soll, um eine Anforderung zu erfüllen. Das war in der Vergangenheit oftmals anders, auch bedingt durch historisch gewachsene Entwicklungen. Beispiele für diese Entwicklung in SAP ECC 6.0 sind die beiden technologischen Stacks ABAP und Java, mit denen ein Dual-Stack-System möglich war, sowie auf Anwendungsebene das neue und das klassische Hauptbuch.

Principle of One

Neben der Abschaffung redundanter Lösungsansätze umfasst das Prinzip auch die Abschaffung redundanter Datenhaltung. Um Auswertungen mit ausreichender Performanz bereitstellen zu können, wurden in SAP ECC 6.0 vorbereitete Aggregate bereitgehalten. Diese nehmen den Hauptteil des Speicherbedarfs in Anspruch und sind in der SAP-HANA-Datenbank nicht mehr erforderlich, da Auswertungen auf Basis der Stammdaten und Bewegungsdaten in Echtzeit möglich sind. Das Principle of One könnte in diesem Zusammenhang sogar bis auf die eine verbliebene Tabelle für Bewegungsdaten in der Bestandsführung heruntergebrochen werden.

Abbildung 1.1 veranschaulicht anhand des Beispiels Bestandsführung, wie umfangreich die Simplifizierung des Datenmodells ausfällt. Die vormals existierenden 26 Aggregattabellen, 2 Stammdatentabellen und 2 Bewegungsdatentabellen wurden in SAP S/4HANA durch zwei weiterhin existierende Stammdatentabellen (MARC, MARD) und eine einzige Bewegungsdatentabelle (MATDOC) abgelöst.

Die vormals für Auswertungszwecke erforderlichen Aggregattabellen sind obsolet, da die Geschwindigkeit der In-Memory-Technologie so hoch ist, dass die benötigten Auswertungen aus den Stamm- und Bewegungsdaten in Echtzeit erzeugt werden können. Über die Transaktionen SE16/SE16N finden Sie die Aggregattabellen weiterhin in SAP S/4HANA; dabei handelt es sich allerdings nicht mehr um physisch gespeicherte Daten, sondern vielmehr um Views, die in Echtzeit erzeugt werden.

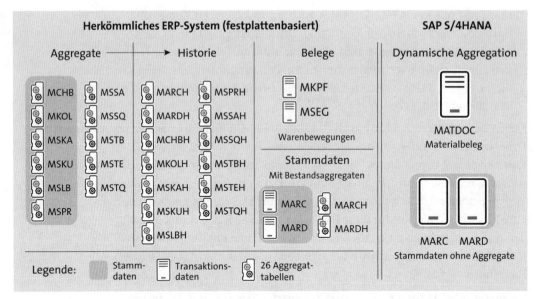

Abbildung 1.1 Vereinfachtes Datenmodell am Beispiel der Bestandsführung
(Quelle SAP)

Geschäftspartner-
ansatz

Ein weiteres Beispiel für die Simplifizierung des Datenmodells unter dem Principle of One ist der Geschäftspartneransatz. Mit Kreditor und Debitor waren in SAP ECC 6.0 redundante Modelle im Einsatz, in denen Sie innerhalb buchhalterischer Geschäftsprozesse unterschiedliche Stammdatenobjekte getrennt voneinander pflegen mussten. In SAP S/4HANA ist die Verwendung des Geschäftspartneransatzes verpflichtend. Dieser ersetzt die getrennte Stammdatenpflege und vereinigt alle Arten von Geschäftspartnern miteinander. Das betrifft sogar die Mitarbeiterstammdaten eines Unternehmens, die zukünftig auch durch einen Geschäftspartner abgebildet werden.

Aufgrund dieser tief greifenden Umwälzungen bezeichnet SAP die Software SAP S/4HANA in der *Simplification List for SAP S/4HANA 1610* (kurz: *Simplification List*) explizit nicht als »Legal Successor« einer existierenden SAP Business Suite, sondern als »ERP Business Suite der nächsten Generation«.

Voraussetzungen
für den Umstieg auf
SAP S/4HANA

Wenn Ihr Unternehmen von SAP ECC 6.0 auf SAP S/4HANA umsteigen möchte, folgt aus den Vereinfachungen eine Reihe notwendiger Maßnahmen. In jedem Fall ist eine Datenbankmigration auf SAP HANA und eine Installation des neuen, vereinfachten Codes erforderlich. Zusätzlich müssen bestimmte weitere Voraussetzungen erfüllt sein, um einen Umstieg zu ermöglichen. Dazu zählen unter anderem:

- Unicode-System
- Application Server ABAP Only
- Nutzung des Geschäftspartneransatzes
- Verwendung des neuen Hauptbuchs
- Einhaltung der Anforderungen an kundeneigene Entwicklungen

Die Aufzählung ist bei Weitem nicht abschließend und soll nur einen ersten Eindruck der Anforderungen vermitteln.

Darüber hinaus sollten Sie vor einem Umstieg prüfen, ob alle Funktionen, die Sie in Ihrem aktuellen ERP-System nutzen, auch in SAP S/4HANA eine Entsprechung haben. Das ist nicht in jedem Fall gegeben. Unter Umständen wird der Umstieg auf SAP S/4HANA bedeuten, dass Sie etablierte Geschäftsprozesse zukünftig mit anderen Applikationen unterstützen müssen. Das kann eine der ergänzenden Lösungen innerhalb von SAP S/4HANA (Cloud oder On-Premise) sein oder auch eine Lösung eines Drittanbieters (Nicht-SAP-System). In diesem Zusammenhang kann es ebenfalls erforderlich sein, Geschäftsprozesse anzupassen. Informationen zu den Funktionen, die in SAP S/4HANA enthalten sind, finden Sie in der *Feature Scope Description* von SAP.

Die *Simplification List* umfasst zahlreiche Informationen zu den Vereinfachungen in SAP S/4HANA im Vergleich zu SAP ECC 6.0 und soll Kunden bei einer Konversion des Systems unterstützen.

Für den Umstieg auf SAP S/4HANA gibt es verschiedene Lösungsansätze; abhängig von den Voraussetzungen in Ihrem Unternehmen müssen Sie entscheiden, welcher davon für Sie sinnvoll ist. Mögliche Szenarien sind dabei:

Konversion oder »grüne Wiese«?

- Konversion des bestehenden Systems unter Erfüllung der notwendigen Voraussetzungen mit den entsprechenden Vorarbeiten
- Neueinführung im »Grüne-Wiese-Ansatz« (Greenfield)

Beide Vorgehensweisen bieten eine Reihe von Vor- und Nachteilen, auf die an dieser Stelle nicht detailliert eingegangen werden soll. Bevor Sie sich für eines der Szenarien entscheiden, sollten Sie ein entsprechend detailliertes Assessment und die Erarbeitung einer Migrations-Roadmap vornehmen. In diesem Buch enthält Kapitel 10, »Migration von SAP ERP auf SAP S/4HANA«, detaillierte Informationen zu den Möglichkeiten des Umstiegs auf SAP S/4HANA.

SAP bietet derzeit einen kostenlosen Analyseservice für die SAP Business Suite an, mit dem ein Überblick über die Geschäftsprozesse gewonnen werden kann, die mit der Einführung von SAP S/4HANA vereinfacht und/oder

Kostenlose Entscheidungshilfe

verbessert werden können. Der *Business Scenario Recommendations Report für SAP S/4HANA* wurde in der jüngsten Vergangenheit insbesondere für den Bereich Logistik verbessert. Bitte beachten Sie den nachfolgenden Info-Kasten.

[»]

Weiterführende Informationen

Die *Simplification List*, die *Feature Scope Description* und der Konversions-leitfaden befinden sich als PDF-Versionen im SAP Help Portal:

https://help.sap.com/viewer/p/SAP_S4HANA_ON-PREMISE

Wählen Sie hier **Simplification List**, **Feature Scope Description** bzw. **Conversion Guide**.

Falls Sie eine Microsoft-Excel-Version der *Simplification List* benötigen, finden Sie diese in SAP-Hinweis 2313884.

Die Registrierung für den derzeit kostenlosen Analyseservice *Business Scenario Recommendations Report für SAP S/4HANA* finden Sie hier:

https://www.goo.gl/rjePvR

Einen Beispielreport können Sie abrufen unter:

https://www.goo.gl/m4fww3

1.1.2   Datenbank, In-Memory-Technologie und Echtzeitdatenauswertung

Big Data – Teil der digitalen Transformation

Die grundlegenden Änderungen, die SAP S/4HANA in Form des vereinfachten Datenmodells und der In-Memory-Technologie mit sich bringt, sind kein Selbstzweck. Vielmehr tragen sie den Folgen der digitalen Transformation und des Wegs zum Internet of Things (IoT) Rechnung. Dieser Weg ist dadurch gekennzeichnet, dass immer mehr Sensoren verfügbar sind, die Daten bereitstellen. Das reicht von der vernetzten Heizungsanlage in einem Einfamilienhaus bis zum Sensor, der in einem Parkhaus anzeigt, ob ein Stellplatz besetzt ist. Ein zukunftsfähiges System muss folglich in der Lage sein, die verfügbaren großen Datenmengen (Big Data) nicht nur zu speichern, sondern auch effizient zu nutzen.

[»]

Weiterführende Informationen

Die digitale Transformation stellt viele Unternehmen vor große Herausforderungen und wirft jede Menge Fragen auf. Antworten gibt es hier:

https://digitales-wirtschaftswunder.de

Neben der Herausforderung, ausreichend Speicherplatz für diese großen Datenmengen zur Verfügung zu haben, ist vor allem entscheidend, die Daten auch verarbeiten und auswerten zu können.

Hierfür wurden in der Vergangenheit verschiedene Arten von Systemen verwendet:

OLTP-Systeme und OLAP-Systeme

- **OLTP-Systeme (Online Transaction Processing)**
  Echtzeittransaktionsverarbeitung – die Verarbeitung von Operationen erfolgt direkt und ohne Zeitverzug. Es können zahlreiche Operationen zeitgleich verbreitet werden. Dies stellt hohe Anforderungen an die Datenkonsistenz, die im ACID-Prinzip beschrieben sind.

- **OLAP-Systeme (Online Analytical Processing)**
  Im Mittelpunkt steht die Ausführung komplexer Analysevorhaben, die mithilfe vordefinierter, hypothesenbasierter Analyseverfahren ausgeführt werden. Dabei müssen sehr große Datenmengen verarbeitet werden. Aus diesem Grund wurden in der Vergangenheit oftmals in nächtlichen Jobs Datenanalysen und Aggregationen vorgenommen.

Entscheidungsträger benötigen geschäftskritische Informationen heute sehr schnell. Der Informationsbedarf ist dabei vielfältig und dynamisch. Die Vorabdefinition von Auswertungsanfragen sowie nächtliche Datenanalysen und Aggregationen gehören deshalb der Vergangenheit an. Damit ein System zukunftsfähig ist, muss es Big-Data-Analysen auch in Echtzeit durchführen können. Mit SAP S/4HANA wurde ein System entwickelt, das die Vorteile beider Welten (OLTP und OLAP) vereinen kann. Durch den Verzicht auf vorgefertigte Aggregationen kann eine beliebige Auswertungsanforderung beantwortet werden. Gleichzeitig wird durch die spaltenbasierte In-Memory-Architektur erreicht, dass eine Datenanalyse mit hoher Geschwindigkeit in Echtzeit erfolgen kann.

Eine der wesentlichen Neuerungen im Zusammenhang mit SAP S/4HANA ist die verwendete Datenbanktechnologie der SAP-HANA-Plattform. Diese besteht aus einer vollständig im Arbeitsspeicher (In-Memory) gehaltenen Datenbank. Für ein besseres Verständnis der Entscheidung für diese Architektur soll ein kurzer Exkurs dienen.

Exkurs: Einflüsse auf die Systemperformance

Innerhalb eines Servers gibt es, ähnlich wie bei einem handelsüblichen PC, verschiedene Flaschenhälse, die die Leistungsfähigkeit des Systems einschränken können. Für die Geschwindigkeit, mit der Daten zwischen Prozessor, Arbeitsspeicher und Festplatte übertragen werden, sind verschiedene Faktoren relevant. Dazu zählen unter anderem die Lese- und Schreibgeschwindigkeit in den Speichermedien, die Speichergröße sowie die Datenübertragungsrate zwischen den Speichern und dem Prozessor.

Reduzierung vorhandener Flaschenhälse

Um eine optimale Leistungsfähigkeit zu erreichen, ist es erforderlich, die Flaschenhälse so weit wie möglich zu reduzieren bzw. zu umgehen. Einer der Flaschenhälse ist die Datenübertragung zwischen Festplatte und Prozessor. Die Leistungsfähigkeit eines Systems könnte demzufolge gesteigert werden, wenn die zu verarbeitenden Daten »näher an den Prozessor« gebracht würden und so der Flaschenhals Festplatte – Prozessor vermieden werden könnte.

Die Datenbank im Arbeitsspeicher – Voraussetzungen

Dem Prozessorkern am nächsten gelegen sind die Cache-Speicher. Diese liegen aber im Megabyte-Bereich und sind für die Speicherung großer Datenmengen nicht ausreichend. Etwas weiter entfernt liegt der Arbeitsspeicher. Um die Datenbank eines ERP-Systems vollständig im Arbeitsspeicher halten zu können, muss eine einfache, aber wesentliche Voraussetzung erfüllt werden: Es muss Arbeitsspeicher in entsprechender Größe möglich sein, und/oder die Datenbank muss in der Größe so weit reduziert werden, dass sie vollständig im Arbeitsspeicher gehalten werden kann.

Diese Voraussetzungen waren noch vor wenigen Jahren nicht erfüllbar. Heute sind Arbeitsspeicher in der benötigten Größenordnung verfügbar. Ein großer Arbeitsspeicher allein reicht allerdings noch nicht aus, um ein wirklich zukunftsfähiges System zur Verfügung zu stellen. Die Anforderungen bestehen vor allem aus der Möglichkeit, sehr große Datenmengen (Big Data) zu verarbeiten und beliebige nicht vorab definierte Auswertungen mit hoher Geschwindigkeit bereitzustellen, um den Entscheidungsträgern jederzeit die benötigten Informationen bieten zu können.

Um den Anforderungen gerecht zu werden, müssen die Größe der Datenbank reduziert und die Daten in vereinfachter (simplifizierter), leicht auswertbarer Form gespeichert werden. Ein Weg zur Reduzierung der Datenbankgröße ist die Simplifizierung des Datenmodells (siehe Abschnitt 1.1.1, »Simplifizierungen: Anwendungen und Datenmodell«).

Ein weiterer Weg ist die veränderte Datenbanktechnologie, mit der Daten effizienter und performanter verarbeitet werden können. SAP HANA umfasst zu diesem Zweck eine spaltenorientierte, ACID-kompatible In-Memory-Datenbank.

ACID-kompatible Datenbank

Das ACID-Prinzip

ACID beschreibt Eigenschaften der Datenverarbeitung und steht für:

- **A – Atomicity (Abgeschlossenheit)**
  Eine Transaktion muss vollständig und richtig oder gar nicht ausgeführt

werden. Dieses wird während des Verarbeitungsprozesses geprüft. Ist die Abgeschlossenheit nicht gegeben, erfolgt ein Rollback, das heißt, die ausgeführten Verarbeitungsschritte werden zurückgesetzt.

- **C – Consistency (Konsistenz)**
  Wenn die Datenbank vor Ausführung einer Operation konsistent war, muss sie auch danach konsistent sein.

- **I – Isolation (Isolation)**
  Gleichzeitig ausgeführte Operationen dürfen sich nicht gegenseitig beeinflussen. Die Isolation einer Transaktion ist wesentlich für die Konsistenzwahrung des Datenbestands.

- **D – Durability (Dauerhaftigkeit)**
  Nach Abschluss einer Operation müssen die Daten dauerhaft gespeichert sein. Ihre Speicherung muss auch nach einem Systemfehler sichergestellt sein.

In-Memory-Datenbank

In einem klassischen ERP-System war die Datenbank auf einer Festplatte gespeichert. Alle in einer Operation bearbeiteten Daten wurden direkt von der Festplatte gelesen und nach Abschluss der Operation wieder dort gespeichert. Durch die Änderung auf die In-Memory-Technologie ergeben sich neue Herausforderungen, um die Dauerhaftigkeit der Daten sicherzustellen.

In-Memory-Datenbank in einem flüchtigen Speichermedium

Der Arbeitsspeicher ist im Unterschied zu einer Festplatte ein flüchtiges Speichermedium. Bei einem Stromausfall droht Datenverlust, da die Daten des Arbeitsspeichers nur so lange gespeichert sind, wie das System in Betrieb ist. Um dieser Herausforderung zu begegnen, werden zu festgelegten Zeitpunkten Datensicherungen durchgeführt. In den Zeiträumen zwischen den Datensicherungen wird die Dauerhaftigkeit der Daten über ein Transaktionslog sichergestellt.

Spaltenorientierte Datenbank

Die Datenbankgröße wird unter anderem durch die Menge gespeicherter Daten beeinflusst. Wesentliches Merkmal der SAP-HANA-Datenbanktechnologie ist die Spaltenorientierung, die die klassische Zeilenorientierung ablöst.

Spaltenorientierung der Datenbank

Zur Veranschaulichung des Unterschieds zwischen zeilen- und spaltenorientiertem Aufbau soll das Beispiel einer Adressliste dienen. Diese enthält Name, Vorname, Straße, Hausnummer, Postleitzahl und Ort. Bei der klassischen zeilenorientierten Datenbank umfasst eine Tabelle einen Eintrag benötigen zu jeder Person, der die benötigten Informationen enthält.

Das Beispiel in Abbildung 1.2 verdeutlicht, dass es in Tabellen zahlreiche redundante Einträge geben kann. Betrachtet man Vornamen, Nachnamen, Straßen und Orte unabhängig voneinander, wird klar, dass es weniger Variablen als Datensätze in der Tabelle gibt. Daher liegt es nahe, nicht jeden Eintrag einzeln zu erfassen, sondern Wertetabellen (Dictionaries) zu definieren, in denen die Einträge einzeln und ohne Redundanzen definiert sind.

Index	Name	Vorname	Straße	Nr	PLZ	Ort
1	Meier	Stefan	Schlossplatz	1	69190	Walldorf
2	Müller	Claudia	Dorfstraße	22	69190	Walldorf
3	Schulze	Martina	Schlossplatz	15	69190	Walldorf
4	Meier	Claudia	Kreisstraße	38	69226	Nußloch
...						

Abbildung 1.2 Adressliste als Beispiel für eine Tabelle

Abbildung 1.3 veranschaulicht, wie die Adressinformationen der Personen dann als Verweise auf das Dictionary gespeichert werden. Die vollständige Adressliste ist anders als in der klassischen (zeilenorientierten) Form nicht vorhanden, sondern wird bei Bedarf ad hoc aufbereitet.

Auf diesem Weg ist eine stark komprimierte Datenspeicherung möglich, die im Bereich der Faktoren 15 bis 20 liegen kann. Es wird deutlich, dass bereits die Umstellung auf die Spaltenorientierung, noch ohne Berücksichtigung von Simplifizierungen des Datenmodells und ohne den Wegfall von Aggregattabellen, enorme Auswirkungen auf die Datenbankgröße haben kann. Bitte beachten Sie dazu auch den nachfolgenden Info-Kasten.

[»]

Weiterführende Informationen

Einen ersten Überblick über die Grundlagen der In-Memory-Technologie gibt der openSAP-Kurs »In-Memory Data Management In a Nutshell«:

https://open.sap.com/courses/hana-warmup

Einen tieferen, ausführlicheren Einblick gibt der openHPI-Kurs »In-Memory Data Management 2017«:

https://open.hpi.de/courses/imdb2017

Wenn Sie es ganz genau wissen möchten, erhalten Sie noch mehr Details und umfangreichere Informationen in folgendem Buch:

Plattner/Leukert, The In-Memory Revolution. Springer Verlag.

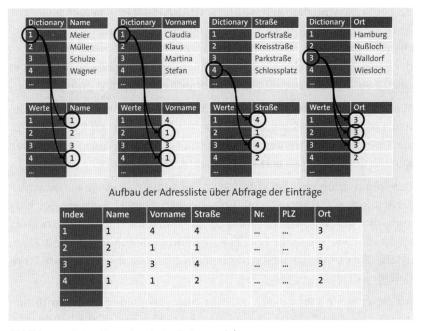

Aufbau der Adressliste über Abfrage der Einträge

Index	Name	Vorname	Straße	Nr.	PLZ	Ort
1	1	4	4	...	...	3
2	2	1	1	...	...	3
3	3	3	4	...	...	3
4	1	1	2	...	...	2
...						

Abbildung 1.3 Spaltenorientierte Datenspeicherung

Code Pushdown

Die Architektur der SAP-HANA-Plattform ermöglicht die Verlagerung rechenintensiver Prozesse aus der Anwendungsebene in die Datenbankebene. Dieses Konzept wird als Code Pushdown bezeichnet.

Performanzsteigerung mit Code Pushdown

Dazu werden einerseits die neu eingeführten *Core Data Services* genutzt, mit denen *CDS Views* definiert werden können. Diese erlauben eine Datenmodellierung auf Datenbankebene und können in Programmen verwendet werden. Teile der Programmierung werden dafür außerhalb der ABAP Workbench in der SAP HANA Studio genannten Entwicklungsumgebung vorgenommen. Detailliertere Informationen hierzu erhalten Sie in Kapitel 8, »Reporting mit Embedded Analytics«.

Weiterführende Informationen

Einen tieferen Einblick und mehr technische Details erhalten Sie in folgendem Buch: Koglin, SAP S/4HANA. Rheinwerk Verlag.

1.1.3   Applikationen im digitalen Kern

Der digitale Kern von SAP S/4HANA bildet das funktionale Grundgerüst der Business Suite der nächsten Generation. Nach Anwendung der Simplifizie-

Funktionales Grundgerüst

rungen stehen mit dem Release SAP S/4HANA 1610 FPS01 bereits zahlreiche Anwendungen zur Verfügung. Diese Anwendungen werden in einen branchenübergreifenden Enterprise-Management-Bereich zusammengefasst, der Funktionalitäten für alle Unternehmen enthält. Ergänzend dazu gibt es *Line-of-Business-Produkte* (LoB) sowie branchenspezifische Anwendungen.

Hinzu kommen Anwendungen, die in SAP S/4HANA betrieben werden können, aber lediglich als sogenannte Compatibility Packs zur Verfügung gestellt werden. Diese werden in Abschnitt 1.1.4, »Applikationen im digitalen Kern als Compatibility Packs«, beschrieben.

Der Funktionsumfang der einzelnen Anwendungen kann in einem einleitenden Kapitel nicht umfassend beschrieben werden. Beachten Sie bitte auch, dass gegebenenfalls in SAP ECC 6.0 enthaltene Funktionen bzw. Teilapplikationen nicht mehr Teil der aufgeführten Anwendungen sind. Einen detaillierten Überblick bieten die *Simplification List* und die *Feature Scope Description*.

An dieser Stelle sollen daher in Form einer Aufzählung die wesentlichen Applikationen aufgelistet werden, ohne einen Anspruch auf Vollständigkeit zu erheben. Aus dem Bereich Enterprise-Management stehen zur Verfügung:

| Anwendungen für das Enterprise-Management

- **Asset Management**
  - Maintenance Operations
  - Plant Maintenance Master Data
  - Maintenance Planning and Scheduling
  - Maintenance Execution
- **Finance**
  - Financial Planning and Analysis
  - Accounting and Financial Close
  - Financial Operations
  - Governance, Risk, and Compliance for Finance
- **Human Resources**
  - Organizational Management
  - Timesheet
  - SuccessFactors Employee Central Connectivity
- **Manufacturing**
  - Manufacturing Engineering and Process Planning
  - Production Planning

- – Manufacturing Execution for Discrete Industries
- – Manufacturing Execution for Process Industries
- – Outsourced Manufacturing
- – Quality Management
- – Maintenance, Repair, and Overhaul
- – Maintenance Operations
- **R&D/Engineering**
  - – Enterprise Portfolio and Project Management
  - – Product Development for Discrete Industries
  - – Product Safety and Stewardship
- **Sales**
  - – Sales Planning and Performance Management
  - – Order and Contract Management
- **Sourcing and Procurement**
  - – Spend Analysis
  - – Supplier and Category Management
  - – Sourcing
  - – Contract Management
  - – Operational Procurement
  - – Invoice Management
- **Supply Chain**
  - – Efficient Logistics and Order Fulfillment
- **Analytics Technology**
  - – Process Performance Monitoring

Ergänzend stehen spartenspezifische Produkte, sogenannte Line-of-Business-Produkte, zur Verfügung. Diese enthalten zusätzlich zu den Querschnittsfunktionen des Enterprise-Managements zahlreiche auf die jeweiligen Geschäftsfelder zugeschnittene zusätzliche Funktionalitäten. Für die folgenden Sparten sind Line-of-Business-Produkte verfügbar. Ob diese gegebenenfalls separat zu lizenzieren sind, ist jeweils zu prüfen:

Produkte für die Line of Business

- Asset Management
- Commerce
- Finance
- R&D/Engineering
- Manufacturing

- Supply Chain
- Enterprise Technology

Branchenlösungen Weitere Ergänzungen stehen für folgende Branchen zur Verfügung. Diese stellen Erweiterungen zu den Kernfunktionen der Enterprise-Management-Anwendungen dar und sind gegebenenfalls separat zu lizenzieren:

- Automotive
- Banking
- Insurance
- Oil & Gas
- Professional Services
- Public Sector
- Retail
- Utilities

Für das Release SAP S/4HANA 1709 sind bereits Funktionen für die Branchenlösungen Mill & Mining, Defense & Security, Media und Agriculture angekündigt. Es kann zwar vermutet werden, dass zukünftig weitere Funktionalitäten aus den Branchenlösungen in SAP S/4HANA verfügbar gemacht werden, der Umfang ist jedoch zum jetzigen Zeitpunkt nicht absehbar. Nach derzeitigem Wissensstand werden zukünftig nicht alle bekannten Funktionalitäten und/oder Branchenlösungen auch in SAP S/4HANA unterstützt werden. Detailliertere Informationen enthält die *Simplification List*.

[»]

Weiterführende Informationen

Die vorstehenden Angaben sind der *Feature Scope Description* von SAP entnommen, in der Sie auch eine vollständige Übersicht der Anwendungen finden: SAP S/4HANA 1610 Feature Package Stack 01, Feature Scope Description, Version 1.3 vom 05.04.2017.

Die *Simplification List* und die *Feature Scope Description* befinden sich als PDF-Versionen im SAP Help Portal:

https://help.sap.com/viewer/p/SAP_S4HANA_ON-PREMISE

Wählen Sie dort **Simplification List** bzw. **Feature Scope Description**.

1.1.4   Applikationen im digitalen Kern als Compatibility Packs

Zusätzliche Anwendungen als Compatibility Packs Zusätzlich zu den SAP-S/4HANA-Anwendungen des digitalen Kerns stellt SAP weitere Anwendungen als sogenannte *Compatibility Packs* bereit. Ein Compatibility Pack ist eine SAP-Business-Suite-Anwendung, die in einer

SAP-S/4HANA-Installation betrieben werden kann. Dabei handelt es sich nicht um eigenständige Software. Die Bereitstellung der Compatibility Packs soll den Umstieg auf SAP S/4HANA dadurch vereinfachen, dass ausgewählte Anwendungen der SAP Business Suite für einen begrenzten Zeitraum weiter genutzt werden können. Dabei werden allerdings nicht alle Anwendungen bzw. Komponenten von SAP ECC 6.0 berücksichtigt. Einen detaillierten Überblick bieten die *Simplification List* und die *Feature Scope Description*. Die folgende Auflistung der Compatibility Packs stellt eine Auswahl dar und erhebt keinen Anspruch auf Vollständigkeit:

- **Asset Management**
  Das Instandhaltungsinformationssystem steht als Teil des Logistikinformationssystems zur Verfügung.

- **Rechnungswesen**
  Im Rechnungswesen stehen Funktionen für Abschreibungen, spezielle Ledger, Profit-Center-Rechnung, elektronische Rechnungsstellung und Bezahlung, das Financial Closing Cockpit und das Reisemanagement zur Verfügung.

- **Personal**
  Aus dem Personalwesen stehen Personaladministration, Organisationsmanagement, Entgeltabrechnung, Employee- und Manager-Selfservices, Arbeitgeberleistungen und Vergütungsmanagement, Talentmanagement und Zeitwirtschaft zur Verfügung.

- **Manufacturing**
  Qualitätskennzahlen aus dem Qualitätsmanagement, Absatz- und Produktionsgrobplanung, flexible Planung, Materialbedarfsplanung, Manufacturing Execution for Discrete Industries, Manufacturing Execution for Process Industries.

- **R&D/Engineering**
  Es sind Funktionen aus SAP Portfolio and Project Management und SAP EHS Management verfügbar, z. B. Produktsicherheit, Etikettenmanagement und Gefahrgutabwicklung

- **Vertrieb**
  Das Vertriebsinformationssystem basierend auf dem Logistikinformationssystem steht zur Verfügung, dazu Bonusabsprachen und der Produktkatalog.

- **Instandhaltung**
  Das Instandhaltungsmanagement enthält Funktionen zu Stammdatenmanagement, Servicemanagement, Ersatzteillogistik und dem Service-Agreement-Management.

- **Sourcing and Procurement**
  Diese Anwendung umfasst eine Lösung zur Rabattabwicklung.

- **Supply Chain**
  Es stehen die Funktionen des Versands und Transports sowie das Warehouse-Management zur Verfügung.

- **Branchen**
  Mit den Compatibility Packs werden Funktionen der folgenden Branchen zur Verfügung gestellt: Defense and Security, Engineering, Construction & Operations, Higher Education and Research, Mill Products, Oil & Gas, Public Sector, Retail.

[»]

> ### Weiterführende Informationen
>
> Die vorstehenden Angaben sind aus folgender Unterlage entnommen: SAP S/4HANA 1610 Feature Package Stack 01, Feature Scope Description, Version 1.3 vom 05.04.2017. Die *Simplification List* und die *Feature Scope Description* befinden sich als PDF-Versionen im SAP Help Portal:
>
> *https://help.sap.com/viewer/p/SAP_S4HANA_ON-PREMISE*
>
> Wählen Sie dort **Simplification List** bzw. **Feature Scope Description**.
>
> Die vollständige Übersicht der Anwendungen befindet sich an der gleichen Stelle.

1.2   Ergänzende Cloud-Anwendungen

In SAP S/4HANA stehen nicht mehr alle Anwendungen zur Verfügung, die noch in SAP ECC 6.0 enthalten waren. Welche Anwendungen weiterhin zur Verfügung stehen, wurde in Abschnitt 1.1.3, »Applikationen im digitalen Kern«, und Abschnitt 1.1.4, »Applikationen im digitalen Kern als Compatibility Packs«, kurz erläutert und kann der *Simplification List* entnommen werden.

In diesem Abschnitt stellen wir Ihnen ausgewählte Cloud-Anwendungen vor, die als Ersatz bzw. Ergänzung bestehender Anwendungen verfügbar und mit SAP S/4HANA integrierbar sind. Dabei beschreiben wir Einsatzzweck und Funktionsumfang der Anwendungen im Überblick. Anschließend gehen wir auf die Möglichkeiten der Integration mit Ihrem SAP S/4HANA ein. Ein kurzer Überblick zeigt Ihnen, wie Sie die Anwendung mit SAP S/4HANA integrieren können. Dabei gehen wir davon aus, dass SAP S/4HANA als On-Premise-Version eingesetzt wird.

1.2.1   SAP SuccessFactors

Als Alternative zu den in Abschnitt 1.1.3 erwähnten Compatibility Packs für Personal unterstützen die cloudbasierten Human-Resource-Lösungen (HR-Lösungen) des Unternehmens SAP SuccessFactors Ihre Personalprozesse. Die Lösungen umfassen die Themen Talentmanagement, HR-Analysen und die HR-Kernprozesse. Sie können Ihre Prozesse von der Stellenausschreibung über die Einstellung bis hin zur Weiterbildungs- und Nachfolgeplanung kundenindividuell gestalten. Für Ihre Mitarbeiter stellen die Lösungen ein zentrales Tool für die Verwaltung der eigenen Daten mittels Employee-Self-Service (ESS) und Aufgaben (z. B. Zielvereinbarungen, Fortbildungen) zur Verfügung. Die Zusammenfassung aller Lösungen erfolgt in der HCM Suite, die als Software-as-a-Service (SaaS) angeboten wird. Bei der Nutzung von SAP SuccessFactors HCM Suite als SaaS werden die Software und die IT-Infrastruktur von SAP SuccessFactors betrieben, und Sie nutzen diese als Dienstleistung.

HR-Lösungen in der Cloud

Wir stellen Ihnen in diesem Abschnitt die einzelnen Lösungen kurz vor. Eine Anbindung an Ihr SAP S/4HANA ist für jede der Lösungen vorgesehen.

Funktionen

Hier stellen wir Ihnen die HCM Suite mit den Kernprozessen der einzelnen Lösungen vor.

- **SAP SuccessFactors Talentmanagement**
  Im Rahmen des Talentmanagements werden Lösungen für das Bewerbermanagement angeboten, angefangen von der Stellenanforderung und Stellenausschreibung über den Auswahlprozess bis zur Einarbeitung des neuen Mitarbeiters.

- **SAP SuccessFactors Performance & Goals**
  Eine Lösung zur Leistungsbeurteilung und Zielvereinbarung mit dem Mitarbeiter schließt sich der Lösung SAP SuccessFactors Talentmanagement an und hilft Ihnen, die Entwicklung des Mitarbeiters zu beurteilen.

- **SAP SuccessFactors Compensation**
  Die Vergütung der Mitarbeiter, Ihre verschiedenen Vergütungsprogramme und die Einhaltung von Budgets können in dieser Lösung analysiert und revisionssicher durchgeführt werden.

- **SAP SuccessFactors Succession & Development**
  Die angebotene Lösung zur Nachfolgeplanung bietet Ihnen die Möglichkeit, potenzielle Lücken in der Personalplanung zu erkennen und eine individuelle Karriere- und Entwicklungsplanung für einen Mitarbeiter,

für eine Funktion in Ihrem Unternehmen oder für eine bestimmte Position zu entwickeln.

- **SAP SuccessFactors Learning**
  Ihre internen oder externen Weiterbildungsangebote können mithilfe dieser Lösung Ihren Mitarbeitern zur Verfügung gestellt und die individuell vereinbarten Lernpläne vom Mitarbeiter verwaltet werden.

- **SAP SuccessFactors Workforce Analytics/Workforce Planning**
  Die Lösungen im Bereich der HR-Analysen ermöglichen Ihnen, Ihre Personaldaten mit externen Daten zu verknüpfen und Auswertungen zielgerichtet zu erstellen. Im Rahmen der Personalplanung können Sie verschiedene Szenarien der Planung erstellen und bewerten.

- **SAP SuccessFactors Employee Central**
  Die HR-Kernprozesse von SAP SuccessFactors Employee Central beinhalten die Lösungen für Ihre Personalverwaltung. Neben der Abbildung der Organisation Ihres Unternehmens können Sie Analysen mit externen Datenquellen anreichern. Die Lösung bietet Ihren Mitarbeitern und Führungskräften im Rahmen des Selfservice die Möglichkeit, Informationen zum geeigneten Zeitpunkt selbst zu erfassen oder abzurufen. Die Personalstammdaten können mit vordefinierten Analysen bewertet und an Drittsysteme für weitere Auswertungen weitergeleitet werden.

- **SAP SuccessFactors Employee Central Payroll**
  Die Lösung SAP SuccessFactors Employee Central ist die Voraussetzung für die Nutzung der Lösung für die Personalabrechnung. Mit dem Payroll Control Center (PCC) dieser Lösung kann der Prozess der Entgeltabrechnung mit definierten Kontrollprozessen zentral gesteuert werden. Eventuelle Fehler können direkt an den zuständigen Sachbearbeiter zur zeitnahen Behebung gemeldet werden. Die Lösung der Entgeltabrechnung ist für Deutschland, aber noch nicht für alle Länderversionen einsetzbar und wird ausschließlich als Cloud-Lösung angeboten.

Integration

Integration von SAP S/4HANA mit HCM Suite

Bei der Betrachtung der Integrationsmöglichkeiten beschreiben wir hier die zwei am häufigsten anzutreffenden Anwendungsszenarien. Zuerst erläutern wir, wie die Integration zwischen Ihrem SAP S/4HANA mit Ihrer SAP-ERP-HCM-Anwendung (Human Capital Management) und den Cloud-Lösungen von SAP SuccessFactors seitens SAP mithilfe der Add-on-Lösung Integration Add-on for SAP ERP HCM and SuccessFactors HCM Suite realisiert wurde.

Dieses Add-on beinhaltet Softwarepakete, die in Ihrem SAP-S/4HANA-System installiert werden und Ihnen dann im Einführungsleitfaden (Implementation Guide/IMG) zur Implementierung zur Verfügung stehen. Bereitgestellt werden Ihnen Transaktionen und Programme zur Definition der Schnittstelleninhalte. In Abbildung 1.4 sehen Sie, welche Customizing-Aktivitäten Sie vornehmen müssen, um die einzelnen Funktionen von SAP SuccessFactors mit SAP S/4HANA zu integrieren. Die Besonderheit hierbei ist, dass das Add-on für die Integration unter der Bezeichnung der SuccessFactors Business Execution Suite (SuccessFactors BizX) ausgeliefert wird.

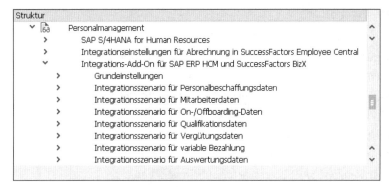

Abbildung 1.4 IMG für die Integration mit SAP SuccessFactors

Der Datenaustausch zwischen den Anwendungen kann per Dateiübertragung stattfinden. Eine weitere Möglichkeit zur Übertragung der Personaldaten zu den SAP-SuccessFactors-Lösungen ist die Nutzung von Web Services unter Anwendung von SAP Process Integration (PI) oder SAP Cloud Platform Integration. Während bei der klassischen Dateiübertragung ein Medienbruch entsteht, da die Datei zuerst gespeichert, dann zum Zielsystem übertragen und schließlich dort verarbeitet wird, werden die Daten bei der Nutzung eines Web Service direkt im Zielsystem gespeichert. Das Fehlerrisiko wird damit im hohen Maße reduziert. Die Nutzung eines bereits bestehenden SAP PI ist möglich, während SAP Cloud Platform Integration als Cloud-Lösung angeboten wird. Welche der Integrationsmöglichkeiten für Sie infrage kommen, ist abhängig vom Release-Stand Ihres SAP S/4HANA und der eingesetzten SAP-SuccessFactors-Lösung.

Als Zweites erläutern wir die Integration Ihres SAP-S/4HANA mit SAP SuccessFactors Employee Central, die bereits mit SAP S/4HANA ausgeliefert wurde. Die Schnittstelle nutzt die Web-Service-Technologie und benötigt als Middleware SAP Cloud Platform Integration, um Mitarbeiterdaten, Kostenstellen und organisatorische Daten wie die Unternehmensstruktur austauschen zu können.

Integration mittels Web Services

Datensicherheit durch Verschlüsselung

Bei der Übertragung von Personaldaten müssen besonders der Datenschutz und die Datensicherheit betrachtet werden. Die Verschlüsselung der Daten ist in der Add-on-Lösung der HCM Suite bereits für alle Übertragungswege vorgesehen und kann kundenindividuell implementiert werden. Eine weitere Möglichkeit zur Absicherung des Datenzugriffs bietet die Nutzung des Single Sign-On (SSO) zur Anmeldung an der HCM Suite.

Weiterführende Informationen

Aktuelle Informationen zur SAP SuccessFactors HCM Suite finden Sie im SAP Help Portal:

https://help.sap.com/viewer/p/SAP_SUCCESSFACTORS_HCM_SUITE

Weitere Informationen zur aktuellen Version der Integration mit SAP S/4HANA und der SAP SuccessFactors HCM Suite finden Sie im SAP Help Portal:

https://help.sap.com/viewer/p/INTEGRATION_ADD_ON_FOR_SAP_ERP_HCM_AND_SAP_SUCCESSFACTORS_HCM_SUITE

Umfassende Information zu den SAP-SuccessFactors-Lösungen erhalten Sie unter anderem im folgenden Buch:

Krasser/Rehkopf, SAP SuccessFactors. Rheinwerk Verlag.

1.2.2   Concur

Reisemanagement in der Cloud

Mit Concur steht Ihnen ein Cloud-basiertes Reisemanagement zur Verfügung. Sie können mit Concur unter anderem den Reiseplanungsprozess sowie die Reisekostenabrechnung durchführen. Concur kann mit Ihrem SAP-S/4HANA-System verbunden werden. In diesem Abschnitt möchten wir Ihnen einen Überblick über die Funktionen von Concur, die Integration mit SAP S/4HANA sowie die Konfiguration der Integration mit Concur geben.

Funktionen

Für die Reiseplanung stellt Concur die Lösung Concur Travel bereit. Für die Reisekostenabrechnung ist die Lösung Concur Expense vorgesehen. Concur bietet für andere Aufgabenbereiche weitere Lösungen an. Dazu gehören unter anderen ein eigenes Reporting, eine Möglichkeit zur Lokalisierung von reisenden Mitarbeitern, eine Lösung für die Kommunikation mit reisenden Mitarbeitern sowie eine Invoicing-Lösung für kleine und mittlere Unternehmen.

Wir möchten uns an dieser Stelle exemplarisch auf die Anbindung von Concur Travel und Concur Expense an SAP S/4HANA fokussieren. Diese Lösungen können als Alternative zum Einsatz des Travel-Managements als Compatibility Pack eingesetzt werden.

Integration

Die Integration Ihres SAP-S/4HANA mit Concur kann per Dateiaustausch (z. B. FTP) oder unter Verwendung von Add-ons realisiert werden. Folgende Add-ons stehen innerhalb von SAP S4-CONCUR INTEGRATION zur Verfügung:

Integration von SAP S/4HANA mit Concur mit Add-ons

- **CTE_FND 1OS**
  Dieses Add-on enthält die generischen Teile für die Integration von Concur mit SAP S/4HANA. Diese Komponente ist zwingend erforderlich.

- **CTE_FIN 1OS**
  Dieses Add-on ermöglicht den Datenaustausch zwischen Concur und SAP S/4HANA Finance. Dazu gehört der Export der Stammdaten an Concur, der Import der Abrechnungsergebnisse in SAP S/4HANA sowie der Export der Zahlungsinformationen an Concur.

- **CTE_INV 1OS**
  Dieses Add-on ist für den Austausch der Stammdaten vorgesehen, die für den Invoicing-Prozess notwendig sind.

- **CTE_HCM 1OS**
  Dieses Add-on enthält die Funktionalitäten für den Export der Mitarbeiterdaten aus dem SAP ERP HCM (Human Capital Management) an Concur.

[!]

Ende der Mainstream Maintenance

Gemäß *Product Availability Matrix* (PAM) wurde SAP S4-CONCUR INTEGRATION den Kunden am 12.12.2016 zur Verfügung gestellt. Das Ende der Mainstream Maintenance für dieses Add-on ist bereits für den 31.12.2017 angekündigt. Die Vorgehensweise bei der Integration kann sich also zu diesem Zeitpunkt ändern. Die PAM enthält gegebenenfalls mögliche Nachfolgeprodukte. Sie finden sie im SAP Support Portal unter dem folgenden Link:

https://support.sap.com/en/release-upgrade-maintenance/product-availability-matrix.html

Konfiguration

Konfiguration
der Anbindung
mit Wizard

Durch die weiter oben behandelten Add-ons werden Customizing-Tabellen, Transaktionen, Programme und BAdIs (Business Add-Ins) zur Verfügung gestellt. Anders als Sie es von vielen anderen Add-ons gewohnt sind, wird durch die oben aufgeführten Komponenten kein zusätzliches Customizing im Einführungsleitfaden von SAP S/4HANA (Transaktion SPRO) durchgeführt. Stattdessen wird ein Cockpit bereitgestellt, über das die erforderlichen Einstellungen vorgenommen werden können. Dafür werden im Cockpit mehrere Customizing Wizards bereitgestellt, die Sie bei der Einrichtung der Integration unterstützen. Das Cockpit für die Einrichtung der Integration mit Concur rufen Sie über die Transaktion CTE_SETUP auf.

Im ersten Schritt muss die Systemverbindung eingerichtet werden. Abbildung 1.5 veranschaulicht die Oberfläche der Wizards, die für die Integrationsschritte zur Anwendung kommen.

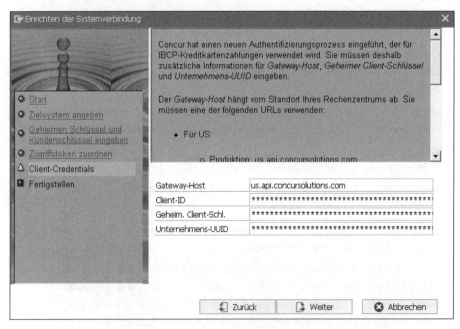

Abbildung 1.5 Einrichten der Systemverbindung im Concur Wizard

Nach dem Einrichten der Systemverbindung werden die Schnittstellen konfiguriert. Auch hier kommen Wizards zum Einsatz, je nach Umfang und Szenario der Integration. So können Sie z. B. Ihre Personalwirtschaft und Ihre Finanzbuchhaltung in unterschiedlichen Systemen betreiben. Entsprechend müssen Sie die Konfiguration des Datenexports im jeweiligen Quellsystem vornehmen.

1.2.3   SAP Ariba

Das Unternehmen SAP Ariba betreibt mit dem Ariba Network ein cloudbasiertes Geschäftsnetzwerk, das für Einkäufer wie für Lieferanten gleichermaßen nützlich ist. SAP Ariba bietet Ihnen neben dem Ariba Network eine Vielzahl von Lösungen an, um Ihre Beschaffungsprozesse sowie Ihre Lieferantenprozesse zu optimieren. Im Umfang enthalten sind Lösungen zur strategischen Planung Ihrer Beschaffung, zum Beschaffungsprozess selbst, zum Management Ihrer Lieferanten, dem Informationsaustausch innerhalb der Lieferkette und dem Rechnungsmanagement. In diesem Abschnitt stellen wir Ihnen die Lösungen kurz vor. Sie können sie mit Ihrem SAP-S/4HANA-System integrieren oder als Software-as-a-Service (SaaS) nutzen.

Beschaffung in der Cloud

Funktionen

Im Folgenden erhalten Sie einen Überblick über die wichtigsten Funktionen von SAP Ariba:

Echtzeitinformation zu Bestellungen und Lieferungen

- **Strategisches Sourcing**
  Die Lösungen SAP Ariba Sourcing und SAP Ariba Strategic Sourcing Suite unterstützen Sie bei der Planung Ihrer Beschaffung sowie bei der Auswahl der Lieferanten und helfen Ihnen, die Vertragsverhandlungen zu optimieren.

- **Beschaffungsprozess**
  SAP Ariba unterstützt Sie mit Lösungen zur Beschaffung der angeforderten Waren oder Dienstleistungen. Ihnen werden gemäß Ihren Beschaffungsrichtlinien die Waren und Dienstleistungen in einem Katalog zur Bestellung angeboten, und Workflows werden zur Genehmigung der Bestellanforderung ausgelöst. Es handelt sich hierbei um die Lösungen SAP Ariba Buying and Invoicing, SAP Ariba Buying, SAP Ariba Catalog und SAP Ariba Invoice Management.

- **Lieferantenmanagement**
  Verschiedene Funktionen zum Management Ihrer Lieferanten bieten die Lösungen SAP Ariba Supplier Lifecycle and Performance, SAP Ariba Supplier Risk und SAP Ariba Supplier Information and Performance Management. Sie können hiermit alle für Sie relevanten Informationen Ihrer Lieferanten zentral verwalten und Risikobewertungen durchführen.

- **Lieferkette**
  Einen Datenaustausch mit Ihren Lieferanten in Echtzeit ermöglicht Ihnen die Lösung SAP Ariba Supplier Chain Collaboration. Sie können zu jeder Zeit den aktuellen Status Ihrer Bestellung abrufen. Die Lieferinformationen können Ihnen online bereitgestellt werden.

- **Finanzielle Lieferkette**
  Mit diesen Lösungen von SAP Ariba kann Ihr Rechnungs- und Zahlungs-
  management optimiert werden. Die Rechnungen Ihrer Lieferanten können elektronisch verarbeitet und nach Ihrem Freigabeprozess automatisch zur Zahlung freigegeben werden. Außerdem kann Ihrem Lieferanten ermöglicht werden, den Status der Zahlung bei Ihnen einzusehen. Es
  handelt sich um die Lösungen SAP Ariba Invoicemanagement und SAP
  Ariba Verbindlichkeiten.

- **Ariba Network**
  Das Ariba Network von SAP Ariba dient den zuvor genannten Lösungen
  als Grundlage. Über diese Plattform findet der Austausch zwischen Ihnen und Ihren Lieferanten statt.

Integration

Wir erklären Ihnen in diesem Abschnitt, wie Sie SAP Ariba mit SAP S/4HANA
integrieren können. Dabei handelt es um die Anbindung des Ariba Network
an Ihr SAP-S/4HANA-System und die Implementierung der verschiedenen
Schnittstellen für die einzelnen Prozessschritte innerhalb des Beschaf-
fungsprozesses.

- **Purchase Order & Invoice Automation**
  Diese Schnittstelle ermöglicht Ihnen, Ihre Bestellung im Ariba Network
  Ihrem Lieferanten online zur Verfügung zu stellen. Im Anschluss an die
  Lieferung erhalten Sie die Rechnung des Lieferanten in Ihr SAP S/4HANA
  Finance zur Zahlung.

  Die Voraussetzung für die Implementierung der Schnittstelle zum Ariba
  Network ist in SAP S/4HANA bereits vorhanden und kann über eine der
  folgenden drei technischen Lösungen realisiert werden. Die direkte Verbindung Ihres SAP S/4HANA mit dem Ariba Network erfolgt unter Nutzung der Ariba-Network-Anmeldeinformationen. Unter kundenindividuellen Voraussetzungen kann eine direkte Verbindung nicht erlaubt
  sein. Hierzu wurden die Verbindungen mittels SAP Cloud Platform Integration und die Verbindung mittels SAP PI unter Nutzung der Integration Engine als Middleware zur Verfügung gestellt. In Abbildung 1.6 sehen Sie die Aktivitäten im Einführungsleitfaden (IMG), die Sie für die Integration mit dem Ariba Network vornehmen müssen.

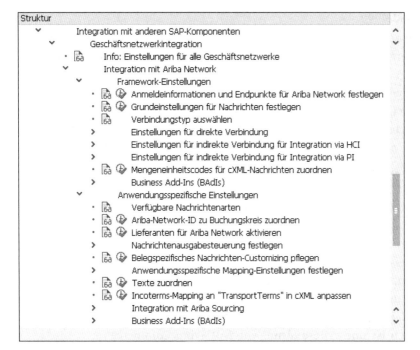

Abbildung 1.6 IMG für die Integration mit dem Ariba Network

> **Weiterführende Informationen** [«]
>
> Umfassende Information zu den SAP-Ariba-Lösungen und deren Implementierung können Sie unter anderem in folgenden Büchern erhalten: Mock/Wagner, Einkauf mit SAP Ariba sowie Ashlock, SAP Ariba und SAP Fieldglass, beide aus dem Rheinwerk Verlag.

1.2.4 SAP Hybris

Die Hybris AG wurde im Jahr 2013 von SAP SE übernommen. SAP Hybris bietet Ihnen die Möglichkeit, die Interaktion mit den Kunden in den Bereichen Marketing, Vertrieb, Service, Handel und Abrechnung sowie Ihr Kunden- und Produktdatenmanagement mit der angebotenen E-Commerce-Technologie und den dazugehörigen E-Commerce-Prozessen zu optimieren. Innerhalb der einzelnen Lösungen werden Ihnen unter anderem technische Möglichkeiten für die Erstellung von Onlineshops und für das Kundenmanagement zur Verfügung gestellt. Wir möchten Ihnen in diesem Abschnitt die Lösungen vorstellen, um Ihnen einen Überblick zu bieten.

E-Commerce aus der Cloud

Funktionen

Kundeninteraktion
ohne technische
Grenzen

Mit Lösungen von SAP Hybris können Sie auf Anfragen Ihrer Kunden reagieren, unabhängig davon, über welchen Eingangskanal diese zu Ihnen gelangt sind. Es kann sich hierbei um klassische Anfragen per Telefon oder E-Mail oder um Anfragen über soziale Netzwerke handeln. Auch ob eine Anfrage über einen PC oder über ein Mobilgerät erfasst wurde, ist für die Bearbeitung mit diesen Lösungen unerheblich. Im Folgenden stellen wir eine Auswahl der Kernfunktionen von SAP Hybris im Überblick vor.

- **SAP Hybris Commerce**
  Mit den Lösungen von SAP Hybris Commerce haben Sie die Möglichkeit, mit den Omnichannel-Funktionen mit Ihren Kunden, unabhängig vom Zugriffsmedium des Kunden, zu interagieren. Neben den Anwendungen für den Handel von Business-to-Customer (B2C) und Business-to-Business (B2B) beinhaltet es Lösungen zum Produktdaten- und Katalogmanagement, zur Auftragsabwicklung und zum kontextbezogenen Kundenerlebnis. Die Möglichkeit, Ihren Kunden in Abhängigkeit von Kenntnissen über ihr bisheriges Kaufverhalten Angebote zu präsentieren, ist eine weitere Lösung von SAP Hybris Commerce.

- **SAP Hybris Marketing**
  Mit der SAP Hybris Marketing Cloud wird die Marketingplattform mit der Architektur und der Technologie von SAP S/4HANA verknüpft. Diese Lösung bietet Ihnen die Möglichkeit, Ihre Daten in Echtzeit zu verarbeiten, und Sie können entscheiden, wo Ihre Daten gespeichert werden sollen. Die Daten können wahlweise in der öffentlichen Cloud, in der privaten Cloud oder in der eigenen Infrastruktur gespeichert werden. Sie können Online- und Offlinedatenquellen nutzen, um Kundenprofile anzulegen, zu aktualisieren und darauf mit den entsprechenden Angeboten zu reagieren. Die Bewertungsmöglichkeit des Kunden schafft eine Kundenbindung, und diese kann unter anderem mit Treueprogrammen gefestigt werden. Weitere Funktionen der Lösung ermöglichen Ihnen, Ihre Marketingkampagnen zu steuern und zu analysieren. Das Marketing-Lead-Management führt durch die Zusammenarbeit von Ihrer Marketingabteilung mit Ihrem Vertrieb zum Geschäftserfolg, und die vom Vertrieb erfassten Daten können analysiert werden.

- **SAP Hybris Billing**
  Mit den Lösungen von SAP Hybris Billing stehen Ihnen nicht nur Abrechnungs- und Fakturierungsfunktionalitäten für B2C-Geschäfte, sondern auch für B2B-Geschäfte zur Verfügung. Neben der klassischen Rechnungsstellung können Sie hier auch die verschiedenen Bezahlungs- und Finanzierungsmöglichkeiten abbilden und bearbeiten. Die Verwaltung

und Abrechnung von Abonnements sowie die Zusammenführung von verschiedenen Preispositionen eines Service oder eines Produkts zu einer konsolidierten Abrechnung werden von diesen Lösungen unterstützt. Mit SAP Hybris Digital Documents by Open Text können Sie Ihre Geschäftskommunikation, wie Lieferscheine, Produktinformationen, Papier- oder Onlinerechnungen etc., selbst erstellen und deren Änderungen verwalten.

- **SAP Hybris Sales**
  Die Lösung SAP Hybris Sales ergänzt das bisherige Customer-Relationship-Management (CRM) um eine Vielzahl von Funktionalitäten. Die notwendigen Kundendaten wie Analysen des Kunden und Lagerbestände zu einem Produkt können zentral bereitgestellt und mit der Aktualisierung durch Ihren Vertriebsmitarbeiter in Echtzeit den Kollegen und Vorgesetzten zur Verfügung gestellt werden. Die Analysefunktionen ermöglichen Ihnen, Ihre Vertriebsstrategie zu überprüfen und sie den Kunden oder der Marktsituation anzupassen.

- **SAP Hybris Service**
  Mit der SAP Hybris Service Cloud wird Ihnen eine Lösung angeboten, mit der Sie in Interaktion mit dem Kunden deren Servicefragen bearbeiten können. Ihre Mitarbeiter haben alle Informationen zu Ihrem Kunden online im Zugriff und können diese für die Serviceerbringung nutzen. Mithilfe von Vorgabelisten können die Anfragen schnell kategorisiert und an den zuständigen Bearbeiter weitergeleitet werden. Die erbrachten Serviceleistungen können mithilfe von Analysefunktionalitäten optimiert werden. Ihre Servicetechniker können Sie über diese Lösung unter Beachtung von Service-Level-Agreements (SLA) steuern und deren Leistung messen. Sie können Ihren Kunden und Mitarbeitern einen Selfservice zur Informations- und Lösungssuche zur Verfügung stellen. Die Lösung SAP Hybris Knowledge Central by MindTouch bietet Ihnen die Möglichkeit, diese Informationen ohne weitere Technologien zur Verfügung zu stellen, und die Analysefunktion liefert Ihnen Informationen über die Nutzung.

- **SAP Hybris Cloud for Customer**
  Die Lösung SAP Hybris Cloud for Customer bietet Ihnen die cloudbasierten CRM-Lösungen von SAP Hybris Sales Cloud und SAP Hybris Service Cloud ergänzt um die Lösung SAP Hybris Social Engagement Cloud als Software-as-a-Service (SaaS) an. Sie können Ihre benötigten Funktionen im erforderlichen Umfang zusammenstellen und diese als Abonnement beziehen. Ihre kundeneigene CRM-Software können Sie mit SAP Hybris Cloud for Customer integrieren oder mit Ihrem CRM in SAP-S/4HANA.

Integration

Wir erläutern Ihnen in diesem Abschnitt, wie die Lösung SAP Hybris Cloud for Customer in Ihr SAP S/4HANA integriert werden kann. Für die Integration sind verschiedene Stammdaten vorgesehen, die mithilfe von Umsetzungstabellen zwischen den Systemen ausgetauscht werden können. Die Voraussetzung für die Implementierung dieser Schnittstelle ist in Ihrem SAP-S/4HANA-System bereits vorhanden und kann über die Verbindung mittels SAP Cloud Platform Integration oder über die Verbindung mittels SAP PI als Middleware realisiert werden. In Abbildung 1.7 sehen Sie die Aktivitäten im Einführungsleitfaden (IMG).

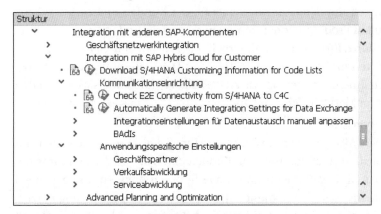

Abbildung 1.7 IMG für die Integration mit SAP Hybris Cloud for Customer

Weiterführende Informationen

Aktuelle Information zu SAP Hybris Cloud for Customer finden Sie im SAP Help Portal:

https://help.sap.com/viewer/p/SAP_HYBRIS_CLOUD_FOR_CUSTOMER

Umfassende Informationen unter anderem zu den Lösungen von SAP Hybris erhalten Sie im folgenden Buch:

Singh et al., SAP Hybris Commerce, Marketing, Sales, Service and Revenue. Rheinwerk Verlag.

1.2.5 SAP Fieldglass

Geschäftsnetzwerk für Personaldienstleistungen

Fieldglass wurde im Jahr 2014 von SAP erworben. Die Software bietet Ihnen mit seinem cloudbasierten Geschäftsnetzwerk Vendor Management System (VMS) die Möglichkeit, Beschaffung, Verwaltung, Abrechnung und Bezahlung Ihrer externen Mitarbeiter (Zeitarbeitskräfte, Freiberufler) und

Ihrer Personaldienstleistungen zu optimieren. Seitens SAP Fieldglass wird das VMS als Software-as-a-Service (SaaS) angeboten.

Das VMS dient als Plattform für Unternehmen, ihre Anforderungen an Personaldienstleistungen den dort registrierten Personaldienstleistern bekannt zu geben, und für den Personaldienstleister als zentrale Möglichkeit, Ausschreibungen zu erhalten.

Wir möchten Ihnen in diesem Abschnitt die Lösung kurz vorstellen. Eine Anbindung an Ihr SAP S/4HANA ist für einen Teil der Lösung vorgesehen.

Funktionen

Das Vendor Management System ermöglicht Ihnen, den Beschaffungs- und Rechnungsprozess für Personaldienstleistungen nach Ihren Vorgaben durchzuführen und zu automatisieren. Es können Personalanforderungen an Ihnen bekannte Dienstleister vergeben werden, oder Sie entscheiden aufgrund des passenden Angebots, Ihnen bislang unbekannte Dienstleister zu kontaktieren. Die eingehenden Angebote können nach Ihren individuellen Kriterien bewertet und der Vertrag mit dem Dienstleister kann papierlos im VMS abgeschlossen werden.

Personaldienstleistungsbeschaffung aus der Cloud

Die Lösung SAP Fieldglass Vendor Management System bietet Ihnen in den einzelnen Modulen die folgenden Funktionen:

- **SAP Fieldglass Contingent Workforce Management**
  Dieses Modul des VMS beinhaltet die zentralen Funktionalitäten für die Verwaltung Ihrer externen Mitarbeiter. Angefangen von der Stellenausschreibung und der Auswahl der Kandidaten über die Betreuung der externen Mitarbeiter bis zur Bezahlung der Dienstleistung können Sie über das VMS alles zentral in einem System durchführen.

  Ein möglicher Prozess der Personaldienstleistungsbeschaffung könnte wie folgt verlaufen: Nach der Erstellung der Ausschreibung mit der Anforderungs- und Leistungsbeschreibung wird mithilfe von Workflows die Freigabe der Ausschreibung erteilt, und diese wird im VMS veröffentlicht. Die eingehenden Mitarbeiterprofile können bewertet und miteinander verglichen werden. Die Vereinbarungen über den Arbeitsauftrag schließen sich der Kandidatenauswahl an. Eine kurze Einarbeitungszeit bis zur Arbeitsaufnahme ist aufgrund des zentralen Systems möglich, da alle notwendigen Informationen dem Mitarbeiter frühzeitig zur Verfügung gestellt werden können. Durch die Erfassung der Zeiten und Reisekosten des externen Mitarbeiters im VMS mit einer Freigabefunktion haben Sie eine frühzeitige Möglichkeit, die Kosten zu managen. Nach der Auftragserfüllung schließt sich der Austrittsprozess des externen Mitar-

beiters an, der eventuell Abschlussaktivitäten beinhaltet. Die Abschluss-
rechnung kann bei einer integrierten Anwendung direkt in Ihr SAP S/4HANA
Finance übertragen und beglichen werden. Es besteht die Möglichkeit,
dass Sie und der Dienstleister Erfahrungen über die Tätigkeiten und die
Mitarbeiter austauschen.

- **SAP Fieldglass Service Procurement**
  Mit dem VMS von SAP Fieldglass können Sie alle Arten von Dienstleis-
  tungsverträgen managen. Ähnlich dem Prozess der Personaldienstleistungsbeschaffung werden Ausschreibung und Anbieterauswahl einer
  Dienstleistung (z. B. IT- oder Finanzdienstleistungen) mithilfe von Workflows und automatischen Regelwerken unterstützt. Die Bearbeitung von
  Leistungsbeschreibungen und deren Besonderheiten in der Termin-
  überwachung und Rechnungsfreigabe werden durch definierte Prozesse
  gesteuert.

- **SAP Fieldglass Worker Profile Management (WPM)**
  Diese Lösung von SAP Fieldglass bietet Ihnen eine Verwaltungsmöglich-
  keit aller externen Mitarbeiter, die nicht im Rahmen eines Vertrags bei
  Ihnen im Personalstamm geführt werden. Das Dienstleistungsunter-
  nehmen kann Ihnen Daten eines externen Mitarbeiters direkt im VMS
  von SAP Fieldglass zur Verfügung stellen. Diese Daten könnten Sie für
  Ihr Risiko- und Compliance-Management nutzen oder um Informationen zum externen Mitarbeiter zu erfassen, z. B. ob ein Mitarbeiter ein
  weiteres Mal eingesetzt wird.

Integration

Wir erklären Ihnen in diesem Abschnitt, wie SAP Fieldglass VMS in die Lösungen von SAP SuccessFactors HCM Suite und SAP S/4HANA integriert
werden können. Zuerst stellen wir Ihnen die Integrationsmöglichkeiten
von SAP Fieldglass VMS mit SAP S/4HANA vor.

- **Master Data Integration**
  Mithilfe dieser Schnittstelle wird es Ihnen ermöglicht, die notwendigen
  Kontierungsinformationen wie z. B. Kostenstellen oder Innenaufträge
  aus Ihrem SAP S/4HANA an SAP Fieldglass VMS zu übertragen. Es können auch Organisationseinheiten und Planstellen Ihrer Organisationsstruktur bereitgestellt werden.

- **Contingent Labor and Invoice Integration**
  Mithilfe der in SAP Fieldglass VMS erfassten Zeitnachweise und Reisekosten der externen Mitarbeiter ist es Ihrem Personaldienstleister mit
  dieser Schnittstelle möglich, Ihnen eine Rechnung direkt in Ihr SAP
  S/4HANA Finance zu übertragen. Am Ende Ihrer Rechnungsbearbeitung

ist es Ihnen möglich, dem Personaldienstleister ein Zahlungsavis in SAP Fieldglass VMS bereitzustellen.

Die Voraussetzung für die Implementierung dieser Schnittstellen ist in SAP S/4HANA bereits vorhanden und kann über eine der folgenden drei technischen Lösungen realisiert werden. Die direkte Verbindung Ihres SAP S/4HANA mit SAP Fieldglass VMS erfolgt unter Nutzung der SAP-Fieldglass-VMS-Anmeldeinformationen. Unter kundenindividuellen Voraussetzungen kann eine direkte Verbindung zwischen den Systemen nicht erlaubt sein. Hierzu wurden erstens die Verbindung mittels SAP Cloud Platform Integration und zweitens die Verbindung mittels SAP PI als Middleware zur Verfügung gestellt. In Abbildung 1.8 sehen Sie die Aktivitäten im Einführungsleitfaden (IMG), die Sie für die Integration von SAP Fieldglass vornehmen müssen.

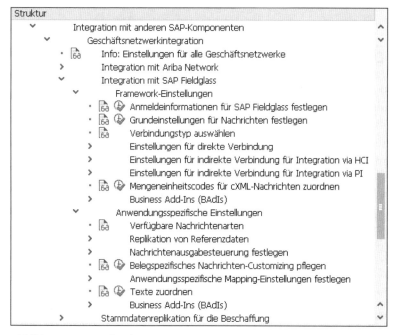

Abbildung 1.8 IMG für die Integration mit SAP Fieldglass VMS

Im Folgenden beschreiben wir kurz die Integrationsmöglichkeiten von SAP Fieldglass VMS mit SAP SuccessFactors, da beide Lösungen häufig unter dem Begriff *Total Workforce Management* zusammengefasst werden.

Integration von SAP Fieldglass mit SAP SuccessFactors

- **Total Workforce Management**
  Die Integration von SAP Fieldglass VMS und SAP SuccessFactors bietet Ihnen die Möglichkeit, den Personalbeschaffungsprozess für externe Mitarbeiter zu optimieren.

Eine in SAP SuccessFactors erfasste Stellenanforderung für einen externen Mitarbeiter kann in SAP Fieldglass VMS zu einer automatisch erstellten Anforderung führen. Die komplette Verwaltung dieser Anforderung und des daraus entstehenden Vertrags erfolgt in SAP Fieldglass VMS, und bei Bedarf können die Informationen des Beschäftigten für die Anlage eines Personalstamms für einen externen Mitarbeiter zu SAP SuccessFactors übertragen werden. Diese Integration führt zu einer effektiven Personalbeschaffung in Ihrem Unternehmen.

[»]

Weiterführende Informationen

Umfassende Informationen unter anderem zu den Lösungen von SAP Fieldglass erhalten Sie im folgenden Buch:

Ashlock, SAP Ariba und SAP Fieldglass. Rheinwerk Verlag.

1.3   Einsatzszenarien von SAP S/4HANA

Nachdem die Datenbank und die Applikationen des digitalen Kerns erklärt und die ergänzenden Cloud-Anwendungen vorgestellt wurden, widmen wir uns nun den verschiedenen Einsatzmöglichkeiten: SAP S/4HANA kann als internes System im eigenen Rechenzentrum oder als Cloud-Lösung betrieben werden. Abbildung 1.9 gibt Ihnen hierzu eine kompakte Übersicht. Welche Betriebsform Sie wählen, sollte sich nach der schon vorhandenen IT-Infrastruktur, der Unternehmensgröße und auch der unternehmenseigenen IT-Strategie richten.

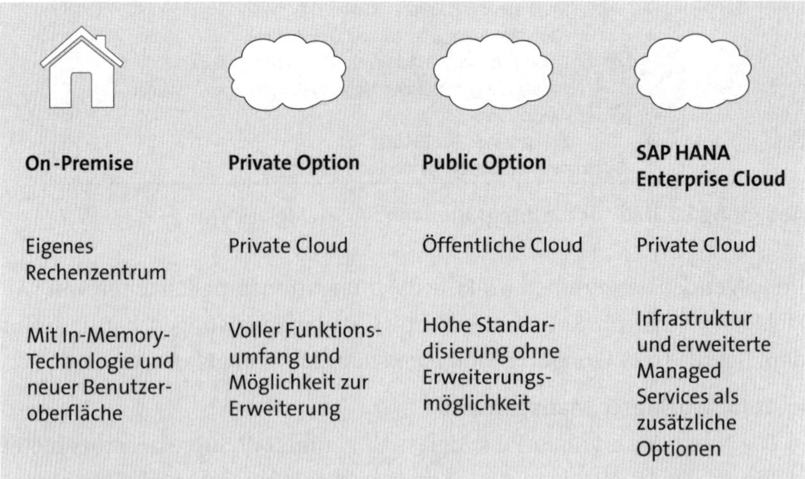

On-Premise	Private Option	Public Option	SAP HANA Enterprise Cloud
Eigenes Rechenzentrum	Private Cloud	Öffentliche Cloud	Private Cloud
Mit In-Memory-Technologie und neuer Benutzeroberfläche	Voller Funktionsumfang und Möglichkeit zur Erweiterung	Hohe Standardisierung ohne Erweiterungsmöglichkeit	Infrastruktur und erweiterte Managed Services als zusätzliche Optionen

Abbildung 1.9 Betriebsform von SAP S/4HANA

Wir stellen Ihnen die verschiedenen Betriebsformen von SAP S/4HANA vor. Dabei werden die einzelnen Begriffe erläutert und die Einsatzmöglichkeiten beschrieben. Ergänzend dazu stellen wir die Unterschiede heraus und geben einen Überblick über die Vor- und Nachteile der einzelnen Lösungen.

1.3.1   On-Premise

Diese Option ist die klassische Variante, SAP-Systeme zu betreiben. Die On-Premise-Version wird im kundeneigenen Netzwerk betrieben und setzt eigene Hardware und IT-Infrastruktur voraus. Neben hohen Investitionskosten fallen regelmäßig Wartungs- und Betriebskosten an. Die Software wird über ein Lizenzmodel gekauft.

Kundeneigenes Netzwerk

Oft werden die SAP-Anwendungen aus den Bereichen Finanzen, Beschaffung, Vertrieb, Fertigung etc. den Geschäftsprozessen im Unternehmen durch Customizing und kundenindividuelle Entwicklungen angepasst. Dadurch entstehen häufig lang laufende Einführungs- und Upgrade-Projekte oder Folgeprojekte. Diese Komplexität erschwert nicht nur den reibungslosen Betrieb der Software, sondern verhindert darüber hinaus ein schnelles und flexibles Reagieren auf neue Anforderungen aus dem Kerngeschäft.

Wesentliche Merkmale der On-Premise-Version

- Lizenz-, Wartungs- und Betriebskosten.
- Upgrades mit Downtime.
- Durch Konfiguration und Erweiterungsmöglichkeiten kundenindividuelle Lösungen möglich.
- Modifikationen erlaubt.
- Alle Länderversionen.
- Integration von SAP-Cloud-Lösungen wie SAP SuccessFactors Employee Central und SAP Ariba.

1.3.2   Cloud-Optionen

Die SAP S/4HANA Enterprise Management Cloud stellt den vollen Funktionsumfang des digitalen Kerns dar. Wer erst einmal nur einen Teil des Scopes verwenden möchte, kann auch auf die schlankere SAP S/4HANA Finance Cloud oder die SAP S/4HANA Professional Service Cloud zurückgreifen. Eine Erweiterung auf den vollen Scope ist relativ einfach zu realisieren. Dabei sind lediglich eine Vertragsänderung und die Anpassung der Lizenzen erforderlich, danach erhalten Sie innerhalb der Lösung den vollen

Modularer Aufbau der SAP-S/4HANA-Cloud

Funktionsumfang. Weder eine Migration noch ein Umzug ist notwendig. Außerdem kann der Funktionsumfang durch SAP-SuccessFactors- und SAP-Ariba-Lösungen sowie mit SAP Hybris Cloud for Customer und SAP Hybris Marketing ergänzt werden.

Abbildung 1.10 zeigt Ihnen den Unterschied zwischen dem vollen Funktionsumfang und den Teilkomponenten von SAP S/4HANA Cloud sowie die einzelnen ergänzenden Cloud-Lösungen.

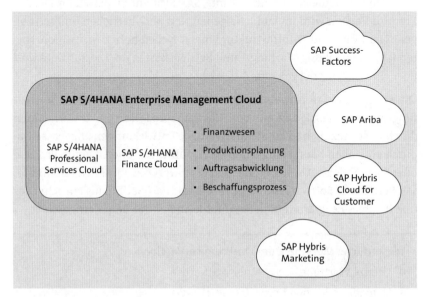

Abbildung 1.10 SAP S/4HANA Enterprise Management Cloud

Unterschiedliche Cloud-Optionen Die unterschiedlichen Cloud-Bereitstellungsoptionen können ergänzend zur eigenen IT-Architektur oder alternativ zu den eigenen Systemen genutzt werden. Welche Variante Sie einsetzen sollten, hängt stark von verschiedenen Faktoren im Unternehmen ab, denn der Einsatz von Cloud-Lösungen kann den Bedarf an Personalressourcen in der IT-Abteilung und an Hardware beeinflussen, da diese nicht mehr intern bereitgestellt werden müssen. So können sich auch die Investitions- und Betriebskosten ändern.

Private Cloud Option

Eine private Cloud kann im eigenen Netzwerk betrieben und so über eine Firewall geschützt werden. Sie bietet damit die höchste Sicherheit, und der Kunde hat die volle Kontrolle über seine Daten. Alternativ kann die private Cloud auch über einen Service-Provider gehostet werden.

Wesentliche Merkmale der Private Cloud Option

- Lizenz Mietmodell pro User und pro Monat (dazu Kostenelemente wie Applikationsmanagement, Infrastruktur und Softwarenutzung)
- SAP S/4HANA On-Premise 1610/1709
- Keine Einschränkung der Funktionen
- Immer als Neuinstallation
- Es sind keine Modifikationen erlaubt
- Ab 150 User (Full User Equivalents)
- Alle Länderversionen

Public Cloud Option

Im Gegensatz zur privaten Cloud wird die Public Cloud über ein öffentliches Netzwerk bereitgestellt, sodass jeder darauf zugreifen kann. Sie ist damit zwar günstiger, bietet dafür aber weniger Sicherheit.

Öffentliches Netzwerk

Wesentliche Merkmale der Public Cloud Option

- Lizenz Mietmodell pro User und pro Monat (dazu Kostenelemente wie Applikationsmanagement, Infrastruktur und die Softwarenutzung)
- SAP S/4HANA, Public-Cloud-Version (aktuell 1702)
- Für SAP S/4HANA Finance Cloud ab 25 User (Full User Equivalents)
- Für SAP S/4HANA Enterprise Management Cloud ab 50 User (Full User Equivalents)
- Nur Funktionen, die mit der Edition für den Kunden bereitgestellt werden
- Nicht erweiterbar, es sei denn, mit Schnittstellen zu anderen Systemen
- Nicht alle Länder- und Sprachversionen sind verfügbar
- Mandantenfähig
- Keine Modifikation erlaubt

SAP HANA Enterprise Cloud

SAP HANA Enterprise Cloud wird ebenfalls in einer privaten Cloud betrieben. Die Bereitstellung der Infrastruktur und erweiterte Services werden aber vom Provider übernommen. Im Grunde sollen hier Kunden ohne eigene On-Premise-Implementierung eine Möglichkeit bekommen, SAP HANA

Standardanwendungen und kundenindividuelle Entwicklungen

in den Standardanwendungen zu nutzen, um kundenindividuelle Entwicklungen vornehmen zu können. Dabei wird neben der SAP Business Suite (ERP und CRM) auch SAP Business Warehouse angeboten.

SAP HANA Enterprise Cloud gibt es in zwei Varianten, zum einen einer Variante für die Produktion, in der Services für den Betrieb von produktiven und nicht produktiven SAP-Landschaften angeboten werden. Die zweite Variante ist eine Projektvariante und soll den Start in der Cloud erleichtern. Sie gilt nur für nicht produktive SAP-Landschaften.

Besondere Vorteile   Wie in Abbildung 1.11 dargestellt, können sich je nach Cloud-Service-Modell noch andere Vorteile ergeben:

- passgenaue Infrastruktur
- Compliance-konforme Bereitstellung von SAP in sicheren Rechenzentren
- Ausfallsicherheit durch Hochverfügbarkeitskonzepte
- Application-Management-Services
- Datensicherung
- Wiederherstellung
- Upgrades
- Überwachung
- Leistungserbringung mit Service-Level-Agreements (SLAs)
- Infrastruktur
- Betriebssystem
- SAP-HANA-Datenbank
- Anwendungsschichten

[»]

Wesentliche Merkmale der SAP HANA Enterprise Cloud

Die SAP HANA Enterprise Cloud weist die folgenden Merkmale auf:

- Lizenz- und/oder Servicepaketkosten
- Bereitstellung einer In-Memory-Infrastruktur
- Managed Services
- SAP S/4HANA, On-Premise-Version
- voller Funktionsumfang
- Systemkopie möglich

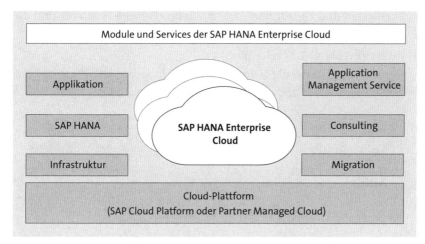

Abbildung 1.11 Module und Services der SAP HANA Enterprise Cloud

---

[«]

Weiterführende Informationen

Aktuelle Release-Informationen und verfügbare Länder- und Sprachversionen erhalten Sie auf folgender SAP-Landingpage:

https://www.sap.com/germany/products/s4hana-erp/cloud.html

1.3.3   Cloud-Service-Modelle

Mit Cloud Computing wird die Bereitstellung von IT-Infrastruktur wie z. B. Speicherplatz, Rechenleistung oder Anwendungssoftware als Dienstleistung über das Internet den Unternehmen angeboten (siehe Abbildung 1.12), die die benötigten IT-Ressourcen bedarfsorientiert bei einem Cloud-Provider nutzen und so agilere Geschäfts- und Betriebsmodelle entwickeln. Die Services werden nutzungsorientiert pro Arbeitsplatz und pro Monat bezahlt, die Unternehmen zahlen also nur dafür, was sie tatsächlich nutzen, und reduzieren so ihre Investitionskosten. Wir stellen Ihnen hier die wichtigsten Servicemodelle vor.

Nutzungsorientierte Bezahlung

- **Software-as-a-Service (SaaS)**
  Bei Software-as-a-Service (SaaS) wird Software bzw. die Applikation über das Internet zur Verfügung gestellt. Der Kunde kann über einen Webbrowser darauf zugreifen. Der SaaS-Betreiber übernimmt die Verantwortung für die Verfügbarkeit und darüber hinaus Wartung und Administration.

- **Platform-as-a-Service (PaaS)**
  Entwickler können diese Plattform nutzen, um eigene SaaS-Lösungen zu

entwickeln und zu betreiben. Der Anbieter stellt die Plattform und die Werkzeuge dafür zur Verfügung.

- **Infrastructure-as-a-Service (IaaS)**
Die Anbieter hosten die IT-Infrastruktur, z. B. Server. Der Betreiber verwaltet diese Server und gewährleistet ihre Verfügbarkeit.

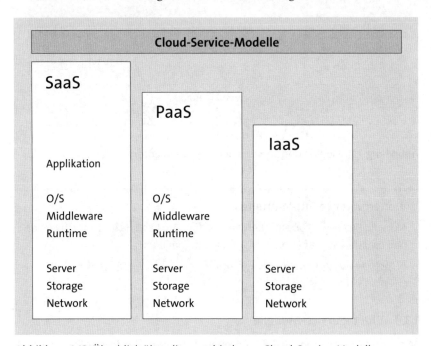

Abbildung 1.12 Überblick über die verschiedenen Cloud-Service-Modelle

1.3.4 Hybride Landschaften und Multi-Cloud

Denkbar wäre auch, dass es zu Mischformen kommt, in denen z. B. die Muttergesellschaft noch eine eigene Installation betreut, die Tochtergesellschaften aber ihre Geschäftsprozesse in der Cloud darstellen. So ein hybrides Betriebsmodell kombiniert Cloud- und On-Premise-Lösungen. Wenn mehrere Cloud-Dienste genutzt werden, spricht man von Multi-Cloud-Lösungen.

Zukünftig werden Single-Cloud-Architekturen im Private-Cloud-Modell eher die Ausnahme im Unternehmen darstellen. Die Unternehmen werden entscheiden, welche Anwendungen On-Premise verbleiben und welche Anwendungen über die private bzw. öffentliche Cloud bezogen werden.

Einheitliche Cloud-Landschaft
Es wird für die Unternehmens-IT daher die Herausforderung sein, Applikationen und Ressourcen von unterschiedlichen Service-Providern in eine

einheitliche Cloud-Landschaft zu integrieren und die einzelnen Komponenten im laufenden Betrieb zu managen.

Damit diese Modelle nicht zu komplex und in der Wartung und Betreuung zu aufwendig werden, bieten entsprechende Service-Provider sogenannte Managed-Public-Cloud-Portale an, in denen die Komponenten verwaltet werden (siehe Abbildung 1.13). Im Einzelnen können das folgende Komponenten sein

Verwaltung über Service-Provider

- On-Premise-Landschaften
- Infrastruktur- und Plattformservices aus der Public Cloud
- Cloud-Anwendungen (SaaS)
- Hochverfügbarkeit
- Rechenzentrumskapazitäten, die langfristig von externen Dienstleistern bezogen werden
- Beratung, Betrieb, IT-Servicemanagement-Prozesse

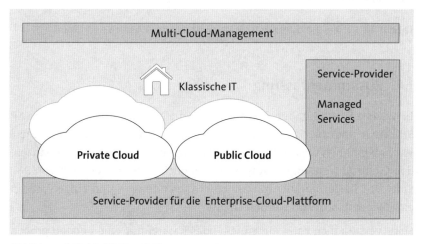

Abbildung 1.13 Multi-Cloud-Management

1.3.5   Abweichungen zwischen den On-Premise- und den Cloud-Lösungen

Abweichungen in der On-Premise-Lösung im Vergleich zur Cloud-Lösung ergeben sich aus der Cloud-First-Strategie. Sie bedeutet, dass Weiterentwicklungen zuerst in der Cloud stattfinden und veröffentlicht werden und später in der On-Premise-Lösung zur Verfügung stehen. Geändert haben sich auch die Release-Zyklen. Während für die Cloud-Lösungen vierteljährlich Releases veröffentlicht werden, bleibt es bei der On-Premise-Version

Cloud-Release-Informationen

bei jährlichen Releases. Weitere wesentliche Abweichungen sind in Tabelle 1.1 zusammengefasst.

On-Premise	Cloud
Kosten: ■ Investition ■ Lizenz ■ Betriebs-/Wartungskosten	Kosten: ■ Betriebskosten ■ Nutzungsgebühr
Konfigurations- und Erweiterungs-möglichkeit	eingeschränkte Konfiguration
zeitaufwendige Implementierung	kurze Implementierungszeit
Kauf	Miete
Release-Zyklus einmal jährlich	Release-Zyklus einmal im Quartal
alle Sprachen, alle Länder	eingeschränkt

Tabelle 1.1 Unterscheidungsmerkmale zwischen On-Premise und Cloud

1.4   Zusammenfassung

In diesem Kapitel haben Sie einen ersten Überblick über das neue SAP S/4HANA und die SAP-HANA-Datenbanktechnologie gewinnen können. Wir haben Ihnen die Anwendungen des digitalen Kerns und die ergänzenden Cloud-Anwendungen vorgestellt. Mögliche Einsatzszenarien von SAP S/4HANA in Verbindung mit anderen Anwendungen und eingebettet in eine Systemlandschaft wurden erläutert.

Selbstverständlich kann ein einleitendes Kapitel nur einen ersten groben Überblick geben. Jedes der genannten Themenfelder kann nahezu beliebig vertieft werden. Wir haben Ihnen in den einzelnen Kapiteln jeweils Hinweise auf weiterführende Informationen gegeben. Nutzen Sie diese, wenn Sie zusätzliche Informationen wünschen.

Aber nicht nur die technologische Seite wurde mit SAP S/4HANA erneuert. Eine neue Business Suite benötigt auch neue Benutzeroberflächen. Diese stellen wir Ihnen im folgenden Kapitel vor.

Kapitel 2
Benutzeroberflächen

Die SAP-Benutzeroberflächen bekommen mit SAP S/4HANA ein neues Gesicht. In diesem Kapitel stellen wir die bisher verwendeten Benutzeroberflächen den neuen User Interfaces gegenüber, die SAP gemäß der aktuellen UX-Strategie entwickelt hat. Wir vergleichen diese Technologien und geben Ihnen anhand von Anwendungsbeispielen und Erfahrungen eine Entscheidungshilfe bei der Auswahl der passenden Oberfläche.

SAP verfolgt seit einigen Jahren eine neue Strategie im Hinblick auf die Art und Weise, wie die Anwender mit der Software interagieren. Die Gestaltung der Oberflächen, die Abläufe bei der Bedienung des Systems sowie die Benutzerführung wurden dabei gleichermaßen überarbeitet, um ein harmonisches Zusammenspiel von Technologie, Geschäftsprozess und Benutzer zu erreichen.

In diesem Kapitel gehen wir auf die bisher bekannten etablierten und wahrscheinlich meistgenutzten Benutzeroberflächen ein. Wir stellen Ihnen die neuen Technologien der User-Experience-(UX-)Strategie von SAP vor und gehen verstärkt auf die daraus entstandenen Möglichkeiten ein. Wir verdeutlichen die Ziele und Gründe des aktuellen Wandels der Benutzerinteraktion, vergleichen die einzelnen Technologien miteinander und erläutern Ihnen unsere Einschätzung ihrer Vor- und Nachteile. Im Anschluss nehmen wir die unterschiedlichen Anwendergruppen in den Fokus und gehen dabei besonders auf den Unterschied zwischen Power und Casual-User ein.

Eine Gegenüberstellung der Funktionen und unserer Erfahrungen soll Ihnen die Entscheidung über die richtige Benutzeroberfläche für Ihr Unternehmen erleichtern. Dabei unterscheiden wir zwischen Neuentwicklungen und Anpassungen von bestehenden Transaktionen.

2.1 Alte Benutzeroberflächen

Als »alte« Benutzeroberflächen verstehen wir die seit Längerem verwendeten Oberflächen in SAP ECC 6.0:

- SAP Graphical User Interface (SAP GUI)
- SAP GUI für HTML (WEB GUI)
- SAP Business Client

Entwicklung der alten Benutzeroberflächen

All diese Benutzeroberflächen basieren auf dem Designprinzip aus dem Jahr 1992. SAP GUI ist die älteste Benutzeroberfläche. Mehr als 400.000 Transaktionen basieren auf SAP GUI, wobei aber nur ein kleiner Teil wirklich genutzt wird. Danach wurden SAP GUI für HTML und dann SAP Business Client integriert. SAP GUI für HTML bringt Ende der 90er-Jahre die klassischen Transaktionen ins Web.

Zur Vereinfachung der Arbeit mit verschiedenen Oberflächen hat SAP die Oberfläche SAP Business Client in den letzten Jahren bereitgestellt. Diese hat die Eigenschaft, das SAP GUI mit SAP GUI für HTML zu vereinen. Jedoch verwenden immer noch 80 % der Anwender ausschließlich SAP GUI.

Auf den nächsten Seiten geben wir Ihnen einen kurzen Überblick über die Nutzung von SAP GUI, SAP GUI für HTML und SAP Business Client. Wir beginnen mit SAP GUI.

2.1.1   SAP GUI

Die Benutzeroberfläche in SAP GUI ist Ihnen als langjähriger SAP-ECC-6.0-Nutzer bestimmt sehr gut bekannt und täglicher Bestandteil Ihrer Arbeit – ist sie doch die am häufigsten eingesetzte SAP-Benutzeroberfläche. Trotzdem gehen wir in diesem Kapitel kurz auf die wichtigsten Merkmale und Eigenschaften ein.

Bestandteile von SAP GUI

SAP GUI ist immer gleich aufgebaut und enthält folgende Bestandteile:

- Menüleiste ❶
- Systemfunktionsleiste ❷
- Titelleiste ❸
- Anwendungsleiste ❹
- Dynpro-Bereich ❺
- Statusleiste ❻

In Abbildung 2.1 sehen Sie, wo die Bestandteile in SAP GUI am Beispiel der Transaktion VA02 (Auftragsänderung) zu finden sind.

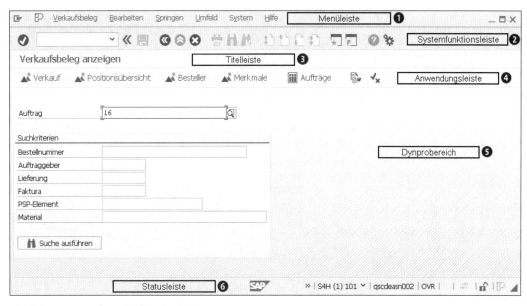

Abbildung 2.1 Auftrag ändern in SAP GUI

Die Navigation erfolgt über Transaktionen. Diese können Sie entweder im Benutzermenü auf dem Startbildschirm auswählen oder direkt im Befehlsfeld in der Systemfunktionsleiste eingeben. Beim Aufruf einer Transaktion wird der Titel der Transaktion in der Titelleiste angezeigt. Zusätzlich ändern sich die Menüleiste, die Anwendungsleiste und der Dynpro-Bereich.

Navigation in SAP GUI

In der Menüleiste und der Anwendungsleiste werden nun die für die jeweilige Transaktion verfügbaren Aktionen angezeigt. Im Dynpro-Bereich wird je nach Transaktion erst mal ein Selektions-Dynpro vorgeschaltet, um dort z. B. die Auftragsnummer abzufragen. Auf dem zweiten Bildschirm wird dann meist der Inhalt der Daten angezeigt. Je nach Komplexität der Transaktion werden die Daten auf unterschiedlichen Dynpros ausgegeben. Sie können entweder zwischen Registerkarten wechseln, auf denen die Daten thematisch gebündelt sind und weitere Funktionen per Button ausgeführt werden können, oder mit einem Klick auf einen Button auf weitere Daten oder Funktionen zugreifen. Je nach Berechtigung und Transaktion können die Daten angepasst und gespeichert werden. Bei der Eingabe und beim Speichern werden die Daten geprüft. Sollten sie fehlerhaft sein, wird eine Meldung in der Statusleiste angezeigt. In der Statusleiste werden aber auch Warnungen oder Erfolgsmeldungen wie z. B. »Auftrag ... wurde erfolgreich angelegt« ausgegeben. In Abbildung 2.2 sehen Sie das Detailbild eines Auftrags in der Transaktion VA02 mit der Statusmeldung **Bitte Folgebelege beachten**.

Abbildung 2.2 Auftragsbearbeitung in SAP GUI – Detailbild inklusive Statusmeldung

Anpassung übers Customizing

Bei Standardtransaktionen kann der Dynpro-Bereich nur bedingt auf die eigenen Kundenbedürfnisse angepasst werden. Es ist bei bestimmten Transaktionen im Bereich Logistik möglich, über das Customizing Felder aus- und einzublenden oder obligatorische Felder zu definieren. Sollte das nicht ausreichen bzw. nicht möglich sein oder werden kundeneigene Felder angezeigt, muss meist das Dynpro und die dahinterstehende Programmlogik modifiziert bzw. erweitert werden.

Modifikation und Erweiterung von Standardtransaktionen

Eine Erweiterung ist nur dann möglich, wenn SAP eine kundenspezifische Änderung bereits im Coding vorsieht. Das passiert bei häufig genutzten Transaktionen, die mit kundeneigenen Codings gefüllt werden können.

2

Erweiterungen und Modifikationen müssen bei einem Release-Update immer geprüft und gegebenenfalls angepasst werden.

Im Gegensatz zu den Standardtransaktionen können die kundeneigenen Transaktionen nach Kundenwunsch entwickelt werden. Der Komplexität ist dabei kaum eine Grenze gesetzt. Es ist jedoch möglich, dass die Performance oder die Benutzerfreundlichkeit leidet.

Eine Personalisierung der SAP-GUI-Oberfläche ist allerdings nur bedingt möglich. Sie beschränkt sich lediglich auf das Ändern von Textgröße, Textfarbe, Hintergrundfarbe sowie die Wahl des Themes.

Personalisierung von SAP GUI

Neues Release von SAP GUI

SAP GUI for Windows 750 wurde am 10.05.2017 ausgeliefert und wird bis 09.04.2019 von SAP unterstützt. Im SAP-Hinweis 147519 (Wartungsstrategie/Supportzeiträume (Fristen) für SAP GUI) finden Sie weiterführende Informationen.

[«]

Auf den nächsten Seiten geben wir Ihnen einen Überblick über SAP GUI für HTML.

2.1.2   SAP GUI für HTML

Mit SAP GUI für HTML (früher als WebGUI bezeichnet) können die SAP-Transaktionen im Webbrowser genutzt werden. Hierzu muss lediglich der Service aktiviert und die Transaktionen für SAP GUI für HTML müssen freigeschaltet werden. Eine separate Installation ist nicht notwendig, denn die Umwandlung der SAP-GUI-Transaktionen in HTML-Seiten übernimmt der in SAP integrierte SAP Internet Transaction Server (ITS). SAP GUI muss dafür nicht installiert sein. Grundsätzlich können alle Transaktionen für den Webbrowser aktiviert werden; allerdings kann es bei Gebrauch von Controls zu Einschränkungen kommen.

Folgende Funktionen sind bei SAP GUI für HTML eingeschränkt:

Eingeschränkte Funktionen in SAP GUI für HTML

- Drag-and-drop (dies wird durch bestimmte Tastenkombinationen ersetzt)

- SAP-Verknüpfungen (URLs können aber im Browser als Favoriten gespeichert oder als Verknüpfungen auf dem Desktop erstellt werden)

- Frontend-Drucken (Frontend-Drucken funktioniert nur mit SAP-Backend-Releases 4.0 oder höher)

- Schrifteinstellungen (große Schriftarten werden nicht unterstützt)

- Kontextmenü (browserabhängig)

- Feldhistorie

- Mehrfachmodi (wenn Sie mehrere Modi brauchen, müssen Sie sie mehrfach öffnen)

In Abbildung 2.3 sehen Sie als Beispiel die Detailansicht der Transaktion VAO2 (Auftrag bearbeiten).

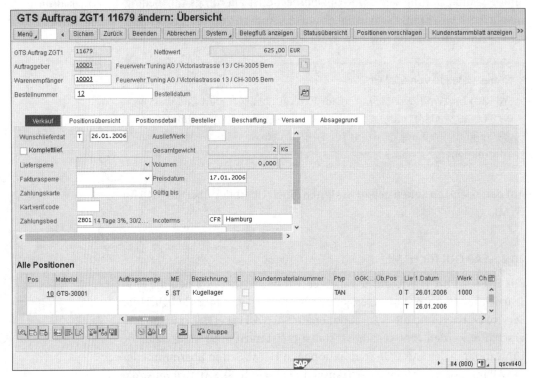

Abbildung 2.3 Auftragsbearbeitung in SAP GUI für HTML

Vergleich von SAP GUI und SAP GUI für HTML

Im Vergleich zur Detailansicht in Abschnitt 2.1.1, »SAP GUI«, finden Sie hier kaum einen Unterschied. Lediglich Systemleiste und Funktionsleiste fehlen bzw. weichen ab.

SAP GUI für HTML wird in SAP Business Client für HTML verwendet. Mehr darüber erfahren Sie im nächsten Abschnitt.

2.1.3   SAP Business Client

Versionen des SAP Business Clients

SAP Business Client vereint die SAP User Experience mit neu entwickelten Web-Dynpro-Anwendungen in einer webbasierten Oberfläche. Seit SAP Business Client 5.0 können auch Fiori-Apps (SAP-Standardanwendungen) und ab SAP Business Client 6.0 auch das Fiori Launchpad integriert werden.

SAP Business Client ist in den folgenden zwei Varianten verfügbar:

- **SAP Business Client für HTML**
  SAP Business Client für HTML ist die browserbasierte Variante (nur für ABAP-Systeme verfügbar). Sie nutzt zur Darstellung der Transaktionen SAP GUI für HTML (siehe Abschnitt 2.1.2, »SAP GUI für HTML«) und kann Web-Dynpro-Anwendungen aufrufen. Sie benötigt keine Installation. Sie bietet damit aber auch nicht den vollen Funktionsumfang wie die Desktopvariante (siehe Tabelle 2.1). Es fehlen z. B. Menüs und Suchfeatures.

- **SAP Business Client für Desktop**
  SAP Business Client für Desktop ist eine .NET-Anwendung. Die Darstellung der Transaktionen erfolgt direkt über SAP GUI. Das SAP GUI wird mit dieser Version komplett ersetzt. Gleichzeitig können die Web-Dynpro-Anwendungen und SAP Fiori Launchpad in der Desktopvariante ausgeführt werden. Somit muss man hier nicht mehr zwischen Browser und SAP GUI wechseln. Die Fenster werden in einzelnen Tabs geöffnet. Das Business-Client-UI hat hauptsächlich das Frame und das Canvas als Bestandteile. Das Frame enthält im oberen Bereich das Standardmenü sowie die offenen Tabs. Zusätzlich gehört zum Frame der Home-Bereich zur Navigation der Anwendungen auf der linken Seite dazu. Dieser wird bei Aufruf der Anwendungen ausgeblendet. Im Canvas, dem Anwendungsinhaltsbereich, werden die Anwendungen selbst angezeigt.

Zum Navigationsbereich zählen folgende Arbeitsbereiche:

Arbeitsbereiche im SAP Business Client für Desktop

- Drag-and-drop im Arbeitsbereich
- Liste der verfügbaren Arbeitsbereiche
- personalisierte Icons im Arbeitsbereich
- Quick Navigation im Arbeitsbereich

Zusätzlich haben Sie bei den meisten Transaktionen die Möglichkeit, ein Sidepanel auszugeben. Ein Sidepanel ist ein Container, der Kontextinformationen anzeigt. Diese und andere Funktionen sind nur in der Desktopversion verfügbar. Eine Gegenüberstellung der Features, aufgeschlüsselt nach Version, finden Sie in Tabelle 2.1.

Vergleich SAP Business Client Versionen

	SAP Business Client für Desktop	SAP Business Client für HTML
Menü: ■ Favoriten ■ Personalisieren ■ Hilfe ■ Individuelle Menüeinträge	Ja	Nein
Suche: ■ Enterprise-Suche ■ Externe Suche ■ Desktop-Suche	Ja	Nein
Quick Launch	Ja	Nein
Einstiegsnavigationsbereich ausblenden	Ja	Nein
Window-Manager	Ja	Nein
Motiv auf der Willkommensseite	Ja	Nein
Log-off-URL	Nein	Ja
SAP-GUI-Integration	SAP GUI for Windows	SAP GUI for HTML
Installation	Desktop-installation	Zero footprint
Definition der initialen Fenster-größe und -position	Ja	Nein

Tabelle 2.1 Vergleich SAP Business Client für Desktop mit der HTML-Version

Wie Sie der Tabelle gut entnehmen können, bietet Ihnen SAP Business Client für Desktop viel mehr Möglichkeiten als die HTML-Version. Zur der Frage, ob für Sie die Desktop- oder die HTML-Version sinnvoll ist, finden Sie in Abschnitt 0, »Benutzeroberflächen im Vergleich«, eine Antwort. Im nächsten Abschnitt bringen wir Ihnen die neuen Benutzeroberflächen und die UX-Strategie von SAP näher.

[»]

Neues Release von SAP Business Client

Seit 10.05.2017 ist SAP Business Client 6.5 verfügbar. Hier ist das neue Theme *Belize* enthalten und ein schnellerer Browser (MS WebBrowser control) integriert.

2.2   Neue Benutzeroberflächen

In diesem Abschnitt stellen wir Ihnen die neuen SAP-Technologien für die Benutzerinteraktion, also die neuen Oberflächentechnologien, näher vor. Sie sollen Ihre Arbeit erleichtern und komfortabler gestalten und zugleich einen Schritt in die Mobilität gewähren. Zunächst zur User Experience (UX), die ein wichtiger Bestandteil der Produkte von SAP geworden ist. In diesem Zusammenhang werden wir auf die UX-Strategie eingehen, die den Wandel und die Neuausrichtung der Software beschreibt.

UX-Strategie von SAP

Die Designinnovation von SAP beruht auf drei Säulen:

- *Business*: Realisierbarkeit der Geschäftsprozesse
- *Technology*: Durchführbarkeit mithilfe der Technologie
- *People*: Erwartungshaltung der Benutzer bzw. Benutzerakzeptanz

Im Rahmen einer UX-Strategie werden die Bedürfnisse, Erwartungen und Befindlichkeiten der Endanwender bereits in der Planung berücksichtigt und bei der Umsetzung mit einbezogen. Auf diese Weise soll die bereits erwähnte Benutzerakzeptanz geschaffen und zugleich sollen mögliche Hemmnisse aus dem Weg geräumt werden.

Benutzerakzeptanz schaffen

SAP S/4HANA soll Endanwendern die Möglichkeit geben, komplexe Daten in Echtzeit auszuwerten und zu analysieren. Heutzutage haben Smartphones und Tablets im Arbeitsalltag Einzug gehalten. Nach dem Prinzip »Bring your Own Device« können Anwender private Geräte nun auch zur dienstlichen Tätigkeiten nutzen. Die Arbeitsumgebung, in dem die Arbeit verrichtet wird bzw. Dinge erledigt werden, wird unabhängig und mobil. Vor diesem Hintergrund muss ein Umdenken stattfinden, um das einfache Arbeiten zu ermöglichen. Die neuen Oberflächen bieten Ihnen einen aufgeräumten, einfachen und benutzerfreundlichen Arbeitsplatz. Im weiteren Verlauf dieses Kapitels stellen wir die drei Phasen der Umsetzung einer UX-Strategie ebenso vor wie die Werkzeuge, die SAP in diesem Kontext bereitstellt.

Die folgenden Phasen der SAP-UX-Strategie und deren Hilfsmittel zur Realisierung werden unterschieden:

Phasen der UX-Strategie

- NEW: SAPUI5
- RENEW: SAP Fiori
- ENABLE: SAP Screen Personas 3.0

Die drei Phasen beziehen sich auf die von SAP empfohlenen Vorgehensweisen im Kontext der SAP-UX-Strategie. Wir werden in den nächsten drei Unterkapiteln auf die Technologien, Produkte bzw. Werkzeuge genauer eingehen. Wichtig ist an dieser Stelle, Ihnen für Neuentwicklungen (»NEW«) die Nutzung von SAPUI5 zu empfehlen.

Nutzen Sie den SAP-Standard bei Ihren Prozessen, haben Sie die Möglichkeit, aus dem SAP-Fiori-Portfolio Apps zu wählen. Auf diese Weise können Sie Ihre Prozesse schnell und einfach optimieren und für die Anwender attraktiver gestalten (»RENEW«).

Für den Fall, dass Ihre Anwendungen noch nicht als SAP-Fiori-App verfügbar sind, haben Sie auch die Gelegenheit, SAP Screen Personas zu wählen. Mit wenig Aufwand können Sie damit Ihre Transaktionen aufräumen und im Aussehen überarbeiten (»ENABLE«). Die Wahl der richtigen Technologie, App oder Herangehensweise wird Ihnen im Rahmen des SAP UX Design Service ermöglicht. Dabei geht es um das Verständnis der Bedürfnisse der Anwender, die Einhaltung der Designrichtlinien im Zusammenhang mit selbst entwickelten Apps oder auch das Potenzial zur Einsparung von Schulungskosten. Ein weiterer Bestandteil ist der »User Experience Value Calculator«, mit dem Sie exemplarisch einen bestehenden Prozess analysieren können, um anschließend etwas über das Einsparpotenzial zu erfahren, dass durch eine Überarbeitung möglich wäre.

Abbildung 2.4 gibt Ihnen einen Überblick über die drei Phasen der SAP-UX-Design-Strategie.

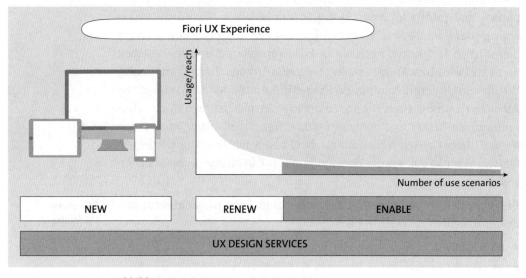

Abbildung 2.4 SAP-UX-Design-Strategie

Jede Phase in dieser Strategie hat einen eigenen Anwendungsbereich und bietet unterschiedliche Potenziale beim Einstieg in die SAP-UX-Strategie.

2.2.1   SAPUI5

Die erste Phase bei der Umsetzung der UX-Strategie ist NEW. Hier steht die Entwicklung von neuen Anwendungen im Fokus. Die Erstellung von Transaktionen, Reports oder Dashboards sollte nach der Empfehlung der Strategie durch SAPUI5-Anwendungen realisiert werden. Diese Technologie bietet Ihnen die Möglichkeit, Ihre Anwendungen aufgabenbezogen, rollenbasierend und mobil zu gestalten. Somit können Sie Ihre Apps auch von Ihrem Tablet oder Smartphone aus erreichen. Das Aussehen der Anwendungen passt sich der Größe und der Art Ihres Endgeräts (Smartphone, Tablet etc.) an.

NEW-Phase

Außerdem bietet Ihnen SAPUI5 den Vorteil, auf diesem Weg die SAP-S/4HANA-Technik auszunutzen. Die Webapplikationen, die Sie mit SAPUI5 entwickeln, sind plattformunabhängig und im Browser auf allen Endgeräten nutzbar.

> **Auswahl des Browsers**
>
> Die Wahl des richtigen Browsers ist eine Voraussetzung für die Nutzung von SAPUI5. Besonders geeignet sind Mozilla Firefox, Microsoft Internet Explorer und Google Chrome. Achten Sie dabei auf die Aktualität des Browsers und nutzen Sie stets die aktuellste Version.

[«]

SAPUI5 basiert auf den Programmiersprachen Hypertext Markup Language (HTML5) und den dazugehörigen Cascading Style Sheets (CSS) sowie auf JavaScript und jQuery.

CSS, JQuery, JavaScript, OData

Hinzu kommt die Möglichkeit, Daten per Open Data Protocol (OData) anzubinden und sie mit der Representational State Transfer-(REST-)Funktionalität zu nutzen. Im Hintergrund können die Daten aus Ihren Systemen mit selbst erstellten OData-Services aus einem SAP-Gateway oder per CDS Views bereitgestellt werden. Dies sind nur zwei Möglichkeiten zum Anzeigen Ihrer Daten. Auch die Anbindung von Micro-Services aus SAP Cloud Platform kann genutzt werden.

Die SAPUI5-Anwendungen werden im weiteren Verlauf des Kapitels als Apps bezeichnet.

Model-View-Controller-Paradigma in SAPUI5

Die Struktur von SAPUI5-Apps basiert auf dem Prinzip des Model View Controller (MVC). Mithilfe des MVC wird die Entwicklung einer App in drei Komponenten gegliedert: View (Präsentation), Controller (Steuerung) sowie Model (Datenmodell), wie in Abbildung 2.5 dargestellt. Auf diese Weise können die einzelnen Komponenten unabhängig voneinander betrachtet werden.

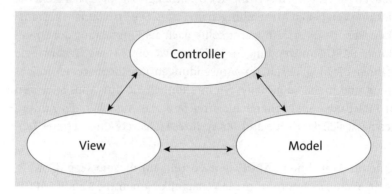

Abbildung 2.5 MVC-Paradigma

View   Die View ist für die Darstellung der App auf Ihrem Endgerät verantwortlich. Es ist möglich, im Laufe der Anwendungszeit einer App Oberflächen auszutauschen, ohne die anderen beiden Komponenten anpassen zu müssen. In der Praxis müssen Sie gegebenenfalls dennoch die neuen Controls der Oberfläche entsprechend einbinden oder weggefallene Controls auch aus der bestehenden Logik entfernen. Die View beinhaltet ausschließlich die dargestellte Oberfläche.

Controller   Die View gibt die Aktionen der Benutzer an den zugehörigen Controller weiter. Dieser Controller reagiert auf alle ausgelösten Events und Aktionen des Benutzers. Sie haben die Möglichkeit, eine individuelle Logik zu implementieren.

Beispiele für die Nutzung des Controllers

Unter anderem können Sie einem Button Funktionen hinterlegen, z. B. das Speichern und gegebenenfalls das Validieren von Benutzereingaben, um fehlerhafte Informationen direkt zu erkennen. Sie können außerdem zusätzliche Bibliotheken zur Prüfung von Informationen hinterlegen. Eine solche Prüfung kann z. B. die IBAN oder andere Daten zum Gegenstand haben, bei denen die Gültigkeit anhand der Anzahl oder Art der eingegebenen Zeichen erkannt werden kann. Zudem haben Sie in dieser Komponente die Freiheit, durch die Auswertung von Informationen noch innerhalb der App bestimmte Bereiche oder Abschnitte nicht editierbar oder sichtbar zu machen. Indem Sie das Benutzerverhalten so mit dem Controller steuern, können Sie den Benutzern die Arbeit mit der App wesentlich erleichtern.

2

Der Controller in SAPUI5 wird mit JavaScript erstellt und bietet somit eine Vielzahl an strukturierten und umfangreichen Implementierungsmöglichkeiten. JavaScript ist eine Skriptsprache, mit deren Hilfe Sie dynamische (also interaktive) HTML-Seiten erstellen können. Durch die Objektorientierung von JavaScript können Sie jedes Element einer SAPUI5-App ansprechen und seine Eigenschaften ändern. Die Objekte können allgemeine oder objektspezifische Methoden nutzen, um zum Beispiel die Sichtbarkeit von Controls zu steuern oder die Validierung von Benutzereingaben bei ausgelösten Events zu ermöglichen.

Nutzung von JavaScript

jQuery ist eine Bibliothek zur Erweiterung von JavaScript, und SAPUI5 basiert auf JavaScript. jQuery erweitert es im Funktionsumfang, um oft benötigte Aufgaben nicht selbst schreiben zu müssen. Es ermöglicht Ihnen komplexe Vorgänge, wie den Zugriff auf Daten oder das Einbinden von zusätzlichen Implementierungen für z. B. die Validierung von Bankkonten. Bei der Entwicklung von SAPUI5-Apps nutzen Sie darüber hinaus implizit Ajax (Asynchronous JavaScript and XML), um eine asynchrone Kommunikation zwischen dem Client und dem nachgelagerten Server zu ermöglichen. So können HTTP-Anfragen durchgeführt werden, während die App angezeigt wird, und es ist möglich, Daten neu zu laden oder abzuspeichern, ohne dass die App für diesen Zeitraum unbenutzbar ist.

Nutzung von jQuery und Ajax

Die dritte Komponente des MVC-Prinzips ist das Model, das einer Vielzahl von Anwendungsfällen innerhalb einer App dient. Das Model enthält sämtliche Daten, die von der App angefordert wurden. Die Benutzereingaben werden in das Model geschrieben und sind während der Nutzung der App zunächst nur auf dem Endgerät vorhanden. Sobald ein Speicherbefehl kommt, werden diese Informationen an das nachgelagerte SAP-S/4HANA-System übertragen. Durch diese Kapselung haben Sie die Möglichkeit, Ihre Daten zunächst auf dem Gerät zu bearbeiten und im Anschluss im SAP-System abzulegen.

Model

Für die Kommunikation wird OData verwendet. Das Protokoll wurde von Microsoft entwickelt und basiert auf HTTP. Durch die Nutzung der REST-Funktionalitäten können Sie eingebaute Zugriffsmöglichkeiten wie PUT, POST, GET, DELETE und PATCH nutzen.

OData und ODBC

Innerhalb von OData können die Daten bzw. Informationen vom Server per CRUD (Create, Read, Update, Delete) abgerufen und entsprechend bearbeitet werden.

CRUD

In Abbildung 2.6 sehen Sie die beteiligten Kommunikationswege. Die App, die auf Ihrem Endgerät läuft, kommuniziert per OData mit SAP Gateway. Das Coding der App – alles was später im Browser ausgeführt wird – wird auf dem Frontend-Server bereitgestellt. Im weiteren Verlauf wird per trusted RFC auf das angeschlossene Backend zugegriffen.

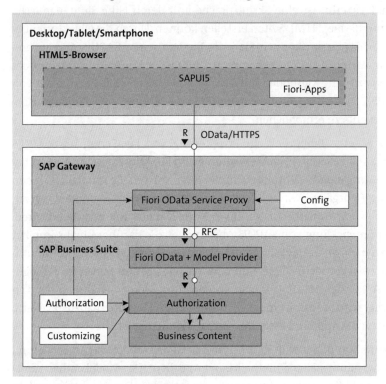

Abbildung 2.6 Kommunikation einer App mit dem Backend

Berechtigungs-
konzept

Ein bestehendes Berechtigungskonzept muss entsprechend in SAP Gateway, als auch auf dem nachgelagerten Server bzw. den Servern, vorhanden sein. Wird ein bisheriger Prozess mit SAP-Fiori- oder SAPUI5-Apps erweitert, verlieren Ihre bisherigen Berechtigungen nicht ihre Bedeutung, sondern die Rollen müssen um die spezifischen Vorgaben der neuen Komponenten erweitert werden. Die verarbeitende Businesslogik bleibt zunächst die gleiche, gegebenenfalls müssen einige Funktionalitäten hinzugefügt werden, um die mobile Nutzung komfortabler zu gestalten.

SAP Web IDE als Entwicklungsumgebung

SAP Web IDE ist eine im Browser lauffähige Entwicklungsumgebung von SAP, mit der Sie zum einen von Grund auf neue Anwendungen erstellen können, zum anderen können Sie die Vorlagen von SAP nutzen, um möglichst schnell und den Entwicklungsvorgaben entsprechende Apps zu erstellen. In diesem Zusammenhang ist eine SAP-Cloud-Lizenz notwendig, mit der Sie die Anwendungen direkt in der SAP-Cloud betreiben können.

Natürlich haben Sie auch die Möglichkeit, die Applikationen auf Ihrem On-Premise-System zu betreiben.

Hierzu können Sie den sogenannten SAP Cloud Connector konfigurieren. Damit läuft die App in der SAP-Cloud, die Daten, die angezeigt werden, werden direkt ohne Zwischenspeicherung aus Ihrem SAP-System geladen. Er benötigt nur eine ausgehende Verbindung Richtung Cloud und baut einen VPN-Tunnel auf. Die dritte Möglichkeit besteht darin, die App ausschließlich in Ihrer Systemlandschaft zu hosten und nur die Entwicklung der App in der SAP-Cloud durchzuführen. Es sind also mehrere Szenarien für die Entwicklung einer App möglich.

SAP Cloud Connector

SAP Cloud Platform SDK for iOS

Das Software Development Kit (SDK) dient als Framework und stellt Controls und Objekte bereit, die zur Erstellung von Apps genutzt werden können. Das SDK wird stetig weiterentwickelt und dient zugleich der Dokumentation der Funktionsweise. Damit ergeben sich zahlreiche neue Möglichkeiten bei der Nutzung von mobilen Endgeräten. Seit dem ersten Quartal 2017 können Sie das SDK für iOS-Geräte nutzen; hierzu zählen iPad, iPhone und iWatch. Es erfolgt eine betriebssystemnahe Implementierung der App-Logik. Mithilfe des SDK for iOS können Sie die Funktionen Ihres Endgeräts bei der Arbeit mit SAP besser nutzen: Beispielsweise können Sie Benachrichtigungen (Push-Notifications) direkt über die native App an das Betriebssystem des Endgeräts senden. Der Benutzer wird dann umgehend mit einer Nachricht auf dem Home-Bildschirm informiert.

SAP Fiori für iOS

Ein weiteres Feature ist die Nutzung einer Touch-ID, mit der Sie sich an Ihrem iPad identifizieren und damit die Eingabe von Passwörtern oder Pins umgehen können. Des Weiteren können Sie die Offlinefunktion einsetzen und Ihr Endgerät in Hallen oder an anderen Orten nutzen, die nur über eine schlechte oder gar keine Mobilfunkanbindung verfügen. Durch eine optimale Synchronisation Ihrer Daten werden unnötige und möglicherweise kostspielige Datentransfers vermieden. In diesem Zusammenhang wird auf Ihrem mobilen Endgerät eine sogenannte On-Device-Datenbank erzeugt. Diese umfasst eine Sync-Engine, den gemeinsamen Cache und einen Conflict-Agent, der den Abgleich und die Auflösung von Synchronisationsproblemen übernimmt.

Die Sicherheit wird durch eine »Ende-zu-Ende-Verschlüsselung« (E2EE) sichergestellt: Die Identität des angemeldeten Benutzers wird an die beteiligten Backend-Systeme weitergegeben. Dazu können Sie einen On-Premise Identity Service oder Cloud Identity Services einfach in Ihre Systemlandschaft integrieren.

Sicherheit

Entwicklung von SAPUI5-Apps

Die Entwicklung von SAPUI5-Apps kann durch den Einsatz von Templates erfolgen, und die Nutzung von Gerätefunktionen ist bereits im Framework integriert. Die native Erstellung der Apps basiert auf Swift 3 und kann in der Xcode-Entwicklungsumgebung durchgeführt werden. Das SDK stellt Ihnen auch einen Assistenten bereit, mit dem Sie lauffähige Projekte für iPhone und iPad erstellen können. Das Design und die Oberflächenelemente sind für die zuvor genannten Endgeräte optimiert und wurden in Zusammenarbeit mit Designexperten von Apple erstellt.

Design Thinking

Konzeptionsprozess von Apps

Wir empfehlen Ihnen, sich bei der Entwicklung neuer Apps auf den Design-Thinking-Ansatz zu stützen. Beim Design Thinking stehen die Bedürfnisse und Wünsche der Benutzer im Mittelpunkt, um die UX zu verbessern. Das Design Thinking erfordert eine stetige Abstimmung zwischen dem Entwicklungsteam und den Endanwendern. Die Prozesse und Bedürfnisse werden genau analysiert. Das Team zur Erstellung der Anwendung sollte möglichst heterogen sein und aus fünf bis sechs Personen bestehen, die unterschiedliche Funktionen und Interessen aufweisen. Der Design-Thinking-Prozess besteht aus sechs Phasen.

1. Verstehen
2. Beobachten
3. Sichtweise definieren
4. Ideen finden
5. Prototypen entwickeln
6. Testen

Diese Phasen werden vom Team iterativ durchlaufen, und es entsteht eine optimal auf die Nutzerbedürfnisse angepasste App.

2.2.2 SAP Fiori

RENEW

In der zweiten Phase der UX-Strategie steht die Überarbeitung von bestehenden Anwendungen im Vordergrund. Im Rahmen der RENEW-Phase setzt SAP auf SAP Fiori. SAP Fiori ermöglicht den Benutzern ein rollenbasiertes Arbeiten auf verschiedenen möglichen Endgeräten. Fiori-Apps sind genau auf die Bedürfnisse der Anwender bei der Durchführung ihrer Aufgaben zugeschnitten und somit einfacher zu bedienen als die klassischen SAP-Transaktionen in SAP GUI.

SAP Fiori basiert auf SAPUI5. SAP bietet vordefinierte Fiori-Apps für verschiedene Geschäftsprozesse an. Im November 2013 wurden die ersten

25 Apps dieser Art vorgestellt. Im Oktober 2015 waren es bereits 606 Apps. Derzeit (Stand 2017) kommen fast täglich neue Anwendungen hinzu, die es Ihnen ermöglichen, standardisierte SAP-Prozesse optimiert bzw. mobil zu nutzen. Voraussetzungen für den Einsatz von Fiori-Apps sind zum einen die bereits erwähnten SAPUI5-Anforderungen, zum anderen die spezifischen Bedürfnisse der App. Zu den spezifischen App-Voraussetzungen zählen z. B. die zu installierenden Komponenten im Frontend- wie im Backend-Server. Sie liefern zum einen das Coding für die Oberfläche der SAP-Fiori-App, zum anderen die dazugehörige Businesslogik für die Funktionsweise der Anwendung.

Typen von Fiori-Apps

Es gibt drei Arten von Fiori-Apps, die sich im Hinblick auf ihren Informationsgehalt und Einsatzzweck unterscheiden:

- transaktionale Apps
- Fact-Sheet-Apps
- analytische Apps bzw. Smart-Business-Anwendungen

Auf den folgenden Seiten beschreiben wir diese Typen etwas genauer.

Transaktionale Apps können Sie für Genehmigungsprozesse nutzen oder allgemeine transaktionale Vorgänge bearbeiten. Sie vereinfachen bestehende Prozesse und setzen auf bereits bestehenden Abläufen auf. Ein Beispiel ist die App für die Bestellanforderung:

Transaktionale Apps

1. Sie beginnen mit dem Anlegen der Bestellanforderung.
2. Im nächsten Schritt wird die Bestellanforderung genehmigt, abhängig von der im SAP-System hinterlegten Freigabestrategie.
3. Danach können Sie eine entsprechende Bestellung auslösen und weiterverfolgen.

Sie haben die Möglichkeit, über Ihr mobiles Endgerät Bestellungen oder andere Prozesse nachzuverfolgen. Darüber hinaus stehen Ihnen Anwendungen zur Verfügung, mit denen Sie auf Kundeninformationen (Stammdaten) zugreifen können.

[«]

Voraussetzungen für den Einsatz transaktionaler Apps

Um transaktionale Apps einzusetzen, benötigen Sie weder eine SAP-HANA-Datenbank noch eine SAP-S/4HANA-Landschaft. Sie können diese Anwendungen bereits mit einem aktuellen SAP-System (SAP ERP) betreiben.

Fact-Sheet-
(Infoblatt-)Apps

Fact-Sheet-Apps nutzen Sie für Ihre kontextabhängigen Stammdaten oder Geschäftsdaten. Diese Apps dienen als Informationsgeber und ermöglichen Ihnen einen Einblick in Informationen zu Artikeln, Waren etc. Eine Vorwärtsnavigation in tiefere Informationsschichten zur Suche nach detaillierten Informationen, z. B. zu einer Lieferantennummer, ist möglich. Somit können Sie auf Transaktionen oder direkt auf das Backend zugreifen. Bei der Suchfunktion müssen die entsprechenden Suchmodelle in Ihrer SAP Business Suite vorhanden sein.

[»]

Voraussetzungen für den Einsatz von Fact-Sheet-Apps

Um Fact-Sheet-Apps zu nutzen, ist eine SAP-HANA-Datenbank Voraussetzung, denn nur so können Sie in Echtzeit sämtliche Daten sammeln und zur Verfügung zu stellen. Neben SAP HANA benötigen Sie einen ABAP-Stack, um entsprechende Informationen zusammenzustellen.

Analytical
(analytische) Apps

Analytische Apps dienen Ihnen zur Veranschaulichung von Kennzahlen (Key Performance Indicators, kurz KPI), für Queries, zum Reporting und zum multidimensionalen Reporting. Sie können diese KPIs rollenbasiert konfigurieren und auf diese Weise individuell an einen Mitarbeiter oder eine Mitarbeitergruppe anpassen. Die Daten erhalten Sie in Echtzeit. Dies geschieht durch die Kombination von HANA-spezifischen analytischen Merkmalen in Verbindung mit den Komponenten der SAP Business Suite. Auf diese Weise können Sie in Echtzeit auf Veränderungen in der Lieferkette oder auf dem Markt reagieren. Zudem haben Sie die Möglichkeit, KPIs für sämtliche Bereiche Ihres Unternehmens bzw. Aufgabenbereichs anzulegen und somit einen optimalen Überblick über die laufenden Prozesse zu behalten.

[»]

Voraussetzungen für den Einsatz analytischer Apps

Vordefinierte Fiori-Apps können Sie nutzen, wenn Sie die SAP-HANA-Datenbank einsetzen. Des Weiteren ist eine SAP-HANA-XS-Instanz notwendig, mit der ein virtuelles Datenmodell und das entsprechende KPI Modeling Framework ausgeliefert werden. Dies ermöglicht Ihnen die Erstellung Ihrer eigenen KPIs und gibt Ihnen somit die Gelegenheit, ganz individuelle Reports zu erstellen.

Architektur

Wenn Sie darüber nachdenken, SAP Fiori einzuführen, sollten Sie als Erstes eine Analyse Ihrer Systemstände durchführen. Ist hier alles in Ordnung und sind Ihre Systeme auf einem aktuellen Stand, sollten Sie sich fragen, was bzw. wie Sie SAP Fiori nutzen möchten. Es gibt zwei Architekturansätze: Embedded Deployment und Central Hub Deployment.

Beim Embedded Deployment installieren Sie SAP Gateway als zusätzliche Komponente auf dem bereits vorhandenen SAP-Backend-System (siehe Abbildung 2.7). Diese Installation bietet sich als Testversion an, um zunächst keine zusätzlichen Kosten zu erzeugen. Im Rahmen des Embedded Deployment wird ausschließlich SAP Gateway mit dem SAP-Backend verbunden. Somit steht auch nur dieses System zur Anbindung bereit.

Embedded Deployment

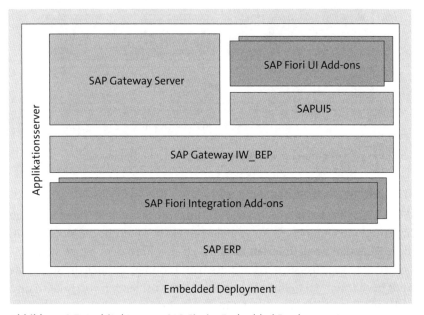

Abbildung 2.7 Architektur von SAP Fiori – Embedded Deployment

Für das Central Hub Deployment benötigen Sie einen zusätzlichen Applikationsserver, auf dem SAP Gateway installiert wird (siehe Abbildung 2.8). Der Einsatz eines zusätzlichen Applikationsservers ermöglicht Ihnen, ein zentrales Gateway zu betreiben und gleichzeitig mehrere Systeme anzubinden. Somit können Sie z. B. gleichzeitig Ihr neues SAP-S/4HANA-System sowie SAP ERP HCM, SAP BW und SAP CRM erreichen und SAP Fiori Launchpad als zentralen Einstieg für sämtliche Systeme nutzen.

Central Hub Deployment

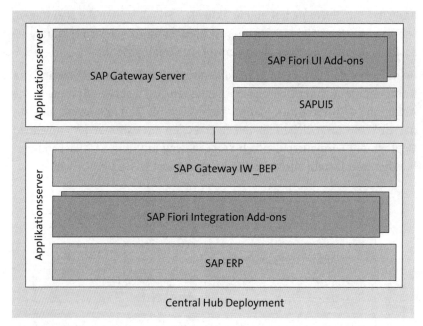

Abbildung 2.8 Architektur von SAP Fiori – Central Hub Deployment

Erweiterung von Fiori-Apps

SAP-Fiori-
Erweiterungen

Wenn Sie in Ihrem Unternehmen Fiori-Apps einsetzen und Ihnen wichtige Informationen fehlen, z. B. kundeneigene Felder, haben Sie die Möglichkeit, diese Felder an vordefinierten Punkten zu erweitern oder ganze Views innerhalb der App zu ersetzen. Auf diese Weise können Sie auch die Standard-Apps nach Ihren Vorstellungen gestalten. Das Ausblenden von Feldern und anderen Controls ist in einem definierten Rahmen machbar.

SAP Fiori 2.0

SAP-Fiori-2.0-
Neuerungen

Des Weiteren gibt es im Kontext SAP Fiori 2.0 auch »fiorisierte« Transaktionen als Apps. Diese Transaktionen wurden hinsichtlich ihrer Bedienbarkeit überarbeitet. Auf diese Weise können Sie bisher noch nicht überarbeitete Transaktionen, die als App noch nicht verfügbar sind, entsprechend einbinden und nutzen. Diese zumeist optisch angepassten Transaktionen haben danach zumindest das »Look-and-feel« von SAP-Fiori-Apps. Zu den weiteren Neuerungen gehört auch das neue Theme *Belize*, der Nachfolger des bisher bekannten Themes *Blue Crystal*. Hinzu kommen helle und dunkle Designs, ein Benachrichtigungsbereich, eine Profilansicht und die Möglichkeit, wichtige Funktionalitäten von überall aus zu erreichen.

Mit Fiori 2.0 können Sie in Ihrem Profil einen sogenannten App Finder nutzen, mit dem Sie per Suchbegriff eine App-Auswahl filtern und die gewünschte App aufrufen können. Sie können an dieser Stelle auch das Launchpad personalisieren und Ihre letzten Aktivitäten einsehen.

App Finder

Nachrichten werden in einem separaten Bereich dargestellt; priorisierte Mitteilungen werden entsprechend angezeigt, und Sie können umgehend mit der Nachricht interagieren und angemessen handeln. Wenn Sie eine der Benachrichtigungen auswählen, haben Sie auch die Möglichkeit, weiterführende Informationen zu erhalten, was Ihnen die tägliche Arbeit erleichtern sollte.

SAP Fiori 2.0 bietet Ihnen außerdem die Gelegenheit, mit Overview Pages zu arbeiten. Damit können Sie Übersichten für einzelne Bereiche erstellen. Ein Beispiel dazu wäre eine Übersicht über sämtliche persönlichen Daten der Mitarbeiter. Es ist auch ein Logistikbereich möglich, in dem Sie sämtliche relevanten Apps zum Thema finden. Auf diese Weise können Sie Apps nicht nur durch die Nutzung von Fiori-Launchpad-Gruppen trennen, sondern auch eigene Übersichten und Absprünge erstellen. Somit schaffen Sie klare, aufgabenbezogene Arbeitsbereiche.

Overview Pages

SAP Reference Library

Sämtliche Informationen zu verfügbaren Fiori-Apps finden Sie auch in der sogenannten SAP Reference Library. Hier können Sie die Verfügbarkeit, Systemvoraussetzungen, Konfigurationsanleitungen und Erweiterungsmöglichkeiten finden. Diese App-Übersicht wächst stetig an – einfach in einem Browser danach suchen.

SAP-Partnerlösungen

Es gibt eine Vielzahl an SAP-Partnern, die mit ihren vorgefertigten Apps Alternativen oder Ergänzungen zu den von SAP angebotenen Fiori-Apps anbieten. Auf diese Weise können Sie Lücken schließen und eine rundum mobile Lösung nutzen, ohne zwischendurch auf eine SAP-GUI-Transaktion zurückzugreifen.

Zudem bieten Ihnen Partner wie Neptune Software die Möglichkeit, die bereitgestellten Apps mit Ihrem eigenen Framework offlinefähig zu machen und andere Plattformen zur Abdeckung des gesamten Applikationszyklus zu nutzen. Mit einem eigenen Neptune-Launchpad können Sie die Apps separat nutzen oder Fiori-Apps in das zusätzliche Launchpad integrieren (und

Neptune Software

andersherum). Wenn Sie über ABAP-Know-how und grundlegendes Java-Script-Wissen verfügen, können Sie eigene Apps erstellen, wenn Ihnen das App-Angebot nicht reicht.

2.2.3   SAP Screen Personas 3.0

ENABLE

In diesem Abschnitt betrachten wir den dritten Bereich der UX-Strategie von SAP: ENABLE. Die bisher behandelten Bereiche setzen sich mit der Neu-entwicklung von Anwendungen auf Basis von SAPUI5 bzw. mit SAP Fiori auseinander. Sie werden eingesetzt, um die meistgenutzten Geschäftspro-zesse zu unterstützen.

Was ist jedoch mit der Vielzahl an SAP-Transaktionen, die bisher nicht in SAP Fiori enthalten sind? Und was wird aus Ihren kundeneigenen Programmen? Für zukünftige Entwicklungen sollte die Wahl klar auf SAPUI5-An-wendungen fallen.

SAP Screen Personas können Sie einsetzen, um bestehende SAP-GUI-Ober-flächen benutzerfreundlicher und optisch ansprechender zu gestalten. Um SAP Screen Personas nutzen zu können, müssen Sie die zusätzliche Kompo-nente SAP Screen Personas 3.0 installieren, dies ist mit keinen zusätzlichen Lizenzkosten verbunden. Anschließend können Sie beginnen, Ihre Trans-aktionen vollständig zu überarbeiten: Sie können Felder ein- und ausblen-den oder Übersichtsseiten erstellen. Zusätzlich haben Sie die Möglichkeit, ohne viel Aufwand ein Theme zu erstellen, mit dem Ihre Transaktionen ausgestattet werden und somit schnell in Ihren Unternehmensfarben strahlen können. Auf diese Weise vereinfachen Sie die Transaktionen für die Mitarbeiter Ihres Unternehmens und passen sie auf Ihre Bedürfnisse an, im Idealfall ohne Entwicklungsaufwand für die Überarbeitung. So kann eine Applikation optisch ansprechender und nutzbarer gemacht werden. Gleichzeitig wird die Originaltransaktion, die Sie (oder SAP) gebaut haben, nicht verändert. Sie können es also vermeiden, Modifikationen vorzuneh-men, wenn Sie die bisherige Businesslogik nicht anpassen wollen.

SAP Screen Personas 3.0

Die vorherige Variante SAP Screen Personas Version 2.0 wurde mit Micro-soft Silverlight betrieben. Um diese Abhängigkeit aufzulösen, wird in der neuesten Version von SAP Screen Personas auf die Nutzung des Plug-ins verzichtet. Stattdessen wird die Darstellung im Browser nun von HTML5 übernommen. Durch diesen Schritt können Sie theoretisch Ihre mit SAP Screen Personas 3.0 überarbeiteten Transaktionen auch auf Ihrem mobilen Endgerät nutzen.

Einsatz von Flavors

Die Anwendungen, die Sie mit SAP Screen Personas angepasst haben, ändern (anders als SAPUI5-Apps) ihr Design nicht automatisch abhängig vom Endgerät. Stattdessen müssen Sie Transaktionsvarianten, soge-nannte Flavors, erstellen. In diesem Fall könnten Sie ein Flavor für den Desktop, ein weiteres für Tablet und Smartphone erstellen. Auf diesem Weg haben Sie die Möglichkeit, auch komplexe Transaktionen zugänglich zu machen.

Mit SAP Screen Personas können Sie aber nicht nur das Aussehen verän-dern, sondern auch zusätzliche Funktionen implementieren. Mithilfe von JavaScript bauen Sie neue Funktionen in Ihre Programme ein, z. B. den Ab-sprung in eine häufig genutzte Transaktion. So muss der Anwender nicht wieder auf die Startseite gehen, um von dort aus im Menübaum oder auch per Transaktionscode die weiterführende Anwendung zu öffnen. Stattdes-sen können Sie in die überarbeitete Applikation einen Button einfügen, der die anschließende Transaktion öffnet und gleichzeitig die Auftragsnum-mer mitgibt. Durch diese Parameterübergabe spart der Anwender Zeit und muss sich zudem die Auftragsnummer nicht mehr merken.

Die Komponente SAP Screen Personas 3.0 ist sowohl als »SAP GUI für Windows« als auch als webbasierte Version möglich. Beachten Sie, dass Sie ausschließlich die Variante für den Browser in SAP Fiori Launchpad inte-grieren können. Auf diese Weise können Sie sämtliche Vorteile der SAP-UX-Strategie nutzen.

SAP Screen Personas 3.0 für SAP GUI und Web

In Abbildung 2.9 finden Sie einen Überblick über die technologische Inte-gration der SAP-UX-Technologien.

Aus der Abbildung geht hervor, dass sämtliche Technologien bzw. Werk-zeuge ein gemeinsames SAP Fiori Launchpad nutzen können. Die gemein-same Nutzung des Launchpads hat den Vorteil, dass Sie für sämtliche Pha-sen der SAP-UX-Strategie einen zentralen Einstieg haben. Darüber hinaus können Sie damit abhängig von der gewählten Gateway-Architektur sys-temübergreifend agieren.

Re-Design in SAP Screen Personas 3.0

Mit SAP Screen Personas können Sie weder neuen Transaktionen noch Pro-gramme mit entsprechender Businesslogik erstellen. Es eignet sich aus-schließlich zum Anpassen, Überarbeiten und Vereinfachen von bestehenden

Anwendungen. Bei einer Neuentwicklung sollten Sie niemals das Konzept verfolgen, eine neue Transaktion im Anschluss mit SAP Screen Personas zu überarbeiten!

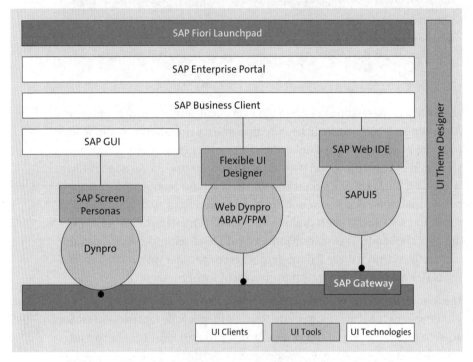

Abbildung 2.9 Technologische Integration der SAP-UX-Technologien

2.2.4 Kundenanwendungen und Beispiele

Alte Funktion, neue Oberfläche

In den vorherigen Abschnitten haben Sie die neuen Möglichkeiten, die Ihnen durch die UX-Strategie von SAP offenstehen, kennengelernt. Wir haben kurz gezeigt, wie Sie Herausforderungen in puncto Zukunftsorientierung, Mobilität und Benutzerfreundlichkeit angehen können. Dies umfasst zum einen die Optimierung von bestehenden Prozessen auf Basis von SAP Fiori für eine bessere Benutzerführung und Bedienung durch den Einsatz komfortabler, intuitiver und vor allem mobiler Anwendungen. Zum anderen haben wir gezeigt, wie Sie Transaktionen anpassen können, um dem Anwender die Datenerfassung oder andere Tätigkeiten zu erleichtern, bei denen nur ein Bruchteil der angezeigten Informationen benötigt wird.

In diesem Abschnitt zeigen wir Ihnen am Beispiel der Hausbankpflege, wie die Umsetzung der UX-Strategie von SAP aussehen kann. In Abbildung 2.10 sehen Sie die Pflege der Hausbank in SAP ECC 6.0.

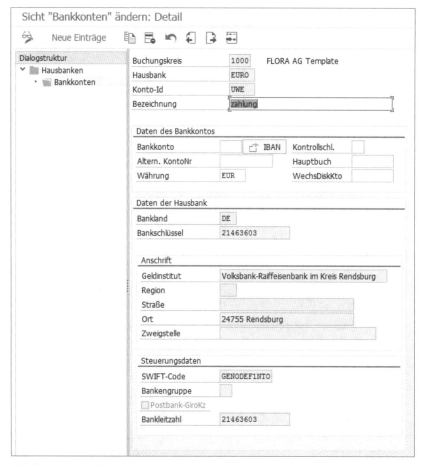

Abbildung 2.10 Pflege der Hausbank in SAP ECC 6.0

Die Vorgehensweise im SAP GUI ist wenig intuitiv und nicht unbedingt benutzerfreundlich, aber funktional. Die eigentliche Pflege der Bankkonten ist nur über die vorherige Auswahl einer Hausbank möglich. In der Dialogstruktur müssen Sie sich zunächst zu einer Bank vorarbeiten, um dann anschließend die Hausbank auszuwählen.

Stammdaten statt Customizing

Die Pflege der Hausbank wird in SAP S/4HANA nicht mehr im Customizing vorgenommen. Stattdessen ist die Hausbank als Stammdatum hinterlegt. In SAP S/4HANA ist für die Auswahl der Hausbank nun eine eigene Fiori-App verfügbar (siehe Abbildung 2.11).

Um die Hausbank über die Fiori-Apps in den Stammdaten zu pflegen, können Sie ein Filterkriterium wählen und erhalten anschließend eine Übersicht Ihrer Hausbanken (siehe Abbildung 2.12).

Abbildung 2.11 Auswahl der Hausbank mit SAP Fiori

Abbildung 2.12 Pflege der Hausbank mit SAP Fiori

Im Anschluss können Sie bei der ausgewählten Bank in die Details schauen oder diese nach Ihren Wünschen bearbeiten.

In diesem Zusammenhang wird mit der Optimierung der Bankenübersicht auch die Pflege der Daten im Customizing entfernt, was die Pflege und Nachvollziehbarkeit von Informationen erleichtert. Zudem haben Sie nun einen zentralen Einstiegspunkt für sämtliche Konten, was wiederum den Schulungsbedarf senkt.

2.3   Benutzeroberflächen im Vergleich

Wir haben Ihnen im ersten Teil dieses Kapitels die alten und neuen Benutzeroberflächen vorgestellt. Sind Sie ganz begeistert von den neuen Oberflächen und wollen damit am liebsten sofort damit arbeiten? Aber gleichzeitig fragen Sie sich vielleicht, welche Kosten für die Nutzung anfallen und ob Sie nun alle alten Oberflächen auf einmal auf die neuen umstellen müssen. Eins vorweg: Die alten Oberflächen werden erst mal nicht aussterben. SAPscript-Formulare gibt es schließlich auch noch. Wann ist also nun welche Oberfläche sinnvoll, und wann lohnt es sich, alte Oberflächen auf neue umzustellen? All diese Fragen möchten wir Ihnen in diesem Abschnitt beantworten. Wir fangen mit der Kosten-Nutzen-Analyse der Oberflächentechnologien an.

2.3.1   Kosten-Nutzen-Analyse der Oberflächentechnologien

Am Anfang jeder Entscheidung steht eine Gegenüberstellung der Potenziale, Eigenschaften und Nutzen. Zu diesem Zweck möchten wir die vorgestellten Technologien anhand dreier Kriterien vergleichen.

Kosten

Als Erstes betrachten wir die Kosten im Hinblick auf die Aufwände für Konzeption, Test und Entwicklung der Anwendungen. Bei einigen Technologien sind die Entwicklungsaufwände geringer. Stattdessen fallen Kosten für die Implementierung und die Konfiguration an.

Aufwand für Konzeption, Test und Entwicklung

Im Fall von SAP Business Client könnten wir ausschließlich auf die Kosten der Einstellung der Laufzeitumgebung eingehen. Diese Aufwände fallen jedoch auf irgendeine Weise bei jeder Technologie an, unabhängig davon, ob SAP Logon Pad oder SAP Fiori Launchpad im Fokus steht. Des Weiteren müssen die Kosten für die beteiligte Businesslogik ausgeklammert werden, da auch diese Aufwände vorwiegend unabhängig von der gewählten Technologie anfallen. In diesem Fall geht es ausschließlich um Oberflächen, die auf unterschiedlichen Endgeräten funktionieren oder zumindest in verschiedenen Auflösungen betrieben werden können.

Benutzer

Zielgruppe Ein weiteres Kriterium ist die Zielgruppe, die mit einer Oberflächentechnologie arbeitet. Hier wird in Power User und Casual-User unterschieden. Beide Zielgruppen haben ein anderes Empfinden, andere Schwerpunkte und Erwartungen. Zudem wird auch ein Fokus auf die Aufteilbarkeit der Aufgaben und der Rollen gelegt. Um diesen Anforderungen gerecht zu werden und Ihnen damit auch einen besseren Eindruck zu vermitteln, werden diese beiden Gruppen zunächst genauer betrachtet.

User Experience

Nutzbarkeit Im Zusammenhang mit der Nutzbarkeit von Anwendungen und einem guten »Look-and-feel« für die Anwender sollten sich die Anwendungen an die aktuellen Trends und Bedürfnisse anpassen. Insbesondere die Herausforderung bei der mobilen Nutzung von Anwendungen wird immer wichtiger für Endanwender. Die meisten Anwender nutzen mobile Geräte bereits im privaten Leben und konnten deswegen Erfahrungen mit den unterschiedlichen Technologien und Neuerungen sammeln, außerdem haben sie entsprechende Anforderungen an Ihre Software am Arbeitsplatz.

Vergleich der Technologien

Technologien im Überblick In Tabelle 2.2 finden Sie einen Vergleich zwischen den verschiedenen UI-Technologien anhand der zuvor beschriebenen Kriterien. Unsere Wertungen und Einschätzungen beruhen auf unseren Erfahrungswerten aus internen und kundenindividuellen Projekten.

	Kosten	Power-User	Casual-User	User Experience
SAP GUI	--	+++	---	---
SAP GUI für HTML	-	-	+	---
SAP Business Client	---	+++	+	--
SAPUI5	++	++	+++	+++
SAP Fiori	+++	++	+++	+++

Tabelle 2.2 Vergleich der Technologien
(Legende: + = positive und - = negative Auswirkungen der Technologie)

	Kosten	Power-User	Casual-User	User Experience
SAP Screen Personas 3.0	++	++	++	++

Tabelle 2.2 Vergleich der Technologien
(Legende: + = positive und - = negative Auswirkungen der Technologie) (Forts.)

In den folgenden Abschnitten gehen wir etwas weiter ins Detail und beschreiben für jede einzelne UI-Technologie die Vor- und Nachteile gemäß unseren Erfahrungen.

SAP GUI

Vorteile von SAP GUI:

- Viele Daten auf einen Blick: passend für Power-User.
- Performant, trotz Anzeige vieler Daten.
- Vereinfachung und Übersichtlichkeit kann mit Screen-Personas geschaffen werden.
- Gleichzeitige Nutzung von vielen Anwendern möglich.

Nachteile von SAP GUI:

- Casual-User sind mit den komplexen und unübersichtlichen Oberflächen überfordert.
- Hohe Schulungskosten, da die komplexen Oberflächen schwer zu bedienen sind.
- Nicht zur mobilen Nutzung geeignet.
- SAP-GUI-Installation auf dem PC notwendig.

SAP GUI für HTML

Vorteile von SAP GUI für HTML:

- Keine Installation notwendig, somit auch auf dem Tablet nutzbar.
- Geringer Administrationsaufwand, da Frontend auf Internet Transaction Server (ITS) gewartet wird.
- Betriebssystemunabhängig, lediglich Anforderung an den Browser, somit keine SAP-GUI-Installation auf dem PC notwendig.
- Neue Nutzer ohne Mehraufwand hinzufügbar.

Nachteile von SAP GUI für HTML:

- Sehr langsam und Netzbelastung steigt.

- Keine individuellen Layoutanpassungen möglich.
- Wie bei SAP GUI komplexe und unübersichtliche Oberflächen, daher nur eingeschränkt mobil nutzbar und somit auch für Casual-User ungeeignet.
- Schulungskosten wie bei der SAP GUI sehr hoch.

SAP Business Client

Vorteile von SAP Business Client:

- Vereinigung aller Oberflächen in einer Laufzeitumgebung, somit ideal für Power-User und Casual-User.
- Durch Einbindung der neuen Technologien können Schulungskosten minimiert werden.

Nachteile von SAP Business Client:

- Neue Programme für SAP Business Client setzen die Entwicklungen von Transaktionen in SAP GUI oder SAP GUI für HTML voraus.
- Installation von SAP Business Client für Desktop auf dem Computer notwendig.
- SAP Business Client für Desktop nur für Windows-Computer geeignet.
- Mobile Nutzung nur mit SAP Business Client für HTML möglich.

SAPUI5

Vorteile von SAPUI5:

- Mobile Nutzung auf Desktop, Tablet und Smartphone möglich.
- Nur eine Entwicklung zur Nutzbarkeit auf mehreren Endgeräten notwendig (»Responsive« Design).
- Einfache und anwenderfreundliche Apps im einheitlichen Design führen zu geringen Schulungskosten.
- Für Casual-User und Power-User geeignet.

Nachteile von SAPUI5:

- Die Nutzung erfolgt meistens über den Browser und kann gegebenenfalls durch eingeschränkte Browserressourcen verlangsamt werden. Dies kann durch entsprechende Aktualität der Browser vermieden werden.
- Bei steigender Komplexität der Anwendungen sind hohe Entwicklungsaufwände zu erwarten.

SAP Fiori

Vorteile von SAP Fiori:

- Viele SAP-GUI-Transaktionen wurden von SAP bereits umgestellt, somit geringe Konfigurationskosten für den ersten Einsatz von Standard-Apps.

- Anpassungen von Standard-Apps mit wenig Aufwand möglich.

- Siehe auch Vorteile von SAP UI5.

Nachteile von SAP Fiori:

- Da die SAP-GUI-Transaktionen in mehrere Apps geteilt wurden, kann sich die Bearbeitungszeit in einigen Bereichen für Power-User verlängern.

SAP Screen Personas 3.0

Vorteile von SAP Screen Personas:

- Schnelle und kostengünstige Vereinfachung von SAP-GUI-Transaktionen durch Entfernen und Verschiebung von Feldern.

- Neugestaltung der Transaktionen führt dazu, dass Casual-User und Power-User schneller und effektiver arbeiten können und die Schulungskosten minimiert werden.

Nachteile von SAP Screen Personas:

- Nur Anpassung der Oberflächen möglich, Prozessanpassungen sind nicht möglich.

Fazit

Wir haben in diesem Kapitel sechs Benutzeroberflächen verglichen. Einige sind bereits seit vielen Jahren im Einsatz und wurden in dieser Zeit von einer Vielzahl an Endanwendern mit unterschiedlichen Fähigkeiten und Ansprüchen an die Software genutzt. Alle haben eine Daseinsberechtigung und wurden auf ihre spezifischen Anwendungsfelder ausgerichtet. Im Laufe der Zeit verändern sich jedoch die Ansprüche und Bedürfnisse der Anwender, der Geschäftsprozesse und auch der Märkte. So stehen heute die Schnelligkeit, der Bedienungskomfort und die Mobilität der Informationen im Vordergrund. Im weiteren Verlauf des Kapitels werden wir noch auf die Benutzergruppen und unsere Technologieempfehlungen eingehen.

2.3.2   Empfehlungen für unterschiedliche Zielgruppen

Nicht jede Benutzeroberfläche ist für jeden Anwender geeignet. Wir unterscheiden zwischen Power-User und Casual-User. Um die Unterschiede zu verdeutlichen, möchten wir uns in diesem Kapitel mit folgenden Fragen beschäftigen:

- Was genau zeichnet einen Power-User und einen Casual-User aus?

- Gibt es hier immer eine klare Trennung?

- Kann man zu jeder dieser Gruppen eine eindeutige Benutzeroberfläche zuordnen?

Power-User Ein Power-User (Key-User) ist ein Anwender, der einen Großteil seines Arbeitstags mit dem SAP-System arbeitet. Er nutzt mehrere Transaktionen oder Anwendungen und ist mit deren Bedienung voll vertraut. Er dient zusätzlich als Ansprechpartner für Casual-User, wenn diese bei der Bearbeitung bestimmter Transaktionen oder Anwendungen Hilfe benötigen.

Casual-User Ein Casual-User ist ein Anwender, der nur eine Handvoll SAP-Transaktionen nutzt, z. B. nur für die Bearbeitung eines Urlaubsantrags. Auch die Einsteiger zählen wir hier zu den Casual-Users.

Auf die Frage, welche Benutzeroberfläche denn nun die richtige für den Power-User oder den Casual-User ist, gibt es keine eindeutige Antwort. Dies hängt hauptsächlich vom jeweiligen Anwendungsfall ab. Im Folgenden zeigen wir Ihnen drei typische Anwendungsfälle.

Anwendungsfall: Manager

Ein Manager muss täglich die Zahlen prüfen und wichtige Bestellungen/ Aufträge/Rechnungen per Workflow genehmigen. Somit arbeitet er zwar täglich mit dem SAP-System, nutzt aber nur gezielte Transaktionen oder Anwendungen. Für seine Tätigkeit ist kein tief greifendes Fachwissen notwendig, und deshalb wird er eher als Casual-User eingestuft.

Mobiler Zugriff im Vordergrund Die Mobilität steht für Manager oft im Vordergrund, und damit hat er nicht immer Zugriff auf seinen Arbeitsplatz. In diesem Fall ist SAP GUI für ihn eher umständlich und unkomfortabel in der Bedienung. Ein wichtiger Faktor in der Tätigkeit des Managers ist die Zeit. Daher sind schnelle und einfache Arbeitsabläufe notwendig. Diese Anforderungen erfüllt SAP Fiori am besten, denn über Fiori-Apps kann der Manager alle seine täglichen Aufgaben per Smartwatch, Smartphone und Tablet ausführen.

Anwendungsfall: Sachbearbeiter

Ein Sachbearbeiter arbeitet täglich fast den vollen Arbeitstag mit SAP. Er muss Listen auswerten und Belege anlegen bzw. weiter verbuchen. Somit arbeitet er mit mehreren Transaktionen/Anwendungen und ist daher ein typischer Power-User.

Für Power-User ist eine Fiori-App eher ungeeignet, da der Sachbearbeiter alle möglichen Informationen auf einer Seite sehen bzw. pflegen muss. Somit wird der Sachbearbeiter mit SAP GUI bzw. SAP Business Client am glücklichsten sein. SAP Business Client ist dann sinnvoll, wenn der Sachbearbeiter zwischen verschiedenen Technologien wechseln muss, das heißt, wenn er neben den üblichen SAP-GUI-Transaktionen auch Web-Dynpro-Anwendungen oder SAP-Fiori-App bedienen möchte.

Alles auf einen Blick

Anwendungsfall: Mitarbeiter

Als Mitarbeiter definieren wir eine Person (z. B. einen Lagerdisponenten), die nur selten mit SAP arbeitet oder anderweitige Software für die tägliche Arbeit nutzt (Casual-User). Solche Mitarbeiter haben es mit einer üblichen SAP-GUI-Transaktion eher schwer, da sie mit der Systemumgebung nicht betraut sind. Somit ist für diese Mitarbeiter entweder SAP Fiori oder SAP Screen Personas die Lösung.

> **Fazit**
>
> Alle SAP-Anwender haben zunächst als Casual-User begonnen. Der Weg zum Power-User war bisher langwierig, da die Benutzeroberflächen in SAP GUI sehr komplex sind und es eine Vielzahl von Transaktionen gibt. Die Anzahl der Anwendungen wird sich mit den neuen Benutzeroberflächen erhöhen, aufgrund von Hilfsmitteln wie dem App Finder wird dies jedoch deutlich komfortabler.

2.3.3   Hilfestellung für die Entscheidungsfindung

Wir haben Ihnen nun alle Benutzeroberflächen vorgestellt und diese miteinander verglichen. Sie kennen jetzt den Unterschied zwischen Power-User und Casual-User. Aber wahrscheinlich sind Sie immer noch unsicher, wann Sie welche Benutzeroberfläche genau einsetzen sollen? Vielleicht nutzen Sie hauptsächlich SAP GUI oder SAP Business Client und fragen sich, ob Sie mit SAP S/4HANA nur noch SAP Fiori einsetzen sollen?

Wie bereits angedeutet, haben alle Benutzeroberflächen ihre Daseinsberechtigung. Die neuen Benutzeroberflächen machen das Arbeitsleben allerdings etwas einfacher und mobiler. Sie können damit schneller auf die Bedürfnisse Ihrer Firma reagieren und Aufgaben schneller erledigen.

Für Power-User kann die Nutzung der neuen Oberflächen mitunter zeitaufwendiger sein, muss er doch in einigen Fällen mehrere Apps ausführen, anstatt alles mit einer Transaktion zu erledigen. Für einen Casual-User sind die mit SAP Fiori oder SAP Screen Personas vereinfachten Transaktionen in der Regel einfacher zu bedienen.

Einbeziehen der Anwender

Wie Sie sehen, können wir Ihnen keine eindeutige Empfehlung dazu geben, welche Benutzeroberfläche genau für Sie nun die richtige ist. Für die Entscheidung, welche UI-Strategie zu Ihrem Unternehmen passt, sollten Sie die in Abschnitt 2.3.1, »Kosten-Nutzen-Analyse der Oberflächentechnologien«, beschriebenen Kriterien nutzen und auf Ihre Geschäftsprozesse anwenden. Fragen Sie zusätzlich die Anwender, mit welcher Technologie sie am liebsten arbeiten möchten und was für ihren Arbeitsablauf die beste Lösung ist. Die Anwender müssen letztendlich mit der entsprechenden Benutzeroberfläche arbeiten. Sie sollten trotzdem darauf achten, dass sie mit der Zeit gehen und sich auch an die neuen Technologien herantrauen. SAP hat mit SAP S/4HANA bereits viele Transaktionen in SAP Fiori umgewandelt bzw. »fiorisiert«. Diese werden in den nächsten Kapiteln näher vorgestellt. Probieren Sie sie einfach mal aus.

Vorhandene kundeneigene Programme prüfen

Für Transaktionen, die noch nicht umgestellt sind, bzw. Ihre kundeneigenen Transaktionen können Sie natürlich weiterhin SAP GUI nutzen. Es ist unseres Erachtens nicht sinnvoll, alle kundeneigenen Programme wahllos umzustellen. Stattdessen sollte eine gezielte Umstellung nach einzelner Prüfung erfolgen. Überlegen Sie, ob bei größeren Anpassungen von kundeneigenen Programmen ein Umstieg auf eine neue Benutzeroberfläche sinnvoll ist. Es ist ratsam, in solchen Fällen den Anwender in die Entscheidungsfindung einzubeziehen.

Richten Sie besonderes Augenmerk auf die Web-Dynpro-Entwicklungen, denn diese wurden bereits speziell fürs Web entwickelt. Sind diese noch zeitgemäß, oder wollten Sie sie schon seit Längerem auf einem Tablet oder Smartphone nutzen, hatten aber bis jetzt nie die passende Technologie dazu? Wenn das der Fall ist, sollten diese Entwicklungen die ersten sein, die Sie umstellen. Danach können Sie die Auswertungsreports und Genehmigungsworkflows prüfen, die z. B. der Manager täglich verwendet. Überlegen Sie zusätzlich, ob es sinnvoll ist, komplexe Transaktionen mit SAP Screen Personas zu vereinfachen. Wenn Sie z. B. nur wenige Felder zum Anlegen für einen Beleg brauchen, können Sie alle unnötigen Felder mit SAP Screen Personas ausblenden und damit die Transaktionen vereinfachen. Dies kommt nicht nur dem Casual-User zugute, auch der Power-User spart dadurch Zeit. Sie werden auf jeden Fall noch eine ganz lange Zeit die SAP-GUI-Transaktionen verwenden.

Gleichzeitig werden die SAP-Fiori-Apps zunehmen. Somit müssten Sie von SAP GUI zum Browser immer hin- und herspringen. Um das zu verhindern, bietet Ihnen SAP Business Client die Lösung, alle Technologien in einer Anwendung zu nutzen. Dies würde am meisten dem Power-User helfen, sich erstens schneller mit den neuen Technologien zu befassen und andererseits zusätzlich SAP GUI oder Web Dynpros zu nutzen. Hier empfehlen wir die Desktopvariante, da die HTML-Variante Performanceeinbußen aufweisen kann und somit für einen Power-User nicht geeignet ist. Beachten Sie allerdings, dass SAP Business Client für Desktop nur für Windows geeignet ist. Wenn Ihre Firma macOS oder Linux im Einsatz hat oder Sie SAP Screen Personas intensiv nutzen wollen, ist SAP Business Client für Sie nicht geeignet.

Der Casual-User wird in SAP S/4HANA wohl hauptsächlich die SAP-Fiori-Anwendungen nutzen und nur in Ausnahmefällen auf SAP GUI zurückgreifen. Wenn Sie dann SAP Screen Personas im Einsatz haben, muss der Casual-User auf SAP GUI zurückgreifen. Die HTML-Variante ist nicht möglich. Beide HTML-Varianten, für SAP GUI und SAP Business Client, sind nur dann sinnvoll, wenn Sie SAP GUI nutzen wollen, aber keine Desktopversion auf Ihrem Notebook installiert haben.

Wir hoffen, dass wir Ihnen bei der Entscheidung für die richtige Benutzeroberfläche ein wenig helfen konnten. Letztendlich wird es immer Ihre Entscheidung bleiben, welche Benutzeroberfläche für Sie und Ihre Anwender die richtige ist. SAP verfolgt mit der UX-Strategie das Konzept der Benutzerfreundlichkeit, die mithilfe der neuen Technologien erreicht werden soll.

Gleichzeitige Nutzung von alten und neuen Oberflächen

2.4   Zusammenfassung

In diesem Kapitel haben wir Ihnen zum einen die SAP-UX-Strategie nähergebracht und Ihnen aufgezeigt, wie Sie auf einen Wandel der Nutzerwünsche und Bedürfnisse reagieren können. Wir haben Ihnen zunächst die bisher genutzten und mit der Zeit immer komplexeren Oberflächen aufgezeigt. Im Anschluss haben wir Ihnen eine Einführung in die neuen Möglichkeiten zur Interaktion mit den Benutzern gegeben. Hier stehen die Endanwender im Vordergrund und bestimmen die Aufbereitung der Informationen. Übersichtlichkeit und eine einfache Bedienung sind nicht zu unterschätzende Faktoren, wenn es um die Themen Benutzerakzeptanz und Reduzierung von Schulungsaufwänden geht.

Sie können einen Wechsel der Benutzeroberfläche auch nutzen, um alte, eingefahrene Prozesse zu optimieren und zu vereinfachen. Im zweiten Teil des Kapitels haben wir die Oberflächen anhand von drei Kriterien miteinander verglichen. Diesen Vergleich können Sie als Hilfsmittel für Ihre Entscheidungen im Unternehmen nehmen. Um Ihnen ein runderes Bild der Anwendbarkeit der unterschiedlichen Technologien zu geben, haben wir anhand von Beispielen verschiedene Einsatzmöglichkeiten skizziert. Für eine fundierte Entscheidungsfindung haben wir als Ausklang des Kapitels einen Überblick über die aus unserer Sicht wichtigsten Faktoren gegeben.

Was sollten Sie also aus diesem Kapitel mitnehmen?

- Die bisherigen Oberflächen sind auf Desktopbedienung ausgelegt und haben zum Teil einen riesigen Funktionsumfang.
- Die UX-Strategie gliedert sich in drei Phasen, jede Phase bietet eine entsprechende Technologie und Werkzeuge.
- Die gegenwärtigen und zukünftigen Anwendungen zeichnen sich durch Mobilität, Einfachheit und Geräteunabhängigkeit aus.
- Es gibt für jede Zielgruppe geeignete Technologien und Mittel, um deren Arbeit effektiver zu gestalten.

Im Verlauf des Buchs bringen wir Ihnen die neuen Technologien von SAP S/4HANA für den Einsatz in der Logistik näher. In den folgenden Kapiteln stoßen Sie immer wieder auf Fiori-Apps, die in den jeweiligen Geschäftsprozessen in SAP S/4HANA eingesetzt werden.

Durch die Nutzung neuer Technologien für die Datenspeicherung, die neuen Herstellungsprozesse von Hochleistungsprozessoren und neue Arbeitsgewohnheiten – viele von uns sind ständig online – beschleunigen sich die Kommunikation und die Entscheidungsfindung. Als Hilfestellung benötigen Entscheidungsträger in Zeiten des Informationsüberflusses gezielt die richtigen Informationen. Die neuen Möglichkeiten bei der Oberflächengestaltung können Sie so zu Ihrem Vorteil nutzen. Mit einer Kombination aus SAP S/4HANA und den Technologien der UX-Strategie von SAP ermöglichen Sie eine schnelle, effiziente und effektive Bearbeitung Ihrer Prozesse und machen sie fit für den Markt.

In den nächsten Kapiteln stellen wir die Veränderungen in den einzelnen Prozessen vor.

Kapitel 3
Einkauf

Der Einkauf ist einer der strategisch wichtigsten Vorgänge im Alltagsgeschäft von Unternehmen. Die Möglichkeit, wichtige Daten (z. B. den Status von Bestellungen oder Warenbewegungen) schnell abrufen und übersichtlich darstellen zu können, gehört zu den zentralen Erfolgsfaktoren auch für den Einkauf. Dieses Kapitel verschafft Ihnen einen Überblick über die Funktionen für den Einkauf in SAP S/4HANA.

Im vorherigen Kapitel haben Sie einen Überblick über die Benutzeroberflächen in SAP S/4HANA 1610 erhalten. In diesem Kapitel stellen wir Ihnen anhand von Beispielen aus der Praxis die Neuerungen in den Einkaufabläufen vor.

In Abschnitt 3.1, »Beschaffung«, lernen Sie zentrale Funktionen rund um den (allgemeinen) Beschaffungsprozess kennen. Wir erläutern die Verwaltung von Materialstammdaten, gefolgt von Bestellanforderungen, Anfragen und Angeboten. SAP S/4HANA 1610 enthält zahlreiche neue Funktionen, die Einkäufern das Alltagsgeschäft erleichtern. Besonders hervorzuheben sind dabei die Fiori-Apps für Einkaufsanalysen.

In Abschnitt 3.2, »Kontraktmanagement«, behandeln wir anhand eines Best-Practice-Prozesses das Kontraktmanagement in SAP S/4HANA. Schritt für Schritt zeigen wir Ihnen, wie Sie Kontrakte anlegen, drucken und verwalten. Wir vergleichen dabei die Abläufe in SAP S/4HANA mit der Vorgehensweise in SAP ECC (SAP GUI).

Eine weitere wesentliche Neuerung stellen die Prozesse des Employee Self-Service dar. Hierbei handelt es sich um eine Einkaufswagenfunktionalität, die es einem Anforderer ermöglicht, direkt per Weboberfläche eine Bestellanforderung anzulegen. Diese wird dann, wenn bestimmte Bedingungen erfüllt sind, automatisch in eine Bestellung umgewandelt. Wie der operative Einkauf dadurch entlastet werden kann, lesen Sie in Abschnitt 3.3, »Beschaffung über Self-Services«.

3.1   Beschaffung

Die Beschaffung ist einer der wichtigsten strategischen Vorgänge im Alltagsgeschäft von Unternehmen. Nicht nur für Handelshäuser ist die effiziente, kostengünstige und bedarfsgerechte Beschaffung von Produkten und Dienstleistungen von essenzieller Bedeutung. In diesem Abschnitt bringen wir Ihnen den Beschaffungsprozess in SAP S/4HANA näher. Wir gehen zunächst auf die Neuerungen und Änderungen mit Bezug auf die Materialstammdaten ein. Danach erläutern wir die »klassische« Bezugsquellenfindung anhand einer direkten Bedarfsauslösung durch einen Mitarbeiter über den Anfrage- und Angebotsprozess. Anschließend vergleichen wir diese klassische Vorgehensweise mit dem Vorgang in SAP S/4HANA. Schließlich stellen wir Ihnen einige der spannenden neuen Möglichkeiten vor, die Ihnen mit den Fiori-Apps der Gruppe **Einkaufsanalysen** zur Verfügung stehen.

3.1.1   Materialstammdaten

40-stellige
Materialnummer

In SAP S/4HANA wird nun eine 40-stellige Materialnummer anstatt der bisher 18-stelligen Materialnummer unterstützt. Die erweiterte Materialnummer ist nicht als Standardeinstellung bei einer Neuinstallation von oder Migration zu SAP S/4HANA aktiviert. Die Aktivierung dieser Funktion ist also optional. Beachten Sie allerdings, dass Sie die Funktion später nicht ohne Weiteres deaktivieren können, da es sonst zu Dateninkonsistenzen oder gar Datenverlusten kommen kann.

Auswirkungen der neuen Materialnummer

Bei der Nutzung von Standardfunktionen hat die neue Materialnummer grundsätzlich keine Auswirkungen. Nach der Aktivierung der Funktion kann es jedoch zu Auswirkungen bei der Verwendung von Schnittstellen und kundeneigenen Erweiterungen kommen.

Stammdaten-
verwaltung für
Materialien

In SAP S/4HANA stehen mehrere Apps für die Verwaltung von Materialstammdaten zur Verfügung. In SAP Fiori Launchpad finden Sie diese Apps in der Gruppe **Stammdaten – Produkt** (siehe Abbildung 3.1).

Abbildung 3.1 Materialstammdaten in SAP Fiori anzeigen und bearbeiten

In unserem Fall möchten wir uns das Material TG10 anzeigen lassen, das wir auch in unseren Folgebeispielen (siehe Abschnitt 3.2, »Kontraktmanagement«) verwenden werden. Dafür klicken Sie auf **Material anzeigen**. Sofort bietet sich ein für Einkäufer bekanntes Bild, da die Auswahl der Sichten analog zu SAP GUI aufgebaut ist.

Material anzeigen

Wir wählen die Sicht **Einkauf**, um uns einen ersten für einen Einkäufer relevanten Überblick zu verschaffen (siehe Abbildung 3.2).

Sicht »Einkauf«

Material TG10 anzeigen (Handelsware)

Anderes Material Zusatzdaten OrgEbenen Dienste zum Objekt ⌄ Mehr ⌄

Grunddaten 1 Grunddaten 2 Vertrieb: VerkOrg 1 Vertrieb: VerkOrg 2 Vertrieb: allg./Werk Außenhandel: Export Vertriebstext Einkauf

Material: **TG10**

Bezeich: **Handelsware 10, PD, Strecke**

Werk: **1010** Werk 1 - DE

Allgemeine Daten

Basismengeneinheit: **ST** Stück	Bestellmengeneinheit:	Var. BME:	
Einkäufergruppe: **001**	Warengruppe: **L001**		
Werksspez. MatStatus:	Gültig ab:		
Steuerind. Material:	Naturalrabattfähig:		
MatFraGruppe:	Autom.Bestell.:		
Chargenpflicht:			

Abbildung 3.2 Die Einkaufssicht in SAP Fiori

Im Vergleich zu SAP GUI ist die Benutzeroberfläche auch hier größtenteils die gleiche und bietet so ein hohes Maß an Vertrautheit. Die Anordnung der Gruppen und Felder innerhalb der Sicht sind exakt gleich geblieben: Nach wie vor sehen Sie die Kopfdaten mit Feldern wie **Material**, **Bezeichnung** und **Werk** sowie **Allgemeine Daten** mit Feldern wie **Basismengeneinheit**, **Werksspezifischer Materialstatus** und der Checkbox **Naturalrabattfähig**. Abbildung 3.3 zeigt die Einkaufssicht in SAP GUI.

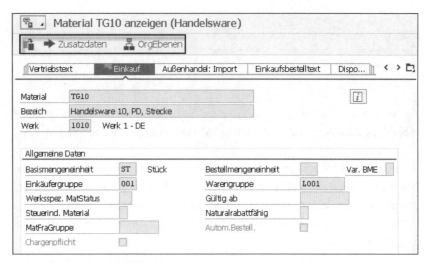

Abbildung 3.3 Die Einkaufssicht in SAP GUI

Den gleichen Wiedererkennungswert bieten auch die anderen Gruppen und Felder innerhalb der Sicht **Einkauf** sowie aller anderen Sichten im Materialstamm.

Lediglich die Navigationsleiste über den Sichten stellt sich im Vergleich zum SAP GUI etwas anders dar. In Abbildung 3.4 und Abbildung 3.5 sehen Sie die Unterschiede und Gemeinsamkeiten der Darstellung in SAP Fiori und SAP GUI. Betrachten Sie Gruppe ❶ in SAP FIORI bzw. Ⓐ in SAP GUI, können Sie feststellen, dass in beiden Fällen die Buttons **Anderes Material** (in SAP GUI durch das Icon dargestellt), **Zusatzdaten** und **OrgEbenen** vorhanden sind.

Unterschiede und Gemeinsamkeiten der Benutzeroberflächen

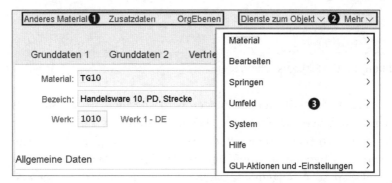

Abbildung 3.4 Die Navigationsleiste in SAP Fiori

In Gruppe ❷ der Fiori-App werden zusätzlich die Buttons **Dienste zum Objekt** und **Mehr** angezeigt. Diese sind keineswegs neu, sondern lediglich anders angeordnet. In Gruppe Ⓑ von SAP GUI erkennen Sie, dass die Dienste

Alte und neue Anordnung der Buttons

zum Objekt bisher über den Pfad **System · Dienste zum Objekt** erreichbar
waren. Um den Auswahlprozess im Alltagsgeschäft zu beschleunigen, können Sie diese Funktion nun direkt auswählen.

In Gruppe ❷ der Fiori-App sehen Sie den Button **Mehr**. Ein Klick auf diesen
Button öffnet die Gruppe ❸, die die folgenden Buttons enthält:

- Material
- Bearbeiten
- Springen
- Umfeld
- System
- Hilfe
- GUI-Aktionen und -Einstellungen

Diese Buttons wurden eins zu eins aus Gruppe ❻ von SAP GUI übernommen – mit einer Ausnahme: Der Button **GUI-Aktionen und -Einstellungen**
ist neu, hier können Sie unter anderem den WebGUI-Datei-Browser öffnen.

WebGUI-Datei-Browser

In SAP S/4HANA werden alle Frontend-Service-Methoden, wie Download,
Upload, Ausführen etc., im eigenen Dateisystem des Browsers ausgeführt
statt im nativen Dateisystem.

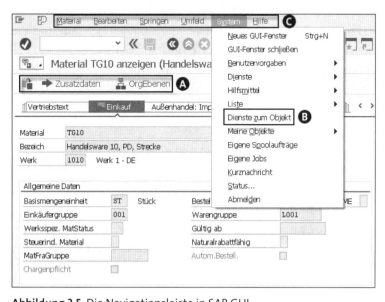

Abbildung 3.5 Die Navigationsleiste in SAP GUI

Zusammenfassend lässt sich festhalten, dass die Benutzeroberfläche der Fiori-App(s) für die Verwaltung des Materialstamms einen hohen Wiedererkennungswert für erfahrene Einkäufer bietet.

3.1.2   Bestellanforderungen, Anfragen und Angebote

Bestellanforderung Den Kern des operativen Einkaufs bildet der Beschaffungsprozess, der im Regelfall durch eine Bestellanforderung, die sogenannte *Banf*, ausgelöst wird. Bestellanforderungen müssen nicht zwangsläufig von einem Mitarbeiter (direkt) angelegt, sondern können auch von anderen SAP-Komponenten automatisch (indirekt) erzeugt werden.

Arten der Bezugs-quellenfindung Bestellanforderungen können auf zwei Wegen in eine Bestellung bzw. einen Rahmenvertrag umgewandelt werden:

1. Bei Anlage der Banf ist die Bezugsquelle bekannt, und die Banf wird direkt in eine Bestellung/einen Rahmenvertrag umgewandelt.
2. Bei Anlage der Banf ist die Bezugsquelle unbekannt. Die Bezugsquellenfindung findet über den Anfrage- und Angebotsprozess statt und wird anschließend in eine Bestellung/einen Rahmenvertrag umgewandelt.

Der Anfrage- und Angebotsprozess (traditionell) In unserem Beispiel betrachten wir die direkte Bedarfsauslösung durch einen Mitarbeiter (siehe Abbildung 3.6) und die anschließende Bezugsquellenfindung durch den Anfrage- und Angebotsprozess. Bisher läuft dieser Prozess wie folgt:

1. Zunächst wird der Bedarf durch die manuelle Erstellung einer Banf ausgelöst. Da es noch keine Bezugsquelle gibt, sind der Lieferant und die Konditionen für das benötigte Material noch unbekannt.
2. Im Einkauf werden mit Bezug auf die Banf Anfragen erzeugt und an mehrere Lieferanten verschickt.
3. Da auf die Banf Bezug genommen wurde, werden die Anfragen automatisch mit den Daten aus der Vorlage befüllt.
4. Die Lieferanten sichten die Anfragen und entscheiden, ob sie ein Angebot erstellen wollen.
5. Bei Angebotserhalt werden ihre Konditionen vom Einkäufer direkt in den Anfragen erfasst.
6. Nach Erhalt aller Angebote werden diese durch den Einkäufer geprüft, der sich für ein oder mehrere Angebote entscheidet und Bestellungen und Absagen erstellt.

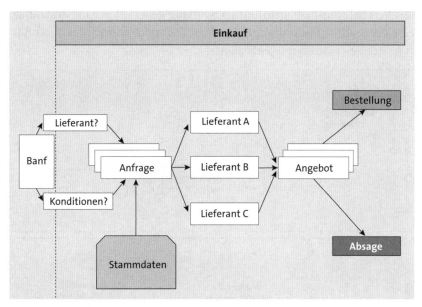

Abbildung 3.6 Übersicht über den traditionellen Anfrage- und Angebotsprozess (Quelle SAP)

Durch eine Integration von SAP Ariba in SAP S/4HANA ändert sich dieser Prozess, da neue Funktionen zum Einsatz kommen (siehe Abbildung 3.7).

Der Anfrage- und Angebotsprozess (neu)

SAP Ariba

Bei SAP Ariba handelt es sich um eine ergänzende Cloud-Anwendung, die entweder in Ihr SAP S/4HANA integriert oder aber als Software-as-a-Service (SaaS) genutzt werden kann. Lesen Sie hierzu mehr in Abschnitt 3.2.3, »Einkaufskontrakt verwalten«.

Der Einkäufer legt hier zunächst eine Anfrage an, die als *cXML*-Angebotsanfrage (commerce eXtensible Markup Language) an SAP Ariba übermittelt wird. Ariba Network leitet die Angebotsanfrage an den Beschaffungsmanager in Ariba Sourcing weiter.

Anfrage vs. Ausschreibung

In SAP Fiori Launchpad wird eine Anfrage nicht mehr als solche bezeichnet, sondern trägt nun die Bezeichnung *Ausschreibung*. Zum Vergleich: Im englischen Launchpad ist die Bezeichnung für eine Anfrage mit *RFQ* (Request for Quotation) gleich geblieben.

Ariba Sourcing

Der Beschaffungsmanager in Ariba Sourcing generiert aus dieser Anfrage eine Beschaffungsanforderung, die als Basis für die Anlage und Durchführung des Beschaffungsprojekts dient.

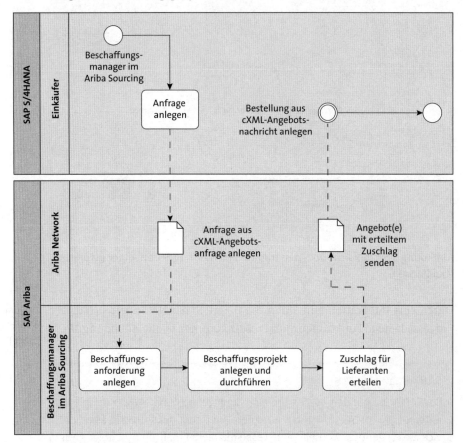

Abbildung 3.7 Übersicht über den Anfrage- und Angebotsprozess mit SAP Ariba (Quelle SAP)

Beschaffungs-projekt

Innerhalb des Beschaffungsprojekts ist der Vorgang vertraut: Ein oder mehrere Lieferanten können in einer oder mehreren Gebotsrunden ihre Angebote abgeben. Anschließend erteilt der Beschaffungsmanager einem oder mehreren Bietern den Zuschlag für ein oder mehrere Gebote.

Diese Angebote werden ebenfalls über Ariba Network als cXML-Angebotsnachrichten an SAP S/4HANA versandt, wo aus ihnen automatisch Bestellungen erzeugt werden. Diese Angebote bzw. Bestellungen werden direkt in den Ausschreibungen gespeichert und sind dort für den Einkäufer einsehbar. In diesem Zusammenhang sind in SAP Fiori Launchpad zwei Apps aus der Gruppe **Bezugsquellenverwaltung** besonders interessant (siehe Abbildung 3.8).

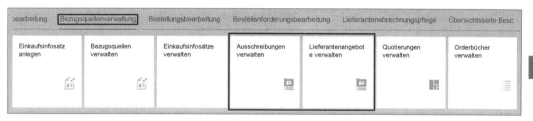

Abbildung 3.8 Die Apps »Ausschreibung verwalten« und »Lieferantenangebote verwalten« im neuen Ausschreibungs- und Angebotsprozess

In der Fiori-App **Ausschreibungen verwalten** können Sie Ausschreibungen anlegen, bearbeiten sowie löschen und sie über Ariba Sourcing gleichzeitig an mehrere potenzielle Lieferanten senden. Sie können sich Detailinformationen zu Ausschreibungen anzeigen lassen und prüfen, ob sie erfolgreich an Ariba Sourcing übermittelt wurden. Die Angebote (für die derzeit betrachtete Ausschreibung), die vom Beschaffungsmanager den Zuschlag erhalten haben, werden Ihnen hier ebenfalls angezeigt.

Ausschreibungen und Lieferantenangebote verwalten

Die Fiori-App **Lieferantenangebote verwalten** gibt Ihnen einen Überblick über alle Angebote (für mehrere Ausschreibungen), die vom Beschaffungsmanager den Zuschlag erhalten haben und folglich in Bestellungen umgewandelt wurden.

Der neu gestaltete Ausschreibungs- und Angebotsprozess mag für erfahrene Einkäufer zunächst etwas gewöhnungsbedürftig erscheinen. Er hat jedoch durch die Automatisierung der Bestellanlage das Potenzial, den Beschaffungsprozess nachhaltig zu beschleunigen.

3.1.3 Einkaufsanalysen

In SAP S/4HANA finden Sie in der Fiori-Launchpad-Gruppe **Einkaufsanalysen** viele nützliche Tools für Einkäufer und Einkaufsleiter, die das Alltagsgeschäft übersichtlicher und effektiver gestalten. Sie können mit wenigen Klicks wichtige Informationen beispielsweise über Ihre Ausgaben einholen. Mit dem Release 1610 wurden neue Apps zu der bereits umfangreichen Gruppe hinzugefügt. Einige davon wollen wir Ihnen nun vorstellen.

Einkaufsanalysen

Informationen über das Release 1610

Weitere Informationen über neue Apps (nicht nur im Procurement) erhalten Sie in dem öffentlichen Dokument »Neuerungen in SAP S/4HANA 1610«.

[«]

Abbildung 3.9 zeigt die Gruppe **Einkaufsanalysen** in SAP Fiori.

Abbildung 3.9 Die Launchpad-Gruppe »Einkaufsanalysen« mit vielen hilfreichen Funktionen

Wertkontrakt

Mithilfe der App **Ausschöpfung Wertkontrakt** können Sie rückwirkend für ein Jahr ab dem aktuellen Tagesdatum den Prozentsatz der Ausschöpfung von Wertkontrakten bestimmen. Den Sollbetrag und den freigegebenen Betrag nicht verwendeter Kontrakte können Sie hier ebenfalls ermitteln.

Mengenkontrakt

Mit der App **Ausschöpfung Mengenkontrakt** können Sie rückwirkend für ein Jahr ab dem aktuellen Tagesdatum den Prozentsatz der Ausschöpfung von Mengenkontrakten bestimmen (siehe Abbildung 3.10).

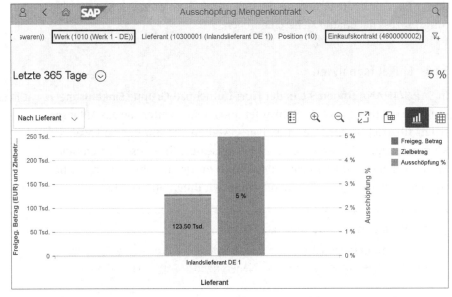

Abbildung 3.10 Ausschöpfung Mengenkontrakt: Welche Menge wurde verbraucht?

In unserem Beispiel handelt es sich um Kontraktabrufe des Materials TG10 für das Werk 1010, das wir bereits in Abschnitt 3.1.1, »Materialstammdaten«, erwähnt haben. Der diesbezügliche Mengenkontrakt trägt die Nummer 4600000002 und wird in Abschnitt 3.2.3, »Einkaufskontrakt verwalten« noch eingehender behandelt.

Die App **Durchschnittliche Genehmigungszeit für Bestellanforderung** ermöglicht Ihnen, die durchschnittliche Zeit (gemessen in Tagen) für die Sichtung und Genehmigung von Bestellanforderungen zu messen.

Genehmigungszeit für Banfen

Besonders interessant ist hierbei die Aufteilung in Bestellanforderungen mit niedrigem (in der Kachel nicht angezeigt), mittlerem, hohem und sehr hohem Preisgefüge (siehe Abbildung 3.11). Dies ermöglicht ein einfaches und fundiertes Feedback an die zuständigen Einkaufsleiter, die den Genehmigungsprozess verantworten.

Abbildung 3.11 »Durchschnittliche Genehmigungszeit für Bestellanforderung«: Besteht Optimierungsbedarf bei den Freigaben?

Mit der Fiori-App **Änderungen der Bestellanforderungsposition** können Sie Änderungen an einer bestimmten Bestellanforderungsposition nachvollziehen. Wie oft wurde die Menge oder der Preis geändert? Wie oft wurde die Einkäufergruppe oder der Lieferant gewechselt? Derartige Änderungen einer bestimmten Bestellanforderungsposition werden hier für die letzten 365 Tage (ab dem Tagesdatum) protokolliert (siehe Abbildung 3.12).

Änderungen an Banf-Positionen

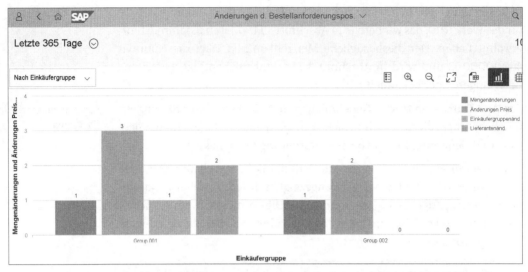

Abbildung 3.12 Änderungen der Bestellanforderungsposition: die App für alle, die es ganz genau wissen wollen

Arten von Banf-Positionen

Mit der App **Arten der Bestellanforderungsposition** können Sie die Art von Bestellanforderungspositionen nachvollziehen. Handelt es sich um eine Freitextposition (z. B. bei einer Dienstleistung oder einem Verbrauchsmaterial) oder um eine Materialposition? Derartige Informationen über die Bestellanforderungspositionen werden hier für die letzten 365 Tage (ab dem Tagesdatum) protokolliert (siehe Abbildung 3.13).

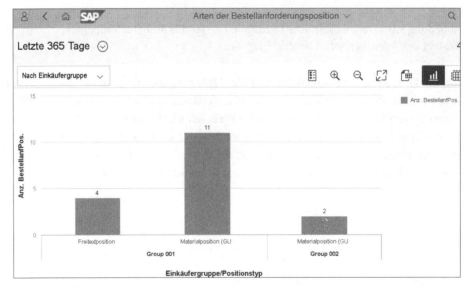

Abbildung 3.13 Arten der Bestellanforderungsposition: Um welche Bestellanforderungspositionen geht es?

Falls Sie sich schon einmal gefragt haben, wie lange es dauert, bis Ihre Bestellanforderungen den zuständigen Lieferanten erreicht, so ist die App
Zykluszeit von Bestellanforderung zu Bestellung hilfreich. Hier finden Sie
Informationen über die durchschnittliche Zykluszeit (in Tagen) vom Anlegen eines Einkaufswagens bis zur Sendung der Bestellung an den Lieferanten. Analog zur App **Durchschnittliche Genehmigungszeit für Bestellanforderung** gibt es auch hier eine Aufteilung zwischen Bestellanforderungen
mit niedrigem, mittlerem, hohem und sehr hohem Preisgefüge.

Zykluszeit von Banf zu Bestellung, Zeitaufwand von Banf zu Bestellung

Nicht alle Bestellanforderungen werden händisch angelegt und bearbeitet.
Der Anteil an Bestellanforderungen, die automatisch im Einkaufswagen bearbeitet werden, kann mithilfe der App **Bestellanforderung: Kein Bearbeitungsaufwand** ermittelt werden. Unserem Beispiel in Abbildung 3.14 können Sie entnehmen, dass derzeit eine von drei Bestellanforderungen, oder
33,33 % der Gesamtmenge, keinen Bearbeitungsaufwand haben.

Nicht manuell zu bearbeitende Banfen

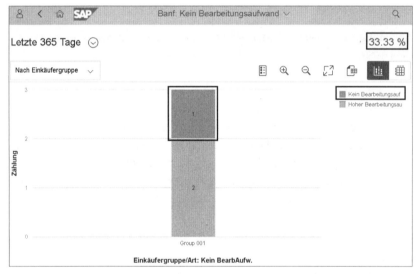

Abbildung 3.14 Fiori-App »Bestellanforderung: Kein Bearbeitungsaufwand«:
Ein Drittel der Arbeit wird automatisiert erledigt!

Die Bewertung eines Lieferanten hängt in vielen Firmen stark von seiner
Termin- sowie Liefertreue in Bezug auf Mengen und Preise ab. Die App **Bewertung der Lieferantenleistung** berechnet aus der Mengen-, Preis- und
Zeitabweichung eines Lieferanten einen gewichteten Durchschnitt, der als
übersichtliche Punktzahl ausgegeben wird. Unserem Beispiel in Abbildung
3.15 können Sie entnehmen, dass der Lieferant *WaveCrest Labs* eine Punktzahl von 79,25 erreicht. Damit bewegt er sich im oberen Drittel, ist aber im
Vergleich zu anderen Lieferanten der Liste nicht Punktbester.

Lieferantenleistung

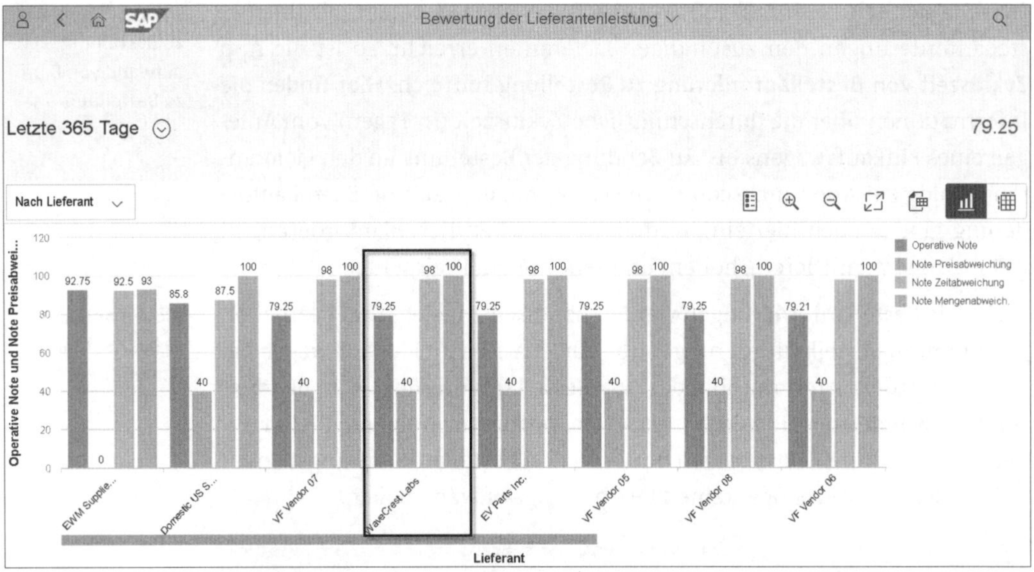

Abbildung 3.15 »Bewertung der Lieferantenleistung«: Welcher Lieferant ist der beste?

[»]

Gruppenzuweisung der App

Die App **Bewertung der Lieferantenleistung** befindet sich in der Standard-anordnung im Launchpad nicht in der Gruppe **Einkaufsanalysen**, sondern in der Gruppe **Lieferantenbewertung**. Wir haben diese App in unserem System in die Gruppe **Einkaufsanalysen** verschoben, um sie zusammen mit den anderen Analyse-Apps in diesem Kapitel darzustellen.

Weitere Apps der Gruppe »Einkaufsanalysen«

Über die Apps, die Sie in diesem Abschnitt kennengelernt haben, hinaus enthält die Gruppe **Einkaufsanalysen** viele weitere Funktionen. Zum Beispiel finden Sie hier Apps mit Informationen über den (Gesamt-)Bestellwert, die (Gesamt-)Ausgabenabweichung oder über kontraktunabhängige Ausgaben.

Zum Abschluss möchten wir Ihnen ein besonderes Highlight unter den Fiori-Apps vorstellen: In der Gruppe **Übersichtsseite Beschaffung** finden Sie die App **Beschaffungsübersicht**. Die App enthält einen Großteil der Informationen, die Sie auch über die Apps in der Gruppe **Einkaufsanalysen** aufrufen können. Im Gegensatz dazu werden diese Informationen hier jedoch gebündelt auf einem Satz Karten angezeigt, mit denen Sie direkt in der App interagieren können (siehe Abbildung 3.16).

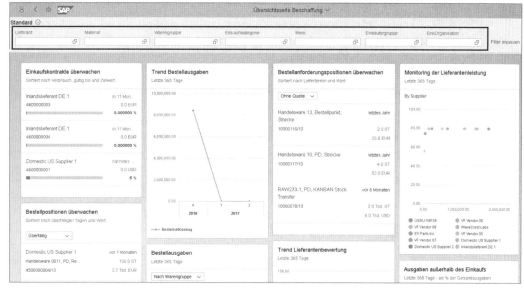

Abbildung 3.16 Die App »Beschaffungsübersicht« – der neue beste Freund des Einkäufers

Durch die Filteroptionen in der Kopfleiste der App können Sie zusätzlich die angezeigten Informationen auf bestimmte Variablen wie ein oder mehrere Materialien oder eine oder mehrere Warengruppen beschränken. Dies ermöglicht Ihnen eine schnellere Entscheidungsfindung, da Sie sich auf die für Sie wichtigsten Aufgaben konzentrieren können. Weil Sie die verschiedenen Transaktionen und Reports nicht separat öffnen müssen, können Sie so Ihre tägliche Arbeit schnell und effektiv erledigen.

Beschaffungs-übersicht

3.2   Kontraktmanagement

Das Kontraktmanagement ist für den Einkauf von großer Bedeutung. In Kontrakten werden die mit Lieferanten verhandelten Konditionen festgehalten. Damit die Kontrakte im operativen Geschäft genutzt werden können, ist eine digitale Erfassung und Integration in ein IT-gestütztes System notwendig. SAP S/4HANA bietet den Einkäufern diese Integration von Kontrakten in den Beschaffungsprozess. Die höhere Transparenz eines IT-gestützten Kontraktmanagements erhöht auch aus strategischer Sicht die Effektivität der Kontrakte, da die Konditionen des jeweiligen Vertrags einfach und transparent im System verfügbar sind und sich damit leicht auf Optimierungen prüfen lassen können.

Erfassung von Konditionen

In der Fiori-Gruppe **Einkaufskontraktbearbeitung** finden Sie die App **Einkaufskontrakte verwalten**. Zu ihren Funktionen zählen unter anderem:

- Kontrakt anlegen, anzeigen, bearbeiten und löschen
- bestehende Kontrakte erneuern
- Ausgabeverwaltung für Bestellungen aktivieren bzw. deaktivieren

In diesem Abschnitt zeigen wir Ihnen anhand eines Beispiels, wie Sie Einkaufskontrakte anlegen und verwalten. Überdies stellen wir Ihnen einen Bestellprozess mit Nutzung des Kontraktmanagements vor. Abbildung 3.17 zeigt Ihnen den Prozess für das Anlegen und Verwalten von Kontrakten.

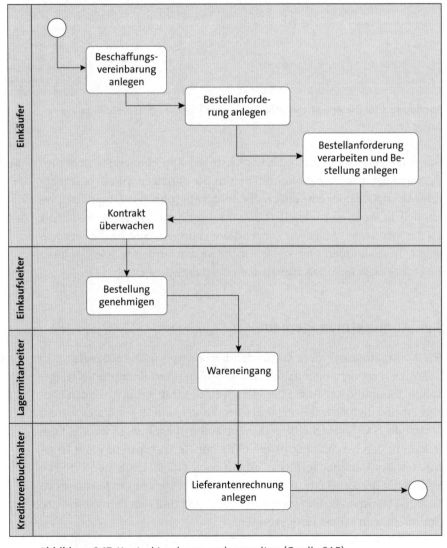

Abbildung 3.17 Kontrakt anlegen und verwalten (Quelle SAP)

3.2.1 Einkaufskontrakt anlegen

In diesem Abschnitt zeigen wir Ihnen, wie Sie einen Einkaufskontrakt anlegen. Als Beispiel verwenden wir einen Mengenkontrakt. Mengenkontrakte sind Vereinbarungen zwischen einem Unternehmen und seinem Lieferanten, die festlegen, dass eine bestimmte Menge eines Produkts innerhalb eines festgelegten Zeitraums abgenommen wird. Die Kontrakte ersetzen hierbei die Einkaufsinfosätze und können als feste Bezugsquellen für die Materialbedarfsplanung zugeordnet werden. Kontrakte sind sowohl für Einkaufsleiter als auch Einkäufer relevant, da sie freigegebene Bestellungen mit Kontraktbezug überprüfen können. Ein Kontraktabruf erfolgt durch ausgelöste Bestellungen des Einkaufs. Nachfolgend werden die Kontraktanlage und der Druck eines Kontrakts beschrieben.

Anlegen eines Mengenkontrakts

Einen Kontrakt in SAP Fiori anlegen

Um einen Einkaufskontrakt anzulegen, loggen Sie sich mit Ihren Einwahldaten als Einkäufer auf die SAP-Fiori-Oberfläche ein. Dort wählen Sie den Bereich **Einkaufskontraktbearbeitung** aus. Hier finden Sie alle relevanten Apps zur Bearbeitung von Einkaufskontrakten. Wählen Sie die App **Einkaufskontrakt anlegen**, um einen Einkaufskontrakt anzulegen (siehe Abbildung 3.18).

Einkaufskontrakt anlegen

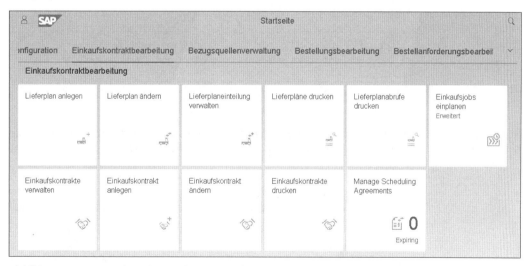

Abbildung 3.18 Kontrakt anlegen über SAP Fiori

Im nächsten Schritt geben Sie den **Lieferanten**, die **Vertragsart**, das **Vertragsdatum**, die **Einkaufsorganisation** und die **Einkäufergruppe** ein (siehe Abbildung 3.19).

Grunddaten des Kontrakts

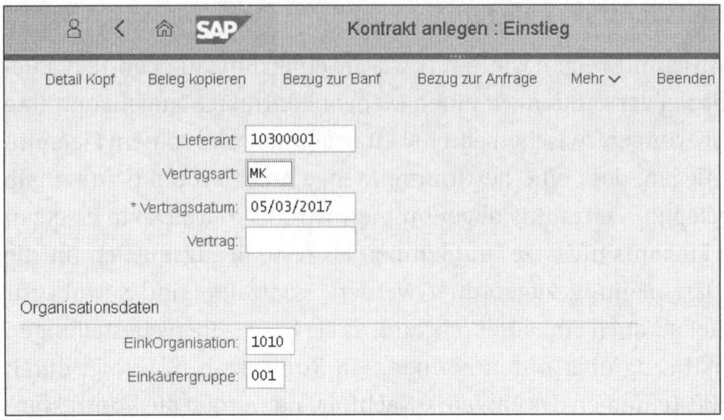

Abbildung 3.19 Einstieg in die Kontraktanlage

Vertragsnummer

Wird das Feld **Vertrag** bei der Kontraktanlage nicht befüllt, erzeugt das System automatisch eine Vertragsnummer. Falls Sie selbst eine Vertragsnummer vergeben wollen, ist es zwingend erforderlich, dass die vergebene Nummer im entsprechenden externen Nummernkreis liegt. Bei manueller Eingabe der Vertragsnummer wird keine interne Belegnummer vergeben.

Nach erfolgreicher Eingabe der Daten wählen Sie die Registerkarte **Detail Kopf** aus, um das Laufzeitende des Vertrags einzutragen (siehe Abbildung 3.20).

Abbildung 3.20 Detailansicht der Kopfdaten auswählen

Laufzeitende des
Kontrakts

Sie befinden sich nun im Bereich **Kontrakt anlegen: Kopfdaten**. Geben Sie in das Feld **Laufzeitende** das Laufzeitende des Kontrakts ein (siehe Abbildung 3.21).

Abbildung 3.21 Laufzeitende des Kontrakts im Bereich »Verwaltungsfelder«

Um die Positionsdaten einzugeben, klicken Sie jetzt auf den Button **Übersicht** rechts unten (siehe Abbildung 3.22).

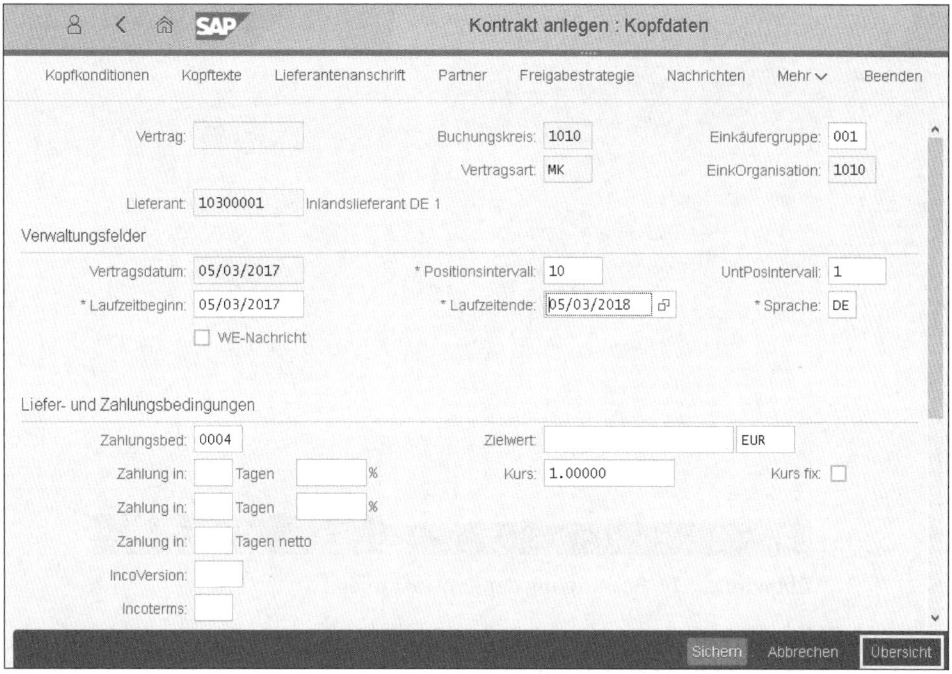

Abbildung 3.22 Positionsdaten auswählen

Jetzt befinden Sie sich in der Gruppe **Kontrakt anlegen: Positionsübersicht**.

Hier können Sie **Material**, **Zielmenge**, **Nettopreis** und **Werk** (siehe Abbildung 3.23) angeben. Anschließend wählen Sie **Sichern** (rechts unten neben den Buttons **Abbrechen** und **Übersicht**).

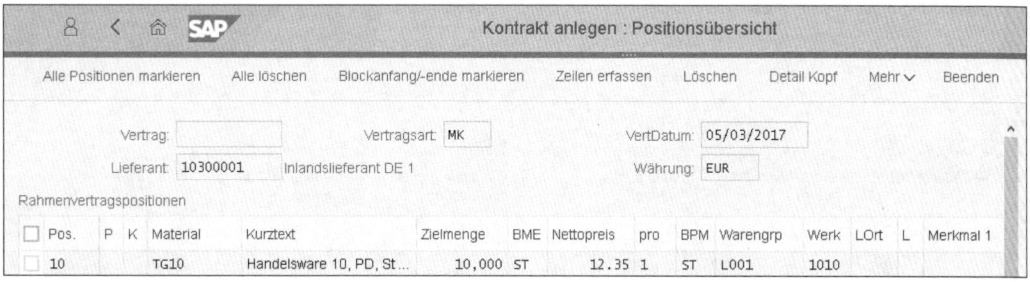

Positionsübersicht

Abbildung 3.23 Positionsübersicht pflegen

Danach gelangen Sie wieder in die Einstiegsübersicht, und Sie erhalten unten links eine Bestätigung über die Anlage des Kontrakts: »Mengenkontrakt unter der Nummer 460000004 angelegt« (siehe Abbildung 3.24).

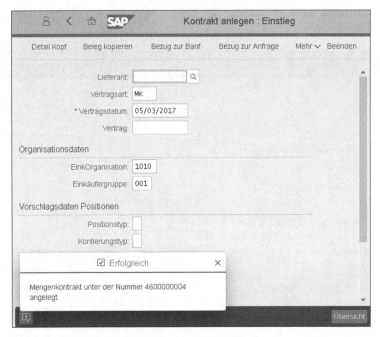

Abbildung 3.24 Bestätigung der Kontraktanlage

3.2.2   Einkaufskontrakte drucken

Um einen Einkaufkontrakt zu drucken, wählen Sie die App **Einkaufskontrakt ändern** (siehe Abbildung 3.25). Diese App befindet sich ebenfalls im Bereich **Einkaufskontraktbearbeitung**.

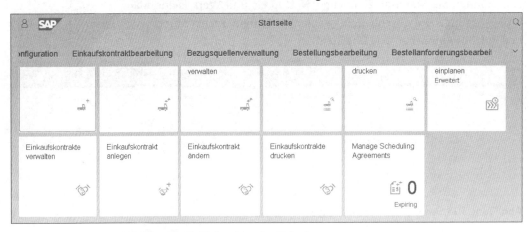

Abbildung 3.25 Einkaufskontrakt ändern

Nun befinden Sie sich im Einstiegsbereich der App **Kontrakt ändern**. Geben Sie in das Feld **Vertrag** den gewünschten Kontrakt ein (siehe Abbildung 3.26).

Abbildung 3.26 Kontrakt ändern: Einstieg

Nun gelangen Sie in die Positionsübersicht des Kontrakts (siehe Abbildung 3.27). Hier sehen Sie unter anderem Informationen wie **Material**, **Kurztext**, **Zielmenge**, **Vertragsdatum** und **Lieferant**.

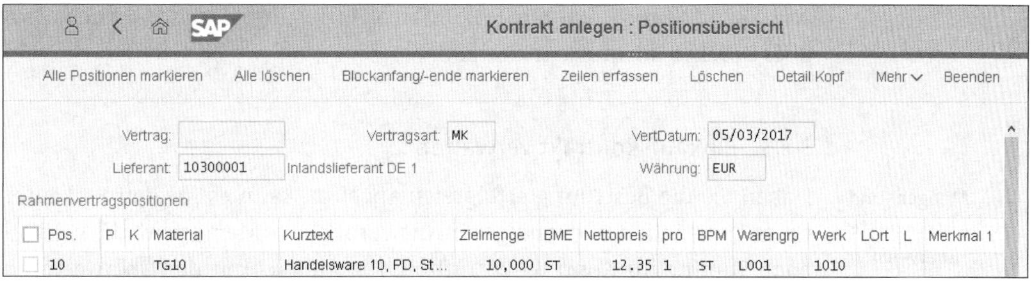

Abbildung 3.27 Positionsübersicht des Kontrakts

Markieren Sie die gewünschte Zeile und wählen die Registerkarte **Mehr**. Jetzt öffnet sich ein Auswahlfeld. Bitte wählen Sie die Option **Nachrichten** aus (siehe Abbildung 3.28).

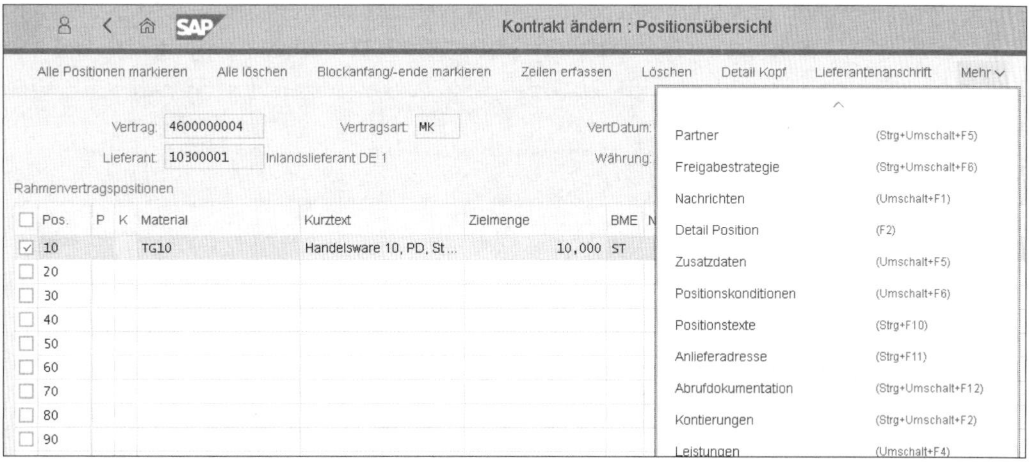

Abbildung 3.28 Nachrichten auswählen

Sobald Sie die Option **Nachrichten** ausgewählt haben, gelangen Sie in den Bereich **Kontrakt ändern: Ausgabe** (siehe Abbildung 3.29). Hier haben Sie nun die Möglichkeit, den Kontrakt auszudrucken.

Abbildung 3.29 Kontrakt drucken über den Bereich: »Kontrakt ändern: Ausgabe«

Um den Kontrakt zu drucken, klicken Sie auf **PDF Dokument anzeigen**. Anschließend wird Ihnen ein PDF-Dokument angezeigt, das Sie bei Bedarf über **Drucken** ausdrucken können.

3.2.3   Einkaufskontrakt verwalten

Mengen- und Wertkontrakte überwachen

Haben Sie die Bestellung erfolgreich angelegt, kann es für den Einkäufer unter Umständen notwendig sein, die verbliebene Menge bzw. die verbliebene Summe im Kontrakt zu prüfen. Die Möglichkeit der Überwachung von Mengen- und Wertkontrakten kann über SAP Fiori einfach vorgenommen werden.

In unserem Beispiel prüfen wir, welche Restmenge des Materials TG10 noch verbleibt. Wählen Sie in SAP Fiori Launchpad die Gruppe **Einkaufskontrakt-bearbeitung** und danach die App **Einkaufskontrakte verwalten**. Wählen Sie im Anschluss den gewünschten Kontrakt aus der Liste, dies ist in unserem Beispiel der Mengenkontrakt 4600000002 (siehe Abbildung 3.30).

Abbildung 3.30 Kontrakt auswählen

Nach der Auswahl sehen Sie das Einstiegsbild des Mengenkontrakts (siehe Abbildung 3.31). Die aus SAP GUI bekannten organisatorischen Daten sind auch hier zu finden, wenngleich in einer anderen Anordnung. Der Übersicht halber haben wir die dortigen Registerkarten in drei Gruppen unterteilt.

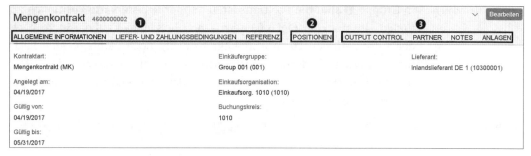

Abbildung 3.31 Das Einstiegsbild des Mengenkontrakts

In Gruppe ❶ finden Sie die aus SAP GUI bekannten organisatorischen Kopfdaten, wie z. B. die **Kontraktart** oder die **Einkaufsorganisation**. Im Vergleich zur bekannten Oberfläche über die Transaktion ME33 (siehe Abbildung 3.32) können wir einige Unterschiede feststellen.

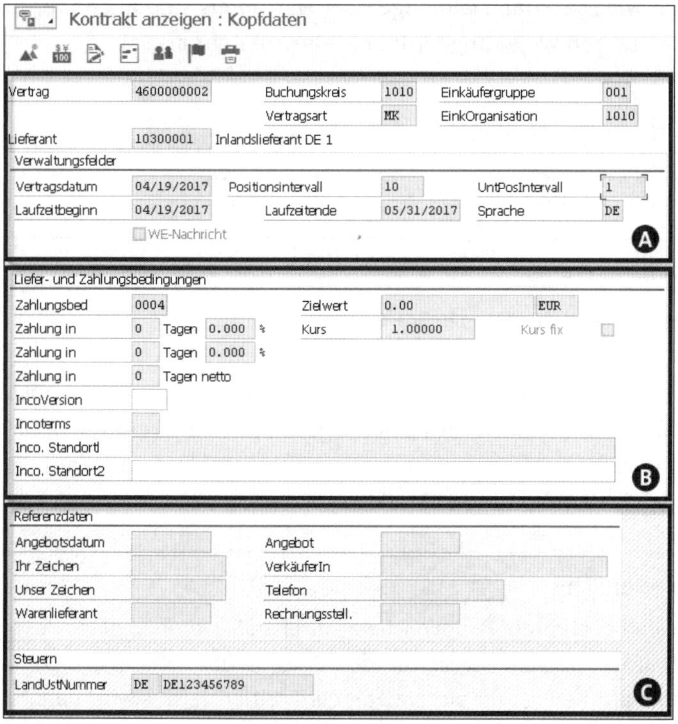

Vergleich der Benutzeroberflächen

Abbildung 3.32 Die Kopfdaten des Mengenkontrakts in SAP GUI

Die Kopfdaten und Verwaltungsfelder aus SAP GUI (Bereich **Ⓐ**) werden nun auf der Registerkarte **Allgemeine Informationen** zusammengefasst. Die **Liefer- und Zahlungsbedingungen** (Bereich **Ⓑ**) sind in einem gleichnamigen Register untergebracht, ebenso wie die **Referenzdaten** (Bereich **Ⓒ**), deren Registerkarten nun den Titel **Referenz** trägt.

Positionsdaten   In Gruppe **❷** sind die Positionsdaten auf der Registerkarte **Positionen** zu finden. Unserem Beispiel folgend, machen Sie sich hier auf die Suche nach den Informationen zur Abrufmenge bzw. der noch verbleibenden Restmenge. Klicken Sie dazu auf **Positionen**, um zu den entsprechenden Informationen zu springen, die nun direkt auf der Registerkarte angezeigt werden (siehe Abbildung 3.33).

ALLGEMEINE INFORMATIONEN	LIEFER- UND ZAHLUNGSBEDINGUNGEN	REFERENZ	POSITIONEN	OUTPUT CONTROL	PARTNER	NOTES	ANLAGEN

Position	Kontierungstyp	Material	Zielmenge	Bestellmengeneinheit	Nettopreis	Preiseinheit	Bestellpreismengeneinheit	Warengruppe	
00010 Werk: 1010		TG10	10,000.000	ST	12.35 EUR	1	ST	Handelswaren (L001)	>

Abbildung 3.33 Positionsdaten in SAP Fiori

Erneut können Sie erkennen, dass die Darstellung in der Fiori-App im Vergleich zu SAP GUI einen hohen Wiedererkennungswert hat. Alle wichtigen Positionsdaten wie **Material**, **Zielmenge** oder **Nettopreis** sind auch hier in einer Ihnen vertrauten Weise angeordnet (siehe Abbildung 3.34).

Abbildung 3.34 Die Positionsdaten in SAP GUI

Bevor wir den Rest der Kontraktübersicht betrachten, möchten wir noch schnell die Informationen über die bisher abgerufene Menge einholen. Dafür springen Sie in die Detailübersicht von Position 0010, indem Sie auf die Positionsleiste (siehe Abbildung 3.33) klicken.

Anwählbare Bereiche

In SAP Fiori sind bestimmte Bildbereiche anklickbar. Sie können diese Bereiche sichtbar machen, indem Sie mit der Maus darüberfahren. Der gesamte anklickbare Bereich (in diesem Fall die Positionsleiste) wird dann grau hinterlegt.

Wählen Sie nun die Registerkarte **Abrufdokumentation**, um sich die entsprechenden Informationen anzeigen zu lassen (siehe Abbildung 3.35). Hier können Sie die **Bestellmenge** in Höhe von 500 ST erkennen.

Abrufdokumentation

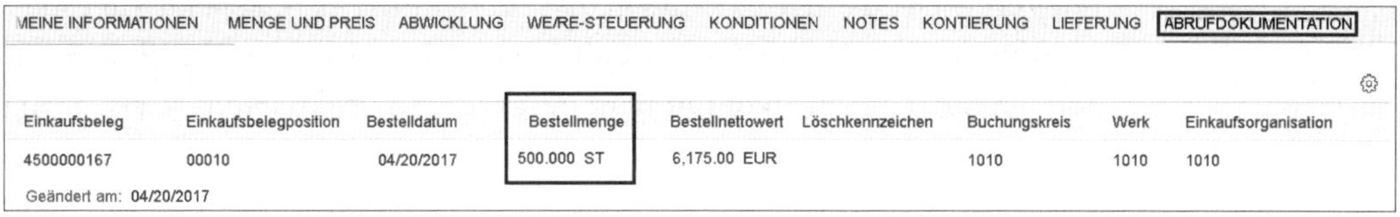

MEINE INFORMATIONEN MENGE UND PREIS ABWICKLUNG WE/RE-STEUERUNG KONDITIONEN NOTES KONTIERUNG LIEFERUNG ABRUFDOKUMENTATION
Einkaufsbeleg Einkaufsbelegposition Bestelldatum Bestellmenge Bestellnettowert Löschkennzeichen Buchungskreis Werk Einkaufsorganisation
4500000167 00010 04/20/2017 500.000 ST 6,175.00 EUR 1010 1010 1010
Geändert am: 04/20/2017

Abbildung 3.35 Die Abrufdokumentation in SAP Fiori

Auch hier lohnt der direkte Vergleich zur Abrufdokumentation von SAP GUI (siehe Abbildung 3.36), da hier fast alle bekannten Screenelemente, z. B. **Einkaufsbeleg** mit der Nummer des Einkaufsbelegs oder **Bestelldatum**, abgebildet sind.

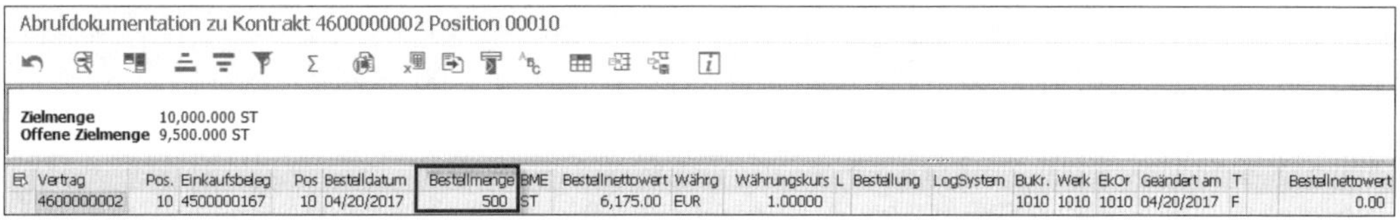

Abrufdokumentation zu Kontrakt 4600000002 Position 00010
Zielmenge 10,000.000 ST
Offene Zielmenge 9,500.000 ST
Vertrag Pos. Einkaufsbeleg Pos Bestelldatum Bestellmenge BME Bestellnettowert Währg Währungskurs L Bestellung LogSystem BuKr. Werk EkOr Geändert am T Bestellnettowert
4600000002 10 4500000167 10 04/20/2017 500 ST 6,175.00 EUR 1.00000 1010 1010 1010 04/20/2017 F 0.00

Abbildung 3.36 Abrufdokumentation in SAP GUI

Nachdem wir nun erfolgreich die bisher abgerufene Menge geprüft haben, beschäftigen wir uns mit den Registern der dritten Gruppe. In Gruppe ❸ in Abbildung 3.31 finden Sie die Ausgabeinformationen auf der Registerkarte **Output Control**, die Partnerinformationen auf der Registerkarte **Partner**, die Notizen auf der Registerkarte **Notes** sowie der Registerkarte **Anlagen** zum Beifügen von Dokumenten (siehe Abbildung 3.37).

Output Control, Partner, Notes

ALLGEMEINE INFORMATIONEN LIEFER- UND ZAHLUNGSBEDINGUNGEN REFERENZ POSITIONEN OUTPUT CONTROL PARTNER NOTES ANLAGEN
Ausgabedetails
Status Versandzeitpunkt Ausgabeart Empfänger Kanal Formularsprache Formularvorlage Zuletzt geändert am
Keine Ergebnisse gefunden. Passen Sie Ihre Suche und Filtereinstellungen an.
Partner
Partner Partnerrolle Lieferantenteilsort. EinkOrganisation Werk
Keine Einträge gefunden.
Notes
Abruftext Kopftext Kopfnotiz Preisarten Termine Lieferbedingungen Versandvorschrift Zahlungsbedingungen Gewährleistungen Vertragsstrafen Garantien Nebenab

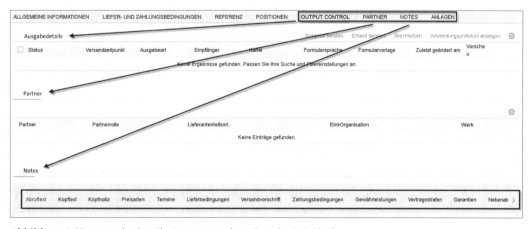

Abbildung 3.37 Ausgabedetails, Partner und Notizen in SAP Fiori

Die Inhalte der verschiedenen Register bieten einen gewohnt hohen Wiedererkennungswert, und insbesondere auf der Registerkarte **Notes** sind die verschiedenen Kopfnotizen und -texte überschaubar angeordnet. Im direkten Vergleich zu SAP GUI müssen diese zum einen nicht separat angesteuert werden (über **Detail Kopf · Kopftexte**), und zum anderen sorgt die horizontale Ausrichtung in der App im Vergleich zur senkrechten Ausrichtung in SAP GUI (siehe Abbildung 3.38) für ein hohes Maß an Übersichtlichkeit.

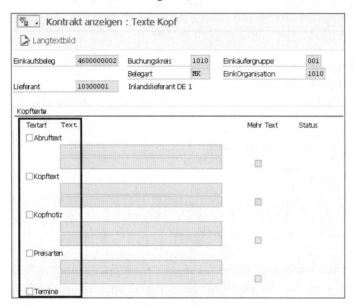

Abbildung 3.38 Kopftexte in SAP GUI

In diesem Abschnitt haben Sie einen Überblick über die Möglichkeiten des Kontraktmanagements mit SAP S/4HANA erhalten. Von der Anlage eines Kontrakts per Bestellung bis zur Überwachung von Kontraktabrufen haben Sie einen ersten Einblick bekommen. Im nächsten Abschnitt zeigen wir Ihnen, wie der Bestellprozess von der Bestellanforderung über die Bestellung bis hin zum Wareneingang über die Self-Service-Beschaffung ermöglicht und erleichtert wird.

3.3   Beschaffung über Self-Services

Browserbasierter Einkaufswagen und Bestellanforderung

Als Novum wird den Usern mit dem Release 1610 die Beschaffung über Employee Self-Services zur Verfügung gestellt. Die Employee Self-Services ermöglicht dem Anforderer, browserbasiert einen Einkaufswagen bzw. eine Bestellanforderung zu erstellen, seine erstellten Bestellanforderungen zu finden und einen Wareneingang zu buchen. Einer der Vorteile des Self-Service ist, dass die Bestellanforderung automatisch in einen vordefinierten Workflow läuft und dem entsprechenden Genehmiger zugeteilt wird. Dies entlastet den Einkauf bei seinen operativen Aufgaben.

In diesem Abschnitt zeigen wir Ihnen ein Beispiel für den Prozess von der Bestellanforderungsanlage bis zur Bestellung. Abbildung 3.39 zeigt den Prozess unterteilt nach den jeweiligen Mitwirkenden.

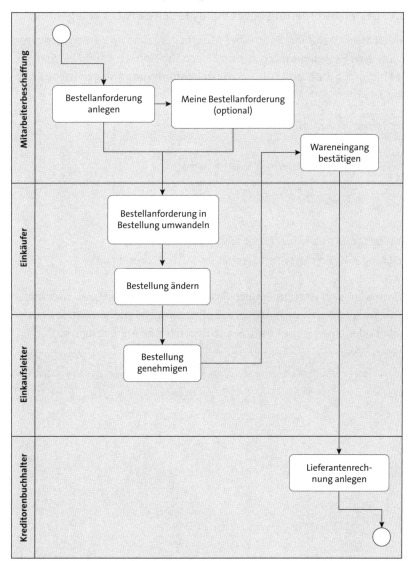

Abbildung 3.39 Überblick über den Beschaffungsprozess

Der Mitarbeiter initiiert den Prozess durch die Bestellanforderungsanlage und beendet den Bestellprozess mit einer Wareneingangsbestätigung. Der

Einkäufer ist zuständig für die Umwandlung der Bestellanforderung in eine Bestellung und hat die Möglichkeit, eine Bestellung nachträglich zu ändern. Die Aufgabe des Einkaufsleiters ist es, die Bestellung zu genehmigen. Die Kreditorenbuchhaltung ist abschließend für die Erstellung der Lieferantenrechnung zuständig.

3.3.1   Bestellanforderung über Employee Self-Services anlegen

Melden Sie sich mit der Rolle eines Mitarbeiters über SAP Fiori Launchpad an, um eine Bestellanforderung anzulegen. Im Bereich **Employee Self-Services** benutzen Sie hierfür die App **Bestellanforderung anlegen** (siehe Abbildung 3.40).

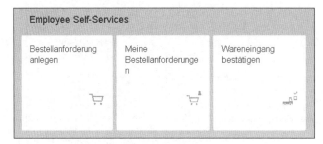

Abbildung 3.40 Employee Self-Services im SAP Fiori Launchpad

Bestellanforde-
rungsanlage

Sie befinden sich jetzt im Bereich **Bestellanforderung anlegen**. Hier haben Sie die Möglichkeit, einen Artikel aus einem angebundenen Katalog auszuwählen oder eine eigene Position anzulegen (siehe Abbildung 3.40).

Abbildung 3.41 Bestellanforderung anlegen

Wählen Sie **Eigene Position anlegen** (siehe Abbildung 3.42). Die Möglichkeit der eigenen Anlage einer Position entspricht der Freitextfunktionalität in

SAP SRM. Diese Funktion wird im Optimalfall nur verwendet, wenn die gewünschte Position nicht im Katalog vorhanden ist.

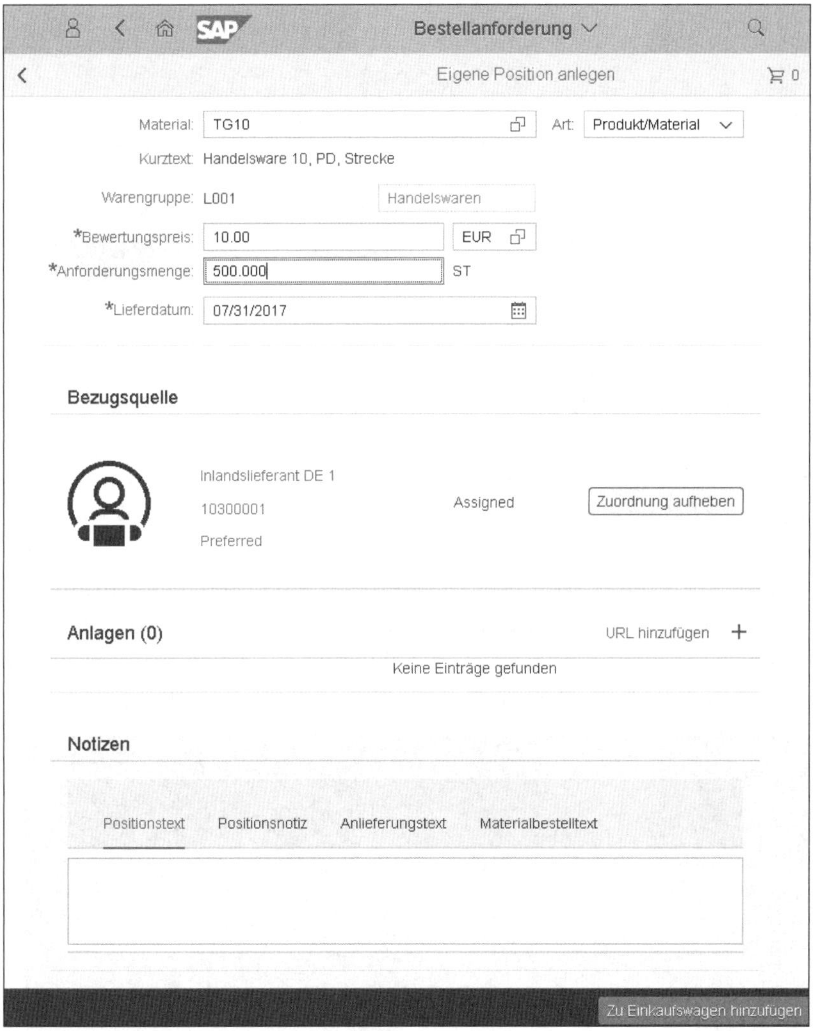

Abbildung 3.42 Bestellanforderungsdetails eingeben

Sie befinden sich im Bereich **Eigene Position anlegen** und können hier allgemeine Daten wie zum Beispiel **Material**, **Kurztext**, **Warengruppe** und **Lieferdatum** eingeben. Zusätzlich können Sie eine **Bezugsquelle** auswählen oder **Anlagen** hinzufügen. Im Bereich **Notizen** können Sie einen **Positionstext**, eine **Positionsnotiz**, einen **Anlieferungstext** und einen **Materialbestelltext** hinterlegen. Klicken Sie auf den Button **Zu Einkaufswagen hinzufügen**, um Ihre Eingabe zu beenden. Das Resultat sehen Sie in Abbildung 3.43.

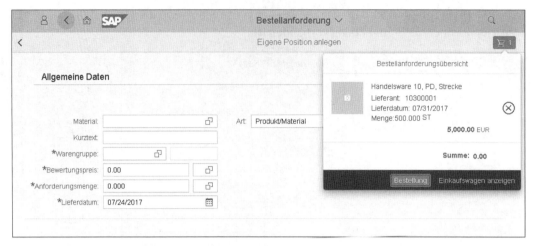

Abbildung 3.43 Bestellanforderung zum Einkaufswagen hinzugefügt

Einkaufswagen

Sobald Sie auf **Zu Einkaufswagen hinzufügen** geklickt haben, wird die Bestellanforderung in den Einkaufswagen gelegt. Sie können durch Anklicken des Buttons **Bestellung** die Bestellanforderung direkt in den Genehmigungsprozess überführen oder sich den Einkaufswagen über **Einkaufswagen anzeigen** anzeigen lassen und dort den Genehmigungsprozess über den Button **Bestellung** auslösen. In Abbildung 3.44 sehen Sie die Meldung »Bestellanforderung unter Nummer 10000130 hinzugefügt«.

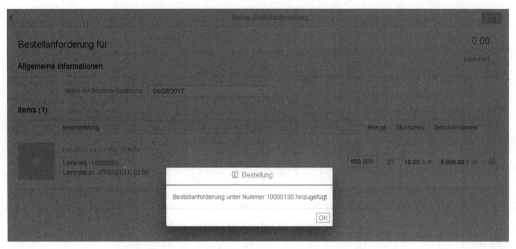

Abbildung 3.44 Bestellanforderung angelegt!

Meine Bestellanforderungen

Über die App **Meine Bestellanforderungen** können Sie sich Ihre bisherigen Bestellanforderungen anzeigen lassen, löschen und bestätigen (siehe Abbildung 3.45).

Abbildung 3.45 Übersicht erstellter Bestellanforderungen

Wareneingang

Haben Sie eine Bestellanforderung markiert und auf **Bestätigen** geklickt, gelangen Sie in den Bereich **Anforderungen bestätigen** (siehe Abbildung 3.46). Hier können Sie den entsprechenden Wareneingang buchen. Dieser Bereich entspricht dem Einstiegsbereich der App **Wareneingang bestätigen**.

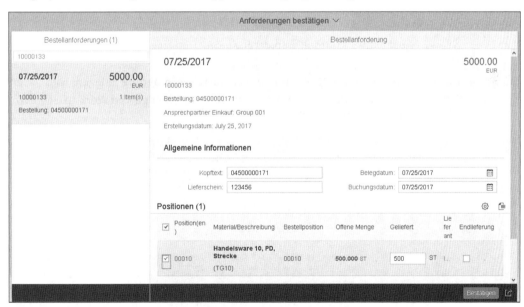

Abbildung 3.46 Wareneingangsbuchung: Anforderungen bestätigen

Nachdem Sie die entsprechenden Daten eingetragen haben, buchen Sie den Wareneingang durch einen Klick auf den Button **Bestätigen**. In diesem Abschnitt haben wir für Sie in der Rolle des Mitarbeiters unter anderem die Bestellanforderungsanlage über die Employee Self-Services dargestellt. Im folgenden Abschnitt werden wir Ihnen die Bestellanforderungsanlage mit der Rolle eines Einkäufers darlegen.

3.3.2   Bestellanforderung anlegen

Melden Sie sich als Einkäufer über SAP Fiori Launchpad an, um eine Bestellanforderung anzulegen. Benutzen Sie hierfür die App **Bestellanforderung anlegen** (siehe Abbildung 3.47).

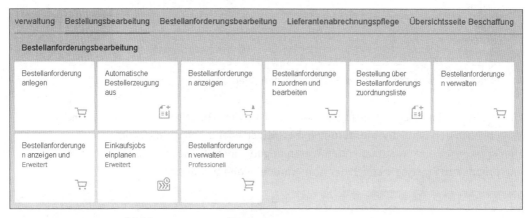

Abbildung 3.47 Bestellanforderung in SAP Fiori anlegen

Bestellanforderung anlegen

Sie befinden sich jetzt im Bereich **Bestellanforderung anlegen**. Hier geben Sie die entsprechenden Details wie **Material**, **Menge** und **Werk** an (siehe Abbildung 3.48).

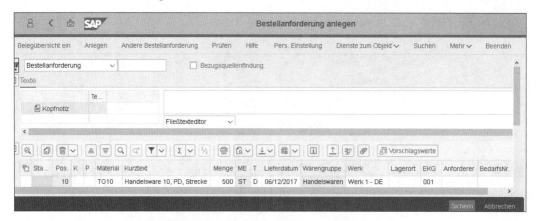

Abbildung 3.48 Positionsübersicht

Nachdem Sie die Bestellanforderung angelegt haben, erhalten Sie eine Nachricht über die erfolgreiche Anlage der Bestellanforderung (siehe Abbildung 3.49). Unten links auf dem Bildschirm erscheint die Meldung: »Bestellanforderung unter der Nummer 0010000129 hinzugefügt«.

Abbildung 3.49 Meldung: Bestellanforderung angelegt

Nachdem die Bestellanforderung angelegt wurde, ist die Verarbeitung durch einen Einkäufer erforderlich. Wie das geht, beschreiben wir in den folgenden Abschnitten.

3.3.3   Eine Bestellanforderung zur Bestellung verarbeiten

Um eine Bestellanforderung zu verarbeiten, melden Sie sich mit einer Einkäuferrolle über SAP Fiori Launchpad an. Wählen Sie anschließend die App **Bestellanforderungen verwalten**. Abbildung 3.50 zeigte die Kacheln für die Verwaltung der Bestellanforderungen.

Bestellanforderungen verwalten

Abbildung 3.50 Bestellanforderungen verwalten

Suchleiste   Im Einstiegsbildschirm können Sie über die Suchleiste nach der gewünschten Bestellanforderung suchen und sie danach über die Checkbox markieren (siehe Abbildung 3.51).

Abbildung 3.51 Bestellanforderung verwalten – Einstieg

Durch Anklicken der markierten Bestellanforderung gelangen Sie in die Detailansicht (siehe Abbildung 3.52).

Abbildung 3.52 Infoblatt der Bestellanforderung

Wählen Sie in der Spalte **Zugeordneter Lieferant** den gewünschten Lieferanten aus (siehe Abbildung 3.53).

Abbildung 3.53 Auswahl eines Lieferanten

Um die Bestellanforderung zu ändern, klicken Sie auf **Bearbeiten**. Nun können Sie die Menge, den Lieferanten und das Lieferdatum ändern (siehe Abbildung 3.54).

Abbildung 3.54 Bestellanforderung ändern

Haben Sie alle erforderlichen Angaben für die Bestellanforderung eingepflegt, können Sie sie in eine Bestellung umwandeln. Klicken Sie dazu auf **Bestellung anlegen** rechts unten in der Ecke (siehe Abbildung 3.55.

Bestellung anlegen

Abbildung 3.55 Bestellung anlegen

Nun erscheint eine Vorschau Ihrer Bestellung (siehe Abbildung 3.56).

Abbildung 3.56 Vorschau der Bestellung

Haben Sie die Bestellung markiert, senden Sie sie über einen Klick auf den Button **Senden** ab (rechts unten in der Ecke in Abbildung 3.57).

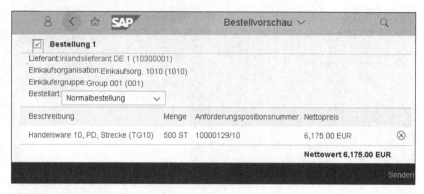

Abbildung 3.57 Bestellung senden

Lieferdatum

Sobald die Bestellung angelegt ist, erscheint eine Nachricht, die Ihnen die Bestellanlage bestätigt. Gleichzeitig mit der Anlage der Bestellung wird vom System geprüft, ob der Liefertermin eingehalten werden kann (siehe Abbildung 3.58).

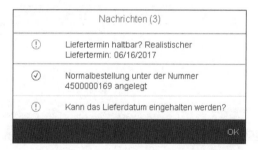

Abbildung 3.58 Die Bestellung wurde angelegt.

Wenn Sie die Meldung durch einen Klick auf **OK** bestätigen, haben Sie eine Bestellung angelegt. Die Bestellung muss nun durch den Einkaufsleiter bestätigt werden.

3.3.4 Bestellung genehmigen

Genehmigung durch den Einkaufs-leiter

Der Genehmigungsprozess läuft ebenfalls über Fiori-Apps. Zum Erteilen einer Genehmigung ist die Benutzerrolle des Einkaufsleiters notwendig. Um eine Bestellung zu genehmigen, öffnen Sie die App **Mein Eingang**, die Sie in Abbildung 3.59 sehen. Auf der Kachel auf der Startseite sehen Sie bereits die Anzahl der zu genehmigenden Bestellungen (hier: 1).

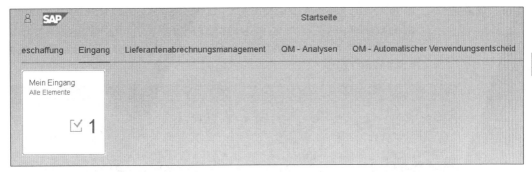

Abbildung 3.59 Anzeige der Anzahl der zu genehmigenden Bestellungen

Jetzt gelangen Sie in den Einstiegsbildschirm und können die Bestellung bearbeiten (siehe Abbildung 3.60). Sie haben folgende Möglichkeiten:

Bestell-genehmigung

- Genehmigen
- Weiterleiten
- Ablehnen
- Anhalten
- Reservieren

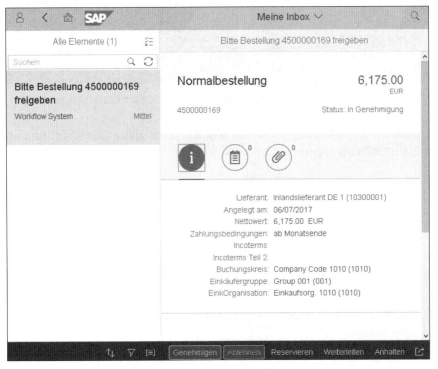

Abbildung 3.60 Genehmigungsansicht einer Bestellung

Genehmigungsnotiz In unserem Beispiel genehmigen wir die Bestellung. Nach der Genehmigung erscheint ein Fenster, in dem Sie Ihre Entscheidung erneut bestätigen müssen. Optional können Sie eine Genehmigungsnotiz hinzufügen (siehe Abbildung 3.61).

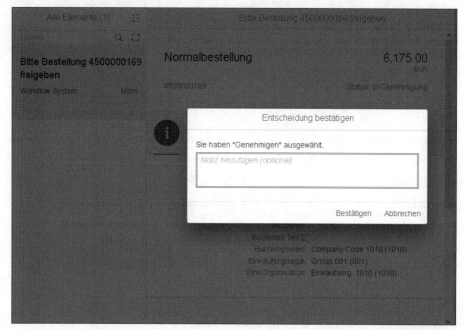

Abbildung 3.61 Entscheidung über die Genehmigung der Bestellung bestätigen

Nach der Bestätigung wurde die Bestellung endgültig genehmigt und an den Lieferanten gesendet.

3.3.5 Katalogbasierte Beschaffung

Kataloge Bei der katalogbasierten Beschaffung wählt der User seine gewünschten Artikel aus einem angebundenen Katalog aus. Da die Artikel aus dem angebundenen Katalog einem bereits verhandelten Rahmenvertrag unterliegen, ist eine zusätzliche Involvierung des Einkaufs nicht mehr erforderlich – es sei denn, es existieren zusätzliche Genehmigungsstufen, die z. B. abhängig von der Produktkategorie oder vom Wert des Einkaufswagens gezogen werden.

Kataloge können folgendermaßen unterschieden werden:

- Lokal installierte und selbst gehostete Kataloge
  (z. B. SAP Procurement Catalog)

- Externe angebundene Lieferantenkataloge (Punch-out-Kataloge)
- Externe angebundene Marktplätze

Lokal gehostete Kataloge wie SAP Procurement Catalog können auch ohne Internetverbindung innerhalb des firmeninternen Netzwerks aufgerufen werden. Ein weiterer Vorteil besteht in der Möglichkeit, die Daten zu kontrollieren. Der Katalogmanager lädt alle Daten selbstständig in den Katalog und kann sich so sicher sein, dass die Kataloge überprüft worden sind.

SAP Procurement Catalog

Dieser Vorteil kann aber auch als Nachteil gesehen werden, da das lokale Hosting mit einem erhöhten Ressourcenaufwand (lokale Installation, Monitoring der Anwendung, Content-Manager etc.) verbunden ist.

Ein weiterer Grund, der gegen das lokale Szenario sprechen könnte, wäre die Art der Güter, die über den Katalog bezogen werden sollen. Güter wie z. B. Edelmetalle, die starken Preisschwankungen unterliegen, sollten genau wie Kataloge mit häufigen Sortimentswechseln nicht selbst gehostet werden. Extern angebundene Kataloge werden von einem Lieferanten direkt gehostet. Der Lieferant ist in diesem Fall für den gesamten Inhalt des Katalogs und dessen Pflege verantwortlich. Die Nachteile eines lokal gehosteten Katalogs, wie schnell wechselnde Sortimente oder Artikel mit starken kurzfristigen Preisschwankungen, sind bei dieser Variante nicht vorhanden. Einkäufer bemängeln hier oft die fehlende Möglichkeit der katalogübergreifenden Suche und die fehlende Kontrolle der Preise.

Die Kataloge werden über eine Schnittstelle, das sogenannte Open Catalog Interface (OCI), angebunden. Die Anbindung erfolgt über SAP Fiori Launchpad. Hierfür verwenden Sie die Fiori-App **Einstellungen für Web-Services** (siehe Abbildung 3.62).

Open Catalog Interface

Abbildung 3.62 Einstellungen für Web-Services

Sie können dort zunächst die allgemeinen Informationen wie die Katalogbeschreibung etc. eintragen (siehe Abbildung 3.63).

Abbildung 3.63 Allgemeine Informationen für Ihren Katalog

Um die Aufrufstruktur des Katalogs zu bearbeiten, benutzen Sie das Register **Aufrufstruktur**. Hier werden alle OCI-relevanten Parameter eingetragen (siehe Abbildung 3.64).

Abbildung 3.64 Aufrufstruktur

Bei einem Punch-out-Katalog oder einem Marktplatz erhalten Sie die benötigten Informationen von Ihrem Lieferanten bzw. dem Marktplatzprovider.

3.3.6   Einkaufsprozess für Verbrauchsmaterialien

Dieser Abschnitt beschäftigt sich mit der Erstellung von Verbrauchsmateri-albestellungen als Einkäufer. In unserem Beispiel wird eine Bestellung von Verbrauchsmaterial ohne SAP-Materialnummer verwendet. Zusätzlich zum Aufbau der Bestellung werden auch der Prozess der Genehmigung sowie der Wareneingang dargestellt.

Verbrauchs-materialien

Bestellung anlegen

Um eine Bestellung anzulegen, melden Sie sich mit Ihrer Einkäuferrolle am Fiori-Launchpad an. Wählen Sie die App **Bestellung anlegen Erweitert**, die Sie in Abbildung 3.65 sehen.

Abbildung 3.65 Bestellung anlegen – Erweitert

Ihnen wird jetzt eine Liste aller vorhandenen Einkaufsbelege angezeigt (siehe Abbildung 3.66). Im Einstiegsbildschirm wird automatisch der Status sämtlicher Bestellungen angezeigt. In dieser Übersicht sehen Sie unter anderem, wie viel bestellt und geliefert wurde und noch zu liefern ist.

Abbildung 3.66 Übersicht über alle Bestellpositionen

Um eine Bestellung anzulegen, klicken Sie nun auf **Anlegen**. Anschließend geben Sie die folgenden Daten ein (siehe Abbildung 3.67):

- Lieferant
- Buchungskreis
- Einkaufsorganisation
- Einkäufergruppe

- Währung
- Kontierungsdaten
- Steuerkennzeichen

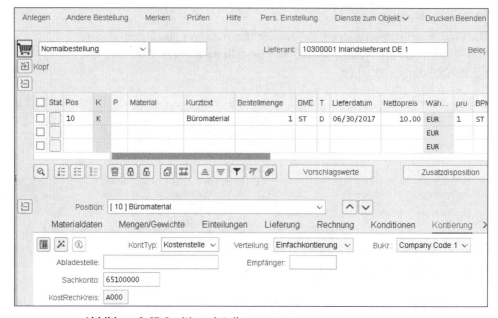

Abbildung 3.67 Positionsdetails

Wenn Sie mit Ihren Eingaben fertig sind, haben Sie die Möglichkeit, durch Anklicken des Buttons **Prüfen** am oberen Bildrand Ihre Eingaben technisch zu prüfen. War diese Prüfung erfolgreich, klicken Sie auf **Senden** in der unteren rechten Ecke. um die Bestellung anzulegen. In der in Abbildung 3.68 gezeigten Meldung »Normalbestellung unter der Nummer 4500000170 angelegt« sehen Sie, dass Sie nun erfolgreich eine Bestellung angelegt haben.

Abbildung 3.68 Bestellung erfolgreich angelegt

Bestellung ändern

Um eine Bestellung nachträglich zu ändern, wählen Sie als Einkäufer die App **Bestellungen verwalten** (siehe Abbildung 3.69).

Abbildung 3.69 Bestellungen verwalten

Hier können Sie die gewünschten Daten ändern, wie bei der Bestellanlage prüfen und erneut absenden. Im nächsten Schritt erfolgt eine Genehmigung der Bestellung. Informationen zum Genehmigungsprozess finden Sie in Abschnitt 3.1.3, »Einkaufsanalysen«.

Bestellung ändern

Wareneingang buchen

Den Wareneingang buchen Sie über SAP Fiori Launchpad mit der App **Warenbewegung buchen** ein. Die App finden Sie in der Gruppe **Lagerabwicklung** (siehe Abbildung 3.70).

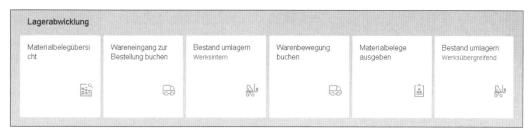

Abbildung 3.70 Warenbewegung buchen

Im Einstiegsbildschirm wählen Sie **Wareneingang**, geben die gewünschte Bestellung an und klicken auf **Ausführen** (siehe Abbildung 3.71).

Wareneingang

Wenn Sie das Dokument drucken möchten, können Sie hier zwischen Einzelschein, Einzelschein mit Prüftext und Sammelschein wählen. Das Feld befindet sich unterhalb des Felds **Buchungsdatum** (siehe Abbildung 3.72).

Drucken

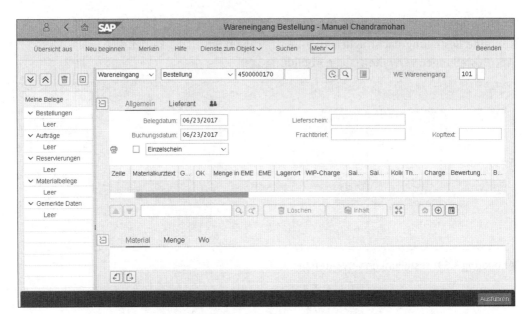

Abbildung 3.71 Einstiegsbild für die Wareneingangsbuchung

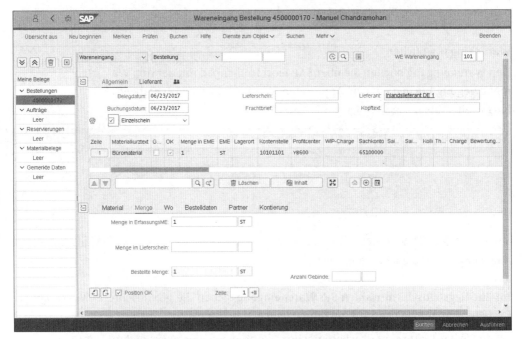

Abbildung 3.72 Übersicht über die Wareneingangsbuchung

Wichtig ist hierbei, dass der Haken neben dem Druckersymbol gesetzt wird. Haben Sie die Position noch mal überprüft, setzen Sie auch hier Ihren Haken in die Checkbox **Position OK**. Sobald alles geprüft ist, können Sie über den Button **Buchen** rechts unten in der Ecke den Wareneingang buchen (siehe Abbildung 3.73).

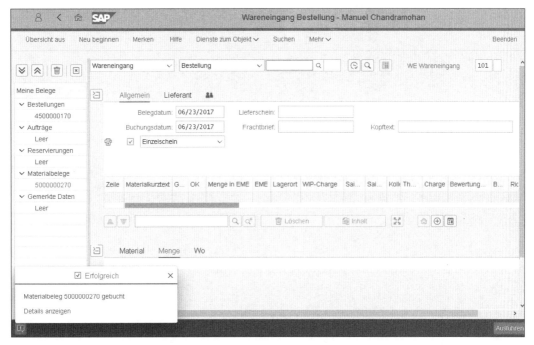

Abbildung 3.73 Nachricht über Materialbelegbuchung

Sie haben einen Wareneingang gebucht. Informationen zur Rechnungserfassung finden Sie in Abschnitt 9.3, »Belegfluss und Analysemöglichkeiten«.

3.4   Zusammenfassung

In diesem Kapitel haben wir Ihnen die Grundfunktionalitäten der Beschaffung dargestellt. Im Kontraktmanagement haben Sie gesehen, wie man einen Kontrakt anlegt, druckt und verwaltet. Im Anschluss haben wir Ihnen im Abschnitt 3.3, »Beschaffung über Self-Services«, gezeigt, wie Ihre Anforderer selbstständig eine Bestellanforderung anlegen und einen Wareneingang buchen können. Die katalogbasierte Beschaffung wurde hier als zusätzliches Werkzeug zur Bestellanforderungsanlage dargestellt. Abschließend haben wir den Einkaufsprozess von Verbrauchsmaterialien be-schrieben, um Ihnen den Prozess der Bestellanlage näherzubringen.

Im folgenden Kapitel stellen wir Ihnen die Funktionen von SAP S/4HANA für die Produktionsplanung vor.

Kapitel 4
Produktionsplanung

Die Produktionsplanung ist Dreh- und Angelpunkt der logistischen Abläufe in Industrieunternehmen, da sie sowohl über die zu produzierenden Mengen und dazugehörigen Termine entscheidet als auch Taktgeber für die Beschaffung ist. Damit hat sie eine herausragende Stellung im Hinblick auf die Wettbewerbsfähigkeit von produzierenden Unternehmen.

Die Produktion von Gütern und Dienstleistungen nimmt in der Industrie eine zentrale Stellung ein. Dabei sind verschiedene Schritte durchzuführen, deren zeitliche Abfolge sowie genaue Zusammensetzung Sie mit SAP S/4HANA planen können. Die damit zusammenhängenden Funktionen stellen wir Ihnen in diesem Kapitel vor. Den Prozess der Produktionsplanung verdeutlichen wir Ihnen im Rahmen dieses Kapitels. Die Abläufe in der Produktionsplanung entsprechen im Wesentlichen der Vorgehensweise, die Sie aus SAP ECC kennen. Auf mögliche Unterschiede gehen wir gesondert ein. Wir stellen Ihnen außerdem die zentralen Fiori-Apps vor, die Ihnen die Arbeit in der Produktionsplanung erleichtern.

Zu diesem Zweck gehen wir in Abschnitt 4.2, »Stammdaten«, auf die für diesen Planungsprozess nötigen Stammdaten ein, bevor wir Ihnen in Abschnitt 4.3, »Mittel- bis langfristige Produktionsplanung/Simulation«, die mittel- bis langfristig orientierten Möglichkeiten aufzeigen, mit deren Hilfe Sie die Produktionsplanung einleiten können.

Im Anschluss gehen wir in Abschnitt 4.4, »Bedarfsplanung« auf die Möglichkeiten der Bedarfsplanung in SAP S/4HANA ein, mit deren Hilfe Sie die an das Unternehmen gerichteten Bedarfe zielgerichtet decken können. Daran schließt sich eine Erläuterung der Kapazitätsplanung an, die es ermöglicht, den Einfluss von begrenzten Kapazitäten in der Planung zu berücksichtigen (siehe Abschnitt 4.5, »Kapazitätsplanung«). Den Abschluss der Produktionsplanung bildet in der Regel dann der Schritt der Auftragsausführung, den wir Ihnen in Abschnitt 4.6, »Auftragsausführung«, erläutern.

4.1 Überblick

Wie auch in den anderen Kapiteln dieses Buchs stützen wir uns auf einen Best-Practice-Prozess, um Ihnen die Neuerungen in SAP S/4HANA zu vermitteln. In Abbildung 4.1 stellen wir den Prozess Lagerfertigung – Fertigungsindustrie in einem produzierenden Unternehmen dar. Dort werden die folgenden Schritte durchlaufen:

1. Planprimärbedarf anlegen
2. Materialbedarfsplanung
3. Bedarfs-/Bestandssituation auswerten
4. Fertigungsauftrag anlegen
5. Fertigungsauftrag freigeben

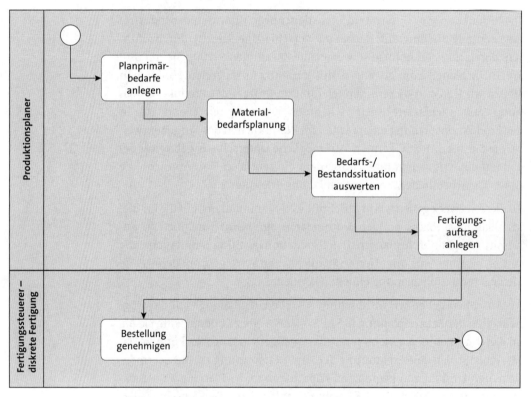

Abbildung 4.1 Best-Practice-Prozess »Lagerfertigung – Fertigungsindustrie«

In den folgenden Abschnitten dieses Kapitels geben wir Ihnen einen Überblick über die Abläufe und Funktionen in SAP S/4HANA, die diesen Prozess unterstützen.

⟨«⟩

> **Beschaffungsplanung**
>
> Für die Produktion werden in der Regel Inputgüter verwendet, die von externen Lieferanten beschafft werden. Die Planung der Mengen und Termine ergibt sich dabei meist aus der Produktionsplanung. In SAP S/4HANA erfolgt die Beschaffungsplanung für die benötigten Inputgüter im Rahmen der Produktionsplanung. Aus diesem Grund unterscheiden wir in diesem Kapitel nicht zwischen Produktions- und Beschaffungsplanung. Die hier dargestellten Funktionen sind im Allgemeinen auch für die Beschaffungsplanung relevant. Bestimmte Schritte der Produktionsplanung werden im Rahmen der Beschaffungsplanung jedoch nicht benötigt, weil sie bei der Fremdbeschaffung an den Lieferanten weitergegeben worden sind (z. B. die Stücklistenauflösung im Rahmen der Bedarfsplanung oder die Kapazitätsplanung).

4.2   Stammdaten

Dieser Abschnitt gibt Ihnen einen Überblick über die zentralen Stammdaten der Produktionsplanung in SAP S/4HANA.

4.2.1   Materialien

Zentrales Objekt für die Planungen im Bereich Produktion ist in SAP S/4HANA analog zu SAP ECC das Objekt des Materials, das bereits im Rahmen von Kapitel 3, »Einkauf«, beschrieben wird. Daher gehen wir an dieser Stelle nicht mehr auf den allgemeinen Aufbau und die Struktur dieses Stammdatums ein.

4.2.2   Stücklisten

Eine Stückliste stellt eine Auflistung der Bestandteile eines Materials dar. Sie listet auf, welche und wie viele Materialien für die Erzeugung benötigt werden. Die Stückliste enthält demnach alle zur Fertigung eines Materials nötigen Materialien und ist in SAP S/4HANA genauso wie in SAP ECC einstufig. Das heißt, in der Stückliste werden nur die Materialien aufgelistet, die direkt in ein Material eingehen. Im SAP-System werden Stücklisten in vielen verschiedenen Zusammenhängen eingesetzt. Beispielhaft zeigt Ihnen Abbildung 4.2 die Stücklistenpflege über die Fiori-App **Stückliste pflegen**.

Bestandteile
eines Materials

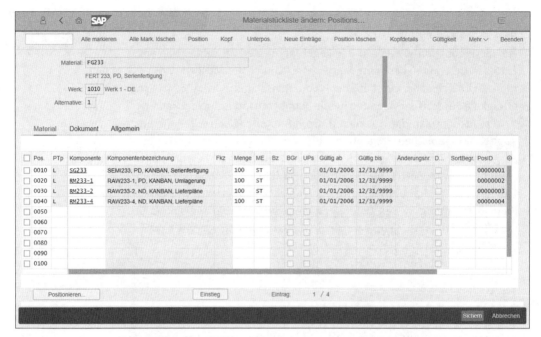

Abbildung 4.2 Stückliste ändern

4.2.3   Arbeitspläne

Arbeitspläne dienen der Planung des Fertigungsprozesses von Materialien. Sie werden dabei planerisch als Vorlage für Dispositionselemente wie Plan- und Fertigungsaufträge verwendet. Ein Arbeitsplan beschreibt aus planerischer Sicht die zur Fertigung nötigen Vorgänge (Arbeitsschritte) sowie deren Reihenfolge. Außerdem wird festgelegt, auf welchen Arbeitsplätzen die Fertigung durchgeführt wird und welche Kapazitätsbedarfe dabei entstehen können.

Aufbau des Arbeitsplans
Der Arbeitsplan (oft auch *Plan* genannt) ist ein Stammdatenobjekt aus der Produktionsplanung. Aber auch in anderen Unternehmensbereichen wird mit Plänen gearbeitet, z. B. in der Instandhaltungsplanung oder dem Qualitätsmanagement. Die Struktur der dort verwendeten Pläne entspricht dem hier dargestellten Arbeitsplan im Wesentlichen. Der Arbeitsplan in SAP S/4HANA weist somit die gleiche Grundstruktur auf wie die Elemente Planungsrezepte, Prüfpläne, Instandhaltungspläne und Standardnetze.

Der Arbeitsplan besteht aus einem Plankopf und einer bzw. mehreren Folgen. Im Plankopf sind die Kopfdaten zu finden, die für alle Folgen des Arbeitsplans Gültigkeit besitzen.

Eine *Folge* stellt eine Reihe von Vorgängen dar, die die Arbeitsschritte, die zur Fertigung nötig sind, beschreiben. Innerhalb einer Folge werden somit einfache lineare Fertigungsabläufe abgebildet. Sollen komplexere Fertigungsabläufe verankert werden, benötigen Sie die Verknüpfung von mehreren Folgen durch Vorgänger- und Nachfolgerbeziehungen. Jeder Arbeitsplan besitzt eine Stammfolge, zusätzlich können zu dieser Stammfolge parallele und/oder alternative Folgen verwendet werden.

Folge

Ein *Vorgang* im Arbeitsplan beschreibt eine Tätigkeit, die zur Fertigung eines Materials auszuführen ist. Damit ist der Vorgang das zentrale Objekt des Arbeitsplans, über den SAP S/4HANA planerisch die Termine und die Kapazitätsbedarfe ermittelt, die zur Fertigung nötig sind. Je nach Situation enthalten Vorgänge die folgenden Daten:

Vorgang

- Steuerschlüssel zur Festlegung bestimmter Planungsgrundsätze (z. B. zur Ermittlung von Terminen und Kapazitätsbedarfen)
- Arbeitsplatz
- Fremdbearbeitungsdaten wie z. B. Beistellinformationen für die Lohnbearbeitung
- Vorgabewerte
- Benutzerfelder
- Prüfvorgaben

Neben den geschilderten Informationen, die zur Planung der Fertigung benötigt werden, können einem Vorgang auch diverse *Unterobjekte* wie *Komponenten*, *Untervorgänge* oder *Fertigungshilfsmittel* zugeordnet werden. Zur Fertigung eines Materials über einen Arbeitsplan muss dieser Arbeitsplan dem Material zugeordnet werden Es ist auch möglich, mehreren Materialien einen Plan zuzuordnen.

Unterobjekte des Vorgangs

4.2.4   Fertigungsversionen

Eine *Fertigungsversion* ist die Zusammenfassung der unterschiedlichen Stammdatenobjekte, die zur Fertigung eines Materials benötigt wird. Hierzu zählen die folgenden:

- eine Stücklistenalternative für die Stücklistenauflösung,
- ein Plantyp, eine Plangruppe und ein Plangruppenzähler für die Zuordnung zu Plänen sowie
- ein zeitlicher und ein mengenmäßiger Gültigkeitsbereich.

Massenpflege der Fertigungsversion

Zu einem Material kann es mehrere Fertigungsversionen geben. Sie legen die Fertigungsversion im Materialstamm auf den Registerkarten **Disposition 4**, **Arbeitsvorbereitung** oder **Kalkulation** zu einem Material an. Sie können die Fertigungsversion auch als Massenpflege über Transaktion C223 (Massenpflege Fertigungsversion) anlegen. Die eindeutige Fertigungsversionsnummer können Sie frei wählen.

[»]

> ### Fertigungsversionspflicht
>
> In SAP S/4HANA ist die Verwendung einer Fertigungsversion obligatorisch, das heißt, Stückliste und Arbeitsplan werden immer über eine Fertigungsversion gefunden. Die anderen in den SAP-ECC-Releases möglichen Optionen zur Identifikation von Arbeitsplan und Stückliste stehen in SAP S/4HANA nach Ablauf der Compatibility Packs nicht zur Verfügung. Sie finden sie auf der Simplification List (siehe hierzu Abschnitt 1.1.1, »Simplifizierungen: Anwendungen und Datenmodell«).

4.2.5   Arbeitsplätze

Arbeitsplatz

Neben Arbeitsplänen und Stücklisten gehören die Arbeitsplätze zu den wesentlichen Stammdaten der Produktionsplanung. Der *Arbeitsplatz* ist dabei der physische Ort, an dem die Fertigungsschritte oder Leistungen ausgeführt werden. In SAP S/4HANA kann der Arbeitsplatz wie in SAP ECC als Business-Objekt im System z. B. die folgenden real existierenden Arbeitsplätze abbilden:

- Maschinen
- Maschinengruppen
- Personen
- Personengruppen
- Fertigungsstraßen
- Montagearbeitsplätze

Arbeitsvorgänge

An einem Arbeitsplatz werden die Arbeitsvorgänge ausgeführt, die in einem Arbeitsplan verankert werden. Abbildung 4.3 zeigt beispielhaft die Pflege eines Arbeitsplatzes mit der Fiori-App **Arbeitsplatz pflegen**.

Der Arbeitsplatz enthält vor allem Daten, die für die Planung der Terminierung, für die Kapazitätsplanung sowie für die Kalkulation verwendet werden.

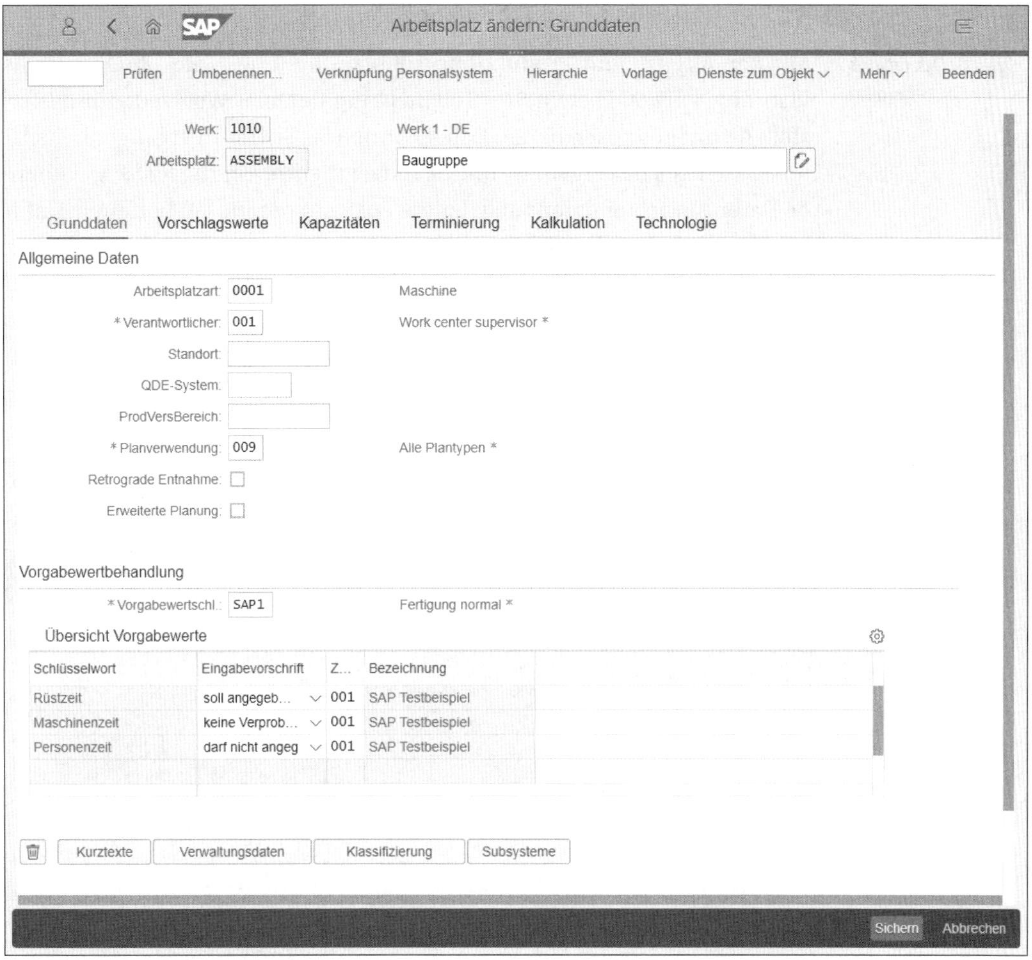

Abbildung 4.3 Arbeitsplatz ändern

4.3   Mittel- bis langfristige Produktionsplanung/Simulation

In SAP S/4HANA bestehen verschiedene Möglichkeiten, eine mittel- bis langfristige Produktionsplanung durchzuführen. Sie können auch Simulationen durchführen, um verschiedene Szenarien durchzuspielen. Hierbei sind die folgenden Funktionen zu nennen, die in diesem Abschnitt näher erläutert werden:

- Absatz- und Produktionsgrobplanung
- Programmplanung
- Langfristplanung

4.3.1   Absatz- und Produktionsgrobplanung

Mit der Absatz- und Produktionsgrobplanung (engl. Sales & Operations Planning, kurz SOP) stellt SAP S/4HANA ein flexibles Werkzeug für das Erstellen von Prognosen bereit. Dabei können Sie sich auf Vergangenheitsdaten, Daten aus der Ergebnis- und Marktsegmentrechnung (CO-PA), laufende Daten sowie auf daraus abgeleitete Zukunftsprognosen beziehen. Dafür können Sie beispielsweise Transaktion MP38 oder die Fiori-App **Materialprognoseläufe durchführen** nutzen (siehe Abbildung 4.4). Es besteht aber auch eine manuelle Prognosemöglichkeit sowie die Option eines Uploads von Daten. Darüber hinaus können Sie in der Grobplanung auch die Umsetzbarkeit des Pans mit den vorhandenen Produktionskapazitäten prüfen.

Die erzeugten Pläne können an nachgelagerte Schritte der Produktionsplanung wie die Programmplanung oder die Bedarfsplanung übergeben werden.

Abbildung 4.4 Materialprognoseläufe durchführen

4.3.2   Programmplanung

Im Rahmen der *Programmplanung* werden Bedarfsmengen und Termine z. B. für Enderzeugnisse ermittelt. Auch hier können Prognosen erstellt werden. Dabei werden entsprechende Planungselemente im System generiert, die als Vorplan- bzw. Planprimärbedarf bezeichnet werden.

Diese Planprimärbedarfe werden mit den aus der Auftragsabwicklung kommenden Kundenaufträgen abgemischt. Dazu müssen Sie im System einstellen, wie die prognostizierten Bedarfe mit den aus der Kundenauftragsabwicklung kommenden Kundenaufträgen interagieren sollen. So ist es z. B. denkbar, dass die prognostizierten Bedarfe zusätzlich zu den Kundenbedarfen gedeckt werden sollen.

Alternativ kann ein Planprimärbedarf einen Platzhalter darstellen, der es schon vor Erhalt eines konkreten, rechtlich bindenden Kundenbedarfs ermöglicht, benötigte Vorprodukte zu beschaffen oder die benötigte Produktionskapazität einzuplanen. In diesem Zusammenhang wird von der Verrechnung eines Planprimärbedarfs mit einem Kundenauftrag gesprochen. Die Logik für diese Vorgehensweise bestimmen Sie durch die Wahl bestimmter Planungsstrategien in SAP S/4HANA.

4.3.3   Übergabe von Daten an die Produktionsplanung mittels Planungsstrategien

Wie im vorherigen Abschnitt beschrieben, bestimmt die Planungsstrategie das Zusammenspiel von Planprimärbedarf und Kundenbedarf und ist damit eine zentrale Einstellung bei der Planung eines Materials.

Zusammenspiel der Primärbedarfsarten

Es gibt Strategien für die Vorplanung auf Endproduktebene und Strategien für die Vorplanung auf Baugruppenebene. Zu unterscheiden sind außerdem Strategien für die Kundeneinzelfertigung und die anonyme Lagerfertigung sowie Strategien für konfigurierbare Produkte. Abbildung 4.5 zeigt die Sicht **Disposition 3** des Materialstamms in SAP Fiori, auf der Sie die Strategieeinstellungen vornehmen können.

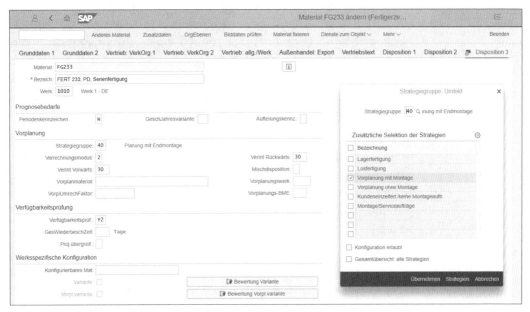

Abbildung 4.5 Planungsstrategie für ein Material festlegen (SAP Fiori)

Die Strategien beinhalten dabei die Logik, mit der SAP S/4HANA die folgenden Aspekte abbildet:

- Übergabe des Bedarfs an die Materialbedarfsplanung
- Dispositionsrelevanz eines Bedarfs
- Verwendung des Bedarfs in der Verfügbarkeitsprüfung
- Verrechnung mit Planprimärbedarfen
- Abbau von Planprimärbedarfen
- Verhalten in der Montageabwicklung
- Verhalten in der Kapazitätsprüfung
- Kontingentierung

Neben den genannten planungsrelevanten Funktionen werden in der sogenannten Bedarfsklasse weitere Festlegungen zur Kontierung, zur Konfiguration und zur Kalkulation getroffen.

4.3.4   Langfristplanung

Mit der *Langfristplanung* stellt SAP S/4HANA in SAP FIORI eine Möglichkeit bereit, verschiedene Szenarien in einer Simulation zu bewerten, ohne dabei die eigentliche Planung negativ zu beeinflussen.

Planungsszenario

Mit Transaktion MS31 (siehe Abbildung 4.6) in SAP FIORI können Sie einen Ausschnitt Ihres Unternehmens wie z. B. ein Werk in eine virtuelle, nur für Simulationen gedachte Umgebung kopieren. Diese Umgebung wird als *Planungsszenario* bezeichnet. Sie können einem Planungsszenario verschiedene Versionen von Planprimärbedarfen zuordnen, die sich z. B. auch von den aktiven Bedarfen der Realität unterscheiden. Somit ist es möglich, verschiedene Szenarien zu bewerten und im Hinblick sowohl auf die Bedarfsplanung als auch auf Kapazitätsauslastungen Rückschüsse zu ziehen.

Zu Veranschaulichungszwecken können Sie auch für Materialien, für die keine Verbrauchsvorschau möglich ist (z. B. verbrauchsgesteuerte Materialien, KANBAN-Materialien, Schüttgut), Simulationen durchführen und zukünftige Verläufe ableiten. Außerdem ermöglicht Ihnen die Langfristplanung, zukünftige Bestellvolumina und Einkaufsbudgets besser abzuschätzen

Stammdaten in der Langfristplanung

Die Langfristplanung verwendet operative Stammdaten wie Materialstamm, Stücklisten, Arbeitspläne und Arbeitsplätze. Die Planung wird dann mit simulativen Planaufträgen und Bestellanforderungen durchgeführt. Dabei können Sie fixierte und feste Zugänge sowie Kundenaufträge in die Planung übernehmen.

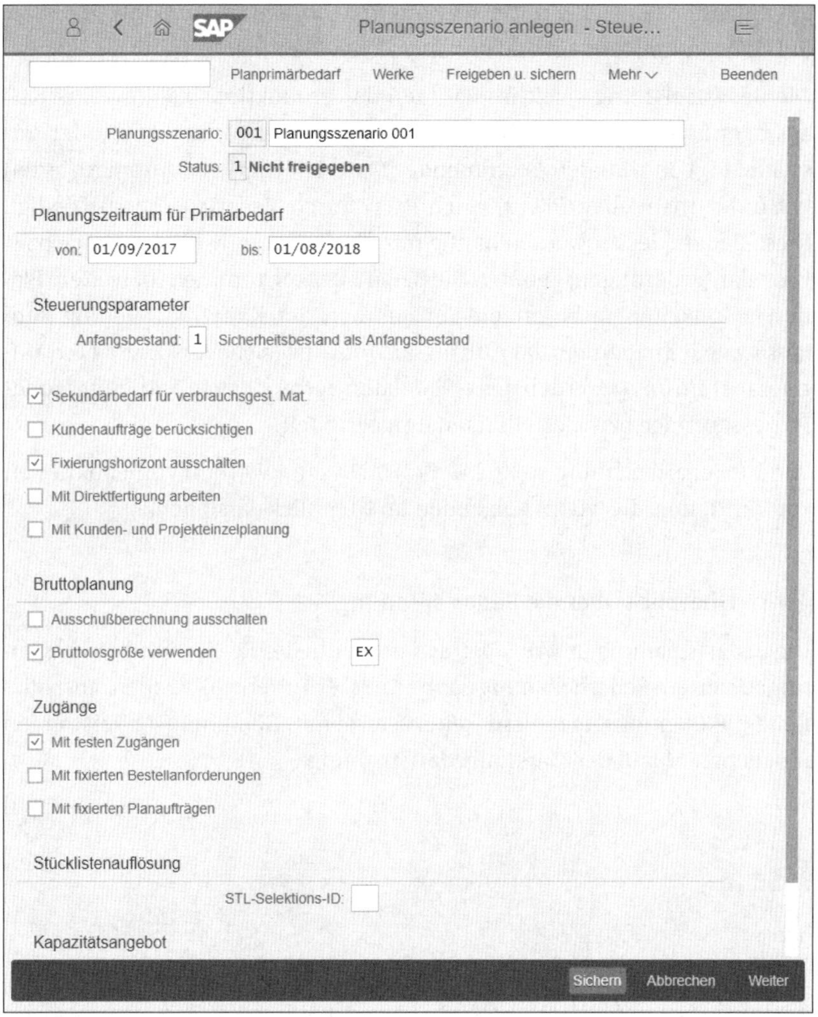

Abbildung 4.6 Simulatives Szenario anlegen

Die Bewertung der Planungsergebnisse in der simulativen Umgebung erfolgt mit verschiedenen Transaktionen, die sich jedoch im Wesentlichen
nicht von denen der operativen Planung unterscheiden. Sie können die Ergebnisse der Langfristplanung an die operative Planung übertragen.

*Planungsergeb-
nisse bewerten*

4.4   Bedarfsplanung

In diesem Abschnitt erhalten Sie einen Überblick über die unterschiedlichen Funktionen der Bedarfsplanung, die SAP S/4HANA auf Grundlage
der vorhandenen Bedarfe durchführt. Die Bedarfsplanung ist das Binde-

glied zwischen den eher mittel- bis langfristig orientierten Absatz- und Produktionsgrobplanungen und der operativen Planung.

Die Bedarfsplanung spielt im Rahmen der Produktionsplanung eine herausragende Rolle. Bei der Bedarfsplanung werden vorgeplante oder tatsächliche von Kunden stammende Materialbedarfein automatisierten und/oder manuellen Planungsschritten durch Bedarfsdecker befriedigt. Diese Bedarfsdecker werden häufig nur für die Planung (Planaufträge bzw. Bestellanforderungen) genutzt. Die Bedarfsdecker kommen für weitere Planungstätigkeiten insbesondere im Rahmen der Kapazitätsplanung zum Einsatz. Erst im Rahmen der Auftragsausführung (siehe Abschnitt 4.6, »Auftragsausführung«) werden diese Plandaten verbindlich in Fertigungs- oder Prozessaufträge bzw. Bestellungen umgewandelt.

Für die Bedarfsplanung stellt SAP S/4HANA eine Vielzahl von Funktionen zur Verfügung, die wir im Folgenden im Überblick darstellen.

4.4.1   Überblick über die Bedarfsplanung

Automatisierter
Bedarfspla-
nungslauf

Die Bedarfsplanung in SAP S/4HANA erfolgt in der Regel mithilfe eines automatisierten Bedarfsplanungslaufs. Falls erforderlich, werden anschließend die Planungsergebnisse weiterverarbeitet. Abbildung 4.7 zeigt einen möglichen Ablauf der Materialbedarfsplanung.

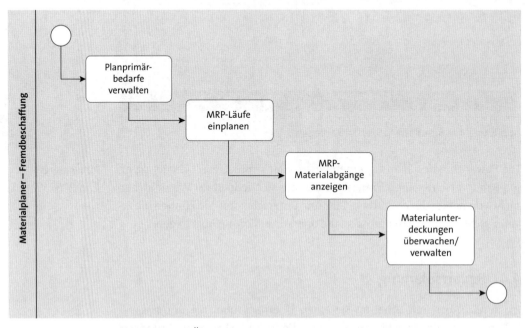

Abbildung 4.7 Überblick über die Materialbedarfsplanung

Arten des Bedarfsplanungslaufs

Bei diesem Bedarfsplanungslauf wird zwischen den folgenden drei Optionen unterschieden:

- Materialbedarfsplanung
- Kundenbedarfsplanung
- Projektbedarfsplanung

Materialbedarfsplanung/Material Requirements Planning

Die Materialbedarfsplanung (engl. Material Requirements Planning, kurz MRP) wird oft auch als Disposition bezeichnet und stellt den umfangreichsten Ansatz der Bedarfsplanung dar. Kunden- und Projektbedarfsplanung sind Spezialfälle der Materialbedarfsplanung und betrachten jeweils nur einen spezifischen Ausschnitt der Bedarfe. Aus diesem Grund beschränken wir uns hier auf die Erläuterung der Materialbedarfsplanung.

Ausführbar ist die Materialbedarfsplanung in SAP S/4HANA SAP-GUI-basiert über Transaktion MD01N (siehe hierzu Abbildung 4.8).

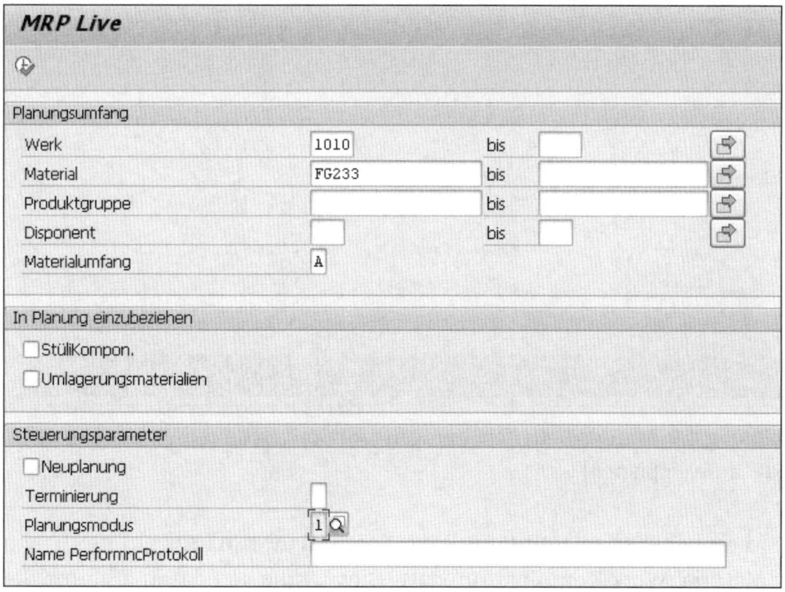

Abbildung 4.8 Materialbedarfsplanung ausführen (Transaktion MD01N in SAP GUI)

Eine Alternative besteht in der Fiori-App **MRP-Läufe einplanen**, die Sie in Abbildung 4.9 sehen können.

Bei der Materialbedarfsplanung werden alle Materialbedarfe, die zum Zeitpunkt der Planung als dispositiv relevant anzusehen sind, betrachtet.

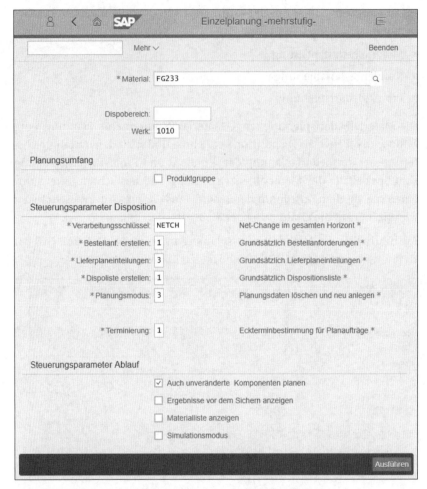

Abbildung 4.9 Materialbedarfsplanung in SAP Fiori ausführen
(MRP-Läufe einplanen)

Die Materialbedarfsplanung findet in SAP S/4HANA häufig auf der Ebene der Material-Werk-Kombination statt. Dies ist die standardmäßig für die Disposition vorgesehene Planungsebene: Zum einen werden die planungsrelevanten Parameter auf dieser Ebene gepflegt (die Disposichten des Materialstamms sind werksspezifisch). Zum anderen werden bei der Planung alle Materialbedarfe auf Werksebene gemeinsam in die Kalkulation einbezogen. Ob einzelne Bedarfe auf unterschiedliche Lagerorte zielen, ist dabei für diese Art der Bedarfsplanung irrelevant.

Es ist in SAP S/4HANA jedoch möglich, die Bedarfsplanung mit den Dispositionsbereichen auch auf Ebenen unterhalb der Material-Werk-Kombination durchzuführen.

> **Verfügbarkeit der Lagerortdisposition** [«]
>
> Die Lagerortdisposition ist auf der Simplification List zu finden und wird demnach nur bis zum Ablauf der Compatibility Packs unterstützt.

Ebenen oberhalb der Material-Werk-Kombination sind im Rahmen der Bedarfsplanung in SAP S/4HANA standardmäßig nicht abgebildet. Sie können lediglich mit dem Planungsumfang im Materialbedarfsplanungslauf verschiedene Werke aufführen, die dann sukzessive nacheinander geplant werden. Dabei können gegebenenfalls Umlagerungsbeziehungen eingeplant werden.

SAP S/4HANA durchläuft während der automatischen Bedarfsplanung die in Abbildung 4.10 dargestellten Schritte. Dabei beginnt es mit den Materialien der niedrigsten Dispositionsstufe, das heißt den Endprodukten. Die Reihenfolge der Planung wird daher durch das Dispositionsstufenverfahren bestimmt.

Ablauf der Materialbedarfsplanung

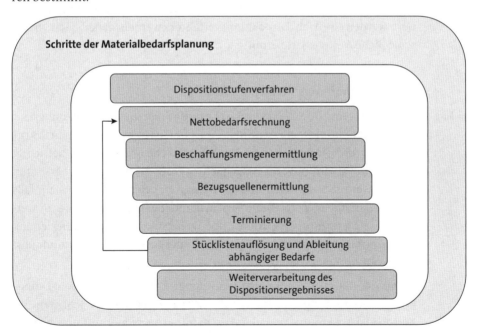

Abbildung 4.10 Übersicht über die Schritte der Materialbedarfsplanung

4.4.2 Bedarfsübergabe

Ausgangspunkt für die weiteren Schritte der Bedarfsplanung ist die *Bedarfsübergabe*. Im Rahmen der Bedarfsübergabe legen Sie durch verschiedene Systemeinstellungen fest, ob ein Bedarf dispositiv relevant ist und ob es z. B. zu einer Verrechnung zwischen einem Vorplanbedarf und einem anderen Primär- oder abgeleiteten Bedarf kommen soll. Die Bedarfsübergabe ist somit maßgeblich für die Festlegung der von SAP S/4HANA zu berücksichtigenden Bruttobedarfe, also der Bedarfe, die insgesamt befriedigt werden müssen.

4.4.3   Nettobedarfsrechnung

Im Rahmen der Nettobedarfsrechnung werden *Nettobedarfe* ermittelt. Dabei werden die übergebenen Bruttobedarfe, die bestehenden Bestände und die fixierten sowie festen Zugänge berücksichtigt.

Fixierung

Von einer *Fixierung* spricht man, wenn ein internes planerisches Element wie ein Planauftrag oder eine Bestellanforderung vor einer automatisierten Änderung geschützt werden soll. Mit einem festen Element wird hingegen ein bereits umgewandelter verbindlicher Fertigungs- oder Prozessauftrag beschrieben. Das Dispositionsverfahren, das dem Planungsobjekt zugrunde liegt, entscheidet dabei darüber, wie die Dispositionselemente interpretiert werden. Je nach Dispositionsverfahren werden daher auch unterschiedliche Nettobedarfe ermittelt.

4.4.4   Beschaffungsmengenermittlung

Mengenplanung

Im Anschluss an die Nettobedarfsrechnung erfolgt im Bedarfsplanungslauf die *Beschaffungsmengenermittlung*. Das heißt, nachdem im vorigen Schritt ermittelt wurde, wie viel Bedarf durch zusätzliche Bedarfsdecker befriedigt werden muss, wird nun die tatsächlich zu realisierende Menge bestimmt. Hierbei werden zum einen über das Losgrößenverfahren gegebenenfalls Nettobedarfsmengen zu einem Los zusammengefasst, zum anderen werden diese Mengen über Ausschussmengenermittlung und Einbeziehung von Losgrößenrestriktionen, wie z. B. Mindestlosgrößen oder Rundungsrestriktionen, noch einmal modifiziert.

Da im Anschluss an die Beschaffungsmengenermittlung die Menge eines Bedarfsdeckers festgelegt ist, spricht man bei den beiden Schritten der Nettobedarfsrechnung und der Beschaffungsmengenermittlung zusammenfassend auch von der Mengenplanung.

4.4.5   Bezugsquellenermittlung

Ist die Beschaffungsmenge eines Bedarfsdeckers festgelegt, ermitteln Sie die Bezugsquelle. Dieser Schritt ist erst möglich, nachdem die Beschaffungsmenge festgelegt ist, da es in SAP S/4HANA verschiedene Möglichkeiten gibt, mengenabhängige Bezugsquellenentscheidungen zu treffen.

Im Rahmen der *Bezugsquellenermittlung* wird zunächst die Beschaffungsart interpretiert und somit zwischen Eigenfertigung und Fremdbeschaffung unterschieden. Diese Unterscheidung kann durch Verwendung von Sonderbeschaffungsarten weiter differenziert werden. So kann z. B. für ein fremdbeschafftes Material eine Umlagerung oder eine Lohnbearbeitung vorgesehen werden.

Eigenfertigung versus Fremdbeschaffung

Je nach Systemeinstellung können Sie bereits in diesem Schritt konkrete Bezugsquellen, z. B. Lieferanten bei der Fremdbeschaffung, zuordnen. Im Anschluss an die Bezugsquellenermittlung steht für die Bedarfsdecker eines Materials fest, woher das SAP-S/4HANA-System die Parameter für eine initiale Terminierung ableiten kann.

4.4.6   Terminierung

In der im vorherigen Abschnitt dargestellten Bezugsquellenermittlung wurde festgelegt, ob es sich um ein eigengefertigtes oder ein fremdbeschafftes Material handelt und welche Terminierungsparameter bei der initialen *Terminierung* zugrunde gelegt werden können. Im nächsten Schritt erfolgt die Terminierung des Bedarfsdeckers. Dabei werden z. B. bei einer Eigenfertigung Terminierungsparameter aus dem Materialstamm oder dem Arbeitsplan in Kombination mit dem Arbeitsplatz interpretiert.

Terminierungsparameter

Die Kapazitätsbelastung der zugrundeliegenden Arbeitsplätze wird jedoch in diesem Schritt noch nicht mit einbezogen. Das bleibt der nachfolgenden Kapazitätsplanung vorbehalten. Außerdem werden noch keine Materialverfügbarkeiten einbezogen. Prinzipiell wird beim automatisierten Lauf von einer Verfügbarkeit der jeweils untergeordneten Komponenten ausgegangen. Eine eventuelle Verspätung einer Baugruppe oder Komponente muss in SAP S/4HANA durch manuelle, der automatisierten Bedarfsplanung nachgeordnete Schritte in die Planung einbezogen werden. SAP S/4HANA unterstützt den Planer lediglich durch Anzeige einer eventuellen Verzögerung auf Ebene des verspäteten Materials.

Mit Abschluss des Schritts der Terminierung ist der durch die Bedarfsplanung angelegte Bedarfsdecker wie ein Planauftrag oder eine Bestellanforderung hinsichtlich seiner planungsrelevanten Eigenschaften wie Menge, Termin und Bezugsquelle initial ausgeprägt und steht für eine nachträgliche Kapazitätsplanung zur Erstellung eines machbaren Produktions- und Beschaffungsplans zur Verfügung.

4.4.7 Ableitung abhängiger Bedarfe

Sekundärbedarfe und Auftragsreservierungen

Aus dem Bedarfsdecker werden für die untergeordneten Baugruppen und Komponenten entsprechende Bedarfe abgeleitet. Bedarfe, die abgeleitet werden aus den Bedarfsdeckern der Planung (z. B. den Planaufträgen), werden als Sekundärbedarfe bezeichnet. Bei bereits festen Aufträgen wie z. B. Fertigungsaufträgen spricht man von Auftragsreservierungen.

Diese Bedarfe bilden für die Bedarfsplanung der untergeordneten Stücklistenstufen die Ausgangsbasis. Ausgehend von der Endproduktebene, werden die einzelnen Stücklistenstufen in einer sinnvollen Reihenfolge geplant.

Leitteileplanung

Über die Leitteileplanung (engl. Master Production Schedule), die bereits in SAP ECC verfügbar war, können Sie besonders wichtige Materialien als Leitteile deklarieren und separat planen, bevor die restlichen Materialien an dieser Leitteileplanung ausgerichtet werden.

4.4.8 Weiterverarbeitung der Planungsergebnisse

Die Planungsergebnisse stehen für die Weiterverarbeitung, auch Nachbearbeitung genannt, bereit. Die Weiterverarbeitung wird je nach Konstellation für jedes Material unterschiedlich durchgeführt.

Kapazitätsengpässe

Diese Weiterverarbeitung kann z. B. bei eigengefertigten Materialien, die auf Kapazitätsengpässen produziert werden, in der Planung der Kapazitäten bestehen. Hierfür steht in SAP S/4HANA die Funktion Capacity Requirements Planning zur Verfügung (siehe Abschnitt 4.5, »Kapazitätsplanung«).

Fremdbeschaffte oder eigengefertigte Materialien, die nicht auf Engpassressourcen zu fertigen sind, werden, wenn Terminverzögerungen oder andere Ausnahmesituationen bekannt werden, in der Regel manuell nachbearbeitet. Dabei muss die Planung mit den Lieferanten oder mit der Produktion abgestimmt werden.

Automatische Weitergabe an die Auftragsumsetzung

Einige Materialien durchlaufen nicht den Weiterverarbeitungsprozess, sondern werden ohne weitere Tätigkeiten direkt aus der automatisierten Planung heraus der nachgelagerten Auftragsumsetzung zugeführt. In diesem Zusammenhang spricht man gelegentlich von »Dunkeldisposition«, da diese Materialien komplett automatisiert disponiert werden, der Bestellprozess also »im Dunkeln« abläuft. Diese Art der Disposition eignet sich insbesondere für fremdbeschaffte Materialien mit geringer Verbrauchsbedeutung und konstantem Verbrauch (sogenannte CX-Materialien).

Abbildung 4.11 zeigt mit der Fiori-App **Ungedeckte Bedarfe ermitteln** ein Beispiel für die Möglichkeiten der Nachbearbeitung von Planungsergebnissen in SAP S/4HANA.

Ungedeckte Bedarfe ermitteln

Abbildung 4.11 Nachbearbeitung des Bedarfsplanungsergebnisses mit der Fiori-App »Ungedeckte Bedarfe ermitteln«

Fiori-Apps in der SAP-S/4HANA-Bedarfsplanung   『《』

In SAP S/4HANA gibt es eine Reihe von Fiori-Apps zur Unterstützung des Bedarfsplanungsprozesses:

- Disponenten bearbeiten
- Planprimärbedarfe bearbeiten
- Planprimärbedarfsqualität analysieren
- MRP-Materialprobleme anzeigen
- Materialdeckung ermitteln: Nettoabschnitte
- Materialdeckung bearbeiten
- Materialdeckung ermitteln: Netto- und Einzelabschnitte
- Ungedeckte externe/interne Bedarfe ermitteln
- Ungedeckte externe/interne Bedarfe bearbeiten
- Änderungsanfragen bearbeiten
- Transportoptimiert bestellen
- Verzögerte Fertigungs- oder Prozessaufträge ermitteln/bearbeiten

- Planauftrag/Fertigungsauftrag/Prozessauftrag
- Anwendungsjobs: Materialbedarfsprognoseläufe einplanen (siehe Abbildung 4.4)
- Analysen (Materialausschuss; Ausschussursache, Vorgangsausschuss, Komponentenmehrverbrauch, Produktionsdurchführungsdauer)

4.4.9   Auftragsumsetzung

Im Anschluss an die Weiterverarbeitung erfolgt die *Auftragsumsetzung*. Dabei werden Planaufträge, Bestellanforderungen etc. in feste Zugangselemente wie Fertigungs- oder Prozessaufträge bzw. Bestellungen umgewandelt. Somit sind sie bereit für die der Planung nachgelagerten Schritte, z. B. die Auftragsausführung (siehe Abschnitt 4.6, »Auftragsausführung«).

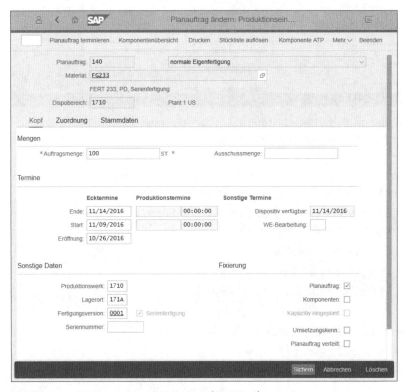

Abbildung 4.12 Planauftrag bearbeiten (SAP Fiori)

Ausführung der Materialbedarfsplanung in SAP S/4HANA Die konkrete Ausführung der automatisierten Materialbedarfsplanung erfolgt in SAP S/4HANA in der Regel für eines oder mehrere sukzessiv hintereinander geplante Werke im Hintergrundlauf mittels Transaktion MDBT (in der Langfristplanung Transaktion MSBT). Für die automatisierte Planung eines oder mehrerer Werke nutzen Sie Transaktion MD01N oder die App **MRP-Lauf einplanen** bzw. in der Langfristplanung Transaktion MS01. Die mehrstufige Planung einer einzelnen Stücklistenstruktur können Sie interaktiv mit Transaktion MD02 (bzw. in der Langfristplanung mit Transaktion MS02) durchführen, wohingegen Sie eine einstufige Planung mit den Transaktionen MD03 und MD43 (Langfristplanung: Transaktion MS03) realisieren können.

Für die manuelle Disposition, die zumindest die Schritte der Weiterverarbeitung und gegebenenfalls sogar die vorab aufgeführten Schritte beinhaltet, steht eine Vielzahl an Transaktionen zur Verfügung, unter anderem folgende:

Manuelle Disposition

- **Aktuelle Bedarfs-/Bestandsliste**
  - Einzeleinstieg über Transaktion MD04
  - Sammeleinstieg mittels Transaktion MD07
  - Langfristplanung: Transaktion MS04 und Transaktion MS07
- **Dispositionsliste**
  - Einzeleinstieg über Transaktion MD05
  - Sammeleinstieg mittels Transaktion MD06
  - Langfristplanung: Transaktion MS05 und Transaktion MS06
- **Planauftrag**
  - Anlage eines Planauftrags: Transaktion MD11
  - Bearbeiten eines Planauftrags: Transaktion MD12
  - Langfristplanung: Transaktion MS11
- **Bestellanforderungen anlegen**
  - Bestellanforderung anlegen: Transaktion ME51N

Demand-Driven Replenishment

Mit SAP S/4HANA 1708 (Cloud Edition) bzw. 1709 bietet SAP die Möglichkeit, eine spezielle Planungsabwicklung der Bedarfsplanung nach den Grundsätzen des Demand Driven Institute (DDI) zu nutzen: Demand Driven Replenishment (bedarfsorientierte Wiederbeschaffung).

4.5   Kapazitätsplanung

Die Planung der Kapazitäten ist in aller Regel schrittweise aufgebaut. Jedem Planungsschritt lassen sich dabei unterschiedliche Aufgaben zuordnen. Die

Kapazitätsplanung hat die Aufgabe, die begrenzte Kapazität zumindest von Teilen des Kapazitätsangebots in den Plan einzubeziehen. Mit der Kapazitätsplanung wird eine zentrale Einflussgröße auf die Güte und Umsetzbarkeit der Planung berücksichtigt.

Voraussetzung für die Kapazitätsplanung

Die Kapazitätsplanung kann erst zu einem verhältnismäßig späten Zeitpunkt im Planungsablauf erfolgen, da eine Vielzahl von Informationen bereits feststehen muss, bevor eine sinnvolle Kapazitätsplanung begonnen werden kann. So werden z. B. die folgenden Informationen zu den Objekten benötigt, die beplant werden sollen, um die Kapazitätsplanung durchzuführen:

- Bedarfstermine
- Bedarfsmengen
- Bezugsquellen

Aus diesem Grund erfolgt eine sinnvolle Kapazitätsplanung in der Regel erst, nachdem vorab bereits eine Absatz- oder Vertriebsplanung und/oder ein Kundenauftragseingang stattgefunden hat. Zusätzlich werden die aus diesen Schritten resultierenden Bedarfstermine und -mengen über einen Mechanismus in zu beschaffende oder produzierende Aufträge umgewandelt (siehe Abschnitt 4.4, »Bedarfsplanung«). Erst mit diesen zunächst einmal für interne Planungsprozesse gedachten Bedarfsdeckern ist es möglich, den Ort der Leistungserstellung, das heißt den physischen Arbeitsplatz, zu benennen. Und danach können die vorhandenen Kapazitätsangebote dann mit den aus den Aufträgen resultierenden Kapazitätsbedarfen abgeglichen werden.

In diesem Abschnitt erläutern wir Ihnen die Vorgehensweise bei der Kapazitätsplanung, bevor wir auf Details der Kapazitätsauswertung sowie des Kapazitätsabgleichs eingehen.

4.5.1 Vorgehensweisen in der Kapazitätsplanung

Eine Planung ohne Berücksichtigung von Begrenzungen des Kapazitätsangebots weist eine Vielzahl von Schwächen auf. Es ist das Ziel der Kapazitätsplanung, genau diese Schwächen auszuräumen und somit ein Planungsergebnis zu erzeugen, das allen relevanten Rahmenbedingungen der Praxis ausreichend Rechnung trägt.

Berücksichtigung von Restriktionen

Das Ergebnis dieser Planung wird als *machbarer Plan* bezeichnet. Hierunter versteht man einen Produktionsplan, der tatsächlich umsetzbar ist, da alle praxisrelevanten Restriktionen berücksichtigt wurden. Dabei zielt die Planung im Detail darauf ab, die folgenden Informationen zu ermitteln:

- **Bereitstellungsmenge**

  Welche Menge ist auf Basis der vorab ermittelten Bedarfsmenge bereitzustellen? Während sich die ersten Phasen der Produktionsplanung in
  SAP S/4HANA um die Fragestellung kümmern, welche Bedarfsmenge
  einzubeziehen ist, wird im Rahmen der Materialbedarfsplanung die Frage beantwortet, mit welchen Bereitstellungsmengen auf diese Bedarfe
  zu reagieren ist. Für die Kapazitätsplanung ist dies in der Regel der Input,
  der nur in Ausnahmefällen durch die Kapazitätsplanung angepasst wird.

- **Bereitstellungstermine**

  Wann können bzw. müssen entsprechende Mengen eines Materials bereitgestellt werden, um die aus den vorhergehenden Planungsschritten
  resultierenden Bedarfstermine einhalten zu können? Dies ist häufig Gegenstand der Kapazitätsplanung, da ein gängiges Mittel zur Berücksichtigung von begrenzten Kapazitäten das Vorziehen oder Verschieben von
  Mengen in Zeiten verfügbarer Kapazität ist.

- **Bezugsquelle**

  Von welcher Bezugsquelle sollen die Mengen beschafft werden? Von Beschaffung spricht man auch dann, wenn die Wertschöpfung innerhalb
  des eigenen Unternehmens erfolgt. Die Ermittlung der Bezugsquelle ist
  wichtig, um Terminierungen durchführen zu können. Das betrifft die
  Entscheidung über den Lieferanten im Rahmen der Fremdbeschaffung
  oder die Ermittlung der jeweiligen Ressource, auf der die Wertschöpfung
  stattfinden soll. Ein Resultat einer Kapazitätsplanung kann darin bestehen, auf eine alternative Bezugsquelle oder Bearbeitungsmöglichkeit
  auszuweichen, wenn eine rechtzeitige Bereitstellung aufgrund von Ka-
  pazitätserwägungen nicht realisierbar ist.

Der Begriff »Restriktion« (Constraint)   [«]

Die beschriebenen Rahmenbedingungen werden in der Praxis als *Restriktionen* oder auch als *Constraints* bezeichnet. Dabei handelt es sich um Einschränkungen jeglicher Art, die die Freiheitsgrade der Planung einschränken,
da sie bestimmte Konstellationen unmöglich machen. Hierunter befinden
sich vor allem Bereiche wie die Material- sowie die Kapazitätsverfügbarkeit.

Eine Kapazitätsplanung ändert in der Regel die Termine der internen Bedarfsdecker, um auf die knappen Kapazitätsangebote zu reagieren und die
Bedarfstermine noch einhalten zu können. Dabei wird zunächst versucht,
die Aufträge in Zeiten vorzuziehen, in denen ausreichend Kapazität zur
Verfügung steht. Somit kann das Bedarfsdatum eingehalten werden. Überall dort, wo dies nicht machbar ist, kann es auch zu einer Verschiebung in

**Einhaltung des
Bedarfsdatums**

die Zukunft kommen, um einen realistischen Termin ermitteln zu können. Damit ist unter Umständen eine Änderung des Bestätigungsdatums verbunden, die an den Kunden weitergegeben werden muss.

Berücksichtigung von Ausweichoptionen

In einigen Fällen wird auch auf Basis der Ergebnisse der Kapazitätsplanung die Bezugsquelle bzw. die zugrundeliegende Bearbeitungsmöglichkeit geändert, um z. B. auf Ausweichoptionen zurückzugreifen, wenn das standardmäßig verwendete Kapazitätsangebot voll ausgelastet ist. Auch eine externe Beschaffung oder ein Wechsel des Werks ist an dieser Stelle denkbar.

Mengenanpassung der Aufträge

Noch seltener führt die Kapazitätsplanung in der Praxis zu einer Mengenanpassung der Aufträge. Das heißt, dass die im Rahmen der Planungen betrachteten Planungsobjekte bezüglich ihrer Auftragsmenge geändert werden, um ein machbares Ergebnis zu erzielen.

Durch diese Maßnahmen sollen Kapazitätsbedarfe so angepasst werden, dass sie zu einem bestehenden Kapazitätsangebot passen. Umgekehrt können Sie auch das Kapazitätsangebot an die jeweiligen Bedarfe anpassen. Zu diesem Zweck kann z. B. auf zusätzliche Schichten oder auch mittel- bis langfristig auf neue Ressourcen zurückgegriffen werden. Abbildung 4.13 zeigt überblicksartig die wesentlichen Anpassungsmaßnahmen von Kapazitätsbedarfen und -angeboten. Bei den Anpassungsmaßnahmen ist zu beachten, welche Restriktionen auf die Erstellung eines machbaren Plans wirken.

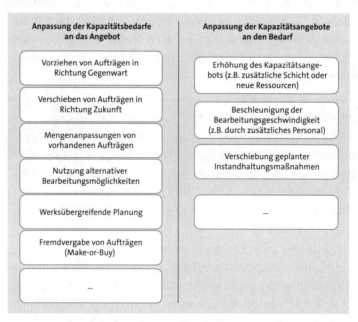

Abbildung 4.13 Ausgewählte Anpassungsmaßnahmen von Kapazitätsangebot und -bedarf

4.5.2   Kapazitätsauswertung

In der *Kapazitätsauswertung* werden die Kapazitätsbedarfe und -angebote ermittelt und grafisch oder in Listen gegenübergestellt. Im Folgenden stellen wir Ihnen die wichtigsten Funktionen in SAP S/4HANA vor.

Einfache Kapazitätsauswertungsfunktionen

Die Grundfunktion der Kapazitätsauswertung gliedert sich in drei Untersichten, mit denen Sie Soll-Kapazitätsbedarfe und Rest-Kapazitätsbedarfe anzeigen lassen können:

- **Standardübersicht**
  Die Standardübersicht vermittelt einen Überblick über die Belastungssituation an ausgewählten Arbeitsplätzen durch periodenweise Gegenüberstellung in einer tabellarischen Liste.

- **Kapazitätsdetailliste**
  Die Kapazitätsdetailliste können Sie nutzen, um eine detaillierte Analyse der die Kapazitätsbedarfe auslösenden Aufträge vorzunehmen. Diese Sicht listet die Bedarfsverursacher der in der Standardübersicht dargestellten Kapazitätsbelastungen tabellarisch auf. Über eine Feldauswahlfunktion im Kopf der Liste kann die anzuzeigende Datengrundlage beeinflusst werden. Außerdem können Sie mithilfe der Funktion **Springen • Felder vergleichen** die selektierten Daten spaltenweise miteinander vergleichen.

- **Variable Übersicht**
  Die variable Übersicht ermöglicht Ihnen, beliebige Daten aus der Kapazitätsplanung auszuwerten und darzustellen. Die dargestellten Informationen sind dabei mit Ausnahme der fest vorgegebenen Periodenspalte abhängig von den zugrundeliegenden Einstellungen.

Mit den Transaktionen CM01, CM02, CM03, CM04 sowie CM05 können Sie Auswertungen der Kapazitätssituation vornehmen. In den Einstiegsbildern legen Sie die Arbeitsplätze und Kapazitätsarten fest, die ausgewertet werden sollen. Die Steuerung der Anzeige sowie der Auswertung erfolgt über sogenannte *Gesamtprofile*, die vorab im Customizing der Kapazitätsplanung definiert werden müssen.

Gesamtprofil

Gesamtprofile fassen verschiedene untergeordnete Profile zusammen, die die Datenselektion, die Auswertungsoberfläche und die Funktionen der Kapazitätsbereiche bestimmen.

Kapazitätsplanung: Standardübersicht

🔲 🔄 Kapadetail/Periode

Arbeitsplatz	LMPC_N_1	Workcenter N_1	Werk	0001
Kapazitätsart	001	Machine LMPC_N_1		

Woche	Bedarf	Angebot	Belast.	freie Kap.	Einh.
25.2017	5.617,26	120,00	999 %	5.497,27-	H
26.2017	1.030,96	120,00	859 %	910,96-	H
27.2017	833,36	120,00	695 %	713,36-	H
28.2017	263,23	120,00	219 %	143,23-	H
29.2017	250,24	120,00	209 %	130,24-	H
30.2017	178,06	120,00	148 %	58,07-	H
31.2017	137,37	120,00	115 %	17,37-	H
32.2017	116,18	120,00	97 %	3,82	H
33.2017	36,02	120,00	30 %	83,98	H
Gesamt >>>	8.462,68	1.079,99	784 %	7.382,69-	H

Arbeitsplatz	LMPC_N_2	Workcenter LMPC_NIV_02	Werk	0001
Kapazitätsart	001	Workcenter LMPC_NIV_02 Machine		

Woche	Bedarf	Angebot	Belast.	freie Kap.	Einh.
25.2017	9.689,24	719,99	999 %	8.969,25-	H
26.2017	581,67	719,99	81 %	138,32	H
27.2017	575,01	719,99	80 %	144,98	H
28.2017	619,30	719,99	86 %	100,70	H
29.2017	694,03	719,99	96 %	25,96	H
30.2017	514,91	719,99	72 %	205,08	H
31.2017	232,22	719,99	32 %	487,77	H
32.2017	209,35	719,99	29 %	510,64	H
33.2017	117,85	719,99	16 %	602,15	H
Gesamt >>>	13.233,58	6.479,93	204 %	6.753,65-	H

Arbeitsplatz	LMPC_N_3	Workcenter LMPC_NIV_03	Werk	0001
Kapazitätsart	001	Workcenter LMPC_NIV_03 Machine		

Abbildung 4.14 Kapazitätsauswertung mit der Standardübersicht (Beispiel) in SAP GUI

Unterschiedliche Darstellung durch Benutzerparameter

Die fünf genannten Transaktionen sind dabei grundsätzliche identisch; durch Benutzerparameter können Sie die Daten jedoch unterschiedlich darstellen. Sie können für jeden Benutzer über die Parameter-ID der Benutzervorgaben bestimmte Gesamtprofile den genannten Transaktionen zuordnen, sodass jeder Nutzer unterschiedliche Anzeige-, Auswerte- und Bearbeitungsoptionen mit den genannten Transaktionen verbinden kann. Es ist auch möglich, bestimmte Einstellungen zur Laufzeit zu ändern und so in die Gestaltung der Übersichten zur Kapazitätsauswertung einzugreifen.

Auswertungslisten

Aus diesen *Auswertungslisten* heraus ist ein Absprung in die Arbeitsplätze und Kapazitäten möglich, wobei zwischen dem Anzeige- und dem Bearbeitungsmodus gewählt werden kann. Sie können überdies Aufträge bearbei-

ten, Rückmeldungen vornehmen und in die aktuelle Bedarfs-/Bestands-
situation eines Materials abspringen. Über einen Download ist es möglich,
die im Rahmen der Kapazitätsauswertung erzeugten Übersichten nach
Microsoft Excel zu exportieren und dort weiterzubearbeiten.

Diese einfachen Kapazitätsauswertungsfunktionen unterliegen bestimmten Einschränkungen. So können weder Ist-Kapazitätsbedarfe noch Kapazitätssplits ausgewertet werden.

Erweiterte Auswertungsfunktionen

Für Ist-Kapazitätsbedarfe sowie die Anzeige von Kapazitätssplits stehen die
Funktionen der erweiterten Auswertung zur Verfügung.

- Mit Transaktion CM50 (Arbeitsplatzsicht, Parameter-ID CY:) kann die Kapazität eines Arbeitsplatzes dargestellt werden.

- Mit Transaktion CM51 (Einzelkapazitätssicht, Parameter-ID CY~ können
  einzelne Kapazitäten angezeigt werden.

- Mit der Auftragssicht (Transaktion CM52, Parameter-ID CY_) können Sie
  die durch einen oder mehrere Aufträge belasteten Kapazitäten darstellen.

- Weitere versionsbezogene Sichten sind mit den folgenden Transaktionen möglich:

  - Transaktion CM53 für PSP-Elemente/Version (Parameter-ID CY8)

  - Transaktion CM54 für Versionen (Parameter-ID CY9)

  - Transaktion CM55 für Arbeitsplätze/Version (Parameter-ID CY?)

- Wurden Bedarfe an einzelnen Personalressourcen nur aufgrund von
  Netzplanvorgängen erzeugt, kann Transaktion CMP9 (Arbeitsverteilung
  auf Personalressourcen) zur Auswertung der Arbeitsplatzverteilung genutzt werden.

- In den Transaktionen CN50 (Kapazitätsbedarfe anzeigen) und CN50N
  stehen Ihnen Funktionen zur Verfügung, die Kapazitätsbedarfe bestimmter Projekte oder Netzpläne anzeigen.

Dabei gliedert sich bei den erweiterten Auswertungen die Anzeige bzw.
Analyse in die Standardübersicht und die Kapazitätsdetailliste. Anders als
in den einfachen Kapazitätsauswertungen stehen hier jedoch keine Ände-
rungsfunktionen von Arbeitsplätzen und Aufträgen zur Verfügung. Die
erweiterten Kapazitätsauswertungen können darüber hinaus nicht aufge-
frischt werden, und auch eine temporäre Beeinflussung der zugrundeliegenden Standardeinstellungen während der Laufzeit ist nicht möglich.

**Kapazitäts-
detailliste**

[»]   **Nutzung der Produktions- und Feinplanung (PP/DS) in
SAP S/4HANA zur Kapazitätsauswertung**

Seit Release 1610 können Sie in SAP Advanced Planning and Optimization
(SAP APO) die bisherige Funktion Produktions- und Feinplanung (PP/DS)
als eingebettete Funktion in SAP S/4HANA zusätzlich lizenzieren. Wenn Sie
diese Funktion nutzen, steht Ihnen die Fiori-App **Kapazitätsauslastung
ermitteln** zur Verfügung.

4.5.3   Kapazitätsabgleich

*Abgleich von
Kapazitätsangebot
und Kapazitäts-
belastung*

Die durch die Terminierung bestimmten Zeiträume für die Ausführung
von Aufträgen der Produktionsplanung (Plan-, Fertigungs- und Prozessaufträge) bilden die Grundlage für den Kapazitätsabgleich, der im Anschluss
an die Kapazitätsauswertung erfolgt. Durch die Funktionen der Kapazitätsauswertung können Sie feststellen, ob einige der benötigten Ressourcen
Überlasten aufzeigen. Dies ist dann der Fall, wenn für ein bestimmtes Zei-
tintervall die Kapazitätsbelastung das Kapazitätsangebot überschreitet.

Im Rahmen des Kapazitätsabgleichs werden dann Maßnahmen eingeleitet,
um das Ungleichgewicht zwischen Bedarf und Angebot auszugleichen. Hier
sind viele Maßnahmen denkbar, z. B. eine Anpassung des Angebots an die
Bedarfe durch eine zusätzliche Schicht.

*Plantafeln in
SAP S/4HANA*

SAP S/4HANA unterstützt die Abgleichbemühungen vor allem durch die
Bereitstellung verschiedener Transaktionen, die es Ihnen erleichtern, die
Bedarfe an das Angebot anzupassen, z. B. indem Vorgänge zeitlich verschoben werden. Dabei stellt SAP S/4HANA analog zu SAP ECC mithilfe der folgenden Transaktionen tabellarische und grafische Übersichten, sogenannte *Plantafeln*, zur Verfügung (grafische Plantafel in Abbildung 4.15):

- Transaktion CM21 (Plantafel grafisch)
- Transaktion CM22 (Plantafel tabellarisch) für die Arbeitsplatzsicht
- Transaktion CM27 (Plantafel grafisch)
- Transaktion CM28 (Plantafel tabellarisch) für die Einzelkapazitätssicht
- Transaktion CM31 (Plantafel grafisch)
- Transaktion CM23 (Plantafel tabellarisch) für die Auftragssicht
- Transaktion CM25 (variable Sicht)

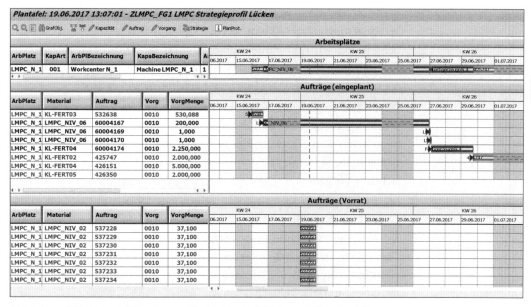

Abbildung 4.15 Beispiel für eine grafische Plantafel (Transaktion CM25)

Während die tabellarischen Plantafeln die Kapazitätsdaten als Liste darstellen, basieren die grafischen Plantafeln auf einer Gantt-Chart-Darstellung. Sowohl die grafischen als auch die tabellarischen Plantafeln dienen der festen zeitlichen Einplanung von Bedarfen an Kapazitäten. Zu diesem Zweck müssen beim Einstieg in die Transaktion zunächst Kapazitäten und Vorgänge bestimmt werden, die kapazitiv beplant werden sollen. Im Anschluss werden die Kapazitätsbedarfe mithilfe der Funktionen der Einplanung der Vorgänge zeitlich fixiert. Alle Vorgänge, die durch eine Einplanung den Status **EIGP** (eingeplant) erhalten haben, sind für Änderungen an planungsrelevanten Feldern wie z. B. den Terminen, der geplanten Arbeit und Dauer sowie dem Arbeitsplatz gesperrt. Erst wenn Sie den Einplanungsstatus in einer Kapazitätsplantafel zurückgenommen haben, können die planungsrelevanten Informationen des Objekts wieder verändert werden.

Tabellarische und grafische Plantafeln

Bei der Einplanung von Vorgängen werden die folgenden Schritte durchlaufen:

Einplanen von Vorgängen

1. Als Erstes muss ein Einplanungstermin festgelegt werden. Der Termin kann entweder durch die Terminierung vom System ermittelt oder frei vorgegeben werden. Bei mehreren einzuplanenden Vorgängen wird auf der Grundlage des Strategieprofils die Einplanungsreihenfolge festgelegt.

2. Im Anschluss daran werden die Termine und die Einplanung auf dem Arbeitsplatz festgelegt: Abhängig vom Ergebnis zur Verfügbarkeit des Arbeitsplatzes wird die Einplanung geändert oder gestoppt. Es ist nicht möglich, eine Einplanung auf einem Arbeitsplatz vorzunehmen, der gesperrt ist oder für den ein Löschkennzeichen gesetzt wurde.

3. Über das Kennzeichen **Kapazitätsterminierung** legen Sie im Strategieprofil fest, ob bei der Einplanung von einem unbegrenzten oder einem begrenzten Kapazitätsangebot auf Kapazitätsebene ausgegangen werden soll. Im Strategieprofil müssen Sie dazu außerdem eine Planungsrichtung vorgeben.

4. Pflegen Sie in der Kapazität das Kennzeichen **Relevant für Kapazitätsterminierung**. In diesem Fall sucht das SAP-S/4HANA-System bei der Einplanung ausgehend vom vorgegebenen Einplanungstermin in der Planungsrichtung nach freier Kapazität, falls die im Rahmen der Kapazitätspflege vorgegebene Kapazität samt einem gegebenenfalls verwendeten Überlastfaktor überschritten ist.

5. Geben Sie im Zeitprofil einen Zeitraum vor, in dem nach freier Kapazität gesucht werden soll.

6. Im Anschluss wird je nach Einstellungen des Strategieprofils eine automatische oder manuelle Vorgangsprüfung durchgeführt: Es wird geprüft, ob der Vorgang innerhalb der Auftragsecktermine bzw. der berechneten Puffer liegt, ob es zu unzulässigen Überlappungen mit Vorgängern oder Nachfolgern kommt und ob alle Mussüberlappungen eingehalten worden sind.

7. Kommen diese Prüfungen zu einem positiven Ergebnis, wird der Status **EIGP** (eingeplant) auf Ebene des Vorgangs gesetzt. Falls diese Voraussetzungen nicht erfüllt sind und das Kennzeichen **Abbruch der Einplanung bei Fehler** im Strategieprofil gesetzt wurde, wird das Setzen des Einplanungsstatus unterbunden.

8. Bei diesen Einplanungsaktivitäten werden bestimmte Ausnahmetatbestände im Planungsprotokoll eingetragen. Das Planungsprotokoll können Sie aus den Plantafeln über einen Klick auf den Button ⓘ PlanProt. abrufen.

Die Funktionen der Einplanung können außerdem über die Massenverarbeitung angesteuert werden.

[«]

> **Nutzung der Produktions- und Feinplanung (PP/DS) in SAP S/4HANA zum Kapazitätsabgleich**
>
> Seit Release 1610 können Sie in SAP Advanced Planning and Optimization (SAP APO) die bisherige Funktion Produktions- und Feinplanung (PP/DS) als eingebettete Funktion in SAP S/4HANA zusätzlich lizenzieren. Wenn Sie diese Funktion nutzen, steht Ihnen, neben einer Vielzahl von Planungsfunktionen wie dem PP/S-Optimierer, zahlreichen Heuristiken und SAP-GUI-basierten Plantafeln, auch die Fiori-App **Fertigungsplantafel** zur Verfügung.

4.6   Auftragsausführung

Die Planung, die wir in den vorherigen Abschnitten dargestellt haben, wird von Schritt zu Schritt konkretisiert, bis die in der Realität umzusetzenden Mengen samt zugehöriger Termine und Bezugsquelle feststehen.

[«]

> **Auftragsausführung, Auftragsumsetzung und Auftragsdurchführung**
>
> An dieser Stelle möchten wir die unterschiedlichen Begrifflichkeiten kurz voneinander abgrenzen, da es hier zu Missverständnissen kommen kann:
>
> - *Auftragsausführung*: beschreibt übergreifend alle Schritte, die sich an die Planung anschließen, um diese in die Realität umzusetzen, und beinhaltet Auftragsumsetzung sowie Auftragsdurchführung.
> - *Auftragsumsetzung*: beschreibt die Umsetzung des für die Planungen erzeugten Elements *Planauftrag* aus der vorhergehenden Planung in verbindliche feste Elemente wie einen Fertigungsauftrag.
> - *Auftragsdurchführung*: die der Umsetzung nachgelagerten Schritte während der Planungsausführung.

Die Auftragsausführung, auch *Planungsumsetzung* (Execution) genannt, ist der nächste Schritt nach der Planung. Hier wird die Planung in die Realität umgesetzt. In der Regel folgt die Auftragsausführung im Anschluss an die Bedarfsplanung oder, falls Kapazitätsengpässe einbezogen werden müssen, an die Kapazitätsplanung. Sie gliedert sich in die folgenden Schritte, die wir im Verlauf des Abschnitts näher beschreiben:

Planung wird ausgeführt

1.   Auftragsumsetzung (Eröffnung)

2.   Verfügbarkeitsprüfung

3.   Auftragsfreigabe

4. Auftragsdruck

5. Materialentnahme

6. Rückmeldung

7. Lagerzugang

8. Abrechnung

9. Abschluss

4.6.1 Auftragsumsetzung/Eröffnung

Den Ausgangspunkt der Auftragsausführung bildet die Auftragsumsetzung. Diese basiert in der Regel auf den Ergebnissen der vorhergehenden Planung. Dabei werden die temporären planerischen Elemente der Planungsschritte, wie z. B. Planaufträge und Bestellanforderungen, verwendet. Diese temporären Elemente werden dabei in verbindliche feste Elemente umgewandelt:

- Fertigungsaufträge
- Prozessaufträge
- Bestellungen (bei der Fremdbeschaffung)

Es ist auch möglich, ohne den Umweg über temporäre planerische Elemente Fertigungs- bzw. Prozessaufträge oder Bestellungen anzulegen.

Um bei der Eigenfertigung einen Planauftrag in einen Fertigungs- oder Prozessauftrag umzuwandeln, können Sie die Einzelumsetzung oder die Sammelumsetzung nutzen.

Einzelumsetzung
Bei der Einzelumsetzung wählen Sie einen einzelnen Auftrag manuell aus und setzen ihn um. Dabei wird zwischen einer vollständigen Umsetzung und einer Teilumsetzung unterschieden:

- **Vollständige Umsetzung**
  Die vollständige Umsetzung, oft kurz Umsetzung genannt, ist der Regelfall. Hier wird der komplette Planauftrag in einen Fertigungs- oder Prozessauftrag umgewandelt.

- **Teilumsetzung**
  Bei der Teilumsetzung bleibt der bisherige Planauftrag in einer Teilmenge erhalten, und es wird über die Restmenge ein Fertigungs- oder ein Prozessauftrag erstellt.

Beide Verfahren können Sie interaktiv aus den SAP-S/4HANA-Transaktionen zur Nachbearbeitung des Dispositionsergebnisses anstoßen:

- Bedarfs-/Bestandsliste (Transaktion MD04 – siehe Abbildung 4.16)
- Dispoliste (Transaktion MD05)

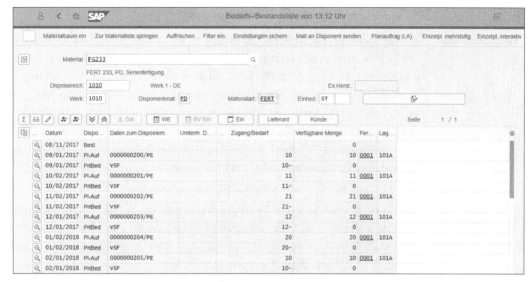

Abbildung 4.16 Auftragsumsetzung aus der aktuellen Bedarfs-/Bestandsliste (SAP Fiori)

Außerdem können Sie die Einzelumsetzung eines Planauftrags manuell über die folgenden Transaktionen ausführen:

- vollständige Einzelumsetzung in einen Fertigungsauftrag (Transaktion CO40)
- Teilumsetzung in einen Fertigungsauftrag (Transaktion CO48)
- vollständige Einzelumsetzung bzw. Teilumsetzung in einen Prozessauftrag (Transaktion COR7)

Für die Sammelumsetzung können Sie Transaktion CO41 nutzen bzw. den zugehörigen Report im Hintergrund einplanen. Transaktion COR8 steht für die Sammelumsetzung von Planaufträgen zur Verfügung. **Sammelumsetzung**

Umgesetzte Aufträge erhalten im SAP-S/4HANA-System den Systemstatus **EROF**, unabhängig davon, mit welcher Vorgehensweise die Umsetzung erfolgt ist.

4.6.2 Verfügbarkeitsprüfung

Bei der Verfügbarkeitsprüfung wird geprüft, ob die vom Kunden bestellte Materialmenge vorrätig ist. Man unterscheidet zwischen der Materialverfügbarkeitsprüfung und der Kapazitätsverfügbarkeitsprüfung. Beide kön- **Material- und Kapazitätsverfügbarkeitsprüfungen** nen zu unterschiedlichen Zeitpunkten aus verschiedenen Funktionen heraus ausgeführt werden. Es besteht die Möglichkeit einer Kopplung an den Zeitpunkt der Auftragsumsetzung bzw. Auftragsfreigabe über das Fertigungssteuerungsprofil in Transaktion OPKP.

Fehlteileübersicht

Im Rahmen der Verfügbarkeitsprüfungen soll sichergestellt werden, dass die Bearbeitung eines verbindlich eingeplanten Auftrags nicht zum Erliegen kommt, weil z. B. Material fehlt. Zu diesem Zweck wird in der diskreten Fertigung einstufig auf die Komponenten im Fertigungsauftrag hin geprüft. Fällt die Prüfung negativ aus, wird eine Fehlteileliste bzw. Fehlteileübersicht erzeugt. Anhand dieser Liste ist eine gezielte Problembearbeitung möglich, z. B. durch eine Expressbeschaffung eines fehlenden zentralen Teils. Dabei enthält die Fehlteileübersicht – im Vergleich zur Fehlteileliste – zusätzliche Informationen über die fehlenden Komponenten .

Materialverfüg-barkeitsprüfung aufrufen

Die Steuerung der Materialverfügbarkeitsprüfung in SAP S/4HANA nehmen Sie in der dem Auftrag zugrundeliegenden Auftragsart sowie im jeweiligen Materialstamm vor. Wie in Abbildung 4.17 zu sehen ist, können Sie die Materialverfügbarkeitsprüfung aus dem Änderungsmodus des Fertigungsauftrags (Transaktion CO02) über den entsprechenden Button **Material** in der Kopfzeile oder über den Menüpunkt **Funktionen** erreichen.

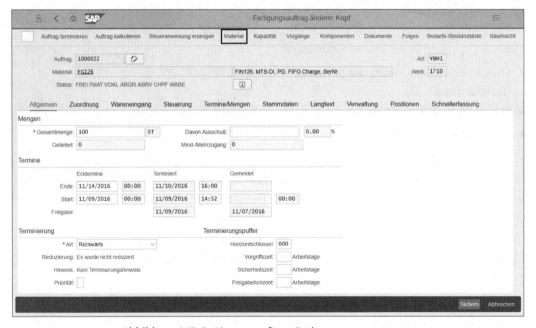

Abbildung 4.17 Fertigungsauftrag ändern

Sie können auch eine Sammelverfügbarkeitsprüfung für Fertigungsaufträge mit Transaktion COMAC durchführen. In diesem Fall können Sie die Ergebnisse der Sammelverfügbarkeitsprüfung im Hintergrund in Transaktion CO24 aufrufen.

Ein noch nicht im Hinblick auf die Materialverfügbarkeit geprüfter Fertigungsauftrag hat auf Kopfebene den Status **NMVP** (Materialverfügbarkeit nicht geprüft). Wurden alle Komponentenbedarfe im Rahmen einer Materialverfügbarkeitsprüfung bestätigt, erhält der Auftrag den Status **MABS** (Material bestätigt), während der Status bei mindestens einer nicht bestätigten Komponente **FMAT** (fehlendes Material) lautet.

Status der Prüfung

4.6.3 Auftragsfreigabe

Im nächsten Schritt muss der Auftrag freigegeben werden. Die Auftragsfreigabe markiert im allgemeinen Sprachgebrauch den Beginn der Auftragsdurchführung, da der Auftrag nun für die eigentliche Produktion vorbereitet ist und die Durchführung beginnen kann. Die Freigabe erfolgt nach oder bereits während der Umsetzung. Soll der Auftrag während der Umsetzung freigegeben werden, stellen Sie das im Fertigungssteuerungsprofil im Customizing der Produktion (Transaktion OPKP) ein.

Beginn der Auftragsdurchführung

Die Zeitspanne zwischen der Auftragsumsetzung und der Auftragsfreigabe können Sie für verschiedene Aufgaben nutzen: So kann als planerischer Schritt in einem Szenario mit einer kurzfristigen Kapazitätsplanung für Fertigungsaufträge noch eine Umterminierung dieser eröffneten Fertigungsaufträge erfolgen. Durch die Freigabe ist grundsätzliche eine endgültige Fixierung des Fertigungsauftrags vorgesehen. Diese Fixierung ist dabei in aller Regel prozessseitig umzusetzen. Anders als bei Planaufträgen existiert hierfür im Fertigungsauftrag kein eigenes Fixierungskennzeichen. Abbildung 4.18 zeigt die Fiori-App für die Bearbeitung von Fertigungsaufträgen.

Fixierung

Ist die Freigabe nicht automatisch an den vorherigen Schritt der Umsetzung geknüpft, können Sie den Auftrag über einen Klick auf den Button **Freigabe** oder den Menüpunkt **Funktionen** aus dem Änderungsmodus des Fertigungs- bzw. Prozessauftrags heraus freigeben. Dazu werden die folgenden Transaktionen angeboten:

- Transaktion CO02/COR2
- Transaktionen MD04/MD05 zur Nachbearbeitung des Dispositionsergebnisses

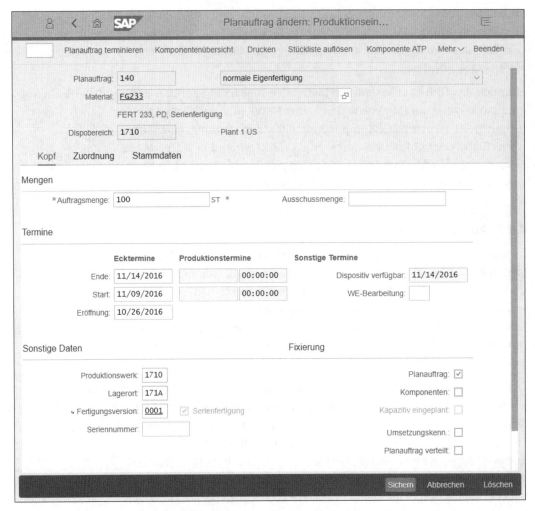

Abbildung 4.18 Fertigungsauftrag bearbeiten

Einzelne Vorgänge freigeben Wenn Sie nur einzelne Vorgänge freigeben möchten, wechseln Sie in die Vorgangsübersicht und führen über den Menüpunkt **Vorgang** eine Freigabe aus. Achten Sie darauf, die Vorgangsreihenfolge einzuhalten: Dies bedeutet, für die Freigabe eines Vorgangs müssen seine Vorgänger ebenfalls freigegeben sein. Eine Freigabe kann auch an Ereignispunkte geknüpft werden.

Eine Sammelfreigabe von Fertigungsaufträgen können Sie mittels Transaktion COO5N durchführen. Für Prozessaufträge nutzen Sie Transaktion COR5.

Die Freigabe auf Kopfebene führt zu einer Freigabe aller Vorgänge des Fertigungsauftrags. Bei der Freigabe erhält der Auftrag auf Kopfebene den Systemstatus **FREI** oder **TFRE**, falls nur einzelne Vorgänge freigegeben worden sind.

Es ist ebenfalls möglich, an die Freigabe diverse weitergehende Schritte zu knüpfen, wie z. B. den Auftragsdruck, den Sie im folgenden Abschnitt kennenlernen.

4.6.4 Auftragsdruck

Da durch die Freigabe alle Rahmenparameter für die Eigenfertigung festgelegt sind, kann nun die Weitergabe der Informationen an die Produktion erfolgen.

In vielen Unternehmen werden die Auftragspapiere ausgedruckt und an die Mitarbeiter in der Produktion weitergegeben. Dort sind sie die Grundlage für die Produktion. Heutzutage erfolgt die Weitergabe der Informationen an die Produktion jedoch häufig nicht mehr papierbasiert, sondern elektronisch. Der Auftragsdruck führt zu dem Systemstatus **DRUC**.

Drucken der Auftragspapiere

4.6.5 Materialentnahme

Bei der Materialentnahme werden die benötigten Komponenten aus dem Lager entnommen und für die Produktion bereitgestellt. In SAP S/4HANA wird dieser Schritt über eine Warenausgangsbuchung abgebildet, und es finden mehrere Aktivitäten automatisch im System statt:

Warenausgangsbuchung

- Aktualisierung des Bestands der entnommenen Komponente (auf Werks- und auf Lagerortebene)
- Fortschreibung der Verbrauchsstatistik
- Belastung des Fertigungsauftrags mit Ist-Kosten
- Abbau der Reservierung des Auftrags um die entnommene Menge
- Erzeugung von Material- und Buchhaltungsbeleg für den nachgelagerten Prozess

Für die Materialentnahmen steht eine Vielzahl von Transaktionen zur Verfügung, wie z. B. Transaktion MIGO (siehe Abbildung 4.19).

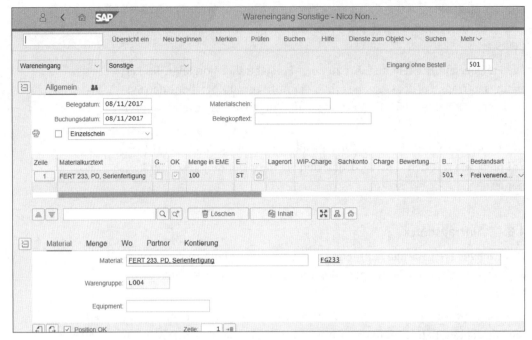

Abbildung 4.19 Materialentnahmen buchen

Kommissionierung

Durch Nutzung der Kommissionierung können die benötigten Komponenten auftragsweise zur Verfügung gestellt werden. Auf diese Weise wird die Warenausgangsbuchung deutlich vereinfacht. Hierfür können Sie mittels Transaktion CO27 zum einen die Warenausgangsbuchung und zum anderen eine Kommissionierliste erstellen. In dieser Liste werden sämtliche Komponenten für die selektierten Fertigungsaufträge aufgelistet.

Durch Markieren wählen Sie die zu kommissionierenden Teile im System aus. Mit einem Klick auf den Button **Kommissionieren** wird für jeden Komponentenbedarf eine Bestandsfindung durchgeführt, bei der der Sonderbestand, die Bewertungsart und der Lagerort ermittelt werden. Diese Informationen können in der Massenbearbeitung im Rahmen der Kommissionierung nicht wie bei der interaktiven Warenausgangsbuchung direkt angegeben werden, sondern sie müssen über Regeln gefunden werden. Diese Regeln können Sie in Transaktion OSPX vorgeben. In diesem Zusammenhang sind auch die Einstellungen zur Bestandsfindungsgruppe in der Sicht **Werksdaten/Lagerung 2** sowie die Customizing-Transaktion OPJ2 von Relevanz, in der die Definition der Vorgänge für die Bestandsführung vorgenommen wird.

Retrograde Entnahme

Eine Minimierung des Aufwands zur Materialentnahme ist über die Verwendung der retrograden Entnahme zu erreichen. Dabei erfolgt die Warenausgangsbuchung automatisch bei der Rückmeldung des Vorgangs. Dies minimiert zum einen den Aufwand bezüglich der Systemaktivitäten, führt zum anderen aber je nach Konstellation zu einer mehr oder minder großen zeitlichen Verzögerung bei der Buchung und damit auch zu einer zumindest temporären Bestandsungenauigkeit. Ob eine retrograde Entnahme vorgenommen werden soll, können Sie in der Sicht **Disposition 2** des Materialstamms einstellen.

Neben der Option, die retrograde Entnahme über den Arbeitsplatz zu steuern, besteht auch die Möglichkeit, hierfür den Arbeitsplan zugrunde zu legen. In diesem Fall müssen Sie in der Komponentenübersicht des Arbeitsplans zum Material das Kennzeichen **Retrograde Entnahme** setzen. Damit übersteuert die Einstellung aus dem Arbeitsplan die Einstellung aus dem Materialstamm bzw. dem Arbeitsplatz. Somit haben Sie auch die Möglichkeit, fallweise über die Behandlung eines Materials in Bezug auf die Materialentnahme zu entscheiden. Retrograd entnommene Komponenten erscheinen nicht in der Kommissionierliste.

4.6.6 Rückmeldung

Die Rückmeldung dient der Weitergabe der Informationen über den Produktionsfortschritt an das System. Für die Benutzer des Systems wird erst durch die Rückmeldung transparent, welche Bearbeitungsschritte bereits durchgeführt worden sind. Dabei können verschiedene Daten an SAP S/4HANA gemeldet werden:

Informationen über den Produktionsfortschritt

- Mengen bzw. Teilmengen
- Leistungen (jeweilige Dauer der Vorgangsabschnitte Rüsten, Bearbeiten, Abrüsten)
- Termine
- Personaldaten
- verwendete Arbeitsplätze

Voraussetzung für eine Rückmeldung ist das Vorliegen eines rückmelderelevanten Steuerschlüssels, den Sie in Transaktion OPJ8 definieren können.

Die Rückmeldung ist für weitere Aktionen wichtig: Für die Kapazitätsplanung ist in diesem Zusammenhang insbesondere der Abbau der Kapazitätsbedarfe relevant. Mit diesem Schritt werden jedoch auch Ist-Kosten auf den Auftrag gebucht oder bei retrograder Entnahme Materialbuchungen vorgenommen. Sie können darüber hinaus einstellen, dass mit der Rückmeldung auch der Wareneingang für die Menge des Kopfmaterials des Auftrags gebucht wird. Die hierfür nötigen Einstellungen können entweder im

Steuerschlüssel oder über das Fertigungssteuerungsprofil vorgenommen werden.

Arten der Rückmeldung Je nach betriebswirtschaftlichem Kontext können verschiedene Formen der Rückmeldung zum Einsatz kommen:

- **Lohnrückmeldeschein (Transaktion CO11N bzw. COR6N)**
  Zu einem Vorgang werden Termine, Gut- bzw. Ausschussmengen, Leistungen und Personaldaten zurückgemeldet.

- **Zeitereignisrückmeldung (Transaktion CO19 bzw. CORZ)**
  Bei Zeitereignisrückmeldungen geben Sie Datum und Uhrzeit von Bearbeitungsbeginn sowie -ende an, woraus das System automatisch die Bearbeitungsdauer und die daraus resultierenden sonstigen Informationen ableitet. Abbildung 4.19 zeigt beispielhaft die Erfassungsmaske für eine Zeitereignisrückmeldung.

- **Meilensteinrückmeldung**
  Bei einer Meilensteinrückmeldung werden vorab ein oder mehrere Meilensteinvorgänge definiert, bei deren Rückmeldung alle vorgelagerten Vorgänge automatisch ebenfalls zurückgemeldet werden. Ob es sich um einen Meilensteinvorgang handelt, legen Sie in der beschriebenen Einstellung im Steuerschlüssel des Vorgangs fest.

- **Fortschrittsrückmeldung (Transaktion CO1F)**
  Fortschrittsrückmeldungen gleichen in gewisser Weise den Meilensteinrückmeldungen, da auch hier mit der Rückmeldung eines Vorgangs die jeweils vorgelagerten Vorgänge zurückgemeldet werden. Allerdings ist es hier nicht notwendig, vorab die Meilensteinvorgänge zu definieren.

Bei Rückmeldungen sind grundsätzlich jeweils die folgenden Rückmeldearten zu unterscheiden:

- **Teilrückmeldung**
  Um einen Zwischenstand bei der Abarbeitung im System zu dokumentieren und die Information nicht erst bei vollständigem Abschluss der Bearbeitung vorliegen zu haben, ist es möglich, auch die erst teilweise abgeschlossene Bearbeitung eines Vorgangs im System rückzumelden.

- **Endrückmeldung**
  Die Bearbeitung wird als final abgeschlossen gemeldet, eine weitere Bearbeitung erfolgt nicht.

Üblicherweise werden Rückmeldungen zu einzelnen Vorgängen durchgeführt. Mit Transaktion CO15 (siehe Abbildung 4.20) für Fertigungsaufträge bzw. CORK für Prozessaufträge stehen jedoch auch Möglichkeiten zur Verfügung, eine Rückmeldung zum gesamten Auftrag vorzunehmen. Eine

Stornierung einer Rückmeldung kann mittels Transaktion CO13 bzw. CORS durchgeführt werden. Mittels Transaktion CO14 bei Fertigungsaufträgen und CORT bei Prozessaufträgen können Sie einen Überblick über die gebuchten Rückmeldungen zu einem Auftrag erhalten.

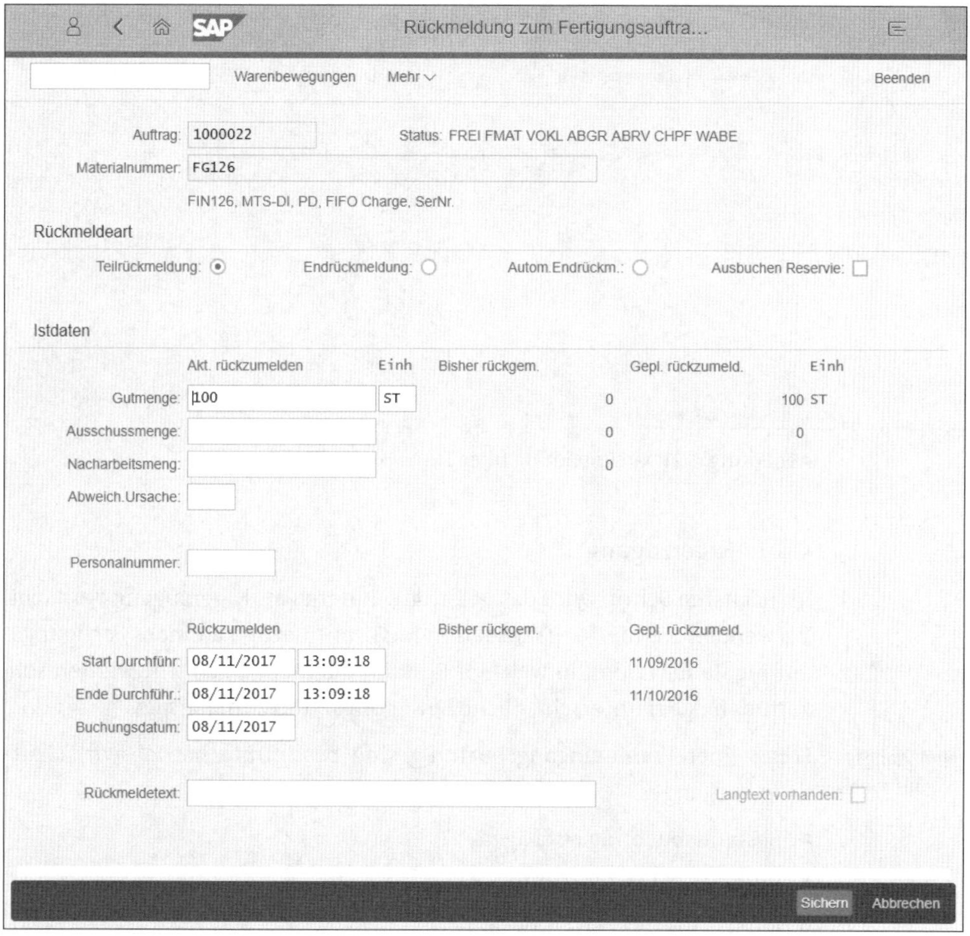

Abbildung 4.20 Rückmeldung zum gesamten Auftrag

In der Serienfertigung wird Transaktion MFBF zur Erfassung von Rückmeldungen genutzt, eine Stornierung erfolgt mit Transaktion MF41. Möglich ist auch, entkoppelte Rückmeldungen mit Transaktion MF70 vorzunehmen, bei denen kein Bezug zu einem Planauftrag vorgenommen wird.

Eine Sammelerfassung von Rückmeldungen ist mit Transaktion CO12 (siehe Abbildung 4.21) für die diskrete Industrie sowie Transaktion CORR für die Prozessindustrie möglich, für die Serienfertigung mittels Transaktion MF42N.

Ein teilrückgemeldeter Auftrag bzw. Vorgang erhält den Systemstatus **TRÜCK**, bei einer Endrückmeldung liegt der Systemstatus **RÜCK** vor.

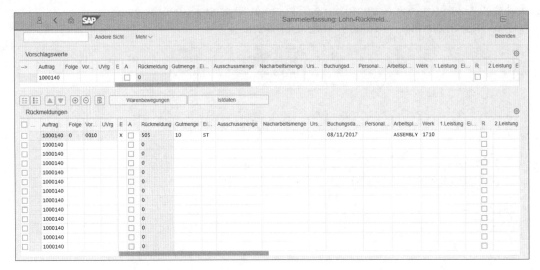

Abbildung 4.21 Rückmeldung über Transaktion C012

4.6.7   Lagerzugang

Im nächsten Schritt wird das gefertigte Material als Lagerzugang verbucht. Verwenden Sie hierfür Transaktion MB31 mit Bezug zu einem Fertigungsauftrag. Je nachdem, in welchen Bestand die Menge gebucht werden soll, kommen dabei unterschiedliche Bewegungsarten zum Einsatz.

Wareneingangs-
buchung

Folge einer Wareneingangsbuchung sind bestimmte betriebswirtschaftliche Vorgänge:

- Bestandsbuchung auf Lager
- Verbrauchsfortschreibung
- Entlastung des Fertigungsauftrags
- Erhöhung des Bestandswerts bzw. Belastung des Empfängers (z. B. ein weiterer Auftrag oder ein Projekt)
- Fortschreibung der Sachkonten der Finanzbuchhaltung
- Erzeugung von Material- und Buchhaltungsbeleg

Im Fertigungsauftrag wird der Wareneingang fortgeschrieben und die gebuchte Menge als geliefert dargestellt. Dabei ist es nicht zwingend erforderlich, dass für eine Wareneingangsbuchung vorab eine Rückmeldung durchgeführt wurde.

4.6.8   Abrechnung

Die während der Fertigung anfallenden Kosten werden auf den Auftrag belastet, wohingegen zum Zeitpunkt des Warenzugangs eine Entlastung des Auftrags erfolgt. Um den Rahmen des Kapitels nicht zu sprengen, verzichten wir auf eine detaillierte Beschreibung dieses Prozessschritts.

4.6.9   Abschluss

Der Auftrag wird sowohl logistisch als auch buchhalterisch abgeschlossen. Logistisch ist ein Auftrag abgeschlossen, sobald der Status **TABG** gesetzt, das heißt der technische Abschluss erfolgt ist. In diesem Fall sind die dispositiven Tätigkeiten an diesem Auftrag abgeschlossen. Die eventuell noch offene Menge ist dispositiv nicht mehr relevant. Das gilt auch für Reservierungen und Kapazitätsbedarfe. Den Status **TABG** setzen Sie im Änderungsmodus des Auftrags über den Menüpunkt **Funktionen**.

Logistischer und buchhalterischer Abschluss

Neben dem rein logistischen Abschluss von Aufträgen wird auch ein buchhalterisch orientierter Abschluss vorgenommen. Nach dem technischen Abschluss werden keine physischen Warenbewegungen mehr durchgeführt. Der buchhalterische Abschluss bedeutet dann auch das Ende aller buchhalterischen Prozesse.

Ist der Auftrag sowohl logistisch als auch buchhalterisch abgeschlossen, ist auch keine Buchung von Kosten auf einem Auftrag mehr möglich. Der abgeschlossene Auftrag erhält den Status **ABGS**. Ein massenweises Setzen der Status **TABG** und **ABGS** ist mittels Transaktion COHV möglich.

4.7   Zusammenfassung

In diesem Kapitel haben Sie die wichtigsten Abläufe der Produktionsplanung mit SAP S/4HANA kennengelernt. Sie haben gesehen, dass die meisten Änderungen in SAP S/4HANA im Vergleich zu SAP ECC im Bereich der Produktionsplanung prozessseitig auf die Vereinfachungen, die Sie in der Simplification List sehen, und auf Fiori-Apps beschränkt sind. In den Fällen, in denen sich der Ablauf ändert, z. B. im Rahmen der Fertigungsversionspflicht, wurden Ihnen die Neuerungen aufgezeigt.

Die Änderungen in Bezug auf die Tabellen- sowie Datenstruktur, die Sie in Kapitel 1, »Der digitale Kern und die Ergänzungen«, kennengelernt haben, ermöglichen Ihnen darüber hinaus, die Performancevorteile von SAP HANA zu nutzen.

Kapitel 5
Vertrieb

Dieses Kapitel gibt Ihnen einen Einblick in die Möglichkeiten von SAP S/4HANA im Vertrieb. Als Highlight stellen wir Ihnen – neben den Neuerungen für die Standardprozesse – die neuen analytischen Funktionen und das Advanced Available-to-Promise vor.

Nachdem Sie in Kapitel 4, »Produktionsplanung«, einen Einblick in die Produktion erhalten haben, bietet Ihnen dieses Kapitel einen Überblick über nützliche und neue Funktionen für den Vertrieb mit SAP S/4HANA. Sie lernen die neue Verfügbarkeitsprüfung nach Advanced Available-to-Promise sowie neue analytische Funktionen kennen, wie z. B. die Analyse und Überwachung der Kundenauftragsperformance oder die Umsatzanalyse.

Anhand von konkreten Praxisbeispielen zeigen wir Ihnen, wie einige zentrale Standardvertriebsprozesse mithilfe neuer Fiori-Apps abgewickelt werden können. Wir betrachten die Prozesse *Verkauf ab Lager*, *Vertriebsabwicklung mit Drittanbieter ohne Lieferavis*, *Abwicklung von Kundenretouren* und *Gutschriftsbearbeitung*. Dabei konzentrieren wir uns auf die Erzeugung des Belegflusses unter Einsatz der Fiori-Apps. Außerdem orientieren wir uns an den SAP Best Practices. Wenn Sie bereits ein erfahrener SAP-Anwender sind, können Sie sich mit dem Einsatz der Fiori-Apps vertraut machen. Sollten Sie noch keine große Erfahrung in der Arbeit mit dem SAP-System haben, kann Ihnen der praktische Teil einen Einblick in die Abwicklung von Vertriebsprozessen bieten.

5.1 Verfügbarkeitsprüfung

Es ist ein elementarer Faktor für den Vertriebserfolg, Kundenbedarfe termingerecht und vollständig bedienen zu können. Die *Verfügbarkeitsprüfung* ermittelt dabei den verfügbaren Bestand durch die Gegenüberstellung von Bedarfen und dispositiv verfügbarem Bestand. Sie dient als Grundlage, um eine Aussage zur Lieferfähigkeit treffen zu können. Die Verfügbarkeitsprüfung ist daher eine der wichtigsten Funktionen des Vertriebs. Um die Verfügbarkeitsprüfung durchzuführen, stehen Ihnen verschiedene Verfahren zur Verfügung. Neben der einfachen in SAP ECC integrierten Verfügbarkeitsprüfung nach *Available-to-Promise* (ATP), die leicht einzurichten ist, aber nur einen begrenzten Funktionsumfang bietet, und der komplexen Variante nach *Global Available-to-Promise* (Global ATP), die ein Bestandteil der Lösung SAP Advanced Planning and Optimization (SAP APO) ist, steht Ihnen im SAP-S/4HANA-Core die Verfügbarkeitsprüfung nach *Advanced Available-to-Promise* (Advanced ATP) zur Verfügung. Bevor wir auf das Advanced Available-to-Promise eingehen, werden wir uns kurz das einfache Available-to-Promise (Abschnitt 5.1.1) und das Global Available-to-Promise (Abschnitt 5.1.2) anschauen.

5.1.1   Available-to-Promise

Für einfache
Prozesse

Die auch aus SAP ECC 6.0 bekannte Verfügbarkeitsprüfung nach ATP bildet einfache Geschäftsszenarien ab. Die ATP-Prüfung folgt dabei der Logik »first come, first served«, sprich, der Kundenbedarf, der als Erstes angemeldet wird, bekommt auch als Erstes eine bestätigte Menge zugewiesen. Das System unterscheidet dabei nicht nach Prioritäten der Bedarfe. Im Fall einer eingeschränkten Verfügbarkeit eines Materials kann dieses schon einmal Probleme verursachen. Es ist nicht möglich, komplexere Anforderungen an die Verfügbarkeitsprüfung in ATP abzubilden. Die Konfiguration gestaltet sich dagegen simpel.

5.1.2   Global Available-to-Promise

SAP APO und Global
ATP für komplexe
Prozesse

Um komplexe Geschäftsszenarien abzubilden und eine Verfügbarkeitsprüfung nach einer erweiterten Logik und über Systemgrenzen hinweg durchzuführen, bietet SAP die Verfügbarkeitsprüfung nach Global Available-to-Promise (Global ATP) als Bestandteil der Lösung SAP Advanced Planning and Optimization (APO). Um die erweiterten Funktionalitäten von Global ATP nutzen zu können, musste bisher neben der SAP-ERP-Lösung auch SAP APO eingeführt und lizenziert werden. Die Konfiguration von SAP APO und Global ATP ist komplex.

5.1.3   Advanced Available-to-Promise

Mit Einführung des Verfahrens Advanced Available-to-Promise , das in SAP S/4HANA enthalten ist, werden erweiterte Funktionen von Global ATP aus SAP APO im SAP-S/4HANA-Core bereitgestellt. Dieses bietet den großen Vorteil, dass nicht unbedingt ein zusätzliches APO-System vorhanden sein muss, um erweiterte Funktionen der Verfügbarkeitsprüfung nutzen zu können. Advanced ATP ist dabei als eigenständige, performante und flexible Lösung der Verfügbarkeitsprüfung zu betrachten, die zusätzlich noch einige Funktionen mitbringt, mit denen unter anderem vom Anwender leichter in den Prozess eingegriffen werden kann.

Abbildung 5.1 zeigt die beschriebenen Verfahren der Verfügbarkeitsprüfung und stellt diese vereinfacht dar. Um die erweiterten Funktionen der Verfügbarkeitsprüfung zu nutzen, müssen Sie in SAP ECC 6.0 noch zusätzlich ein APO-System in Ihre Systemlandschaft integrieren. Die Kommunikation erfolgt dabei über eine Schnittstelle. Die Entwicklung SAP S/4HANA integriert erweiterte Funktionen von Global ATP in den Core und versucht dabei, die Anwendungen flexibler und einfacher zu gestalten.

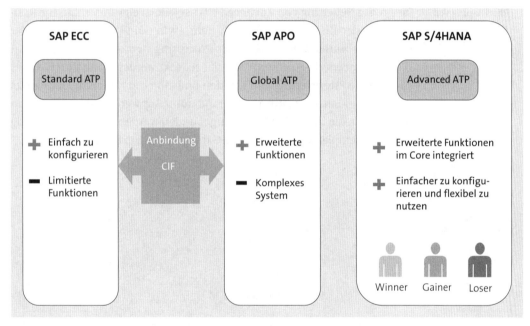

Abbildung 5.1 Verschiedene Verfahren der Verfügbarkeitsprüfung

Mit Advanced ATP haben Sie z. B. die Möglichkeit, Kundenaufträge manuell zu priorisieren. Zu diesem Zweck stehen Ihnen verschiedene Apps zur Verfügung: Mit der Fiori-App **Zuständigkeit für die Auftragserfüllung konfigurieren** können Sie einen Sachbearbeiter für die Fiori-App **Freigabe zur Lieferung** autorisieren und seinen Verantwortungsbereich konfigurieren. Als verantwortlicher Sachbearbeiter für die Kundenauftragserfüllung hilft Ihnen die Fiori-App **Freigabe zur Lieferung** dabei, wichtige Kundenaufträge zu identifizieren und zu priorisieren. Sie bietet Ihnen dabei eine Sicht auf die Verfügbarkeitssituation der Materialien und bewertet die zu erwartenden

Kundenauftrag priorisieren

Auswirkungen, die eine Nichterfüllung der entsprechenden Kundenaufträge haben würde.

Kontingente

Zudem haben Sie neue Möglichkeiten, Kontingente zu Materialien und Produkten einzustellen und diese im Rahmen der Verfügbarkeitsprüfung zu berücksichtigen. Kontingente zu knappen Materialien können nach unterschiedlichsten Kriterien eingestellt werden. Ein praktischer Fall wäre z. B. das Anlegen von Kontingenten zu Aktionswaren, die ausschließlich von Ihren Topkunden abgerufen werden können. Den Status Ihrer Kontingente können Sie grafisch darstellen. Hierfür stehen Ihnen die Apps **Kontierung konfigurieren**, **Kontierungsplandaten verwalten** und **Produkte zur Kontierung zuordnen** zur Verfügung.

Priorisierung von Kundenbedarfen mit BOP

Die größte Neuerung von Advanced ATP ist jedoch eine automatische Priorisierung der Kundenbedarfe nach dem »Win-Gain-Lose-Prinzip« in der Rückstandsbearbeitung (Back-Order-Processing bzw. BOP). Können nicht alle Kundenbedarfe zu einem Material gedeckt werden, kann durch dieses Prinzip eine Priorisierung von Kunden und eine Umverteilung der bereits zugeteilten Mengen stattfinden. Standardmäßig werden fünf Strategien ausgeliefert, die in den BOP-Lauf eingebunden werden können. Abbildung 5.2 zeigt exemplarisch, wie das Win-Gain-Lose-Prinzip funktioniert.

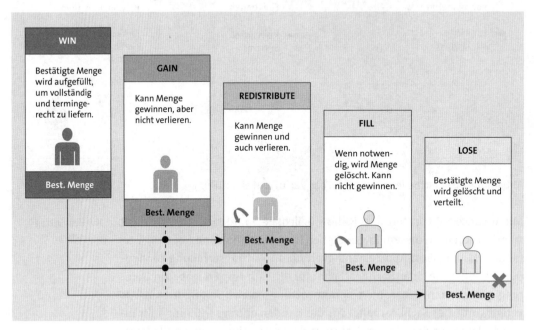

Abbildung 5.2 Win-Gain-Lose-Prinzip (Quelle SAP)

Sie können also Ihre Kunden damit im Rahmen des BOP-Laufs klassifizie-
ren und somit bereits zugewiesene Mengen automatisiert, nach Priorität,
umverteilen. Damit stellen Sie sicher, dass die Bedarfe Ihrer Topkunden
(WIN-Strategie) immer komplett und termingerecht bedient werden, und
zwar auch im Fall einer Last-Minute-Anforderung.

5.2   Kundenauftragsabwicklung

Die Optimierung der Performance in der *Kundenauftragsabwicklung* sowie
die Überwachung und Planung der Vertriebsprozesse ist eine wichtige Aufgabe in Unternehmen. Eine schlechte Performance der Kundenauftragsabwicklung verursacht größeren Aufwand und höhere Kosten. Im schlimms-
ten Fall geht diese Hand in Hand mit einer gesteigerten Unzufriedenheit
der Kunden.

In diesem Abschnitt stellen wir Ihnen zum einen Fiori-Apps für die Verwaltung Ihrer Vertriebsbelege vor. Zum anderen behandeln wir analytische
Funktionen zur Überwachung der Performance, der Problemanalyse und
der Darstellung von Umsatzdaten. In Abbildung 5.3 sehen Sie einige Apps,
auf die wir im Rahmen dieses Kapitels zu sprechen kommen.

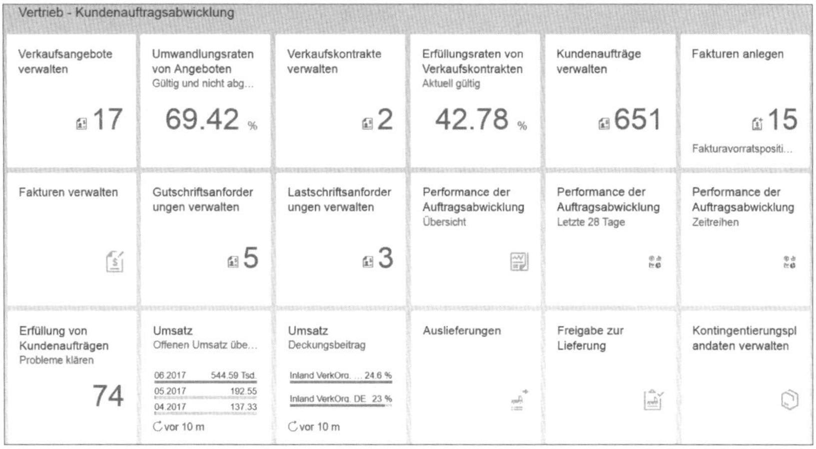

Abbildung 5.3 Fiori-Apps für die Kundenauftragsabwicklung

Vertriebsprozesse und Vertriebsbelege in SAP S/4HANA 1610

Die Grundlagen im Vertrieb haben sich im Vergleich zum Release SAP ECC
6.0 nicht geändert. Die Anlage von Vertriebsbelegen sowie die Prozessab-
läufe sind gleich geblieben. Sie können die klassischen Transaktionen zur

Kundenauftragsbearbeitung weiterhin nutzen. Wenn Sie z. B. schon einmal einen Kundenauftrag über die Transaktion VA01 angelegt haben, werden Sie auch mit der Fiori-App **Kundenauftrag anlegen** zurechtkommen.

5.2.1   360-Grad-Sicht auf einen Kunden

Übersicht zum Kunden

Die Fiori-App **Kunde – 360°-Sicht** bietet Ihnen Informationen rund um die Kundenauftragsabwicklung einzelner Kunden. Die App ist aus jeder Anwendung heraus erreichbar, in der der Link **Auftraggeber** enthalten ist. Über diesen Link wird ein Menü geöffnet, in dem Sie unter anderem die Fiori-App **Kunde – 360°-Sicht** hinterlegen und aufrufen können. Die 360-Grad-Sicht bietet Ihnen eine kompakte Übersicht zu einzelnen Kunden. Sie haben schnellen Zugriff auf die Kontaktdaten der Ansprechpartner beim Kunden und sehen direkt, welchen Vertriebsbereichen der jeweilige Kunde zugeordnet ist. Des Weiteren erhalten Sie einen Überblick über dessen offene Angebote, angelegte Kundenaufträge, bestehende Kontrakte, Kundenretouren und aktuell bestehende Auftragserfüllungsprobleme (siehe Abbildung 5.4).

Abbildung 5.4 Die Fiori-App »Kunde – 360°-Sicht«

5.2.2   Verkaufsangebote verwalten

Die Fiori-App **Verkaufsangebote verwalten** dient der Verwaltung Ihrer Verkaufsangebote. Sie unterstützt Sie dabei, sich einen Überblick über die im System angelegten Angebote und deren aktuellen Gesamtstatus zu verschaffen. Bei der Überwachung der Gültigkeitszeiträume unterstützt Sie das System durch unterschiedliche Farbcodierungen in der Spalte **Angebot gültig bis**. Auf diese Weise sehen Sie direkt, welche Angebote bald das Ende ihrer Gültigkeit erreichen bzw. schon erreicht haben, ohne in einen Auftrag umgewandelt worden zu sein. Gültigkeitszeiträume und Absagen können mit wenigen Klicks, ohne direkt in die Angebotspflege einzusteigen, über die Funktion **Gültigkeit verlängern** mit einem neuen Gültigkeitsenddatum bzw. über die Funktion **Alle Positionen absagen** mit einem Absagegrund versehen werden.

Status der angelegten Angebote

Über den Link **Angebot anlegen** können Sie direkt aus der Fiori-App **Verkaufsangebote verwalten** in die Erfassung neuer Angebote übergehen. Die Erfassung eines neuen Angebots unterscheidet sich nicht im Vergleich zu früheren SAP-Versionen. Wie Sie ein Angebot anlegen, zeigen wir Ihnen in Abschnitt 5.3, »Verkauf ab Lager«. In Abbildung 5.5 sehen Sie die Startseite der Fiori-App **Verkaufsangebote verwalten**.

Angebot anlegen

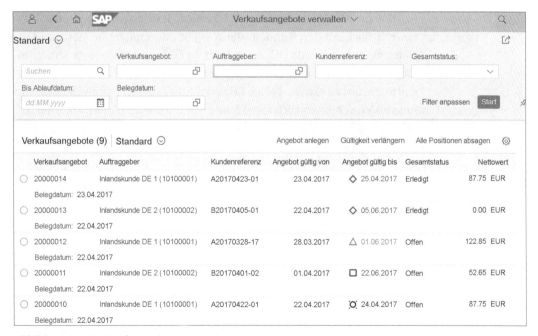

Abbildung 5.5 Verkaufsangebote verwalten

Über die Links der Spalte **Verkaufsangebot** können Sie ein zusätzliches Menü zum jeweiligen Verkaufsangebot öffnen. Dort können wiederum weitere für die Bearbeitung oder Verwaltung von Angeboten relevante Apps verlinkt bzw. aufgerufen werden. Von hier aus besteht unter anderem die Möglichkeit, in die Angebotsbearbeitung überzugehen oder sich das Angebot anzeigen zu lassen.

Die Umwandlungsraten Ihrer aktuell gültigen Angebote, respektive die tatsächliche Überführungsrate der Angebotsanteile in einen Kundenauftrag zum aktuellen Fortschritt des Gültigkeitszeitraums, können Sie über die Fiori-App **Umwandlungsraten von Angeboten** einsehen und analysieren. Im Einstiegsbild haben Sie verschiedene Betrachtungssichten zur Auswahl:

- Verkaufsorganisation
- Kunde
- zuständiger Mitarbeiter
- Top-10-Angebote nach Nettowert
- Bottom-10-Angebote nach Umwandlungsrate

Innerhalb der jeweiligen App können Sie sich die Daten als Diagramm oder Liste ausgeben lassen.

In Abbildung 5.6 sehen Sie die grafische Aufbereitung der Umwandlungsraten mit Blick auf den Kunden. Der Ansicht entnehmen Sie, dass, im Vergleich zu Inlandskunde DE1, Inlandskunde DE2 nur eine geringe Umwandlungsrate hat. Bei Bedarf können Sie in die weitere fachliche Analyse eintreten, um zu klären, welche Faktoren für die geringe Umwandlung von Angeboten verantwortlich sein könnten und wie man hier im Zuge der Angebotserstellung entgegensteuern könnte.

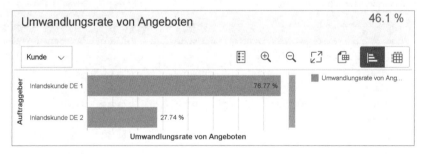

Abbildung 5.6 Umwandlungsraten von Angeboten als Diagramm

Abbildung 5.7 zeigt Ihnen eine Listenansicht aus der Fiori-App **Top-10-Angebote nach Nettowert**. In dieser Liste werden die Angebote absteigend nach Angebotsnettowert aufgeführt. Neben dem Nettogesamtwert des Angebots und der darauf bezogenen Umwandlungsrate wird noch der prozentuale Fortschritt in Bezug auf die Erreichung des Endes des Angebotszeitraums abgebildet.

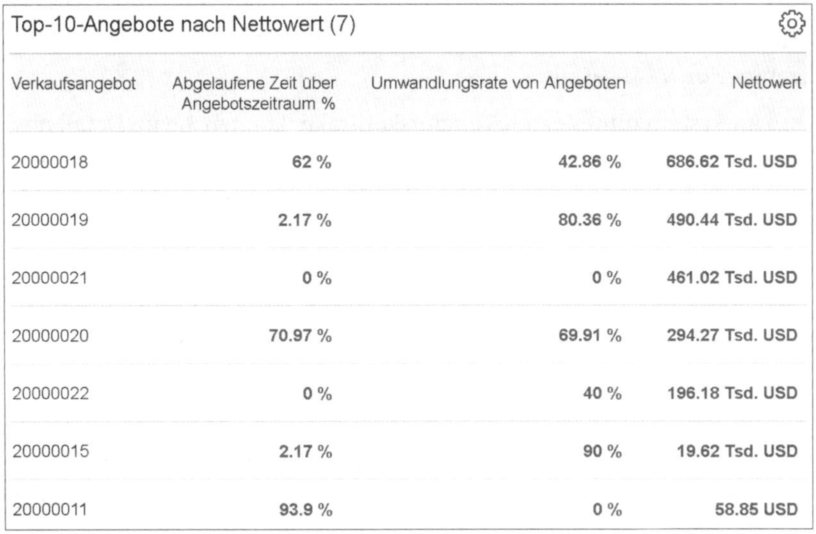

Top-10-Angebote nach Nettowert (7)			⚙
Verkaufsangebot	Abgelaufene Zeit über Angebotszeitraum %	Umwandlungsrate von Angeboten	Nettowert
20000018	62 %	42.86 %	686.62 Tsd. USD
20000019	2.17 %	80.36 %	490.44 Tsd. USD
20000021	0 %	0 %	461.02 Tsd. USD
20000020	70.97 %	69.91 %	294.27 Tsd. USD
20000022	0 %	40 %	196.18 Tsd. USD
20000015	2.17 %	90 %	19.62 Tsd. USD
20000011	93.9 %	0 %	58.85 USD

Abbildung 5.7 Umwandlungsraten von Angeboten als Liste

5.2.3 Verkaufskontrakte verwalten

Die Fiori-App **Verkaufskontrakte verwalten** dient der Verwaltung Ihrer Verkaufskontrakte (siehe Abbildung 5.8). Sie können sich mithilfe dieser App einen Überblick über die im System angelegten Verkaufskontrakte und deren aktuellen Gesamtstatus verschaffen.

Status der angelegten Verkaufskontrakte

Abbildung 5.8 Verkaufskontrakte verwalten

Aus der App heraus können neue Kontrakte angelegt, angezeigt oder verändert werden. Über die Funktion **Kontrakt anlegen** werden Sie in den Erfassungsdialog für Verkaufskontrakte weitergeleitet. Mit der Funktion **Alle Positionen absagen** können Sie komplette Kontrakte mit einem Absagegrund versehen. Die Erfassung neuer Kontrakte ist analog zur klassischen Transaktion VA41 gestaltet.

Erfüllungsraten von Verkaufskontrakten

Ihre im System hinterlegten Verkaufskontrakte können Sie im Detail über die Fiori-App **Erfüllungsraten von Verkaufsangeboten** analysieren und überwachen. Die App bietet Ihnen eine Übersicht über den aktuellen Erfüllungsgrad inklusive des Fortschritts im Gültigkeitszeitraum Ihrer Kontrakte. Sie können Kontrakte ermitteln, die nicht abgerufen werden, oder solche, deren Zielwert weit vor Ablauf des Kontraktzeitraums erreicht wird. Im letzteren Fall können Sie rechtzeitig reagieren und entsprechende Maßnahmen ergreifen.

In Abbildung 5.9 sehen Sie einen Ausschnitt aus der Aufbereitung der im System hinterlegten Kontrakte mit Sicht auf die **Top-10-Kontrakte nach Zielwert**, hier dargestellt in einer Liste. Alternativ ist es möglich, die Ausgabe als Diagramm anzeigen zu lassen.

Abbildung 5.9 Erfüllungsraten von Verkaufskontrakten: »Top-10-Kontrakte nach Zielwert«

5.2.4   Kundenaufträge verwalten

Status der angelegten Kundenaufträge

Mit der Fiori-App **Kundenaufträge verwalten** (siehe Abbildung 5.10) verschaffen Sie sich einen Überblick über die im System angelegten Kundenaufträge und deren aktuellen Gesamtstatus. Aus der App heraus können Sie mit wenigen Klicks Liefer- und Fakturasperren verwalten oder Kundenaufträge komplett absagen, ohne in die Bearbeitung des Kundenauftrags einzusteigen.

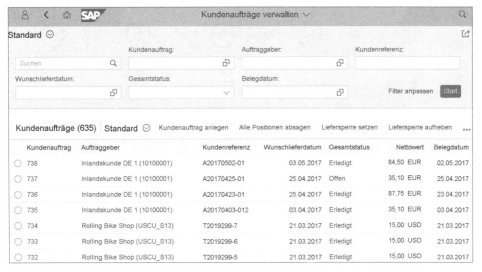

Abbildung 5.10 Kundenaufträge verwalten

Über den Link **Kundenauftrag anlegen** werden Sie in die Fiori-App **Kundenauftrag anlegen** weitergeleitet. Die Erfassung von Kundenaufträgen entspricht der Erfassung über die klassische Transaktion VA01. Diesen Vorgang greifen wir in Abschnitt 5.3, »Verkauf ab Lager«, noch einmal auf.

Kundenauftrag anlegen

Über die Links in der Spalte **Kundenauftrag** öffnen Sie ein zusätzliches Menü zum jeweiligen Kundenauftrag. Dort können wiederum weitere relevante Apps verlinkt bzw. aufgerufen werden. Von hier aus können Sie unter anderem in die Bearbeitung der Kundenaufträge einsteigen oder sich diese anzeigen lassen. Die Funktionen **Anzeigen** und **Ändern** stehen Ihnen im gewohnten Stil der Transaktionen VA02 und VA03 zur Verfügung. Die Anzeige der Kundenaufträge können Sie sich zusätzlich auf einem Infoblatt ausgeben lassen, das allgemeine Informationen zum Auftrag enthält. Sie finden dort auch Informationen zu den enthaltenden Positionen und einen grafisch aufbereiteten Prozessablauf bzw. Belegfluss.

Kundenauftrag anzeigen und ändern

Mit einem Klick auf den Status eines Auftrags in der Spalte **Gesamtstatus** können Sie sich einen Überblick über den Ablauf des Kundenauftragsprozesses verschaffen. Im Prozessablauf werden alle zum Vorgang gehörenden Vertriebsbelege in einer Grafik dargestellt. Sie sehen dabei direkt, in welchem Prozessschritt sich der Vorgang befindet und welcher Beleg als Nächstes zu erwarten ist. In Abbildung 5.11 sehen Sie als Beispiel die Prozessübersicht zu Terminauftrag 736. Den Prozessablauf können Sie auch in anderen Fiori-Apps aufrufen.

Prozessablauf

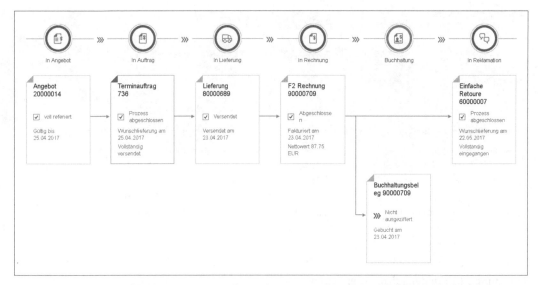

Abbildung 5.11 Darstellung des Prozessablaufs bei der Kundenauftrags-bearbeitung

5.2.5   Gut- und Lastschriftsanforderungen verwalten

Status der ange-
legten Gut- und
Lastschriften

Mit den Apps **Gutschriftsanforderungen verwalten** und **Lastschriftsanfor-derungen verwalten** verschaffen Sie sich einen Überblick über die im System angelegten Gut- und Lastschriftsanforderungen und deren aktuellen Gesamtstatus. Sie können aus den Apps heraus neue Belege anlegen (z. B. über einen Klick auf **Gutschriftsanforderung anlegen**) oder bestehende Gut- oder Lastschriftsanforderungen bearbeiten. Aus der Übersicht heraus können Sie des Weiteren die Fakturasperren verwalten oder Belege komplett absagen. In Abbildung 5.12 sehen Sie die Fiori-App **Gutschriftsanforde-rungen verwalten**.

Über die Links der Spalte **Gutschriftsanforderung** bzw. **Lastschriftsanforde-rung** öffnen Sie ein Menü, in dem Apps für die Erfassung, Anzeige und Änderung von Gut- oder Lastschriftsanforderungen verfügbar sind.

Die Bearbeitung von Gut- und Lastschriften über Fiori-Apps ähnelt den klassischen Transaktionen VA01, VA02 und VA03. Zusätzlich können Sie mit einem Klick auf die Vertriebsbelegnummer das Infoblatt zum Vertriebsbeleg öffnen, in dem Ihnen der Vertriebsbeleg übersichtlich dargestellt wird. Das Infoblatt bietet Ihnen zudem eine Übersicht über weitere zum Prozess dazugehörige Vertriebsbelege.

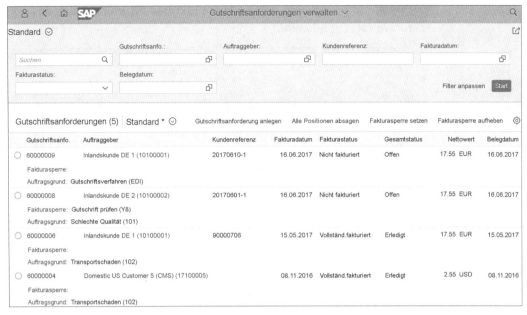

Abbildung 5.12 Gutschriftsanforderungen verwalten

5.2.6   Fakturen verwalten

Für die Fakturierung Ihrer Vertriebsbelege und die Verwaltung der Fakturen stehen Ihnen neben den Apps **Fakturen anlegen – VF01**, **Fakturen ändern – VF02**, **Fakturen anzeigen – VF03** und **Fakturen anlegen – VF04**, die den klassischen Transaktionen VF01, VF02, VF03 und VF04 entsprechen, noch die Apps **Fakturen anlegen** und **Fakturen verwalten** zur Verfügung.

Die Fiori-App **Fakturen anlegen** bietet Ihnen eine übersichtliche Benutzeroberfläche für die Fakturierung Ihrer Vertriebsbelege. Über die Filter können Sie den Fakturavorrat definieren, um anschließend die Fakturierung der gewünschten Vertriebsbelege durchzuführen. Abbildung 5.13 zeigt Ihnen eine Auflistung mit fakturierbaren Vertriebsbelegen innerhalb der Fiori-App **Fakturen anlegen**.

Fakturen anlegen

Innerhalb der App besteht die Möglichkeit, Einstellungen für das Erzeugen von Fakturen vorzunehmen. In die Fakturaeinstellungen gelangen Sie über das Zahnradsymbol der Fußzeile. So können Sie z. B. durch Aktivierung der Einstellung **Fakturen nach Anlegen anzeigen** und **Fakturen automatisch versenden** steuern, dass nach Anlage einer Faktura diese direkt in die Buchhaltung übergeben wird und Ihnen die erstellten Fakturen direkt angezeigt werden. Zudem stehen Ihnen noch die Einstellungen **Fakturadatum vor**

Fakturaeinstellungen

Fakturierung eingeben und **Getrennte Fakturen für jede Position des Fakturavorrats** zur Auswahl.

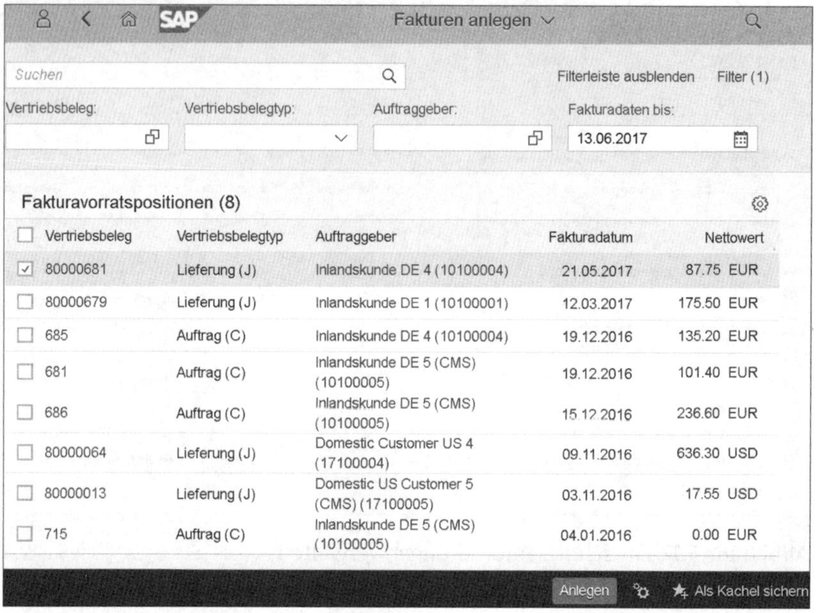

Abbildung 5.13 Fakturen anlegen

Fakturen verwalten

Mit der Fiori-App **Fakturen verwalten** verschaffen Sie sich einen Überblick über die im System angelegten Fakturen und deren aktuellen Status. Sie erreichen über die Verlinkungen in den Spalten **Faktura** und **Auftraggeber** zusätzliche Menüs, in denen Sie Verlinkungen zu anderen Apps definieren können. Im Menü der Spalte **Faktura** können Links zu den Apps **Fakturen anlegen**, **Fakturen ändern** und **Fakturen anzeigen** hinterlegt werden. Ausgehend von der Startseite der App stehen Ihnen Optionen zur Verfügung, um sich Fakturen anzeigen zu lassen (**Anzeigen**), Fakturen zu stornieren (**Fakturen stornieren**) und Fakturen zu versenden (**Fakturen versenden**). Über Checkboxen können die oben genannten Funktionen auf mehrere Vertriebsbelege gleichzeitig angewendet werden. In Abbildung 5.14 sehen Sie die Startseite der Fiori-App **Fakturen verwalten**.

Fakturabeleg anzeigen

Über den Menüpunkt **Anzeigen** können Sie sich die selektierten Fakturen oder auch Gutschriften etc. im Detail anzeigen lassen. Wählen Sie mehr als eine Faktura zur Anzeige aus, werden die Fakturen in einer Liste aufgeführt, in der Sie schnell und einfach von einer Faktura zur anderen wechseln können. Einen Eindruck davon, wie die Detailansicht der Faktura aussieht, soll Ihnen der Ausschnitt in Abbildung 5.15 vermitteln.

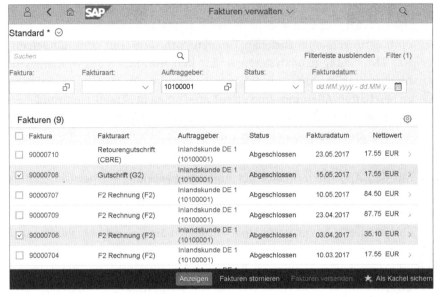

Abbildung 5.14 Fakturen verwalten

Abbildung 5.15 Faktura anzeigen

5.2.7   Performance der Auftragsabwicklung überwachen

Als Prozessmanager oder Prozessverantwortlicher im Bereich der Kundenauftragsabwicklung haben Sie ein großes Interesse daran, die Performance
Ihrer verantworteten Prozesse im Blick zu behalten, Problemfälle frühzeitig

Problemfälle schnell
erkennen

zu erkennen, Maßnahmen gegen bevorstehende oder akute Problemsituationen einzuleiten oder Auswertungen zu Planungszwecken und Prozessoptimierungen heranzuziehen. Um den Prozesszustand Ihrer Kundenauftragsabwicklung zu analysieren, sind in herkömmlichen SAP-Systemen oft mehrere Reports und Transaktionen notwendig, um die relevanten Daten zu beschaffen. Allerdings sind diese Daten oft nicht aktuell. Ein Grund hierfür kann z. B. ein Report sein, der nur einmal am Tag Daten bereitstellt. Oft werden Abfrageergebnisse dann noch zusätzlich in externe Programme exportiert, um diese weiterführend auszuwerten.

Neue Apss für die Performance-überwachung

Mit den Apps **Performance der Auftragsabwicklung – Übersicht**, **Performance der Auftragsabwicklung – Letzte 28 Tage** und **Performance der Auftragsabwicklung – Zeitreihen** stehen Ihnen in SAP S/4HANA umfangreiche analytische Apps zur Verfügung, mit denen Sie sich schnell, flexibel und komfortabel einen Überblick über die aktuelle und vergangene Prozesssituation verschaffen können. Die Daten werden dabei wahlweise grafisch oder im Listenformat aufbereitet und sind dabei exportfähig. Die Apps bieten Ihnen, unter Einbezug der im System hinterlegten Kennzahlen (Key Performance Indicator, KPI), einen Rundumblick auf Ihre Auftragsprozesse – und das über diverse Ebenen hinweg, von der Verkaufsorganisation bis hinunter zur Materialebene.

Performance der Auftragsabwicklung – Übersicht

Über die Fiori-App **Performance der Auftragsabwicklung – Übersicht** erhalten Sie einen schnellen Überblick über die Prozesssituation der Kundenauftragsabwicklung. Die App stellt Informationen, aggregiert auf einer Übersichtsseite, bereit. Auf dieser befinden sich separate Registerkarten, die jeweils Informationen in Bezug auf die Kundenauftragsabwicklung enthalten. Die Übersichtsseite ist personalisierbar, sodass Sie nur die für Sie wichtigen Daten im Blick haben. Auf den Registerkarten können Informationen zu akuten Problemfällen bzw. Statistiken zu finden sein. Um Detailinformationen zu den jeweiligen Vorgängen aufzurufen, wählen Sie die einzelnen Registerkarten und deren Untersegmente einfach per Mausklick aus. Sie werden dann in die entsprechend verlinkte App weitergeleitet. Wählen Sie zum Beispiel die Registerkarte **Probleme mit Kundenaufträgen**, werden Sie direkt in die Fiori-App **Erfüllung von Kundenaufträgen** weitergeleitet. Diese App dient der Problemklärung und wird im nächsten Abschnitt behandelt. Einen Ausschnitt aus der Fiori-App **Performance der Auftragsabwicklung – Übersicht** sehen Sie in Abbildung 5.16.

Sicht: die letzten 28 Tage

Über die Ausprägung der App mit Sicht auf die letzten 28 Tage werden Ihnen die KPI der letzten 28 Tage zur Verfügung gestellt. Diese sind in Form von Listen oder Balken- und Ringdiagrammen verfügbar. In Abbildung 5.17

sehen Sie eine Auswertung über die KPI **Summen nach Kunde (Balkendia-gramm)**.

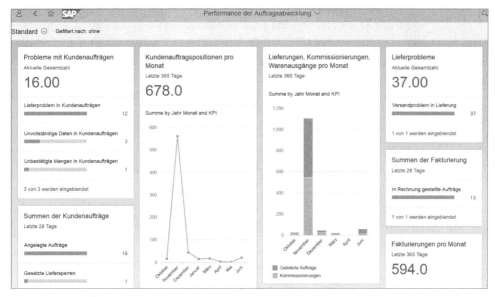

Abbildung 5.16 Übersicht über die Performance der Auftragsabwicklung

Im dargestellten Ausschnitt sehen Sie einige KPI rund um die Kundenauf-tragsabwicklung mit einer Auswertung auf Kundenebene. Dargestellt wer-den Ihnen in diesem Fall z. B. die Summen der Auftragspositionsaktualisie-rungen, gelieferte Auftragspositionen und angelegte Auftragspositionen der letzten 28 Tage. Die genannten Angaben bilden nur einen sehr geringen Teil der verfügbaren KPI ab und sollen Ihnen nur lediglich Beispiel dienen.

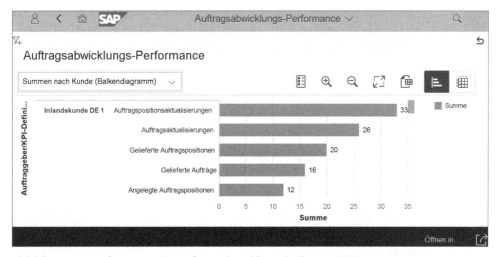

Abbildung 5.17 Performance der Auftragsabwicklung der letzten 28 Tage

Über die Ausprägung **Performance der Auftragsabwicklung – Zeitreihe** können Sie auf die Historie der Performance zurückgreifen, die bis zu maximal 365 Tage zurückliegt. In Abbildung 5.18 sehen Sie ein Beispiel für den Verlauf der KPI der letzten 365 Tage in Summe auf Basis der Datenlage unseres Demosystems. Im März haben wir übrigens im Zusammenhang mit diesem Kapitel vermehrt Belege angepasst. Dieses spiegelt sich auch in der Grafik wider.

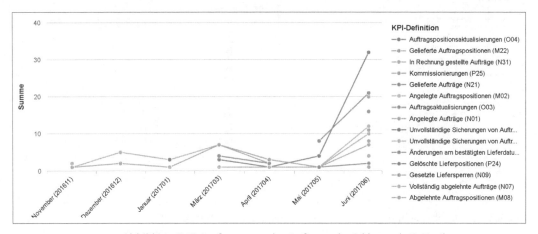

Abbildung 5.18 Performance der Auftragsabwicklung als Zeitreihe (Liniendiagramm)

Um Ihnen mithilfe eines weiteren Beispiels ein Gefühl für die Apps zu vermitteln, sehen Sie in Abbildung 5.19 den Ausschnitt aus einer Auswertung über die Summen der KPI, und zwar anteilig nach Auftraggebern. Visualisiert wird unter anderem z. B. die Anzahl aller Auftragsaktualisierungen und Kommissionierungen innerhalb eines gewissen Zeitraums, anteilig auf die Kunden verteilt, hier in der Anzeigevariante Balkendiagramm. Die konkreten Zahlen können Sie sich bei Bedarf in einer Liste ausgeben lassen.

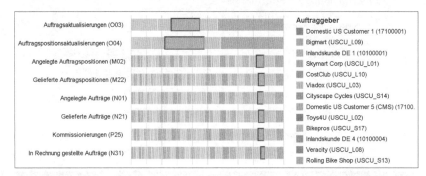

Abbildung 5.19 Performance der Auftragsabwicklung als Zeitreihe (Balkendiagramm)

Sie haben zudem die Möglichkeit, auf verschiedensten Ebenen die Durchlaufzeiten Ihrer Prozesse zu analysieren und zu überwachen. Als Beispiel hierfür sehen Sie in Abbildung 5.20 eine Auswertung der Durchlaufzeiten auf Ebene der Kundenaufträge. In diesem Fall wird die Performance der Kundenaufträge aufsteigend aufgelistet. In dieser speziellen Auswertung werden die Kundenaufträge mit der schlechtesten Performance daher gleich im oberen Bereich aufgeführt.

Analyse von Durchlaufzeiten

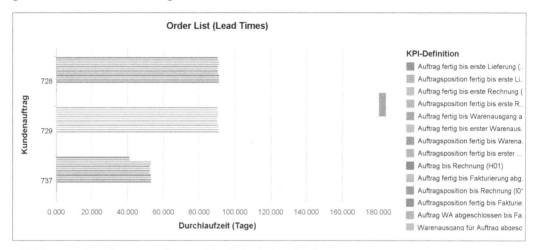

Abbildung 5.20 Performance der Durchlaufzeiten als Zeitreihe

Die Durchlaufzeiten können Sie dabei auch auf Belegebene aggregiert anzeigen lassen und somit noch tiefer gehend analysieren. Innerhalb der Apps haben Sie die Möglichkeit, über **Öffnen in · Aggregierte Prozessaktivitäten anzeigen** in die aggregierte Prozessanzeige zu wechseln. Um Ihnen hier einen Eindruck zu vermitteln, haben wir die aggregierte Sicht auf die Prozessaktivitäten zu Kundenauftrag 729 geöffnet. Den Detaillevel haben wir dabei auf 75 % gesetzt und festgelegt, dass wir die Durchlaufzeiten sehen möchten. Je nach Detaillevel werden die einzelnen Prozessschritte inklusive Durchlaufzeiten aggregiert angezeigt (siehe Abbildung 5.21).

Die aggregierte Prozessanzeige ist ein hilfreiches Werkzeug. Sie können über diese App ermitteln, welcher Prozessschritt, im Einzelnen oder auch im Schnitt, viel Zeit beansprucht, und diesen Wert als Ansatzpunkt nutzen, um mögliche Prozessverbesserungen zu erarbeiten. Zusätzlich zur Durchlaufzeit können Sie dieser App auch die aggregierte Durchlaufmenge entnehmen.

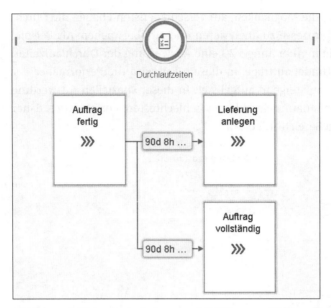

Abbildung 5.21 Aggregierte Prozessaktivitäten zur Bestimmung der Durchlaufzeit

5.2.8   Kundenaufträge erfüllen

Status der Kunden-auftragserfüllung

Die Fiori-App **Erfüllung von Kundenaufträgen** bietet Ihnen einen Überblick über potenziell bestehende Probleme und hilft Ihnen dabei, Missstände in Bezug auf die Kundenauftragserfüllung zu ermitteln und zu beheben. Abhängig von der gewählten Filterselektion und der Einstellung der App werden die potenziellen Problemfälle entsprechend aufbereitet. Sie haben die Wahl zwischen einer grafischen Aufbereitung und der Ausgabe in einer Liste. Ein Vorgang wird unter anderem als Problemfall deklariert, sobald eine erwartete Aktion nicht in einem bestimmten zeitlichen Rahmen erfolgte oder nicht vollständig abgeschlossen wurde. Eine erwartete Aktion kann z. B. die Belieferung eines Auftrags sein. Wenn dieser nicht im erwarteten Zeitraum beliefert wurde, wird der Kundenauftrag als Problemfall klassifiziert. Weitere Problemfälle können z. B. nicht bestätigte Mengen oder unvollständige Auftragsdaten sein. Die Klärung der einzelnen Problemfälle können Sie dann innerhalb der Fiori-App **Probleme mit Kundenauftrag klären** bearbeiten. Die App ist über eine Verlinkung direkt aus der Fiori-App **Erfüllung von Kundenaufträgen** heraus aufrufbar. Der Arbeitsvorrat wird entsprechend der Selektion bzw. den gesetzten Filtern aus dieser übernommen. Wie das aussehen kann, werden wir auf den folgenden Seiten anhand eines Beispiels veranschaulichen.

Abbildung 5.22 zeigt die Auswertung der aktuell bestehenden Probleme in der Kundenauftragserfüllung (Fiori-App **Erfüllung von Kundenaufträgen**), in diesem Fall ohne Einschränkungen über die Filterkriterien, in der Anzeigevariante **Diagramm**. In der Selektionsvariante **Problem** werden die bestehenden Probleme in der Kundenauftragserfüllung nach Störfall gruppiert aufgelistet.

Probleme bei der Kundenauftragserfüllung

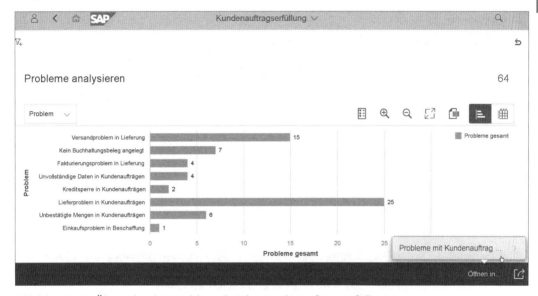

Abbildung 5.22 Übersicht über Probleme bei der Kundenauftragserfüllung

Sie können aus der Ansicht heraus die Funktion **Öffnen in · Probleme mit Kundenauftrag klären** aufrufen. Die selektierten Problemfälle werden dadurch in einen Arbeitsvorrat übertragen und in die Fiori-App **Probleme mit Kundenauftrag klären** übernommen, wo sie bearbeitet werden können. Innerhalb der Fiori-App **Probleme mit Kundenauftrag klären** werden die Fälle grafisch den einzelnen Prozessschritten zugeordnet und nach Problemen gruppiert. In einem diesen Problemgruppen entsprechenden Menü werden Ihnen die entsprechenden Aktivitäten für die Problemklärung zur Verfügung gestellt. So können Sie Kundenaufträge von dort aus direkt absagen, in das Unvollständigkeitsprotokoll des Auftrags, sofern relevant, Einsicht nehmen, eine erneute Verfügbarkeitsprüfung durchführen, ausstehende Lieferungen anlegen, Fakturen erstellen oder fehlende Buchhaltungsbelege erzeugen.

Problem mit Kundenauftrag klären

Abbildung 5.23 zeigt einen Ausschnitt aus dem Einstiegsbild der App. Per Mausklick in die jeweilige Zeile können Sie dann in die Einzelfallprüfung einsteigen. Beispielhaft werden wir das für Kundenauftrag 737 beschreiben. Dieser ist laut System schon seit 41 Tagen überfällig.

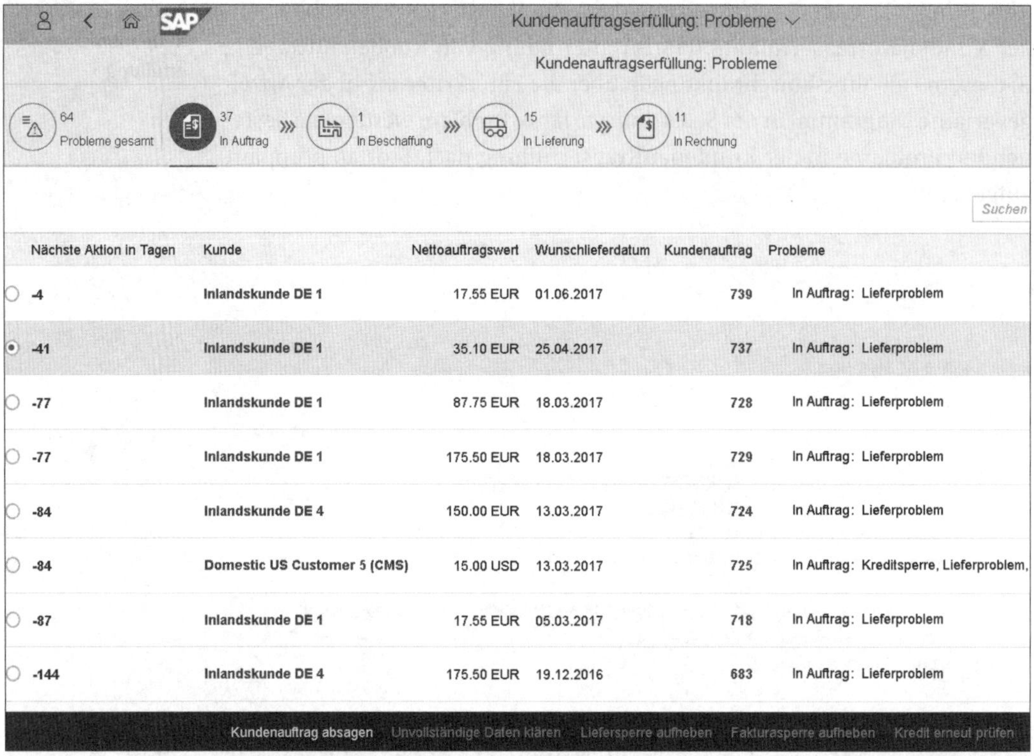

Abbildung 5.23 Probleme mit Kundenauftrag klären

Der Kundenauftrag 737 wurde als Problemfall »In Auftrag: Lieferproblem« kategorisiert. Wir wählen den Eintrag per Mausklick aus und werden in die Detailansicht bzw. Problemklärung weitergeleitet, in der die Klärung des Problems auf Positionsebene stattfindet.

Informationen zum Vorgang
Auf dieser Ebene werden Ihnen zur Problemklärung zum einen Informationen rund um den Problemfall bereitgestellt und zum anderen Werkzeuge zur Dokumentation des Vorgangs. In Abbildung 5.24 sehen Sie weiterführende Informationen zum Problemfall. Über die eingeblendeten Symbole können Sie sich zusätzliche Informationen zum Vorgang anzeigen lassen, von links nach rechts gesehen stehen die Symbole für **Informationen**, **Notizen**, **Anlagen**, **Ansprechpartner** und den **Verarbeitungsstatus**.

Wählen Sie eines der Symbole aus, werden Ihnen die entsprechenden Informationen oder auch Aktionen zugänglich. Die Informationen werden zusätzlich in das Gesamtbild der App eingefügt bzw. bei Bedarf wieder ausgeblendet. Aus den zusätzlichen Informationen können wir erkennen, dass zum Auftrag noch keine Lieferung erzeugt wurde. Abbildung 5.24 zeigt einen Ausschnitt aus der Ansicht **Informationen** der Fiori-App.

Abbildung 5.24 Detailinformationen zum Problemfall

Eine nützliche Funktion, auf die wir an dieser Stelle noch kurz eingehen möchten, ist die Hinterlegung von Notizen und Anlagen zum Vorgang. Auf diese Weise kann der Sachbearbeiter relevante Informationen direkt beim Vorgang hinterlegen. Für die weitere Bearbeitung stehen diese Informationen zur Verfügung und dokumentieren damit gleichzeitig den Vorgang. Hier könnten z. B. Absprachen mit dem Kunden sowie interne Notizen zum Vorgang hinterlegt werden. Im Fall eines krankheitsbedingten Ausfalls eines Kollegen kann der vertretende Sacharbeiter den aktuellen Klärungsstand direkt am Vorgang selbst einsehen und die Klärung vorantreiben.

Notizen und Anlagen

Innerhalb der Fiori-App **Kundenauftragserfüllung: Probleme** können wir in unserem Beispiel im Fall von Auftrag 737 nach fachlicher Klärung die ausstehende Lieferung direkt erzeugen. Der Problemfall ist damit für das System geklärt und steht daher nicht mehr bei den aktuellen Problemfällen. Prozessseitig kann der Vorgang in die weitere Verarbeitung übergeben werden. Abbildung 5.25 zeigt Ihnen die Ansicht des Vorgangs nach Klärung des Problemfalls durch die manuelle Belieferung des Auftrags direkt aus der Fiori-App **Probleme mit Kundenauftrag klären** heraus.

Problemklärung durch Folgebelegsgenerierung

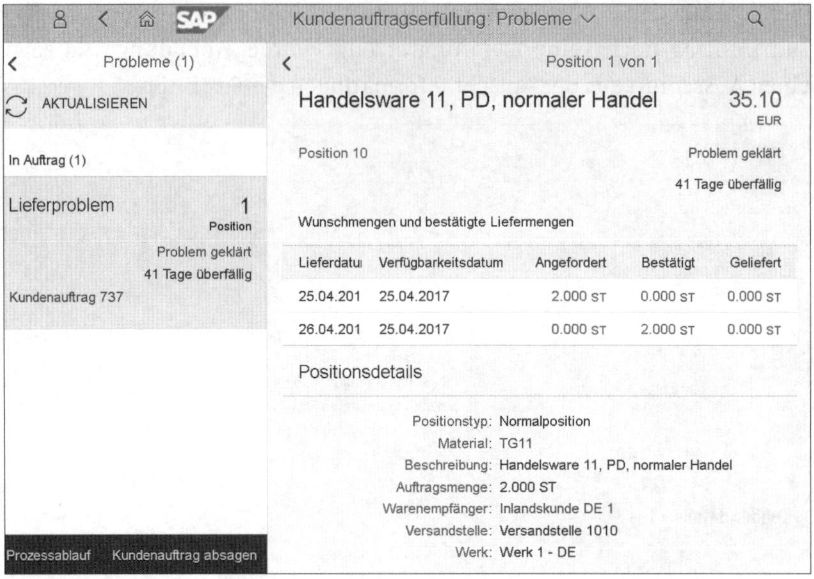

Abbildung 5.25 Klärung eines Problems mit einem Kundenauftrag

5.2.9   Umsatzanalysen erstellen

Für die Analyse Ihrer Umsätze stehen Ihnen neben der Fiori-App **Umsatz – Flexible Analyse** noch weitere, neue Apps zur Verfügung. Vorstellen möchten wir Ihnen die Apps **Umsatz – Offenen Umsatz überprüfen** und **Umsatz – Deckungsbeitrag**.

Offenen Umsatz
überprüfen

Mit der Fiori-App **Umsatz – Offenen Umsatz überprüfen** steht Ihnen ein Hilfsmittel zur Verfügung, mit dem Sie sich einen schnellen und flexiblen Überblick über Ihre Umsätze und den potenziellen Umsatz aus offenen Kundenaufträgen und Lieferungen verschaffen können. Die aufbereiteten Daten entsprechen dabei dem aktuellen Ist-Stand im System. Aktualisieren Sie die App, werden die aktuellen Umsatzdaten angezeigt.

Den Detaillevel der Auswertung können Sie je nach Bedarf spezifizieren. Je nach Filterkriterium, Ansichtsvariante und Einstellung der App werden Ihnen die entsprechenden Daten in der gewünschten Form auf Basis der aktuellen Datenlage zur Verfügung gestellt. Durch Vorwärtsnavigation (Mausklick auf die Grafik) können Sie den Detailgrad und die Ansichtsvariante weiter spezifizieren. Auswertungen können, um nur ein paar Beispiele zu nennen, auf der Ebene der Verkaufsorganisationen, des Auftraggebers, der Verkaufsbelege und des Materials durchgeführt werden. In Abbildung 5.26 sehen Sie eine grafische Auswertung (**Diagramm**) zu den Kunden »Inlandskunde DE 1« und »Inlandskunde DE 2«.

Abbildung 5.26 Umsatzanalyse als Säulendiagramm

Zusätzlich zur grafischen Auswertung des Umsatzes haben Sie die Möglichkeit, die angezeigten Daten auch in Form einer exportfähigen Liste (z. B. in Microsoft Excel) auszugeben. In Abbildung 5.27 sehen Sie die in Abbildung 5.26 dargestellte Auswertung in der **Listenanzeige**.

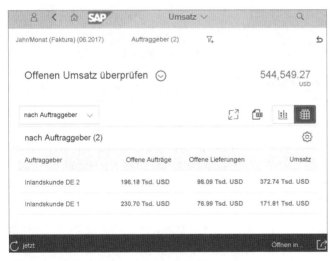

Abbildung 5.27 Umsatzanalyse als Liste

Mit der Fiori-App **Umsatz – Deckungsbeitrag** können Sie sich einen Überblick über die Deckungsbeiträge verschaffen. Die Funktionsweise ist dabei

Deckungsbeitrag

ähnlich wie die der Fiori-App **Umsatz – Offenen Umsatz überprüfen**. Anstelle der offenen Umsätze in Form von offenen Aufträgen und Lieferungen wird Ihnen hier der Deckungsbeitrag dargestellt. Wieder können Sie zwischen der Darstellung als Grafik und der als Liste wählen. Wenn Sie die App aufrufen, wird Ihnen der aktuelle Ist-Stand angezeigt. Sie können den Deckungsbeitrag vom Detailgrad bis auf die Ebene des Materials bestimmen. Abbildung 5.28 zeigt Ihnen die grafische Aufbereitung nach Umsatz und Deckungsbeitrag pro Kunde.

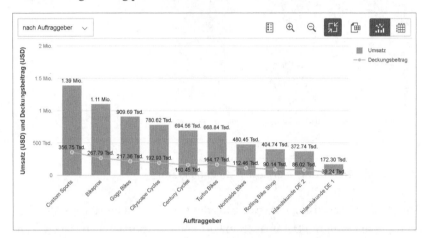

Abbildung 5.28 Umsatz und Deckungsbeitrag als Diagramm

Die Apps bieten Ihnen einen komfortablen und stets aktuellen Einblick in Ihre Umsätze.

5.3   Verkauf ab Lager

Der Verkauf ab Lager ist einer der Kernprozesse im Vertrieb. In Abschnitt 5.3.1, »Überblick über den Prozess »Verkauf ab Lager««, stellen wir zunächst den Ablauf im SAP-System dar. Anschließend durchlaufen wir diesen Prozess anhand eines Systembeispiels (siehe Abschnitt 5.3.2, »Praxisbeispiel – Verkauf ab Lager«). Dabei lernen Sie die aktuellen Fiori-Apps kennen. Die logistische Abwicklung führen wir im Lean-WM durch.

Lean-WM und SAP EWM

Anders als in SAP EWM ist in Lean-WM die unterste logistische Ebene der Lagerort. Lean-WM ist daher nur für eine einfache Lagerführung geeignet. SAP EWM ist eine Lösung für komplexe Lagerführung und wird in Kapitel 7, »Lagerverwaltung mit Embedded EWM«, behandelt.

5.3.1   Überblick über den Prozess »Verkauf ab Lager«

Der Ablauf des Prozesses bildet die Abwicklung von Kundenaufträgen aus dem eigenen Lager heraus ab. Grundlage für den Prozess im SAP-System ist dabei immer ein Kundenauftrag. Optional kann vor dem Kundenauftrag ein Angebotsprozess stehen. In SAP erfassen wir einen Kundenauftrag mit oder ohne Bezug zu einem Angebot und erstellen, optional nach Freigabe zur Lieferung, eine Auslieferung. Die Auslieferung wird im Lager kommissioniert, bei Versandfälligkeit im Warenausgang gebucht und physisch zum Kunden gesendet. Die Lieferung wird dem Kunden in Rechnung gestellt. Abbildung 5.29 zeigt Ihnen den Prozessablauf im SAP-System analog zum Beispiel, das wir im Folgenden betrachten.

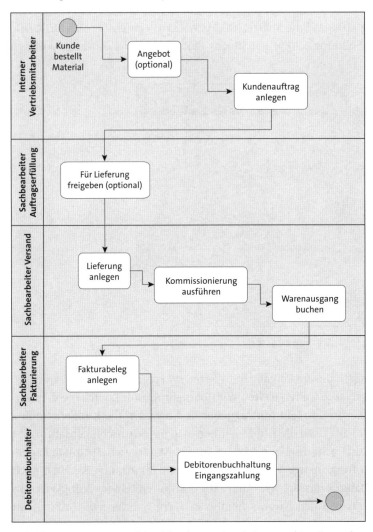

Abbildung 5.29 Prozessablauf für den Verkauf ab Lager (Quelle SAP)

5.3.2   Praxisbeispiel – Verkauf ab Lager

Ausgangslage für
das Praxisbeispiel

Wir erhalten eine Kundenanfrage über die Bereitstellung von fünf Stück des Materials »TG11« zum Wunschlieferdatum »25.04.2017«. Der Kunde wünscht hierfür ein Angebot zu erhalten. Im Kundenstamm ist er bereits mit der Geschäftspartnernummer »101000001« angelegt.

5.3.3   Anfrage anlegen (optional vor Angebot)

Anfrage anlegen
(optional)

Wir starten den Prozess, indem wir die Kundenanfrage mit der Fiori-App **Anfrage anlegen** erfassen. Im Einstiegsbild der App geben wir die **Anfrageart** »AF« ein und erfassen die **Organisationsdaten**. In unserem Beispiel erfassen wir einen Vorgang für die **Verkaufsorganisation** »1010«, den **Vertriebsweg** »10« und die **Sparte** »00« bzw. den Vertriebsbereich »1010/10/00«. In Abbildung 5.30 sehen Sie das Einstiegsbild der Fiori-App **Anfrage anlegen**.

Abbildung 5.30 Anfrage erfassen

Wir bestätigen unsere Eingabe mit **Weiter**. Im Folgenden werden wir in die Erfassungsmaske weitergeleitet. Wir übernehmen auf Kopfebene die Kundennummer in das Feld **Auftraggeber** und erfassen die Kundenreferenz »A20170423-1«. Zusätzlich übernehmen wir das Wunschlieferdatum des Kunden. Auf Positionsebene erfassen wir das Material »TG11« mit der angefragten Auftragsmenge »5« Stück. Gegebenenfalls können Sie auch noch weitere Daten erfassen, wie Alternativpositionen, einen Gültigkeitszeitraum oder eine Auftragswahrscheinlichkeit. Wir speichern die Anfrage mit

Sichern. In Abbildung 5.31 sehen Sie die erfasste Anfrage. Für die Anzeige der Anfrage können Sie die Fiori-App **Anfrage anzeigen** verwenden. Über die Fiori-App **Anfragen auflisten** können Sie sich einen Überblick über die im System angelegten Anfragen verschaffen.

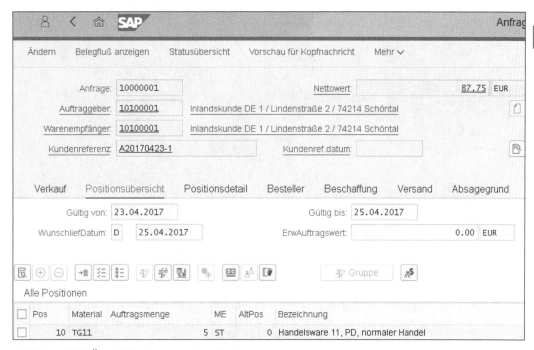

Abbildung 5.31 Übersicht der erzeugten Anfrage

5.3.4   Angebot anlegen

Auf Grundlage der Anfrage »10000001« wird im nächsten Schritt ein Angebot erstellt. Angebote können mit oder ohne Bezug zu einem Vorgängerbeleg erfasst werden. Das Anlegen mit Bezug hat den Vorteil, dass die Daten aus dem Vorgängerbeleg kopiert und somit der Eingabeaufwand sowie Fehlerquellen minimiert werden. Wir beziehen uns bei der Erfassung des Angebots auf die Anfrage »10000001«.

Angebot erstellen (optional)

Als Ausgangspunkt verwenden wir die Fiori-App **Verkaufsangebote verwalten**. Über den Link **Angebot anlegen** gelangen wir zum Einstiegsmenü der Angebotserfassung. Wir füllen das Pflichtfeld **Angebotsart** aus, in unserem Fall mit der Angebotsart »AG«, und wählen den Menüpunkt **Anlegen mit Bezug**. Im nächsten Schritt definieren wir, dass das Angebot mit Bezug zu einer Anfrage angelegt wird (siehe Abbildung 5.32).

Verkaufsangebote verwalten

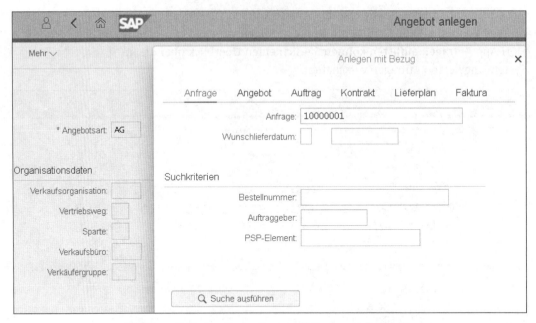

Abbildung 5.32 Angebot anlegen mit Bezug zu einer Anfrage

Vorgängerbeleg   Wir übernehmen die Daten des Vorgängerbelegs, der Anfrage, in unser Angebot. Hierfür wählen wir den Menüpunkt **Übernehmen**. Sind nur einzelne Positionen der Anfrage relevant für das Angebot, klicken Sie auf den Menüpunkt **Positionsauswahl**. Sie können daraufhin einzelne Positionen aus der Anfrage übernehmen. Im Angebot definieren wir noch den Gültigkeitszeitraum. Abschließend speichern wir das Angebot über den Menüpunkt **Sichern**.

Die Anfrage wechselt nach Erstellung des Angebots in den Status »erledigt«, bleibt aber im System bestehen. In unserem Beispiel bekommt der Kunde das Angebot über die Nachrichtensteuerung per E-Mail zugestellt. In Abbildung 5.33 sehen Sie das erzeugte Angebot.

Wir können den aktuellen Bearbeitungsstatus des Angebots über die App **Verkaufsangebote verwalten** verfolgen. Lehnt der Kunde das Angebot ab, können wir das Angebot nach Absprache entweder nachbessern und erneut an den Kunden versenden oder absagen. Im Fall einer Absage würden wir einen Absagegrund im Angebot hinterlegen. Dieser kann als Basis für spätere Auswertungen genutzt werden. Der Vorgang wäre damit an dieser Stelle beendet.

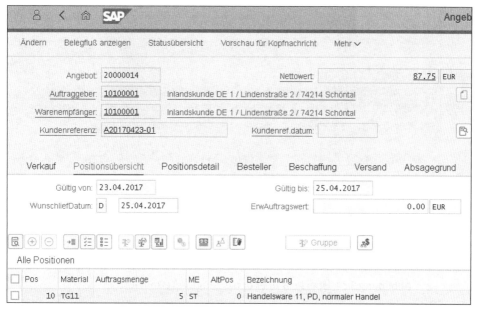

Abbildung 5.33 Übersicht über das erzeugte Angebot

5.3.5 Kundenauftrag anlegen

In unserem Beispiel nimmt der Kunde das Angebot an und beauftragt uns wie angeboten, das Material TG11 bereitzustellen. Hierfür wandeln wir das Angebot in einen Kundenauftrag um. Dieses können wir entweder direkt über die Fiori-App **Kundenauftrag anlegen** oder auch aus der Fiori-App **Kundenaufträge verwalten** heraus über den Menüpunkt **Kundenauftrag anlegen** erledigen.

Hierbei gehen wir ähnlich vor wie bei der Überführung der Anfrage in das Angebot. Im Einstiegsbild der Auftragserfassung belegen wir das Feld **Auftragsart** mit der Auftragsart »KA« und wählen den Menüpunkt **Anlegen mit Bezug** aus. Wir legen den Kundenauftrag mit Bezug zum Angebot »20000014« an. Auch hier werden die Daten aus dem Angebot durch die Bezugstechnik direkt in den Kundenauftrag übernommen. Wir haben dabei die Möglichkeit, entweder das komplette Angebot in einen Auftrag umzuwandeln oder nur einige Positionen daraus. Wir übernehmen die Daten aus dem Angebot und speichern den Auftrag. In Abbildung 5.34 sehen Sie den erzeugten Terminauftrag zu unserem Angebot.

Kundenauftrag
anlegen mit Bezug

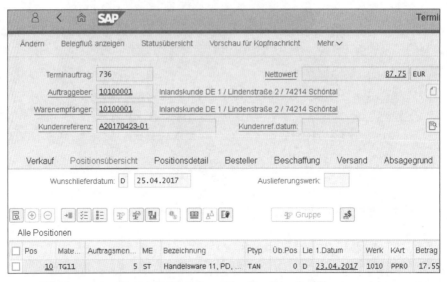

Abbildung 5.34 Übersicht über den erzeugten Terminauftrag

5.3.6   Lieferung anlegen

Lieferung erstellen

Im nächsten Schritt erstellen wir eine Lieferung zum Kundenauftrag 736. Um den Auftrag auszuliefern, können Sie verschiedene Transaktionen oder Apps nutzen. In unserem Praxisbeispiel erzeugen wir die Auslieferung zu unserem Kundenauftrag 736 über die Fiori-App **Auslieferungen anlegen**. Wir starten die App und grenzen die Liste der zu beliefernden Aufträge ein. Dann setzen wir in den Filterkriterien den Filter **Geplantes Anlegedatum** auf **Heute und morgen** und führen diesen aus. Da unser Auftrag den Filterkriterien entspricht, wird er uns im Folgenden angezeigt. Alternativ können wir auch direkt nach dem Vertriebsbeleg suchen oder die Versandstelle als Filterkriterium nutzen. Wir markieren die Checkboxen der zu beliefernden Vertriebsbelege und übernehmen diese damit in den Liefervorrat. In unserem Beispiel beschränken wir uns auf unseren Vertriebsbeleg (Kundenauftrag) 736 (siehe Ausschnitt aus der Fiori-App **Auslieferungen** in Abbildung 5.35).

Im unteren Bereich der App haben Sie dann die Möglichkeit, Lieferungen zu erzeugen. Mit einem Klick auf **Lieferungen anlegen** werden je nach Selektion Auslieferungen erzeugt. Wir wählen den Punkt **Lieferungen anlegen** aus und erzeugen dadurch für unseren Auftrag 736 die Lieferung »80000689«. Über den Menüpunkt **Protokoll anzeigen** können Sie sich das Lieferprotokoll ausgeben lassen. Alternativ lassen Sie sich Lieferprotokolle auch im Nachgang anzeigen. Dieses ist über die Fiori-App **Auslieferungsprotokolle analysieren** möglich.

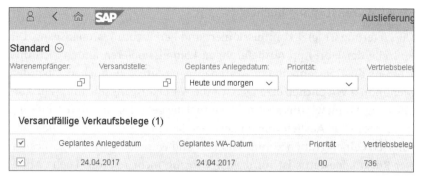

Abbildung 5.35 Auslieferung zum Terminauftrag

5.3.7   Kommissionierung ausführen

Nachdem wir die Lieferung erstellt haben, steht im nächsten Schritt die Kommissionierung an. Wenn die Lieferung relevant für SAP EWM wäre, würde die Lieferung einen Verteilstatus erhalten, und Kommissionierung sowie Warenausgangsbuchung würden in SAP EWM erfolgen. Da wir in unserem Beispiel einen Lean-WM-relevanten Fall bearbeiten, können wir dabei wie folgt vorgehen. Wir starten die Fiori-App **Auslieferungen kommissionieren**, geben im Einstiegsbild die zu kommissionierende Lieferung ein und bestätigen die Eingabe. In unserem Beispiel ist es die Lieferung »80000689«.

Anschließend gelangen wir in den Kommissionierdialog. Innerhalb der App sehen Sie unter anderem auch den aktuellen Kommissionierstatus der Lieferung. Die Liefermenge wird systemseitig, bedingt durch den Lieferbeleg, vorbelegt. In unserem Beispiel haben wir eine Liefermenge von »5« Stück des Materials »TG11«. Im Lager konnte die komplette Menge physisch kommissioniert (aus dem Lager entnommen und für den Transport bereitgestellt) werden. Wir erfassen daher die Menge »5« Stück im Feld **Kommissioniermenge** und wählen den Menüpunkt **Kommissioniermenge übernehmen** (siehe Abbildung 5.36).

Abbildung 5.36 Kommissionierung

5.3.8 Warenausgang buchen

Warenausgang

Die Lieferung ist jetzt kommissioniert und bereit zum Warenausgang. Die Fußzeile der Fiori-App **Auslieferungen kommissionieren** ändert sich und gibt uns die Gelegenheit, den Warenausgang direkt zu buchen. Über den Menüpunkt **WA buchen** erzeugen wir die Warenausgangsbuchung zur Auslieferung. Wenn wir uns jetzt noch einmal die gerade bearbeitete Lieferung in der Fiori-App **Auslieferungen** anzeigen lassen, sehen wir, dass die Lieferung jetzt einen grünen Kommissionier- und Warenausgangsstatus besitzt. Der Rückmeldestatus ist für diesen Vorgang nicht relevant (siehe Abbildung 5.37).

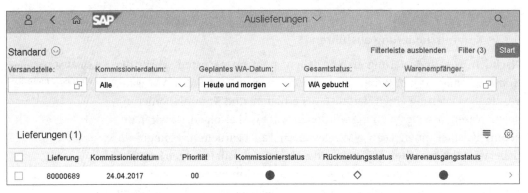

Abbildung 5.37 Kommissionierstatus

5.3.9 Fakturabeleg anlegen

Faktura anlegen

Um den Vorgang im Vertrieb abzuschließen, führen wir im letzten Schritt die Fakturierung durch. Hierfür verwenden wir die Fiori-App **Fakturen anlegen**. Bedingt durch den Prozess führen wir eine lieferbezogene Fakturierung durch. Innerhalb der App schränken wir über die Filterselektion unseren Fakturavorrat ein, indem wir den Auftraggeber »10100001« und das Fakturadatum in die Filterkriterien einbeziehen. Alternativ können wir auch direkt den Vertriebsbeleg eingeben. Wir übernehmen unsere Lieferung in den Fakturavorrat durch Markierung der vorangestellten Checkbox zum entsprechenden Vertriebsbeleg »80000689« (siehe Abbildung 5.38).

Um die Fakturen zu den ausgewählten Vertriebsbelegen zu generieren, wählen wir innerhalb der Fiori-App **Fakturen anlegen** den Menüpunkt **Anlegen**. Die Faktura wird erstellt, hat aber auf Kopfebene noch einen Sperreintrag. Dieser Sperreintrag verhindert, abhängig von den Einstellungen der Faktura, die Überleitung an die Buchhaltung. In der Prozessübersicht sehen wir, dass zur Faktura noch kein Buchhaltungsbeleg erzeugt wurde (siehe Abbildung 5.39).

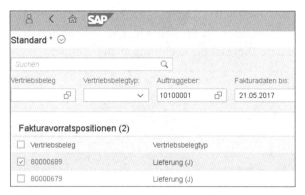

Abbildung 5.38 Fakturierung der Auslieferung

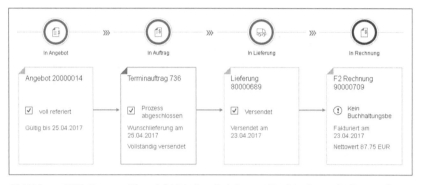

Abbildung 5.39 Prozessübersicht Verkauf ab Lager, Buchhaltungsbeleg noch nicht erzeugt

In Abbildung 5.40 sehen Sie einen Ausschnitt der erzeugten Faktura. Die angezeigte Ansicht erreichen Sie über die Fiori-App **Fakturen verwalten**.

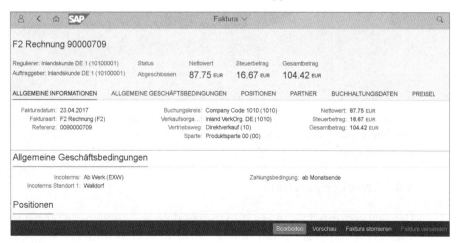

Abbildung 5.40 Ausschnitt aus der erzeugten Faktura

Die erzeugten Nachrichten der Faktura sind im Bereich **Ausgabepositionen** einzusehen. Abbildung 5.41 können Sie entnehmen, dass eine Drucknachricht zur Rechnung existiert. Diese ist die Rechnung an den Kunden.

Abbildung 5.41 Drucknachricht für die Faktura

Buchhaltungs-
übergabe
Damit ein Buchhaltungsbeleg erzeugt wird, muss in diesem Fall die Faktura noch ausgegeben werden. Dafür verwenden wir ebenfalls die Fiori-App **Fakturen verwalten**. Innerhalb der App gibt es die Option, die Faktura zu versenden. Hierfür nutzen Sie den Menüpunkt **Faktura versenden**. Als Folge dessen wird der Buchungsstatus in der Faktura aktualisiert und auf »Buchhaltungsbeleg ist erzeugt« gesetzt, wie Sie auch in der Prozessübersicht sehen (siehe Abbildung 5.42). An dieser Stelle ist der Prozess aus Vertriebssicht abgeschlossen.

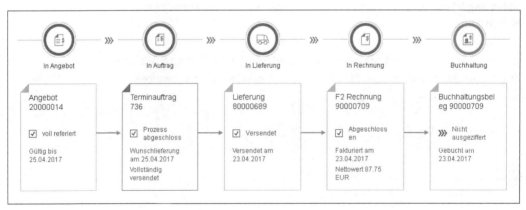

Abbildung 5.42 Prozessablauf für den Verkauf ab Lager

5.4   Streckengeschäft

Der Vertrieb verschiedenster Waren stellt diverse Anforderungen an Ihre Logistik. Je nach Ausrichtung und Beschaffenheit Ihres Unternehmens bestimmen Sie aus betriebswirtschaftlicher Sicht, welche Waren Sie selbst im

Lager vorhalten und welche wiederum nicht. Wichtige Entscheidungskriterien hierfür sind unter anderem die Kapazität und die Ausrichtung Ihres Lagers. Der *Streckenprozess* kann Ihnen dabei helfen, Ihre eigene Logistik zu entlasten, Lagerbestände zu reduzieren, Kosten zu sparen und den Lieferprozess zu optimieren.

5.4.1   Überblick über den Prozess »Streckenabwicklung«

Bezeichnend für ein Streckengeschäft ist, dass die Ware nicht aus Ihrem eigenen Lager heraus, sondern von einem von Ihnen beauftragten Streckenlieferanten direkt zum Endkunden geliefert wird. Dies hat z. B. den Vorteil, dass Sie sich nicht selbst um die logistische Abwicklung kümmern müssen bzw. dass bestimmte Waren nicht oder nur in geringen Mengen im eigenen Lager vorgehalten werden müssen. Sie können somit Kundenbedarfe befriedigen, ohne zwangsläufig alle Waren selbst vorrätig zu haben. Abbildung 5.43 bildet den einfachen Ablauf einer Streckenabwicklung ab.

Lieferung durch einen Streckenlieferanten

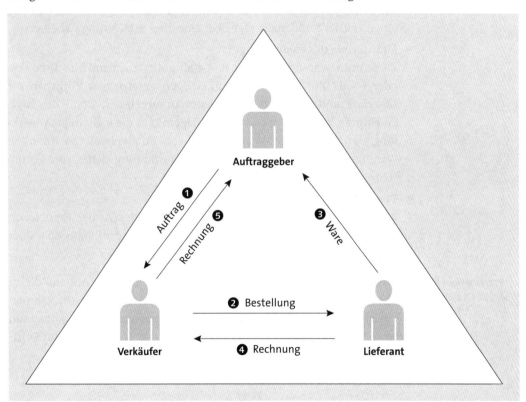

Abbildung 5.43 Beteiligte an der Streckenabwicklung

Der Verkäufer nimmt einen Kundenauftrag für ein Streckenmaterial entgegen ❶. Auf Grundlage des Kundenauftrags wird eine Streckenbestellung erstellt und an den Lieferanten übermittelt ❷. Der Lieferant wird dabei vom Verkäufer beauftragt, die Ware direkt an den Endkunden/Auftraggeber zu liefern ❸. Die Lieferantenrechnung wird durch den Verkäufer reguliert ❹. Der Endkunde erhält eine Rechnung vom Verkäufer ❺.

Geschäftsszenarien bei der Streckenabwicklung

In der Praxis ist die Streckenabwicklung bei den folgenden Geschäftsszenarien ein mögliches Mittel, um die eigene Logistik zu entlasten und die Lieferkette zu optimieren.

- **Filialgeschäft**
  Als Retailer mit eigenem logistischem Verteilzentrum entscheiden Sie sich dazu, bestimmte Waren direkt vom Lieferanten in Ihre Filialen liefern zu lassen.

- **Großauftrag**
  Aufgrund einer erhöhten Auftragslage, die bestandsmäßig nicht von Ihnen selbst bedient werden kann, beauftragen Sie Ihren Lieferanten, einen Teil der Kundenaufträge über eine direkte Lieferung zu bedienen.

- **Limitierung des eigenen Lagers**
  Bestimmte Warengruppen, z. B. Gefahrgüter, medizinische Produkte oder Food- und Frischwaren, unterliegen gesetzlichen Vorgaben für Lagerung und Transport. Nicht jedes Unternehmen ist in der Lage, bestimmte Warengruppen selbst zu lagern und die logistische Abwicklung durchzuführen. Die Bedienung von Kundenbedarfen für diese Warengruppen kann über die Streckenabwicklung daher von Vorteil sein.

- **Geografische Lage**
  Aufgrund der geografischen Lage Ihrer Kunden entscheiden Sie sich von Fall zu Fall, ob Sie die Kundenbedarfe aus Ihrem Lager heraus oder über den Streckenprozess abwickeln.

Prozessablauf in SAP, Strecke ohne Liferavis

Den Prozessablauf in SAP entnehmen Sie Abbildung 5.44. Anhand dieser können Sie die Prozessschritte im SAP-System verfolgen, die wir Rahmen des Beispiels in folgendem Abschnitt durchgehen werden. Wir betrachten dabei die Variante nach SAP Best Practice »Vertriebsabwicklung mit Drittanbietern ohne Lieferavis«.

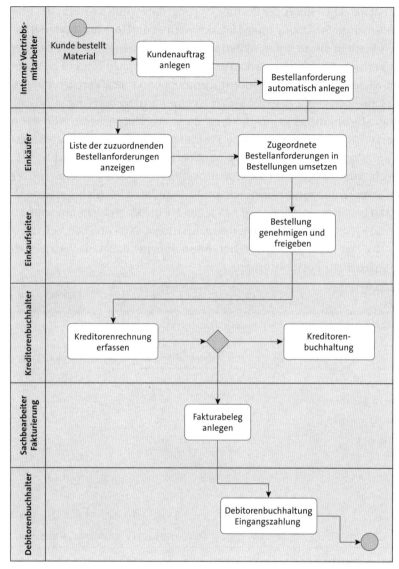

Abbildung 5.44 Prozessablauf der Streckenabwicklung (Quelle SAP)

5.4.2   Praxisbeispiel – Streckenabwicklung

Wir erhalten einen Kundenauftrag über fünf Stück des Materials »TG13«. **Ausgangslage für**
Wir führen das Material selbst nicht auf Lager und vertreiben dieses aus- **das Praxisbeispiel**
schließlich über einen Streckenprozess.

Im Materialstamm ist es deshalb als Streckenmaterial gepflegt. Gesteuert **Materialstamm**
wird dieses durch die Positionstypengruppe. Im Fall von Material »TG13«
definiert die Positionstypengruppe »CBNA«, dass es sich um ein Strecken-

material handelt. Hinter der Positionstypengruppe »CBNA« steckt der Prozess »Streckenabwicklung ohne Lieferavis«. Über die Fiori-App **Material anzeigen** können Sie sich den Materialstammsatz anzeigen lassen. Auf der Sicht **Vertrieb: VerkOrg2** sind die Positionstypengruppen hinterlegt. Wichtig zu wissen ist, dass die Positionstypengruppen je nach Vertriebsbereich unterschiedlich gepflegt sein können. Ist eine vertriebsbereichsspezifische Positionstypengruppe gepflegt, so ist diese ausschlaggebend. Nur wenn keine vertriebsbereichsspezifische Positionstypengruppe gepflegt ist, erhält die allgemeine Positionstypengruppe Relevanz. Dadurch ist es z. B. möglich, ein Material nur in einem bestimmten Vertriebsbereich über einen Streckenprozess abzuwickeln und alle anderen Vertriebsbereiche ab Lager zu beliefern. In Abbildung 5.45 sehen Sie die Materialstammdaten zu Material »TG13«, gültig für Verkaufsorganisation »1010« und den Vertriebsweg »10«. Das Feld **Positionstypengruppe** beinhaltet dabei die vertriebsbereichsspezifische Positionsgruppe.

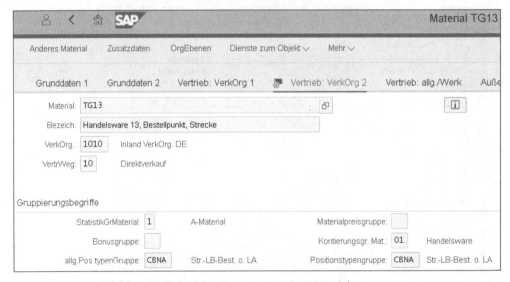

Abbildung 5.45 Positionstypengruppe im Materialstamm

5.4.3 Kundenauftrag anlegen

Kundenauftrag erfassen

Wir starten die Kundenauftragserfassung über die Fiori-App **Kundenauftrag anlegen**. Wir legen einen Standardterminauftrag, in unserem Beispiel Auftragsart »KA«, in der Verkaufsorganisation »1010«, dem Vertriebsweg »10« und der Sparte »00« an. Der Auftraggeber hat die Kundennummer »10100001«. Es sollen »5« Stück vom Material »TG13« an den Auftraggeber geliefert werden. Wir erfassen die Auftragsdaten und speichern den Auftrag. Den erzeugten Auftrag 738 sehen Sie in Abbildung 5.46

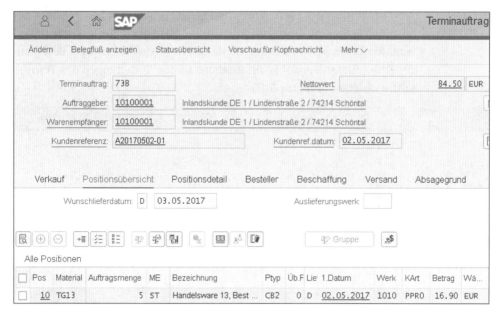

Abbildung 5.46 Übersicht über den erzeugten Auftrag mit Streckenposition

Bei der Erfassung der Position **Material** »TG13« wurde vom System der Positionstyp »CB2« (Strecke ohne Lieferavis) als Vorschlag ermittelt und in die Position übernommen. Im Fall des Materials »TG13« ist hierfür die Positionstypengruppe »CBNA« aus den Materialstammdaten verantwortlich. Der Positionstyp »CB2« (Strecke ohne Lieferavis) steuert unter anderem die auftragsbezogene Fakturierung und zudem, dass jene im Vertrieb erst nach Buchung der Lieferantenrechnung in der Materialwirtschaft erfolgen kann.

Positionstyp

Des Weiteren erlaubt er die Generierung von Einteilungen, die für den weiteren Prozess benötigt werden. Einteilungen unterteilen eine Position nach verfügbaren Mengen, die zum Lieferdatum verfügbar sind. Kann z. B. eine Position nur in Teillieferungen bedient werden, erhalten Sie mehrere Einteilungen zu dieser Position. Einteilungen enthalten einen Einteilungstyp, der wie auch der Positionstyp prozesssteuernde Eigenschaften besitzt. Im abgebildeten Prozess wird der Einteilungstyp »CT« ermittelt. Diesen finden Sie auf Positionsebene des Auftrags auf der Registerkarte **Einteilungen**. Welcher Einteilungstyp gefunden wird, hängt vom verwendeten Positionstyp ab. Der Einteilungstyp »CT« ist so eingestellt, dass erfasste Positionen mit diesem Typ nicht lieferrelevant sind und keine Bedarfs- und Verfügbarkeitsprüfung durchgeführt wird. Die Bedarfs- und Verfügbarkeitsprüfung sowie die Erstellung einer Lieferung sind bei einer Streckenabwicklung nicht notwendig, da die Ware nicht aus dem eigenen Lager geliefert wird.

Einteilung und Einteilungstyp

Bestellanforderung erzeugen   Der Einteilungstyp steuert in unserem Beispiel auch, dass beim Sichern des Terminauftrags eine Bestellanforderung (Banf) in der Materialwirtschaft erzeugt wird. Den verwendeten Einteilungstyp sowie die erzeugte Bestellanforderung finden Sie auf Positionsebene in den Einteilungen des Terminauftrags (siehe Abbildung 5.47).

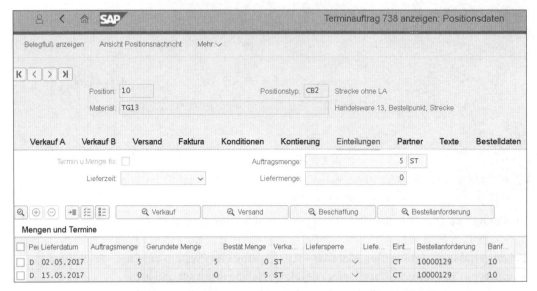

Abbildung 5.47 Einteilung des Terminauftrags mit Bestellanforderung

5.4.4   Abwicklung im Einkauf (Materialwirtschaft)

Folgeprozesse in der Materialwirtschaft   Die aus dem Kundenauftrag generierte Bestellanforderung »10000129« ist die Grundlage für den weiteren Prozessverlauf in der Materialwirtschaft. Hier finden die folgenden Prozessschritte statt:

1. **Ermittlung und Zuteilung der Bezugsquelle**
   Der Bestellanforderung wird eine Bezugsquelle bzw. ein Lieferant zugewiesen, bei dem die Ware beschafft werden soll.

2. **Umwandlung der Bestellanforderung in eine Bestellung**
   Bei der Bestellgenerierung wird dabei die Adresse des Auftraggebers aus dem Kundenauftrag automatisch als Anlieferadresse in die Bestellung übernommen.

3. **Freigabeprozess (optional)**
   Es kann notwendig sein, dass eine Bestellung vor Übermittlung an den Lieferanten noch freigegeben werden muss. Auch dieses geschieht in der Materialwirtschaft. Erst nach Prüfung und Freigabe der Bestellung wird diese an den Lieferanten übermittelt.

4. **Logistische Rechnungsprüfung**

Die Lieferantenrechnung wird in der Materialwirtschaft (Logistik Rechnungsprüfung) geprüft und gebucht. Die logistische Rechnungsprüfung stellt den letzten Prozessschritt in der Materialwirtschaft da.

5.4.5 Fakturabeleg anlegen

Nach Erfassung der Lieferantenrechnung (Logistik Rechnungsprüfung) in der Materialwirtschaft kann der Prozess im Vertrieb fortgesetzt werden. Die Fakturamenge im Vertrieb wird auf Grundlage der logistischen Rechnung aktualisiert. Bedingt durch die Einstellungen des Positionstyps CB2, können Sie erst jetzt, nach Eingang und Erfassung der logistischen Rechnung, eine Faktura im Vertrieb anlegen.

Im letzten Schritt starten wir die Fiori-App **Fakturen anlegen**, wählen unseren Auftrag aus und führen eine auftragsbezogene Faktura auf Basis der Rechnungseingangsmenge aus der logistischen Rechnungsprüfung durch. Die Rechnung wird dem Auftraggeber übermittelt. Der Kundenauftrag erhält durch die Fakturierung im Vertrieb den Status »erledigt«. In Abbildung 5.48 sehen Sie den Prozessablauf samt erstellter Belege.

Auftragsbezogene Faktura

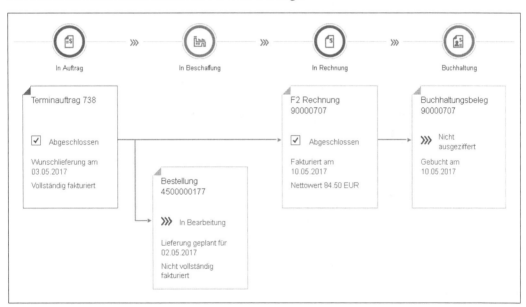

Abbildung 5.48 Prozessablauf bei der Streckenabwicklung

Im Finanzwesen muss zum einen die Lieferantenrechnung ausgeglichen und zum anderen der Zahlungseingang vom Endkunden überwacht und verbucht werden.

5.5   Retouren und Reklamationen

Wenn ein Kunde beschädigte Ware feststellt und reklamiert, kann er sie nach Rücksprache mit dem Verkäufer zurücksenden. Im Fall einer Reklamation legt der Verkäufer im SAP-System einen Kundenretourenauftrag an.

5.5.1   Überblick über den Prozess »Kundenretouren«

Vereinbaren Verkäufer und Kunde, dass Ware retourniert werden soll, legt der Verkäufer im SAP-System ein Retourenauftrag mit Bezug zum Vorgängerbeleg an. Der erzeugte Auftrag erhält bei Anlage eine Fakturasperre. Zum Retourenauftrag wird eine Retourenauslieferung angelegt, die die Rücklieferung abbildet. Physisch erhalten wir zwar einen Wareneingang, systemseitig wird allerdings eine Warenausgangsbuchung zur Retourenauslieferung gebucht. Nach Rücklieferung kann die Fakturasperre entfernt und eine Gutschrift erzeugt werden. Den Ablauf des Retourenprozesses sehen Sie in Abbildung 5.49.

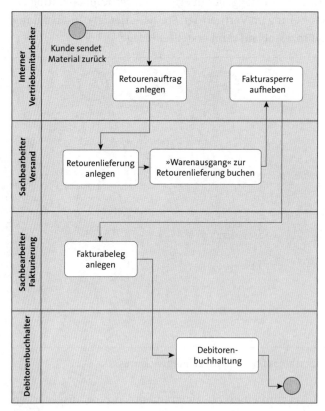

Abbildung 5.49 Prozessablauf bei der Abwicklung von Kundenretouren (Quelle SAP)

5.5.2   Praxisbeispiel – Kundenretouren

Der Kunde hat mangelhafte Ware erhalten und schickt diese nach Abspra-che an uns zurück. Er will nur einen Teil der Waren zurücksenden, da die restliche Lieferung in Ordnung war. Als Referenzbeleg gilt Rechnung »90000709«.

Ausgangslage

5.5.3   Retourenauftrag anlegen

Wir beginnen mit der Anlage des Retourenauftrags. Hierfür starten wir die Fiori-App **Kundenauftrag anlegen**. Als Auftragsart nutzen wir »CBRE«, ein-fache Retoure, und bestätigen die Eingabe mit **Weiter**. Es öffnet sich direkt der Dialog **Anlegen mit Bezug**. Die Erfassung des Retourenauftrags ist mit Bezug zu einer Faktura durchführbar. Durch die Bezugstechnik wird unter anderem der Belegfluss weiter aktualisiert, was die Nachvollziehbarkeit des Vorgangs erleichtert. In unserem Beispiel beziehen wir uns auf die Faktura »90000709«, mit der die Waren ursprünglich an den Kunden geliefert wur-den (siehe Abbildung 5.50).

Kundenretouren-auftrag anlegen mit Bezug zur Faktura

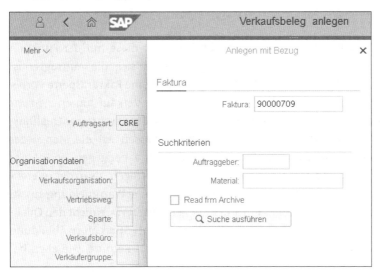

Abbildung 5.50 Retourenauftrag anlegen mit Bezug zur Faktura

Wir wählen aus dem Dialog **Anlegen mit Bezug** heraus den Menüpunkt **Po-sitionsauswahl**, um uns einen Überblick über die Positionen zu verschaf-fen. Im Folgenden öffnet sich eine Übersicht der im Referenzbeleg enthalte-nen Positionen. In der Faktura, auf die Bezug genommen wird, haben wir nur eine Position zur Auswahl. Für den Fall, dass wir eine Rechnung mit vielen Positionen haben, können Sie hier nur die für die Retoure relevanten Positionen auswählen und in den Retourenauftrag übernehmen (siehe Positionsauswahl in Abbildung 5.51).

Abbildung 5.51 Positionsauswahl aus dem Referenzbeleg für die Übernahme in den Retourenauftrag

Position übernehmen

Wir wählen Position »10« aus und übernehmen diese mit der Funktion **Übernehmen** in den Retourenauftrag. Es öffnet sich die Auftragserfassungsmaske. Bedingt durch die Auftragsart wird eine **Fakturasperre** vorbelegt (»Gutschrift prüfen«). Auf der Registerkarte **Verkauf** hinterlegen wir einen **Auftragsgrund**. In unserem Beispiel wurde die Retoure aus Qualitätsgründen veranlasst. In den Positionsdaten erfassen wir die Menge der Retourenposition. Die erfassten Mengen werden dabei gegen die Faktura geprüft. Wird eine größere Retourenmenge eingetragen, als in der referenzierenden Faktura enthalten ist, gibt das System eine Warnmeldung aus. In unserem Fall entspricht nur ein Stück der gelieferten Ware nicht den Qualitätsansprüchen. Wir ändern daher die Menge auf »1« Stück ab. In Abbildung 5.52 sehen Sie die Erfassungsmaske der einfachen Retoure, wie eben beschrieben.

Lagerort

Für die Abwicklung der Retouren ist im Lager wie auch im System ein eigener Lagerort eingerichtet. Für die Retourenabwicklung ist im System der **Lagerort** »101R Retouren« vorgesehen. Im Retourenauftrag befindet sich dieser auf Positionsebene des Auftrags auf der Registerkarte **Versand** (siehe Abbildung 5.53).

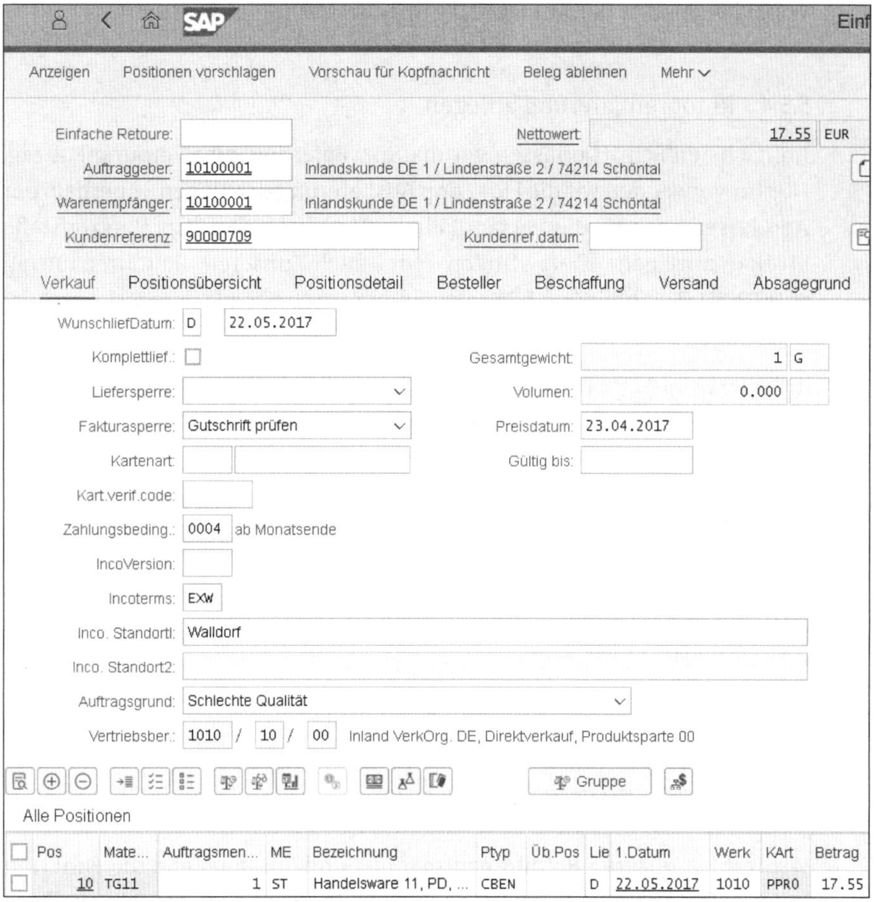

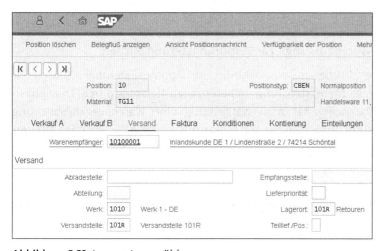

Abbildung 5.52 Einfache Retoure anlegen

Abbildung 5.53 Lagerort auswählen

Wir erzeugen den Retourenauftrag über den Menüpunkt **Sichern**.

5.5.4 Retourenlieferung anlegen

Im nächsten Schritt erfassen wir die Rücklieferung zum Retourenauftrag. Hierfür verwenden wir die Fiori-App **Auslieferungen anlegen**. Innerhalb der App lassen wir uns die versandfälligen Verkaufsbelege zur Versandstelle »101R« anzeigen. Dort finden wir auch unseren Retourenauftrag »60000007«. Abbildung 5.54 zeigt einen Ausschnitt aus der Fiori-App **Auslieferungen anlegen**.

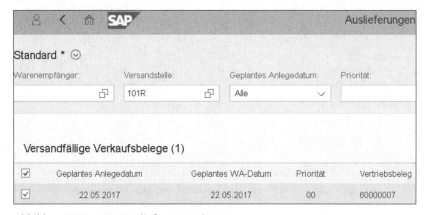

Abbildung 5.54 Retourenlieferung anlegen

Wir wählen unseren Retourenauftrag aus und anschließend die Funktion **Lieferungen anlegen**. Dann lassen wir uns im Anschluss das Protokoll zur Liefererstellung ausgeben und prüfen, ob die Lieferung erfolgreich erzeugt wurde. In unserem Beispiel wurde Retourenlieferung »84000003« erstellt.

5.5.5 »Warenausgang« zur Retourenlieferung buchen

Warenausgang zur Retourenlieferung

Die Ware trifft bei uns ein. Über die Fiori-App **Auslieferungen** führen wir eine Warenausgangsbuchung zur Retourenauslieferung durch. Trotz physischen Wareneingangs wird systemseitig eine Warenausgangsbuchung durchgeführt. Innerhalb der App schränken wir dafür die Selektion auf **Versandstelle** »101R« und **Gesamtstatus** »Bereit zum Buchen von WA« ein und wählen die gewünschte Lieferung aus. In unserem Beispiel ist dies die Lieferung »84000003« (siehe Abbildung 5.55). Wir markieren die Lieferung, um sie in den Arbeitsvorrat für die Warenausgangsbuchung zu übernehmen, und wählen die Funktion **WA buchen**.

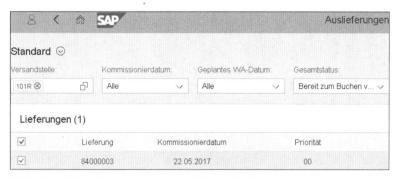

Abbildung 5.55 Warenausgang zur Retourenlieferung

5.5.6 Fakturabeleg anlegen

Um die Retourengutschrift anlegen zu können, muss vorab die Fakturasperre entfernt werden. Hierfür öffnen wir die Fiori-App **Kundenauftrag ändern** und entfernen die Fakturasperre im Retourenauftrag. Daraufhin können wir die Gutschrift erstellen. Hierfür starten wir die Fiori-App **Fakturen anlegen** und selektieren unsere Retourenlieferung »84000003« über die nebenstehende Checkbox. In Abbildung 5.56 sehen Sie den Fakturavorrat für die Fakturierung.

Retourengutschrift

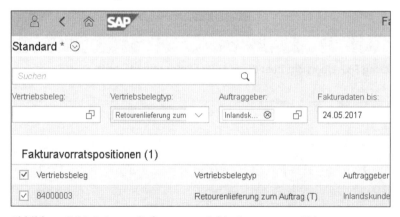

Abbildung 5.56 Retourenlieferung zur Fakturierung auswählen

In Abbildung 5.57 sehen Sie die erzeugte Retourengutschrift. Die Retourengutschrift wird über die Nachrichtensteuerung gedruckt und an den Kunden übermittelt.

Wenn wir uns im Folgenden den Prozessablauf zum ursprünglichen Terminauftrag 736 anzeigen lassen, sehen wir, dass dieser durch den neuen Beleg (**Einfache Retoure 60000007**) ergänzt wurde (siehe Abbildung 5.58). Im Vertrieb ist der Prozess somit abgeschlossen.

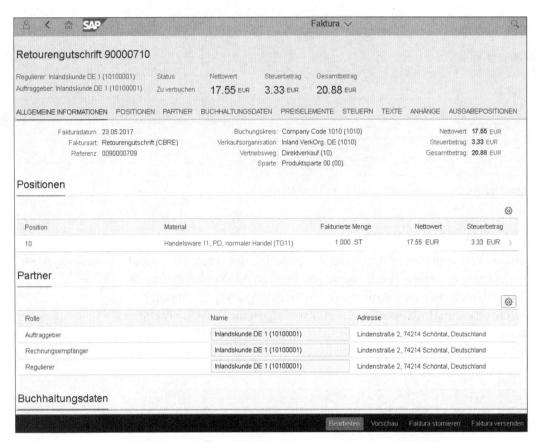

Abbildung 5.57 Übersicht über die erzeugte Retourengutschrift

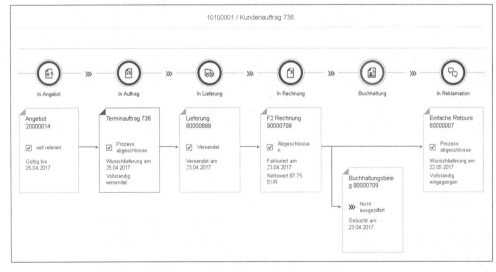

Abbildung 5.58 Prozessablauf einer einfachen Retoure

5.6   Abwicklung von Gutschriften

Die Erstellung von *Gutschriften* ist ein wichtiger betriebswirtschaftlicher Vorgang und ein Mittel, um beanstandete Mängel auszugleichen. Eine einfache Gutschrift erstellen Sie in der Regel, wenn keine physische Retoure der Ware erwartet wird.

5.6.1   Überblick über den Prozess »Gutschriftsabwicklung«

Aus unterschiedlichen Gründen kann es vorkommen, dass die Erstellung einer Gutschrift notwendig ist. Im SAP-System wird zu diesem Zweck eine Gutschriftsanforderung angelegt. Im Standard wird diese, aufgrund des Customizings der Auftragsart, mit einer Fakturasperre angelegt. Nach Prüfung durch einen Sachbearbeiter wird die Fakturasperre entweder aufgehoben, oder die Gutschriftsanforderung wird abgesagt. Wird entschieden, dass die Fakturasperre aufgehoben wird, kann die eigentliche Gutschrift erzeugt werden. Gutschriftspositionen sind nicht einteilungsrelevant und daher nicht lieferrelevant. Aus diesem Grund erfolgt die Faktura auftragsbezogen. Abbildung 5.59 zeigt Ihnen den Ablauf einer positiv bewerteten Gutschrift.

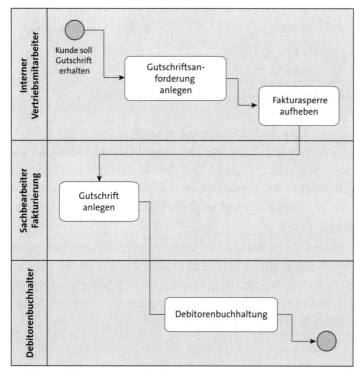

Abbildung 5.59 Prozessablauf bei der Gutschriftsbearbeitung (Quelle SAP)

5.6.2 Praxisbeispiel – Gutschriftsabwicklung

Ausgangslage für das Praxisbeispiel

Auf dem Weg zum Kunden wurde ein Teil der Ware leicht beschädigt. Der Kunde hat die Beschädigung beanstandet, würde die Ware allerdings behalten. Aus Kulanz stellen wir dem Kunden eine Gutschrift über den Wert eines Stücks des Materials TG11 aus und verzichten nach Absprache auf die Rücklieferung der beschädigten Ware. Alternativ wäre auch eine anteilige Gutschrift durchführbar.

5.6.3 Gutschriftsanforderung anlegen

Wir starten die Erfassung unserer Gutschriftsanforderung, indem wir die App **Gutschriftsanforderung verwalten** aufrufen und innerhalb der App die Funktion **Gutschriftsanforderung anlegen** ausführen (siehe Ausschnitt der App in Abbildung 5.60).

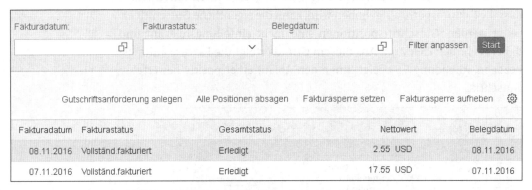

Abbildung 5.60 Gutschriftsanforderungen verwalten

Gutschriftsanforderung anlegen mit Bezug

Über die Funktion **Gutschriftsanforderung anlegen** gelangen wir ins Einstiegsmenü der Auftragserfassung. Wir hinterlegen im Feld **Auftragsart** die Belegart »GSA«, die standardmäßig für Gutschriften verfügbar ist. Da wir in unserem Beispielfall einen Vorgängerprozess haben, legen wir die Gutschriftsanfrage mit Bezug zu diesem an. Wir wählen daher die Funktion **Anlegen mit Bezug**.

Im Auswahldialog können wir uns auf unterschiedliche Vertriebsbelegtypen beziehen. Wir beziehen uns bei der Anlage der Gutschriftsanforderung auf die Faktura »90000706« und steigen damit in die Erfassung der eigentlichen Gutschriftsanforderung ein. In Abbildung 5.61 sehen Sie den Dialog **Anlegen mit Bezug** zum beschriebenen Vorgang.

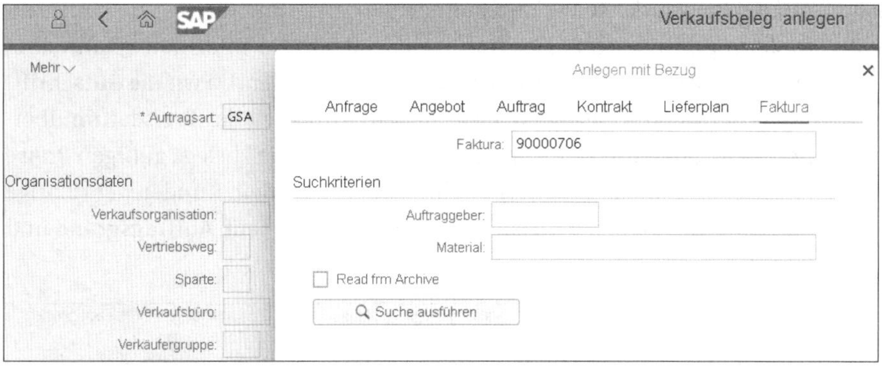

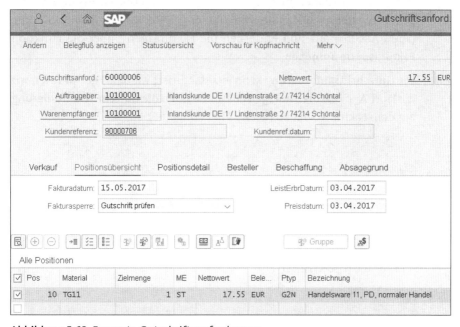

Abbildung 5.61 Gutschriftsanforderung anlegen mit Bezug

Weil die Gutschriftsanforderung mit Bezug zur Faktura angelegt wurde, werden die Auftragsdaten aus dem Vorlagebeleg übernommen. Im Feld **Kundenreferenz** hinterlegen wir die Nummer der Faktura, auf die wir uns beziehen. Ursprünglich wurden dem Kunden zwei Stück des Materials »TG11« geliefert und in Rechnung gestellt. Da wir dem Kunden den kompletten Wert für ein Stück des Materials »TG11« gutschreiben möchten, ändern wir die Menge auf »1« Stück ab. Bedingt durch das Customizing der Belegart »GSA«, wird bei Anlage der Gutschriftsanforderung die **Fakturasperre** »Gutschrift prüfen« gesetzt. Abbildung 5.62 zeigt die erzeugte Gutschriftsanforderung wie beschrieben.

Faktura als Kundenreferenz hinterlegen

Abbildung 5.62 Erzeugte Gutschriftsanforderung

Grund für die Gut-
schriftsanforderung

Auf der Registerkarte **Verkauf** können Sie den Grund für die Gutschriftsanforderung hinterlegen. Der Auftragsgrund ist rein informativ, kann aber
auch zu Auswertungszwecken herangezogen werden. Da wir die Gutschriftsanforderung mit Bezug angelegt haben, wird auch das Preisdatum übernommen. So werden die zum Zeitpunkt des Referenzbelegs gültigen Preise
ermittelt. Damit kann sichergestellt werden, dass dem Kunden der richtige
Preis gutgeschrieben wird (siehe Registerkarte **Verkauf**, **Auftragsgrund** und
Preisdatum in Abbildung 5.63).

Abbildung 5.63 Fakturasperre und Auftragsgrund

5.6.4   Fakturasperre entfernen und Fakturabeleg anlegen

Fakturasperre
entfernen

Nach positiver fachlicher Prüfung kann die Fakturasperre entfernt werden.
Wir wechseln zu diesem Zweck wieder in die App **Gutschriftsanforderungen verwalten**, wählen die von uns angelegte Gutschriftsanforderung
(»60000006«) aus und entfernen die Fakturasperre über die Funktion
Fakturasperre aufheben.

Gutschrift erzeugen

Die Gutschriftsanforderung kann jetzt fakturiert werden. Hierfür rufen wir
die Fiori-App **Fakturen anlegen** auf und wählen die **Gutschriftsanforderung**
aus dem Fakturavorrat aus (siehe Abbildung 5.64).

Abbildung 5.64 Gutschriftsanforderung aus dem Fakturavorrat auswählen

Innerhalb der App nutzen wir die Funktion **Anlegen**, um den gewählten Fakturavorrat zu fakturieren und damit die Gutschrift zu erzeugen. Die erzeugte Gutschrift sehen Sie in Abbildung 5.65. Über die Nachrichtensteuerung wird die Gutschrift ausgedruckt und an den Kunden versendet.

Abbildung 5.65 Gutschrift anzeigen

Da wir die Gutschrift in diesem Fall mit Bezug zu einem bereits bestehenden Vertriebsbeleg angelegt haben, wird dieses auch im Belegfluss sichtbar. In Abbildung 5.66 sehen Sie den Prozessablauf zu **Terminauftrag 735**, zu dem die Faktura »90000706« gehört und in dem jetzt auch unsere Gutschriftsanforderung »60000006« sichtbar ist.

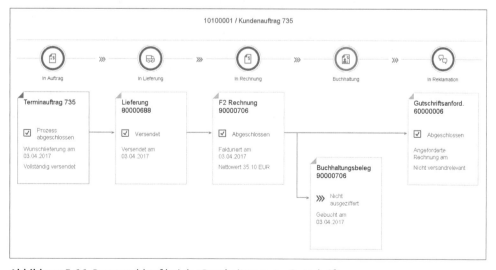

Abbildung 5.66 Prozessablauf bei der Bearbeitung von Gutschriften

5.7   Zusammenfassung

Im Verlauf dieses Kapitels haben Sie neue und nützliche Funktionen kennengelernt, die Ihnen mit SAP S/4HANA 1610 zur Verfügung stehen. In diesem Zusammenhang haben Sie die neue Verfügbarkeitsprüfung nach Advanced Available-to-Promise kennengelernt, die erweiterte Funktionen für die Verfügbarkeitsprüfung, z. B. die Priorisierung von Kundenbedarfen, beinhaltet. Darüber hinaus haben wir die Positionierung des Advanced ATP in der Systemlandschaft mit den bekannten Ansätzen Available-to-Promise und Global Available-to-Promise verglichen.

Im weiteren Verlauf des Kapitels haben Sie nützliche Fiori-Apps für die Verwaltung Ihrer Vertriebsbelege sowie analytische Funktionen der Kundenauftragsabwicklung kennengelernt. Schließlich haben wir anhand von praktischen Beispielen gezeigt, wie zentrale SAP-Vertriebsprozesse mit Fiori-Apps unterstützt werden.

Zusammenfassend ist festzustellen, dass sich die bekannten Prozesse im Vertrieb nicht geändert haben. Die Apps für das Anlegen von Vertriebsbelegen ähneln den altbekannten Transaktionen, die überdies noch funktionsfähig sind. Das hat den Vorteil, dass sich erfahrene SAP Anwender und Berater schnell zurechtfinden können.

Andererseits stehen Ihnen aber auch neu designte Apps zur Verfügung, die Ihnen einen verbesserten Überblick über Ihre Kundenauftragsabwicklung bieten, wie z. B. die Fiori-App **Kunde – 360°-Sicht** oder die **Performance der Auftragsabwicklung**.

Als Highlight im Vertrieb sehen wir neben den neuen analytischen Funktionen ganz klar die Integration der neuen Verfügbarkeitsprüfung nach Advanced Available-to-Promise in den SAP-S/4HANA-Core. Die erweiterten Funktionen der Verfügbarkeitsprüfung bieten viel Potenzial für Optimierungen sowohl in den Prozessen als auch in der Systemlandschaft.

Im folgenden Kapitel erfahren Sie, welche Retail-Funktionen Sie jetzt integriert nutzen können und wie Sie diese aktivieren können. Sie erfahren, was neu ist und welchen Ansatz die Integration in den Core verfolgt.

Kapitel 6
SAP Retail

In diesem Kapitel behandeln wir die SAP-Lösung für den Einzelhandel –
SAP Retail. Unser Fokus liegt auf den Neuerungen in den Stammdaten und
der Aktivierung der SAP-Branchenlösung für Retail.

Die korrekte Bezeichnung der SAP-Retail-Software lautet *SAP S/4HANA 1610 Retail for merchandising management*. Da die offizielle Bezeichnung sehr lang ist, nennen wir die Software in diesem Kapitel kurz SAP Retail. Der Begriff *Retail* stammt aus dem Englischen und bedeutet Einzelhandel. Typischer Endkunde ist hier der private Verbraucher. Beim Großhandel (engl. Wholesale) werden die Produkte in der Regel weiterverkauft.

In den folgenden Abschnitten bieten wir Ihnen einen Einstieg in SAP Retail in SAP S/4HANA und hoffen, Ihnen damit die (zukünftige) Arbeit mit der Software zu erleichtern. Da sich die logistischen SAP-Retail-Prozesse in SAP S/4HANA kaum verändert haben, konzentrieren wir uns auf die Vorgehensweise bei der Aktivierung von SAP Retail und auf die Veränderungen im Hinblick auf die Stammdaten.

Als Erstes zeigen wir Ihnen in Abschnitt 6.1, »Der Weg zu SAP Retail«, den Weg, um die Branchenlösung SAP Retail in SAP ECC und SAP S/4HANA zu aktivieren. Danach ordnen wir in Abschnitt 6.2, »Integration von SAP Retail in SAP S/4HANA«, SAP Retail innerhalb der SAP S/4HANA Suite für Sie ein. Über die für den Retail-Bereich relevanten Organisationseinheiten lesen Sie in Abschnitt 6.3, »Organisationsstrukturen«. Anschließend zeigen wir Ihnen die wichtigsten Retail-Stammdaten in Abschnitt 6.4, »Stammdaten«. Als Abschluss dieses Kapitels stellen wir in Abschnitt 6.5, »Die Aufteilung«, den Retail-spezifischen Aufteiler vor. Mithilfe des Aufteilers können Sie in SAP Retail eine Verteilung der Ware z. B. auf mehrere Filialen planen.

6.1 Der Weg zu SAP Retail

Die Lösungen von SAP zeichnen sich durch eine hohe Anpassbarkeit aus; beispielsweise können Sie die Standardprozesse mithilfe von Customizing gemäß den Kundenwünschen anpassen oder den organisatorischen Aufbau der Firma über die Organisationsstrukturen abbilden.

Branchenlösungen von SAP

Aber irgendwann reichen auch diese Anpassungsmöglichkeiten nicht mehr aus, um alle Bedürfnisse zu befriedigen, oder der Aufwand dafür wäre zu groß. Aus diesen Grund hat SAP die Branchenlösungen (engl. Industry Solutions) auf den Markt gebracht. Mittlerweile bietet SAP eine ganze Reihe solcher Branchenlösungen an. Eine aktuelle Liste finden Sie unter *https://www.sap.com/germany/solution.html*.

Wenn Sie in einem Handelsunternehmen tätig sind, haben Sie spezielle Ansprüche an Ihre ERP-Software. Die Stammdaten, z. B. die Werkstammdaten aus SAP ECC, sind nicht ausreichend, um die Geschäftsprozesse zwischen Verteilzentren und den Filialen abzubilden. Dazu sollten die Materialstammdaten weitere Informationen aufnehmen, wie es in SAP Retail möglich ist.

In diesem Abschnitt stellen wir die Business Functions aus SAP ECC 6.0 vor. In Abschnitt 6.2, »Integration von SAP Retail in SAP S/4HANA«, erläutern wir die Neuerungen der Business Functions unter SAP S/4HANA sowie die Integration von SAP Retail in SAP S/4HANA.

6.1.1   SAP Retail in SAP ECC aktivieren

Retail Switch

Vor der Einführung von SAP S/4HANA mussten Sie, wenn Sie SAP Retail einsetzen wollten, das SAP-System als SAP Retail ausprägen. Also wurde mit dem sogenannten *Retail Switch* aus dem »Industriesystem« SAP ECC ein SAP-Retail-System.

SAP ECC ist für produzierende Unternehmen konzipiert und nicht für den Handel geeignet. SAP bezeichnet SAP ECC als »SAP-Lösung für die Industrie«, daher wird SAP ECC auch als »Industriesystem« bezeichnet.

[!]

Konsequenzen beim Retail Switch in SAP ECC

Bitte beachten Sie, dass das Aktivieren des Retail Switch in SAP ECC weitreichende Folgen hat:

- Der Retail Switch, also die Aktivierung des Business Function Set SAP Retail, ist nicht rückgängig zu machen!
- Haben Sie das Business Function Set SAP Retail aktiviert, ist es nicht möglich, weitere Branchenlösungen zu nutzen.
- Sie benötigen eine gültige Lizenz für die Branchenlösung SAP Retail.

Nach dem Einsatz des Retail Switch sind folgende Funktionen nicht mehr verfügbar:

- Material Ledger
- Dispositionsbereiche

Durch die Aktivierung des Business Function Set SAP Retail werden die speziell für den Handel entwickelten Funktionen nutzbar. Folgende Änderungen treten ein:

- Die Menüeinträge werden an SAP Retail angepasst.
- Retail-Erweiterungen für bestehende Transaktionen sind verfügbar.
- Sie können SAP-Retail-Transaktionen (z. B. MM43, WB02) nutzen.
- Der Einführungsleitfaden (Transaktion SPRO) hat sich verändert.

Wenn Sie den Retail Switch durchführen, wird also die Umstellung auf SAP Retail technisch durch Business Functions, die zu einem Business Function Set zusammengefasst sind, realisiert.

Business Functions in SAP ECC 6.0

Pro Systeminstanz kann nur ein einziges Business Function Set aktiviert werden. Damit Sie zusätzlich zu einer aktivierten Branchenlösung auch das allgemeine Business Function Set nutzen können, ist dieses in die Business Function Sets der Branchenlösungen integriert. Das Business Function Set für SAP Retail ist in Abbildung 6.1 zu sehen.

Abbildung 6.1 Business Function Set »ISR-RETAIL«

In Abbildung 6.2 sehen Sie einen Überblick über die Funktionen, die die Business Function für SAP Retail bereitstellt. Die Betriebsstammdaten und die Artikelstammdaten werden in Abschnitt 6.4.5, »Der Artikelstammsatz«, ausführlich behandelt. Die Aufteilung schauen wir uns in Abschnitt 6.5, »Die Aufteilung«, an.

Funktionen von Business Function Retail

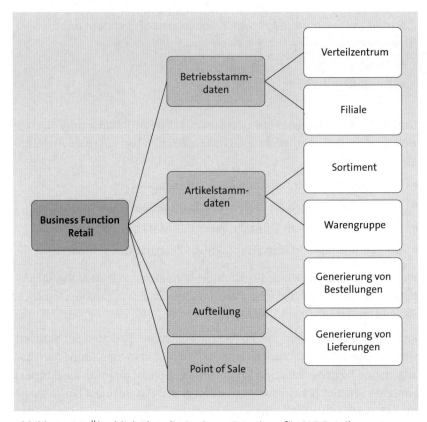

Abbildung 6.2 Überblick über die Business Functions für SAP Retail

Verwendete
Begriffe in SAP
Retail und SAP ECC

Vielleicht ist Ihnen aufgefallen, dass sich die im Zusammenhang mit SAP Retail verwendeten Begriffe etwas von der Terminologie unterscheiden, die Sie aus SAP ECC gewohnt sich (so wie sich auch einige betriebswirtschaftliche Standardbegriffe von SAP-eigenen Begriffen unterscheiden). Um Ihnen das Verständnis zu erleichtern, finden Sie in Tabelle 6.1 eine Gegenüberstellung der wichtigsten Begriffe in SAP Retail und SAP ECC.

SAP ECC (Industrie)	SAP Retail
Material	Artikel
Werk	Betrieb
Fabrikkalender	Logistikkalender

Tabelle 6.1 Gegenüberstellung der Terminologie in SAP ECC und SAP Retail

6.1.2 SAP Retail in SAP S/4HANA aktivieren

Alles bisherigen SAP-Lösungen konnten entweder als Industrielösung (zum Beispiel SAP ECC, siehe Abschnitt 6.1.1, »SAP Retail in SAP ECC aktivieren«) genutzt werden oder sind als Branchenlösung ausgeprägt worden. Dadurch sind einige Funktionen der Industrielösung verloren gegangen.

Mit SAP S/4HANA können Sie nun die SAP-Retail-Branchenlösung aktivieren, ohne dass Funktionen der SAP S/4HANA Suite verloren gehen. Die Frage, ob SAP Retail oder die SAP-Lösung für die Industrie genutzt werden soll, ist also nicht mehr relevant! Auch der Hinweis aus Abschnitt 6.1.1, dass es mit der Aktivierung von Business Function Retail nicht mehr möglich ist, weitere Branchenlösungen zu nutzen, gilt unter SAP S/4HANA nicht mehr!

Auch in SAP S/4HANA können Sie SAP Retail über einen Schalter, den Retail Switch, aktivieren.

Kurztextersetzung für den Handel (SAP-Hinweis 2377816)   [«]

Die in der Tabelle 6.1 beschriebenen Begrifflichkeiten sind in SAP S/4HANA nicht immer beibehalten worden. SAP verweist in SAP-Hinweis 2377816 darauf, dass in SAP S/4HANA die Kurztextersetzung für den Handel nicht mehr verfügbar ist. Daher kann es in diesem Kapitel zu Unterschieden bei den Begrifflichkeiten im Text und in den Abbildungen kommen.

6.2 Integration von SAP Retail in SAP S/4HANA

Was eine Branchenlösung für den Handel ausmacht, haben wir bereits in Abschnitt 6.1, »Der Weg zu SAP Retail«, erläutert. Daran ändert sich auch in SAP S/4HANA wenig. In diesem Abschnitt zeigen wir Ihnen, wie sich die SAP-Retail-Lösung in die SAP S/4HANA Suite einfügt.

Abbildung 6.3 ist eine stark vereinfachte Darstellung, aber sie zeigt deutlich die Integration der SAP-Retail-Lösung in die anderen Komponenten der SAP S/4HANA Suite.

Diese Integration ermöglicht SAP Retail, auf die in den restlichen Kapiteln dieses Buchs beschriebenen betriebswirtschaftlichen Kernanwendungen, z. B. Beschaffung (Kapitel 3, »Einkauf«) oder Finanzwesen (Kapitel 9, »Integration mit SAP S/4HANA Finance«), zuzugreifen. Damit sind die in den entsprechenden Kapiteln vorgestellten Neuerungen zu großen Teilen auch in SAP Retail nutzbar.

SAP-S/4HANA-Neuerungen auch in SAP Retail nutzbar

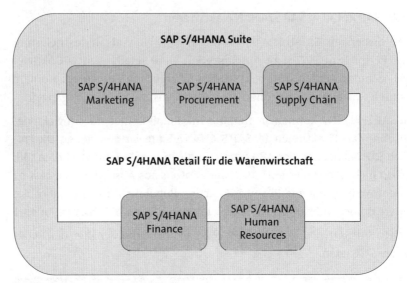

Abbildung 6.3 Überblick über die Integration von SAP Retail in SAP S/4HANA Suite

6.3   Organisationsstrukturen

Mit den Organisationsstrukturen bietet SAP eine Möglichkeit, die Standardsoftware an die Bedürfnisse des jeweiligen Unternehmens anzupassen.

Wie in Abbildung 6.3 gezeigt, ist SAP Retail in die SAP S/4HANA Suite integriert und hat somit auch die in Kapitel 3, »Einkauf«, und Kapitel 5, »Vertrieb«, beschriebenen Organisationsstrukturen geerbt. Aus SAP-Retail-Sicht haben sich die Organisationsstrukturen nicht verändert. Daher möchte ich nur auf die Besonderheiten im Zusammenhang mit Retail hinweisen.

6.3.1   Organisationsstrukturen der Bestandsführung

In Abbildung 6.4 finden Sie einen Überblick über die Organisationsstrukturen bei der Bestandsführung ohne Warehouse-Management. Das Warehouse-Management wird in Kapitel 7, »Lagerverwaltung mit Embedded EWM«, ausführlich vorgestellt. Die Organisationsstrukturen *Mandant* und *Lagerort* haben die gleichen Funktionen, wie in Kapitel 3, »Einkauf«, erläutert.

Etwas Besonderes in SAP Retail ist der Betrieb, diesen werden wir uns in Abschnitt 6.4.4, »Der Betrieb«, etwas genauer ansehen.

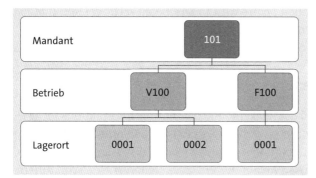

Abbildung 6.4 Organisationsstrukturen in der Bestandsführung

6.3.2 Organisationsstrukturen im Verkauf

In diesem Abschnitt gehen wir auf die Organisationsstrukturen im Verkauf ein. Wie bereits weiter oben geschildert, haben sich die Organisationsstrukturen aus Retail-Sicht nicht verändert. Das trifft auch auf den Vertrieb in SAP S/4HANA zu.

Die Verkaufsorganisation ist rechtlich und organisatorisch für den Vertrieb verantwortlich. Anders als im Vertrieb, wo die Kombination aus Verkaufsorganisation, Vertriebsweg und Sparte den Vertriebsbereich ergibt, wird in SAP Retail eine *Vertriebslinie* gebildet.

Verkaufs-organisation

Diese entsteht aus der Kombination von Verkaufsorganisation und Vertriebsweg. In Abbildung 6.5 ist die Vertriebslinie durch einen Rahmen hervorgehoben.

Vertriebslinie

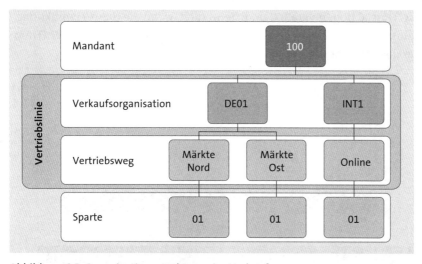

Abbildung 6.5 Organisationsstrukturen im Verkauf

Sparte

Die Organisationseinheit *Sparte* wird in SAP Retail nicht genutzt und hat nur einen Dummy-Charakter.

6.4   Stammdaten

Zentrale
Informationsquelle

Die Stammdaten sind das Rückgrat und die zentrale Informationsquelle jeder betriebswirtschaftlichen Software. Praktisch jede Abteilung im Unternehmen arbeitet mit Stammdaten, und nur korrekte Stammdaten garantieren den problemlosen Ablauf der Prozesse. Daher ist eine strukturierte Stammdatenpflege äußerst wichtig.

Die bekanntesten Stammdaten sind Artikel und Geschäftspartner, die in vielen unterschiedlichen Abteilungen relevant sind. Andere Stammdaten im SAP-System werden hauptsächlich in bestimmten Fachabteilungen genutzt, z. B. die Kostenstelle im Controlling.

[»]

Eigenschaften von Stammdaten

Stammdaten haben einen statischen Charakter und ändern sich selten. Sie sind über eine längere Zeit gültig und können von mehreren Fachabteilungen genutzt werden.

6.4.1   Geschäftspartner

Neue Geschäfts-
partnertransaktion

In SAP ECC haben Sie sich Debitoren mit der Transaktion XD03 und Kreditoren mit der Transaktion XK03 anzeigen lassen. In SAP S/4HANA sind diese Transaktionen veraltet, und Sie werden, wenn Sie diese Transaktionen aufrufen, zu der neuen Transaktion Geschäftspartner umgeleitet (**Transaktion BP**, siehe Abbildung 6.6).

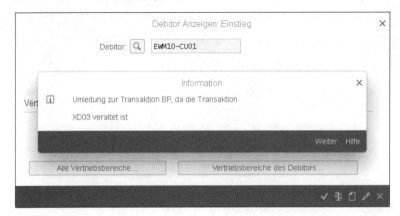

Abbildung 6.6 Umleitung zur »Transaktion BP« aus der Transaktion XD03

[«]

Das Geschäftspartnermodell

Der Kunden- und der Lieferantenstammsatz werden in SAP S/4HANA als Geschäftspartner zusammengefasst. Dieses Geschäftspartnermodell wird Ihnen in Abschnitt 9.4, »Geschäftspartnerdaten pflegen«, genauer vorgestellt.

In SAP Retail gibt es zwei Arten von Geschäftspartnerrollen, Kunden und Lieferanten (siehe Abbildung 6.7). Das Besondere in SAP Retail ist, dass Betriebe mit den Geschäftspartnern verbunden sind (siehe auch Abschnitt 6.4.4, »Der Betrieb«).

Zwei Arten von Geschäftspartnern

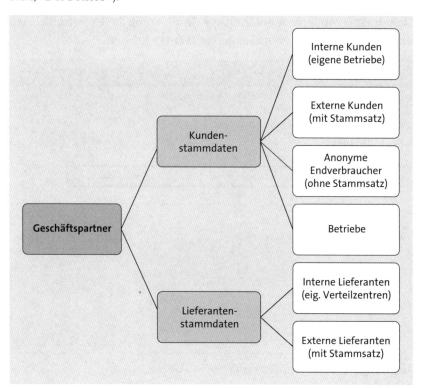

Abbildung 6.7 Geschäftspartner in SAP Retail

6.4.2   Kundenstammdaten

Als Einstieg in das Thema *Stammdaten* betrachten wir einen einfachen Stammsatz, den Debitor oder Kunden. Dieser besteht aus verschiedenen Bereichen, den sogenannten Sichten (siehe Abbildung 6.8). Der grundlegende Aufbau in Sichten gilt, auch in SAP S/4HANA, für alle Stammdaten.

Debitoren-stammsatz

Wenn der erste Kontakt mit dem Geschäftspartner durch einen Mitarbeiter des Verkaufs erfolgt, kann dieser allgemeine Daten (z. B. die Adresse) und die Vertriebsdaten pflegen, aber nicht die Daten der Buchhaltung. Ein Kollege aus der Buchhaltung kann später die fehlende Sicht ergänzen.

Zentrale/ dezentrale Pflege

Diese Technik nennt sich *dezentrale Pflege der Stammdaten*. In diesem Fall werden die Sichten von der zuständigen Fachabteilung gepflegt. Bei der *zentralen Pflege der Stammdaten* werden alle Sichten in einem Arbeitsgang gepflegt.

Sichten

Diese Vorgehensweise wird durch die Unterteilung der Stammdaten in Sichten möglich. Die Sichten der Stammdaten repräsentieren die Fachabteilungen des Unternehmens und ermöglichen die dezentrale Pflege der Stammdaten. Außerdem erhöht diese Gruppierung die Übersichtlichkeit, da nicht alle Daten auf einmal angezeigt werden müssen.

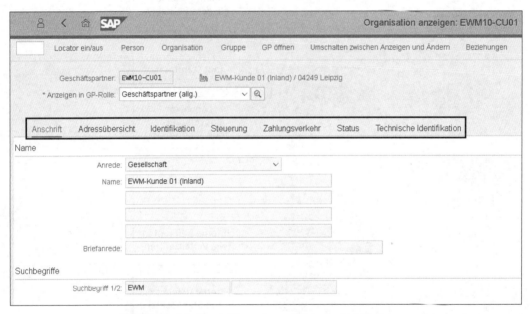

Abbildung 6.8 Geschäftspartner pflegen in SAP Fiori

Daten mit steuerndem/beschreibendem Charakter

Es gibt zwei Arten von Feldern: Das sind zum einen Felder für Daten mit steuerndem Charakter, etwa die Kontengruppe im Lieferantenstammsatz. Diese steuert, dass nur die zu der Rolle des Geschäftspartners benötigten Bilder und Felder angezeigt werden. Zum anderen sind es Felder für Daten mit beschreibendem Charakter, wie z. B. Anschrift des Kunden.

Partnerrollen

Geschäftspartner übernehmen verschiedene Rollen, die als *Partnerrollen* bezeichnet werden. Abbildung 6.9 zeigt die Partnerrollen im Kundenstamm.

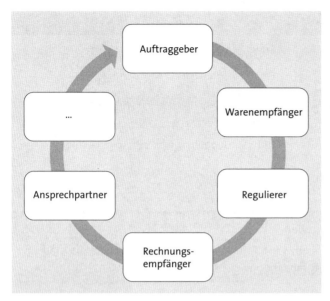

Abbildung 6.9 Partnerrollen im Kundenstamm

Die Partnerrollen hinterlegen Sie im Kundenstamm bei den Vertriebsbereichsdaten (auf der Registerkarte **Partnerrollen**, siehe Abbildung 6.10). Sie werden bei der Kundenauftragsabwicklung als Vorschlagsdaten in die Belege übernommen.

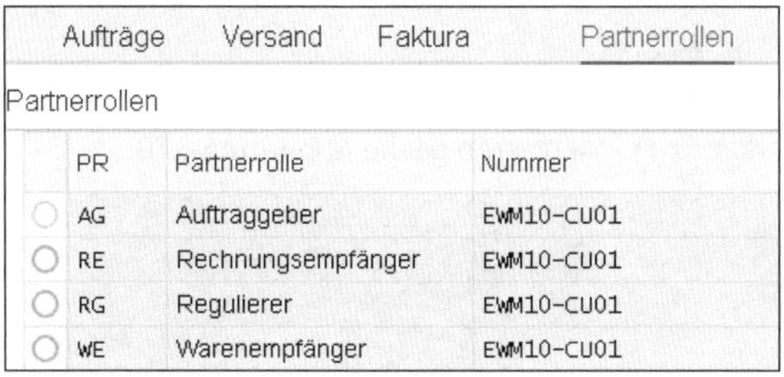

Aufträge	Versand	Faktura	Partnerrollen

Partnerrollen

	PR	Partnerrolle	Nummer
○	AG	Auftraggeber	EWM10-CU01
○	RE	Rechnungsempfänger	EWM10-CU01
○	RG	Regulierer	EWM10-CU01
○	WE	Warenempfänger	EWM10-CU01

Abbildung 6.10 Partnerrollen des Geschäftspartners

Für die Kundenauftragsabwicklung werden die obligatorischen Rollen *Auftraggeber*, *Warenempfänger*, *Regulierer* und *Rechnungsempfänger* benötigt. Diese können bei einer Kundenauftragsabwicklung voneinander abweichen oder identisch ein. Tabelle 6.2 gibt Ihnen einen Überblick über die Partnerrollen und ihre Funktion.

Obligatorische Rollen

Rolle	Funktion
Auftraggeber	Erteilt den Auftrag
Warenempfänger	Erhält die Ware oder Dienstleistung
Rechnungsempfänger	Erhält die Rechnung für die Waren oder Dienstleistungen
Regulierer	Ist für die Bezahlung der Rechnung zuständig

Tabelle 6.2 Partnerrollen und ihre Funktionen

[»]

Weitere Partnerrollen

Andere Partnerrollen wie z. B. Ansprechpartner oder Spediteure sind für die Kundenauftragsabwicklung nicht zwingend erforderlich.

6.4.3   Lieferantenstammdaten

Einkaufsdaten pflegen

Grundsätzlich gilt alles zu den Kundenstammdaten Gesagte auch für den Lieferantenstammsatz (Kreditorenstammsatz). Die Details zur Pflege wurden bereits in Kapitel 3, »Einkauf«, erläutert.

6.4.4   Der Betrieb

Aufgaben der Betriebe

Die Betriebe in SAP Retail haben entweder die Aufgabe, Waren bereitzustellen oder diese zum Verkauf zu präsentieren (siehe Abbildung 6.11).

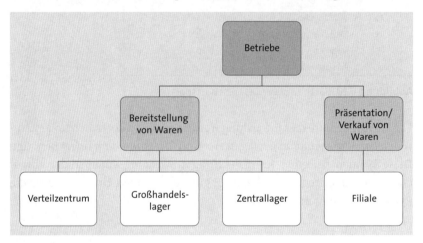

Abbildung 6.11 Betriebe

> **Der SAP-Retail-Betrieb**
>
> Das Besondere am SAP-Retail-Betrieb ist, dass er immer eine Kombination aus Betriebsstammdaten und Geschäftspartner(n) darstellt.

Der Betrieb in SAP Retail kann mit einem Kundenstammsatz (Filiale) oder mit einem Kundenstammsatz und einem Lieferantenstammsatz (Verteilzentrum) verknüpft sein (siehe Abbildung 6.12). Der Betrieb ist dabei die bestandsführende und selbst disponierende Organisationseinheit.

Technische Abbildung der Betriebe

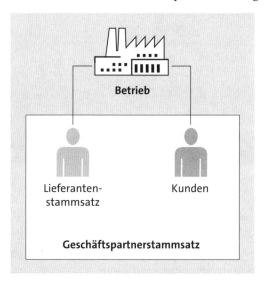

Abbildung 6.12 Technische Abbildung der Betriebe

Die Eigenschaften von Retail-Betrieben möchte ich Ihnen am Beispiel der Anlage eines Verteilzentrums zeigen.

Abbildung 6.13 zeigt die Transaktion WB01 im Fiori-Layout; in SAP S/4HANA 1610 werden die Retail-Betriebe mit dieser Transaktion angelegt.

Bei der Anlage von Betrieben können Sie mit dem **Werksprofil** festlegen, ob es sich um eine Filiale oder um ein Verteilzentrum handelt (siehe Abbildung 6.13). Das Werksprofil steuert unter anderen die Nummernvergabe und welche Angaben im Stammsatz gemacht werden müssen.

Filiale, Verteilzentrum und Werksprofil

Dem angelegten Verteilzentrum sind ein Kreditorenstammsatz und ein Debitorenstammsatz zugeordnet (siehe Abbildung 6.14). Eine Filiale hat nur einen Debitorenstammsatz. Bei einer Filiale dient der verknüpfte Debitorenstammsatz dazu, Verkaufsfunktionen wie z. B. Lieferungen und Fakturen nutzen zu können.

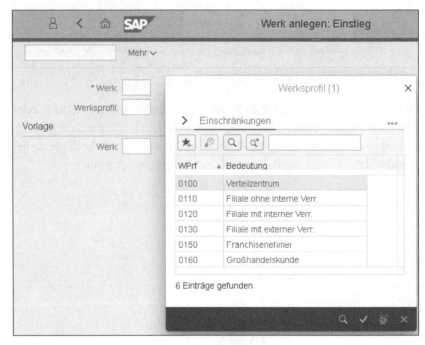

Abbildung 6.13 Werk im Werksprofil anlegen

Verteilzentrum   Dem Verteilzentrum ist darüber hinaus ein Lieferantenstammsatz zugeordnet, da es auch die Filialen beliefern kann. Die Verteilzentren haben die
Aufgabe, die Waren für andere Kunden bereitstellen, und die Filialen sollen
die Waren präsentieren und an Endverbraucher verkaufen.

Abbildung 6.14 Verteilzentrum mit Debitor und Kreditor

Filiale   Der Filiale ist im Gegensatz zum Verteilzentrum als Geschäftspartner nur
ein Debitor zugeordnet (siehe Abbildung 6.15).

Abbildung 6.15 Verteilzentrum mit Debitor

Die Pflege der Daten erfolgt über die Sichten, zum Beispiel **Organisation/Kalender** (siehe Abbildung 6.16).

Abbildung 6.16 Sichten in der Fiori-App »Werk anlegen«

Im Kopf der Transaktion haben Sie die Möglichkeit, zu anderen Bereichen zu navigieren, zum Beispiel zur Pflege der Öffnungszeiten (siehe Abbildung 6.17).

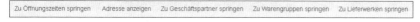

Abbildung 6.17 Navigation zu weiteren Sichten

Abschließend werden die Daten über das in der rechten unteren Ecke befindliche Icon Sichern gespeichert.

6.4.5   Der Artikelstammsatz

Die Retail-Artikel sollen langfristig gemeinsam mit dem Material zum sogenannten *Produkt* harmonisiert werden. Da dieser Prozess im Moment noch nicht abgeschlossen ist, stellen wir in den folgenden Abschnitten den Retail-Artikel vor.

Sie haben die Möglichkeit, sich einen Artikel über die Fiori-App **Artikel anzeigen** anzeigen zu lassen (siehe Abbildung 6.18).

Artikel anzeigen

Abbildung 6.18 Fiori-Apps für die Artikelpflege

Mit der Fiori-App **Artikel anzeigen** können Sie nur Retail-Artikel bearbeiten, da es sich hier um die Retail-Transaktion MM43 (Artikel anzeigen) handelt! Es ist nicht möglich, Materialien, die mit der Transaktion MM01 angelegt wurden, mit dieser Fiori-App anzuzeigen oder zu bearbeiten. Die Fehlermeldung sehen Sie in Abbildung 6.19.

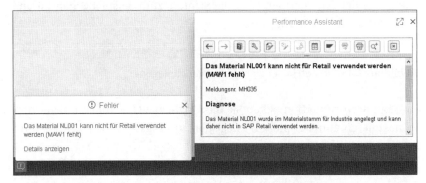

Abbildung 6.19 Fehlermeldung in der Fiori-App »Artikel anzeigen«

Artikel anlegen oder ändern
Mit **Artikel anzeigen** haben Sie die Möglichkeit, über den Menüpunkt **Mehr • Material** zum **Anlegen** oder **Ändern** von Artikeln zu springen (siehe Abbildung 6.20).

Abbildung 6.20 Artikel anzeigen

Wenn Sie einen Artikel anlegen möchten, können Sie eine Artikelnummer eingeben (die Artikelnummer kann auch vom System vergeben werden). Als Nächstes wählen Sie die Sichten aus (siehe Abbildung 6.21).

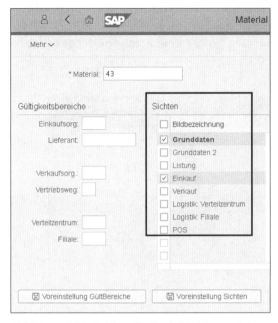

Abbildung 6.21 Sichten für die Artikelstammdaten auswählen

Beim Artikelstammsatz repräsentieren ebenfalls die Sichten die Fachabteilungen des Unternehmens, ermöglichen damit die dezentrale Pflege der Stammdaten (siehe auch Abschnitt 6.4.2, »Kundenstammdaten«) und erhöhen die Übersichtlichkeit, da nicht alle Daten auf einmal angezeigt werden.

Der Artikelstammsatz ist komplexer als die Geschäftspartnerstammdaten und besteht aus vielen Sichten, z. B.:

Der Artikelstammsatz besteht aus vielen Sichten

- Grunddaten
- Listung
- Einkauf

Wenn Sie einen Artikel anlegen, müssen Sie zunächst grundlegende Angaben (siehe Abbildung 6.22) pflegen. Die **Materialart** kennen Sie eventuell vom Anlegen eines Materialstammsatzes mit der Transaktion MM01. Im Gegensatz dazu kommt das Feld **Warengruppe** beim Anlegen des Materialstammsatzes nicht vor, und anstelle der Materialart müssen Sie einen **Materialtyp** pflegen.

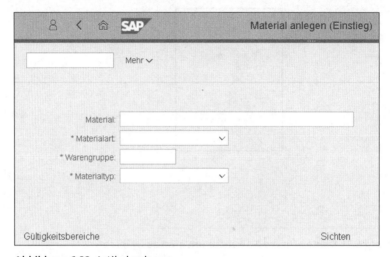

> [»]
>
> **Artikelstammdaten**
>
> Die Artikelstammdaten haben zwar sehr viel von den Materialstammdaten geerbt, sind aber mit viel mehr Informationen ausgestattet. Wie bereits geschrieben, ist die Kurztextersetzung für den Handel in SAP S/4HANA (noch) nicht aktiv, daher müssten die Bezeichnungen korrekterweise *Artikelart* und *Artikeltyp* lauten.

Abbildung 6.22 Artikel anlegen

Die grundlegenden Angaben, die beim Anlegen von Materialien gepflegt werden müssen, wollen wir uns im Folgenden etwas näher ansehen.

Artikelart
Die Artikelart ist ein Feld mit steuerndem Charakter (siehe Abschnitt 6.4.2, »Kundenstammdaten«), es bestimmt die Eigenschaften des Artikels. Mit der Artikelart werden die Artikel außerdem gruppiert, was z. B. eine Selektion in Auswertungen erleichtert. Beispiele sind:

- Frischeprodukte
- Handelsware

Warengruppe
Auch die Warengruppe wird genutzt, um die Artikel zu gruppieren. Die Warengruppe erleichtert ebenfalls eine Selektion in Auswertungen, und die Suche nach Artikeln wird vereinfacht. Außerdem haben Sie die Möglichkeit, Warengruppenhierarchien zu bilden.

Artikeltyp
Der Artikeltyp beschreibt den Artikel näher (siehe Abbildung 6.23).

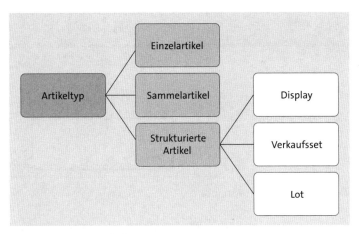

Abbildung 6.23 Artikeltyp

Der Einzelartikel ist ein Standardmaterial, das an den Kunden verkauft wird, z. B. »PC Superschnell« (siehe Abbildung 6.24).

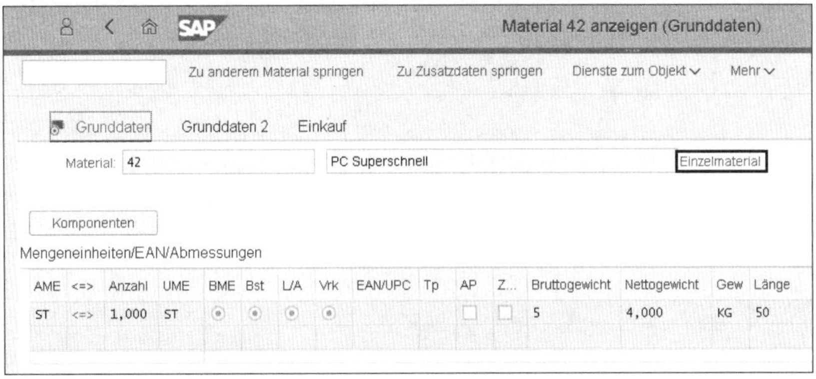

Einzelartikel

Abbildung 6.24 Einzelartikel anzeigen

Mit dem Sammelartikel fassen Sie ähnliche Artikel zusammen, die sich nur in bestimmten Merkmalen wie z. B. Farbe oder Größe voneinander unterscheiden.

Sammelartikel

Die Unterscheidung bei diesen Artikeln wird über Varianten in SAP abgebildet. Diese Technik minimiert den Pflegeaufwand, da die Daten, die für alle Varianten gleich sind, nur einmal gepflegt werden müssen. Beim Anlegen eines Sammelartikels müssen Sie eine Konfigurationsklassenart und eine Konfigurationsklasse angeben (siehe Abbildung 6.25).

Abbildung 6.25 Artikel anlegen – Varianten

Merkmalbewertung

Nach der Eingabe dieser Werte werden Sie zur **Merkmalbewertung** weitergeleitet. Hier können Sie ein passendes Merkmal (z. B. die Farbe, siehe Abbildung 6.26) für den Artikel auswählen.

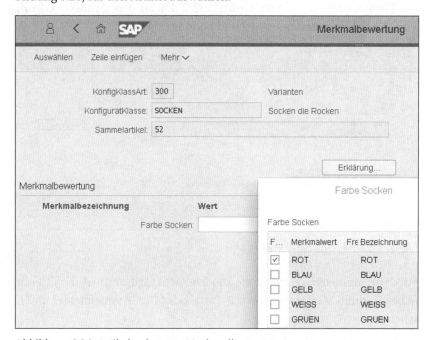

Abbildung 6.26 Artikel anlegen – Merkmalbewertung

Strukturierter
Artikel

Im Gegensatz zum Einzelartikel besteht der strukturierte Artikel aus mehreren anderen Artikeln. Ein Beispiel dafür ist das Verkaufsset »Schrank O815«, das aus den Setartikeln »Schrank O815, PK1« und »Schrank O815, PK2« besteht. Mit einem Klick auf den Button **Komponenten** (siehe Abbildung

6.27) gelangen Sie zu den Komponenten. Diese stellen die einzelnen Teile des Verkaufssets dar.

Abbildung 6.27 Verkaufsset

Der Schrank besteht also aus zwei Packstücken, um einfacher transportiert werden zu können. Zusätzlich zu den Informationen der Einzelartikel müssen hier noch die Mengenangaben zu den Komponenten hinterlegt werden (siehe Abbildung 6.28).

Abbildung 6.28 Pflege der Mengenangaben zum Setartikel

Das Display ist ein Artikel in Kombination mit einer Verpackung und wird meist vom Hersteller oder Lieferanten zusammengestellt. In der Filiale wird das Display zum Verkauf ausgestellt (Beispiel »Schokoallerlei«, siehe Abbildung 6.29). Dieses Display enthält den Artikel und den Aufsteller.

Display

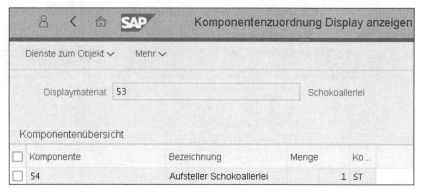

Abbildung 6.29 Artikel und Verpackung als Displayartikel

Lot

Das Lot wird vor allem im Textilbereich eingesetzt, um eine Menge von Sammelartikeln zusammenzufassen (z. B. T-Shirts in unterschiedlichen Größen). Diese Menge kann als eigenständiger Artikel beschafft, mit einer eigenen Artikelnummer angelegt und mit eigenen Konditionen gepflegt werden. Im Gegensatz zum Displayartikel müssen die Komponenten eines Lots derselben Warengruppe angehören wie das Lot selbst.

Organisations-ebenen und Sichten

Abhängig davon, welche Sichten Sie pflegen wollen, müssen Sie verschiedene Organisationsebenen angeben. Tabelle 6.3 gibt Ihnen einen kurzen Überblick.

Sicht	Organisationsebenen	
	Muss	Kann
Grunddaten	–	–
Listung	–	VKO & Vertriebsweg
Einkauf	EKO & Lieferant	Betrieb oder Lieferant
Verkauf	VKO & Vertriebsweg	Betrieb oder Preisliste
Logistik VZ	–	Verteilzentrum
Logistik Filiale	–	Vertriebslinie/Filiale
POS	VKO & Vertriebsweg	Betrieb

Tabelle 6.3 Organisationsebenen und Sichten

Vorlageartikel

Um die Anlage von Artikelstammdaten zu erleichtern, können Sie Vorlageartikel nutzen. Den Vorlageartikel geben Sie einfach auf dem Einstiegsbild ein (siehe Abbildung 6.30).

Der Vorlageartikel schlägt bereits viele Werte vor, allerdings werden bestimmte Werte nicht vorgeschlagen, da sie sich ganz speziell auf einen Artikel beziehen, wie z. B. EANs oder Preise.

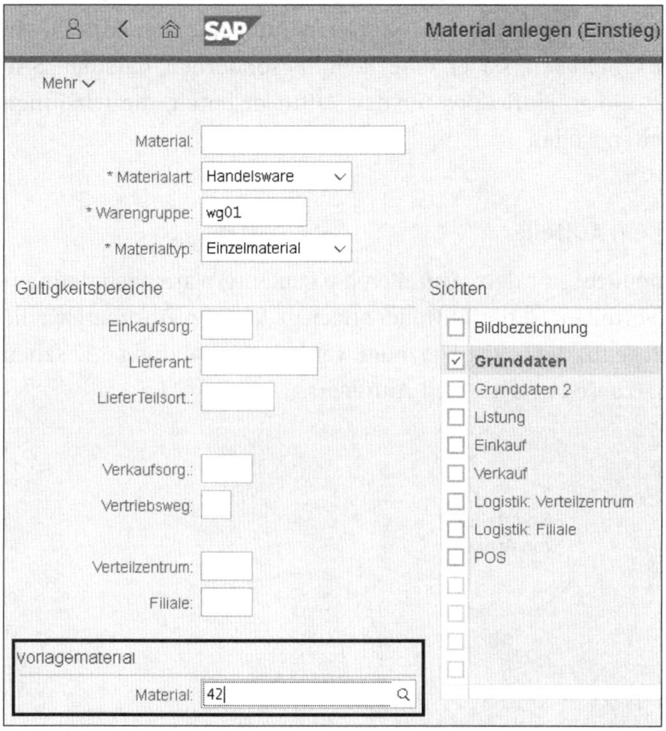

Abbildung 6.30 Artikel anlegen mit Vorlageartikel

Im Gegensatz zu den Fiori-Apps für die Artikelpflege (siehe Abbildung 6.18) können mit der App **Produktstamm** sowohl Artikel als auch Materialien angezeigt werden. Abbildung 6.31 zeigt den Artikel »PC Superschnell« (42) und das Material »Schraube« (NL001).

Produktstamm-daten

Abbildung 6.31 Produktstamm anzeigen

273

6.5   Die Aufteilung

Eine besondere Herausforderung im Handel ist es, Ware von zentralen Lagern auf eine große Anzahl von Abnehmern zu verteilen. Der Aufteiler in SAP Retail unterstützt Sie bei dieser Aufgabe. Wir möchten den Aufteiler in unserem Buch vorstellen, da er eine Retail-Besonderheit darstellt. SAP S/4HANA stellt einige Fiori-Apps für den Aufteiler bereit, die wir Ihnen nicht vorenthalten wollen.

6.5.1   Was ist ein Aufteiler

Ware nach definierten Regeln verteilen

SAP Retail ermöglicht mit dem Aufteiler, die geplante Ware nach definierten Regeln zu verteilen. Ist der Aufteiler angelegt, können automatisch die benötigten Belege für die Logistik erzeugt werden. In Abbildung 6.32 sehen Sie einige Einsatzbereiche des Retail-Aufteilers.

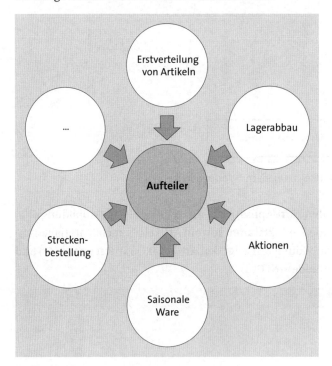

Abbildung 6.32 Einsatzbereiche des Aufteilers

6.5.2   Aufbau des Aufteilers

Kopfdaten

Wie viele andere Transaktionen ist auch der Aufteiler in die Kopfdaten (die für den gesamten Aufteiler gültig sind), die Positionsdaten und die Detaildaten unterteilt (siehe Abbildung 6.33).

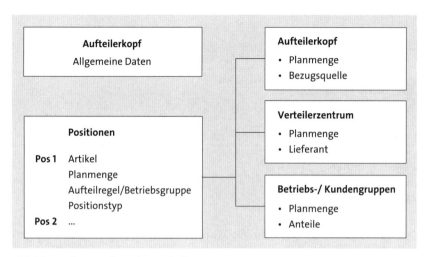

Abbildung 6.33 Aufbau des Aufteilers

Streckenbestellung

Die Streckenbestellung ist ein Einsatzbereich des Aufteilers. Den Ablauf der Streckenbestellung können Sie in Kapitel 5, »Vertrieb«, nachlesen, an dieser Stelle nur ein kurzer Überblick.

Bei der Streckenbestellung wird eine Bestellung an externe Lieferanten gesendet, hierbei sollen die Betriebe oder Kunden direkt beliefert werden (siehe Abbildung 6.34). Als Bezugsquellenfindung kommen hier nur externe Lieferanten infrage.

Betriebe oder Kunden werden direkt beliefert

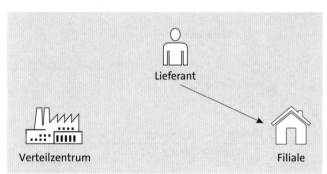

Abbildung 6.34 Streckenbestellung

Lagerabbau

Im Gegensatz zur Streckenbestellung wird beim Lagerabbau grundsätzlich keine Bestellung bei einem externen Lieferanten vorgenommen (siehe Abbildung 6.35).

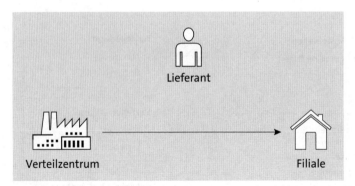

Abbildung 6.35 Lagerabbau

Keine Bestellung
bei externen
Lieferanten

Die Kunden oder Betriebe, die die Ware aus dem Verteilzentrum empfangen sollen, werden im Aufteiler festgelegt. Der Lagerabbau kann mithilfe einer Auslieferung oder Umlagerungsbestellung durchgeführt werden.

Bestellung über Verteilzentrum

Als Erstes bestellt das Verteilzentrum beim externen Lieferanten ❶, im nächsten Schritt erfolgt die Lieferung durch den Lieferanten ❷. Zuletzt wird die Ware per Umlagerungsbestellung oder Auslieferung in die Filiale gesendet ❸ (siehe Abbildung 6.36).

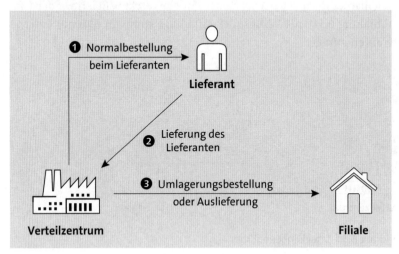

Abbildung 6.36 Bestellung über Verteilzentrum

SAP S/4HANA bietet für die Arbeit mit dem Aufteiler mehrere Fiori-Apps an (siehe Abbildung 6.37).

Abbildung 6.37 Fiori-Apps mit Funktionen für die Aufteilungsbearbeitung

Wenn Sie nach bereits bestehenden Aufteilern im System suchen wollen, können Sie die Fiori-App **Aufteiler auflisten** nutzen. Diese App bietet Ihnen eine Suchmaske, mit der Sie nach diversen Kriterien suchen können (siehe Abbildung 6.38).

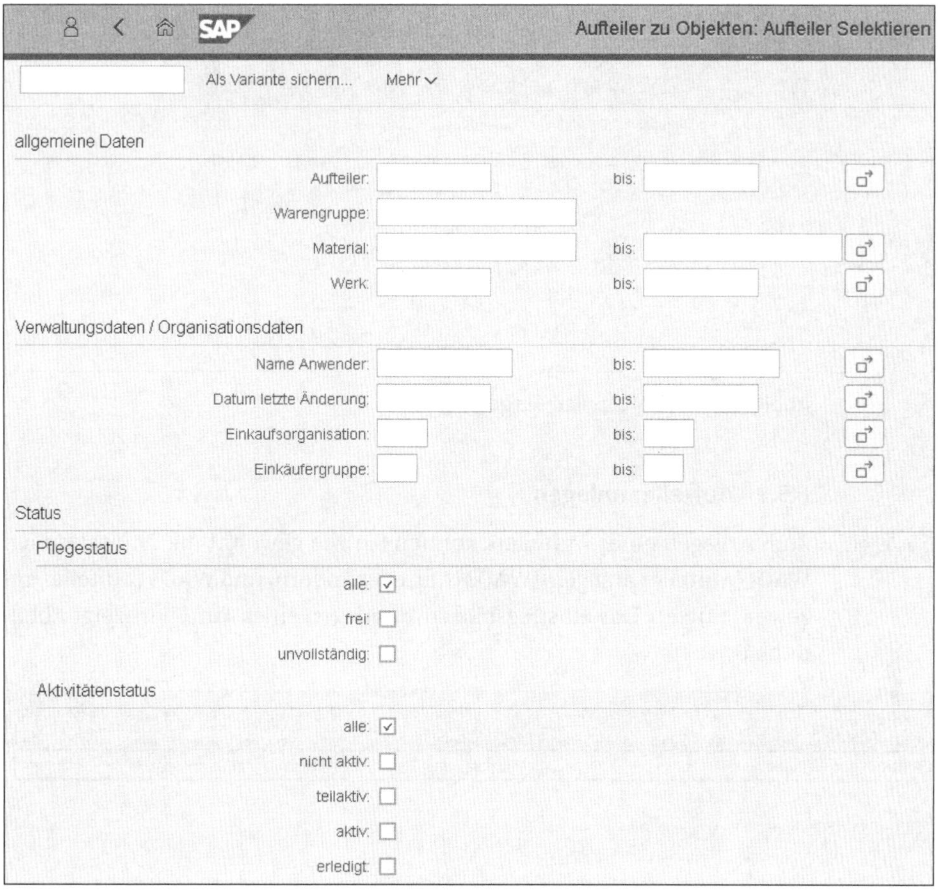

Abbildung 6.38 Aufteiler auflisten

277

Die Ergebnisliste zeigt nicht nur die Treffer der Suche an, sondern bietet Ihnen auch die Möglichkeit, direkt zum Anzeigen oder Ändern des gewählten Aufteilers zu springen (siehe Abbildung 6.39).

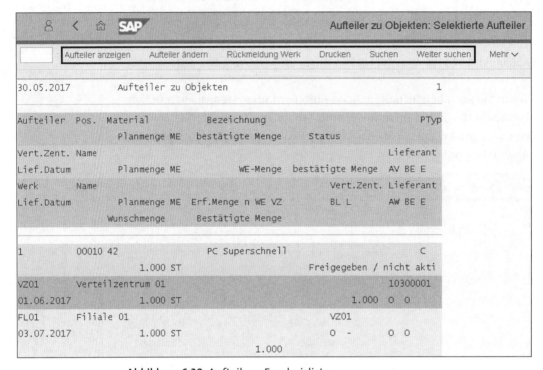

Abbildung 6.39 Aufteiler – Ergebnisliste

6.5.3   Aufteiler anlegen

Aufteiler anlegen   Zum Anlegen eines Aufteilers können Sie wie gewohnt die Transaktionen WA01 (Aufteiler anlegen), WA02 (Aufteiler ändern) und WA03 (Aufteiler anzeigen) nutzen. Das Einstiegsbild zum Anlegen eines Aufteilers zeigt Abbildung 6.40.

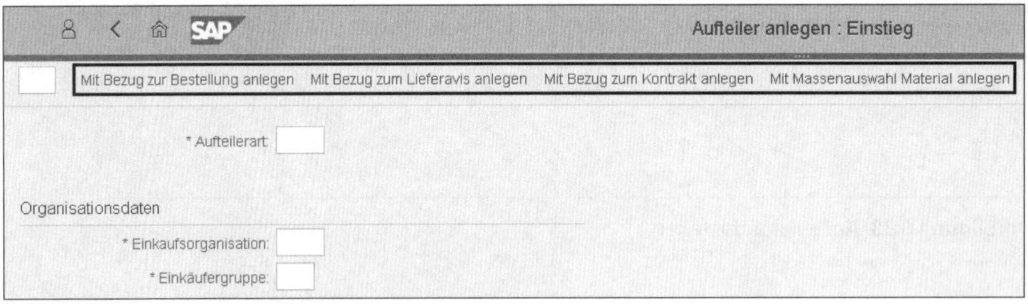

Abbildung 6.40 Aufteiler anlegen

Sie haben die Möglichkeit, den Aufteiler mit Bezug zu anderen Belegen anzulegen, z. B. mit Bezug zu einer Bestellung oder einem Kontrakt (siehe Abbildung 6.40). Sie können den Aufteiler aber auch ohne Bezug anlegen und
geben die Daten dann manuell ein.

Anlegen mit Bezug

Abbildung 6.41 Aufteilerarten für Aufteiler

Beim Anlegen eines Aufteilers müssen Sie eine **Aufteilerart** (siehe Abbildung 6.41) auswählen, auch dieses Feld hat steuernden Charakter (siehe Abschnitt 6.4.2, »Kundenstammdaten«). Die Aufteilerart steuert unter anderem, wie die Belegnummernvergabe erfolgt, welche Felder gepflegt werden
können (oder müssen) und auch die Vorschlagswerte.

Aufteilerart

Über die Aufteilerart steuert das SAP-System, um welche Art von Aufteiler
es sich handelt. Die Aufteilerart pflegen Sie im Customizing (**Warenverteilung · Aufteilung · Aufteiler · Aufteilarten**). In der Auslieferung von SAP
sind bereits folgende Aufteilarten angelegt:

- Normalaufteiler
- Bezug Bestellung/LA
- Nachschubaufteiler
- Retourenaufteiler
- Bezug Kontrakt
- Quotenleisten bei SA
- SAP Retail Store
- Aktionsaufteiler

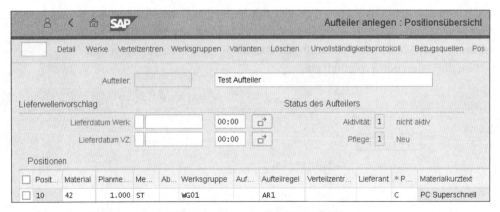

Abbildung 6.42 Positionsübersicht für den Aufteiler

Positionen   In den Positionen wird (je nach Art des Aufteilers) entweder der Artikel, die Planmenge, die Aufteilregel oder die Betriebsgruppe gepflegt (siehe Abbildung 6.42).

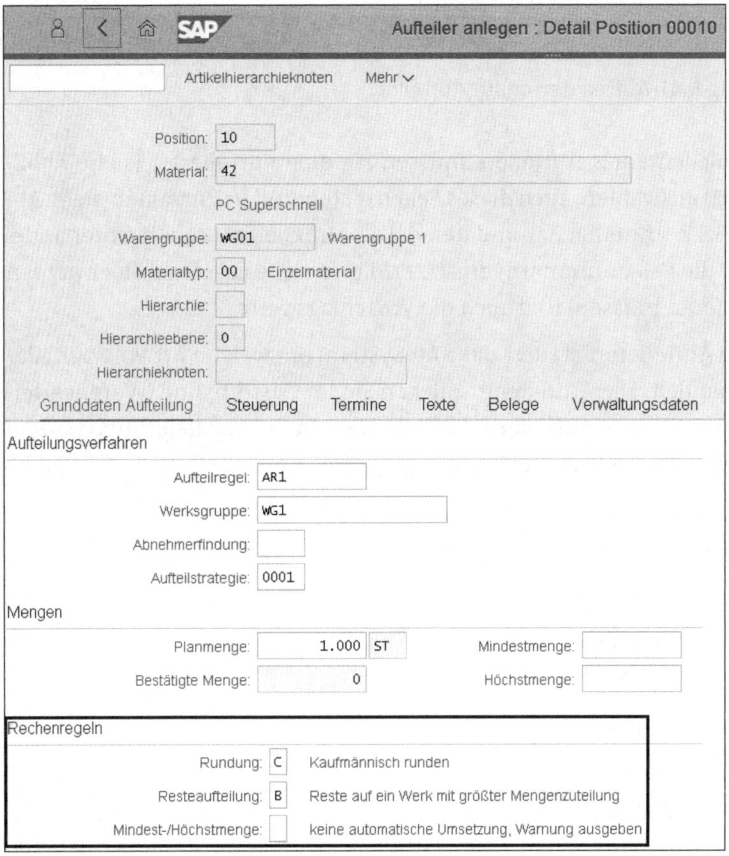

Abbildung 6.43 Detaildaten für den Aufteiler

Im Kopf des Aufteilers werden allgemeingültige Daten, wie z. B. der Kopftext, oder die Organisationsebenen, hinterlegt.

Wie Sie in Abbildung 6.43 sehen, können Sie in den Detaildaten weitere Daten pflegen, z. B. die Rechenregeln für die Rundung der Mengen oder die Aufteilung von Restmengen.

Detaildaten

6.5.4 Verfahren der Aufteilung

Um Waren per Aufteiler zu verteilen, bietet SAP folgende Verfahren an:

- Betriebsgruppierung (Klassensystem)
- Aufteilregel
- Aufteilstrategie

Abbildung 6.44 zeigt Ihnen die verschiedenen Aufteilungsverfahren im SAP-System.

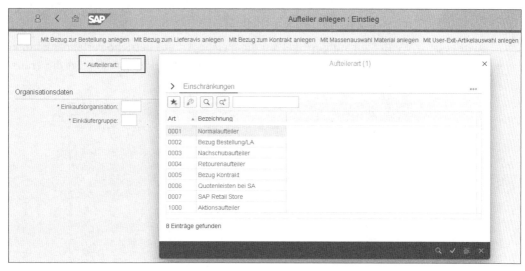

Abbildung 6.44 Aufteilungsverfahren in SAP Retail

Mithilfe des SAP-Klassensystems (SAP-Menü: **Anwendungsübergreifende Komponenten · Klassensystem**) können Betriebe zu Betriebsgruppen zusammengefasst werden. Die Zuordnungen können Sie sich z. B. mit dem **Objektverzeichnis** (siehe Abbildung 6.45) oder über **Objekte in Klassen suchen** (Transaktion CL3ON) anzeigen lassen.

Betriebsgruppen mit dem Klassensystem zusammenfassen

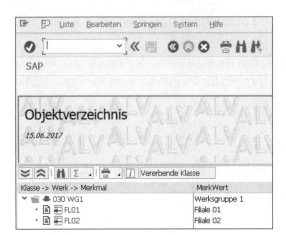

Abbildung 6.45 Betriebsgruppen: Objektverzeichnis der Werke

Diese Gruppierung erleichtert die Datenpflege für verschiedene Anwendungen, z. B. für die Warenverteilung per Aufteiler. In diesem Beispiel gehören zu der Werksgruppe WG1 die Werke FL01 und FL02.

Aufteilregel

Wenn Sie häufig Artikel auf die gleiche Art auf Betriebe verteilen, können Sie eine sogenannte Aufteilregel anlegen. Abbildung 6.46 zeigt die Transaktion WA21 zum Anlegen von Aufteilregeln.

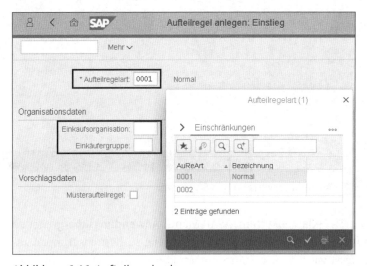

Abbildung 6.46 Aufteilregel anlegen

In den Aufteilregeln hinterlegen Sie die Betriebe oder Betriebsgruppen, auf die die Waren aufgeteilt werden sollen. Sie haben auch die Möglichkeit, die Aufteilregel für ein Material oder eine Materialklasse zu pflegen. Wenn Sie die Materialklasse nutzen, ist diese Aufteilregel für alle Materialien dieser

Materialklasse gültig. Zusammenfassend, wird über die Aufteilregel gesteuert, welche Mengen wo (Betriebsgruppen oder Betriebe) und von welchen Artikeln verteilt werden. Aufteilregeln können Sie mit den Fiori-App **Aufteilregel** anlegen, anzeigen oder ändern.

Die Aufteilregelart wird im Customizing gepflegt. Sie steuert unter anderem die Nummernvergabe und schlägt Rechenparameter wie die Rundung oder die Resteverteilung vor. Wählen Sie dazu im Customizing den Pfad: **Warenverteilung · Aufteilung · Aufteilregel · Aufteilregelarten**).

Mit der Aufteilstrategie möchte SAP seinen Kunden ermöglichen, eigene Verfahren für die Aufteilung zu implementieren. Die Aufteilstrategie kann neben Aufteilregeln oder der manuellen Eingabe der zu verteilenden Mengen genutzt werden. SAP liefert einige vordefinierte Aufteilstrategien aus (siehe Abbildung 6.47).

Aufteilstrategie

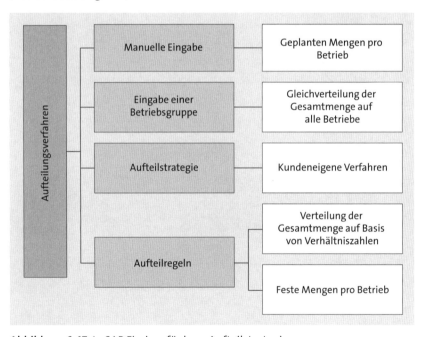

Abbildung 6.47 In SAP Fiori verfügbare Aufteilstrategien

6.6   Zusammenfassung

In diesem Kapitel haben Sie gesehen, dass in der SAP-Retail-Welt vieles gleich geblieben ist. Einiges hat sich jedoch verändert. Die Retail-spezifischen Logistikprozesse (z. B. die Aufteilung) können Sie weiterhin mit den vertrauten Transaktionen bearbeiten, darüber hinaus stehen Ihnen jedoch auch zahlreiche neue Fiori-Apps zur Verfügung. Ob Sie lieber mit den Fiori-Apps arbeiten oder mit den Transaktionen des SAP GUI, hängt von Ihrer individuellen Tätigkeit in SAP Retail ab. Wenn Sie die Möglichkeit haben, sollten Sie sich beide »Welten« ansehen und ausprobieren.

Das neue Geschäftspartnermodell ist umgesetzt und wird Ihnen in Abschnitt 9.4, »Geschäftspartnerdaten pflegen«, genauer vorgestellt. Die Harmonisierung von Artikel und Material zum Produkt ist noch nicht abgeschlossen, wird aber in Zukunft auf die Anwender der SAP-Retail-Lösung zukommen.

Im folgenden Kapitel 7, »Lagerverwaltung mit Embedded EWM«, lernen Sie die Lagerverwaltung mit SAP Embedded EWM kennen.

Kapitel 7
Lagerverwaltung mit Embedded EWM

In SAP S/4HANA findet ein grundlegender Wandel der Systemarchitektur statt: Funktionen aus klassischen Satellitensystemen wie SAP EWM wandern in den neuen digitalen Kern. Dieses Kapitel behandelt die Lagerverwaltung mit SAP S/4HANA und zeigt Ihnen die Vorteile der Integration von SAP EWM in SAP S/4HANA sowie die Abgrenzung zu parallel existierenden Lösungsvarianten.

SAP Extended Warehouse Management (SAP EWM) ist die Lagerverwaltungssoftware von SAP, die besonders auf die Steuerung komplexer Läger und moderner Logistikzentren ausgerichtet ist. SAP EWM ist für alle Arten von Lägern geeignet: zentrale und regionale Läger, Ersatzteilläger, Produktionsversorgungsläger, Fertigwarendistributionsläger sowie für Logistikdienstleisterläger. Besonders vorteilhaft ist es für höhervolumige und komplexe Läger mit Automatisierung.

Ziel bei der Entwicklung von SAP EWM war es, Prozesse steuerbar zu machen, die über die »normalen« Lagerprozesse hinausgehen. So ist es in SAP EWM z. B. möglich, verschiedenste Prozesse und Bewegungen im Lager in ihren Einzelschritten auf das Layout des Lagers und der genutzten Ressourcen individuell zu parametrisieren. In der Warehouse-Management-Komponente von SAP ECC (WM) wäre dafür die Entwicklung spezialisierter Zusatzlösungen erforderlich.

In SAP S/4HANA (ab Release 1610) wurde EWM als sogenanntes *Embedded EWM* in den digitalen Kern integriert. Der digitale Kern dient als Schaltzentrale für alle Geschäftsprozesse im Unternehmen (siehe Kapitel 1, »Der digitale Kern und die Ergänzungen«). Das integrierte Labor-Management erlaubt (vor allem unter Nutzung von SAP HANA) das präzise Planen von Arbeits- und Gerätekapazitäten. Außerdem ist EWM mit unterschiedlichsten Cross-Docking-Szenarien kompatibel. Dieses Kapitel beschreibt, was Sie bei der Integration (Architektur) in SAP S/4HANA beachten und welche Voraussetzungen Sie schaffen müssen (Stammdaten). Außerdem lernen Sie am Beispiel der SAP-Best-Practices-Systemeinstellungen die grundlegenden Lagerprozesse in der Anwendung kennen.

7.1   Architektur

In diesem Abschnitt erläutern wir zunächst die zentrale und dezentrale Nutzung des Lagerverwaltungssystems SAP EWM. Anschließend werfen wir einen Blick auf die Strategie für die Funktionen von WM und skizzieren schließlich die verfügbaren Migrationsszenarien, die Sie im Zusammenhang mit SAP EWM nutzen können.

7.1.1   Zentrale und dezentrale Nutzung von SAP EWM

EWM früher: dezentrales Lagerverwaltungssystem

Vor der Einführung von SAP S/4HANA wurde SAP EWM als dezentrales Lagerverwaltungssystem mit Schnittstellen zur Übertragung von Stamm- und Bewegungsdaten an SAP ERP angebunden (getrennte Instanzen). Die Vorteile eines dezentralen Systems sind:

- Hohe Performance und hohe Verfügbarkeit, also keine Beeinträchtigung durch parallel laufende SAP-ERP-Prozesse.
- Gute Skalierbarkeit, das heißt, die Systeme sind individuell einstellbar, unabhängige Release-Wechsel sind möglich.
- Der Anschluss von mehreren EWM-Systemen an ein SAP-ERP-System ist möglich.

Der Nachteil eines separaten Servers ist die komplexere Systemlandschaft. Das heißt, Anwender müssen gegebenenfalls an zwei Systemen arbeiten.

SAP hat EWM zum Release 1610 mit den Funktionen von Release SAP EWM 9.4 in SAP S/4HANA integriert. SAP hat die Release-Strategie von Embedded EWM On-Premise an die Release-Zyklen von SAP S/4HANA angepasst.

Es gibt zukünftig zwei Nutzungsalternativen für SAP EWM:

- wie bisher als dezentrales Lagerverwaltungssystem
- als zentrales, integriertes Lagerverwaltungssystem (analog zu WM)

In SAP S/4HANA ist also nun das sogenannte Embedded EWM verfügbar. In diesem Zusammenhang wurden einzelne Bereiche wie der Datenaustausch zum Anlegen von Material/Artikeln oder das Anlegen und Pflegen der Geschäftspartner angepasst.

Die Vorteile der Integration sind, dass keine weitere Systeminstallation erforderlich und ein direkter Zugriff auf die SAP-ERP-Daten möglich ist, da sich beide im gleichen System befinden. Ein Nachteil ist, dass die Systemverfügbarkeit des Lagerverwaltungssystems an die des SAP-ERP-Systems gebunden ist.

7.1.2 Basic und Extended EWM

Der größte Vorteil des Embedded EWM besteht in der zentralen Datenkonsistenz. Das heißt, es gibt keine Redundanzen und keine Duplikationen von Daten mehr. Damit kann die Systemlandschaft kleinerer Lagerstandorte vereinfacht werden. Das Embedded EWM bietet den größten Teil der Funktionen einer On-Premise-Lösung an und wird nach genutztem Funktionsumfang lizenziert.

SAP unterscheidet beim Embedded EWM ein sogenanntes *Basic Warehouse Management* und ein *Extended Warehouse Management*. Das Basic Warehouse Management enthält die Funktionen, die Sie von WM in SAP ERP kennen. Darüber hinaus sind aber auch erweiterte Funktionen von EWM verfügbar. Ein Beispiel dafür ist der layoutorientierte Lagerprozess für die Ein- und Auslagerungen mit deutlichen Vorteilen gegenüber WM. Er ermöglicht die Ressourcensteuerung und die Prozessabwicklung. Das Basic Warehouse Management ist in der SAP-S/4HANA-Lizenz enthalten und enthält die folgenden Funktionen:

Basic Warehouse Management

- Bestandsmanagement und Reporting
- Abwicklung der Inbound-Prozesse
- Abwicklung der Outbound-Prozesse
- Interne Lagerbewegungen und Inventurverfahren

Neben dem Basic Warehouse Management ist auch ein Extended Warehouse Management verfügbar. In diesem Fall ist eine vollständige EWM-Lizenz erforderlich.

Extended Warehouse Management

Die Funktionen des Extended Warehouse Management sind:

- Optimierung des Bestandsmanagements (z. B. Slotting)
- Inbound-Prozessoptimierung (z. B. Dekonsolidierung)
- Outbound-Prozessoptimierung (z. B. Wellenmanagement)
- Materialflusssteuerung (MFS)
- Yard-Management (z. B. TE-Abwicklung, DAS) und Cross Docking
- Labor-Management
- logistische Zusatzleistungen (VAS, z. B. Kitting)
- Lagerprozesskostenabrechnung

Im Customizing legen Sie fest, ob Sie das Basic Warehouse Management oder das Extended Warehouse Management einsetzen möchten. Für welche Option Sie sich entscheiden, hängt von Ihren individuellen Anforderungen ab.

7.1.3   Funktionen von WM in SAP S/4HANA

Klassisches Warehouse Management (WM)

Zu Beginn des Kapitels haben wir die Lagerverwaltungsfunktionen von WM angesprochen, die bereits in SAP ERP enthalten waren. Diese Funktionen sind in SAP S/4HANA weiterhin nutzbar. Viele SAP-Kunden stellen sich nun die Frage, was in Zukunft mit den in SAP S/4HANA enthaltenen WM-Funktionen passieren wird: Sie fragen sich, wie zukunftssicher WM ist und ob es nicht sicherer wäre, eine klare Entscheidung zugunsten von SAP EWM zu treffen.

Nach heutiger Planung ist WM nicht länger die Zielarchitektur von SAP für ein in SAP S/4HANA integriertes Lagerverwaltungssystem und soll nach dem Jahr 2025 deaktiviert werden. Mittelfristig soll die WM-Funktionalität durch Embedded EWM ersetzt werden. Es ist eine strategische Entscheidung von SAP, langfristig nur eine Lagerverwaltungskomponente zu unterstützen.

Im Hinblick auf die Funktionen gilt derzeit: Die klassischen WM-Prozesse sind in SAP S/4HANA voll lauffähig. Das heißt, Sie können die Anwendung derzeit ohne Einschränkung weiterverwenden.

Im Hinblick auf die aktuelle Funktionalität sind die Kriterien für die Entscheidung zwischen WM und EWM der Automatisierungsgrad des Lagers und die Anzahl der derzeit in WM genutzten kundenindividuellen Programmanpassungen.

[»]

Einführung von EWM

Es ist möglich, SAP EWM bereits vor dem Wechsel auf SAP S/4HANA einzuführen. Prüfen Sie, welche Lizenzkosten in diesem Fall für Sie anfallen würden, vor allem wenn Sie ein nicht automatisiertes Lager betreiben. Bedenken Sie, dass das Basic Warehouse Management in der Lizenz von SAP S/4HANA Enterprise Management enthalten ist.

7.1.4   Migrationsszenarien

Greenfield-Approach

In diesem Abschnitt geben wir Ihnen einen Überblick über die derzeit bekannten Möglichkeiten, zu SAP EWM zu wechseln: Im Vordergrund stehen dabei der Greenfield-Ansatz sowie die Migrationstools für den Umstieg von WM auf EWM.

Die Neueinführung von EWM im Greenfield-Ansatz eignet sich besonders für einen neuen Logistikstandort, für den neben den räumlichen Gegebenheiten alles neu ist. SAP und Partner von SAP bieten vorkonfigurierte Prozesse an, die *EWM Rapid Deployment Solution* (EWM RDS), mit der sich die Standardprozesse Warenein- und -ausgang, Inventur und Retouren schneller einstellen lassen.

SAP bietet zudem einen Weg für die *Migration* aus einer SAP-WM-Landschaft in eine SAP-EWM-Umgebung an. Dabei ist das Ziel, so viele Einstellungen wie möglich aus einem WM-System in ein neues EWM-System zu übertragen. Folgende Schritte werden bei der Umsetzung durchlaufen:

WM → EWM, Migrationstools von SAP

1. **Systemintegration von ERP WM und Embedded EWM**
   Im Zuge des Upgrades des SAP-ERP-Systems auf SAP S/4HANA wird eine Systemintegration von WM und EWM vorgenommen.

2. **Toolgestützte Customizing-Migration**
   Die Customizing-Migration übernimmt z. B. Lagertypen, Bereiche, Tore, Bewegungsarten sowie Ein- und Auslagerungsstrategien aus SAP ERP.

3. **Datenmigration**
   Die Datenmigration übernimmt Kunden-, Lieferanten-, Produktdaten, Lagerplätze und Bestände.

4. **Prozessverifikation**
   Bei der Prozessverifikation werden die logistischen Funktionen umgesetzt. Es stehen Wareneingang, Warenausgang, Inventur und Nachschub im Fokus des Migrationsprojekts.

Das Migrationstool ersetzt dabei kein Projekt und automatisiert nicht alle Einstellungen und Lagerprozesse. Dies gilt besonders für die kundenindividuellen WM-Erweiterungen, die meist durch die Funktionsvielfalt des EWM in den Standard zurückkehren können.

7.2   Lagerrelevante Stammdaten in SAP S/4HANA

Der in Abschnitt 7.1.1, »Zentrale und dezentrale Nutzung von SAP EWM«, dargestellte dezentrale Betrieb von SAP EWM bedingt, dass SAP EWM und SAP ECC 6.0 jeweils auf einem eigenen Server installiert sind. Für die Pflege der Stammdaten ist somit eine Anbindung an das SAP-ERP-System notwendig. Stammdaten wie Werk, Kunde, Lieferant oder Material werden in SAP ECC gepflegt und anschließend per Core Interface (CIF) an SAP EWM

Core Interface

übertragen. Dafür muss CIF konfiguriert sein, logische Systeme müssen definiert und die technische Anbindung per Remote Function Call (RFC) eingerichtet werden.

Integration Im Embedded EWM in SAP S/4HANA 1610 ist die Lagerverwaltung mit den Funktionen von Finanzen, Controlling, Vertrieb und Logistik integriert. Das heißt, alle betriebswirtschaftlichen Applikationen laufen auf einem Server. Deshalb brauchen Sie die technischen Einstellungen für die Übertragung der Stammdaten nicht mehr im Customizing zu pflegen. Gleiches gilt für die Übertragung von Bewegungsdaten über das Verteilungsmodell.

Sie können mit SAP S/4HANA 1610 von einem zentralen System aus auf alle transaktionalen Anwendungen der Stammdatenpflege über Fiori-Apps mit sogenannten Kacheln zugreifen, die in SAP Fiori Launchpad zur Verfügung gestellt werden.

Nachfolgend konzentrieren wir uns auf die lagerrelevanten Stammdaten wie Materialstämme, Lagerplätze, Packspezifikationen und Ressourcen. Wir beleuchten den Prozess der Materialstammpflege mit SAP S/4HANA im Detail.

7.2.1   Materialstammdaten anlegen

Materialstamm In diesem Abschnitt zeigen wir Ihnen, wie Sie lagerrelevante Materialstammdaten anlegen. Wenn Sie neue lagerrelevante Materialstammdaten erstellen möchten, müssen Sie, wie in Abbildung 7.1 dargestellt, die folgenden zwei Gruppen nacheinander aufrufen.

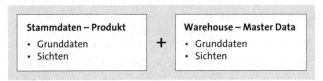

Abbildung 7.1 Pflege der lagerrelevanten Stammdaten

Stammdaten –
Produkt In Abbildung 7.2 sehen Sie die Gruppe **Stammdaten – Produkt** in SAP Fiori, über die Sie die Grunddaten und Sichten des Materialstamms anlegen.

Klicken Sie zuerst auf die Fiori-App **Material anlegen**. Geben Sie dann wie, in Abbildung 7.3 dargestellt, auf dem Einstiegsbild im Feld **Material** Ihre neue Materialnummer sowie in den gleichnamigen Feldern die zugehörige Branche und die Materialart ein. Existiert in Ihrem Materialstamm bereits ein geeignetes Referenzmaterial, können Sie dieses über die Funktion **Kopieren aus** als Kopiervorlage vorgeben.

Abbildung 7.2 Stammdaten für das Produkt

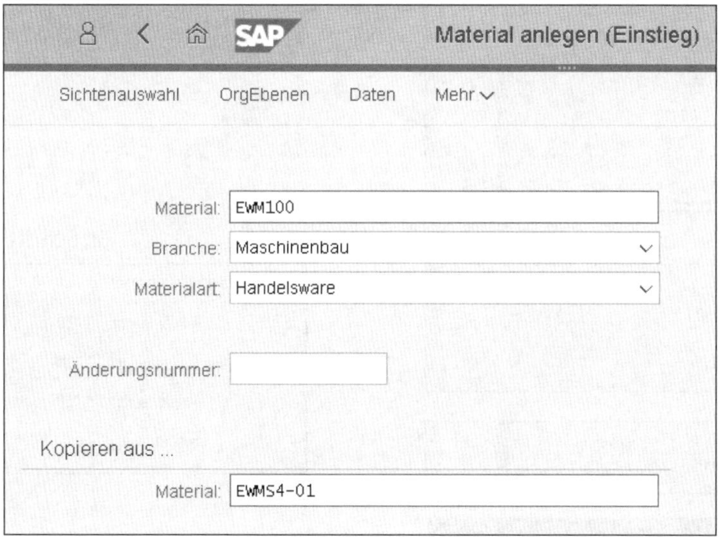

Abbildung 7.3 Material anlegen

40-stellige Materialnummer in SAP S/4HANA   [«]

Beachten Sie, dass Sie mit SAP S/4HANA die Möglichkeit haben, system-
übergreifend eine Materialnummer mit bis zu 40 Stellen zu vergeben. Bisher war der Materialstamm so definiert, dass im System SAP ECC 6.0 die
Materialnummer in der Tabelle MARA auf 18 Stellen begrenzt war. Die
angeschlossenen Supply-Chain-Management-Systeme, sei es nun SAP
Advanced Planning and Optimization (SAP APO) oder SAP EWM, erlauben

> aber bereits seit geraumer Zeit in der Schlüsseltabelle /SAPAPO/MATKEY eine 40-stellige Materialnummer. Die Länge der Materialnummer ist im Datenmodell für den Materialstamm in SAP S/4HANA für alle Applikationen vereinheitlicht worden.

Sichtenauswahl Um jetzt die Grunddaten und Sichten anlegen zu können, klicken Sie auf **Sichtenauswahl** und wählen die betriebswirtschaftlichen Anwendungen aus, für die Sie den neuen Materialstamm anlegen möchten (siehe Abbildung 7.4). Nachdem Sie Ihre Auswahl mit der ⏎-Taste bestätigt haben, erhalten Sie die Selektionsmaske für die Organisationsebenen, in der Sie je nach eingestellter Sichtenauswahl Ihre Organisationseinheiten auswählen können.

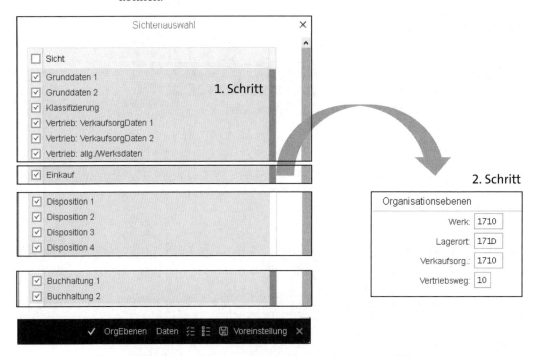

Abbildung 7.4 Sichten und Organisationsebenen auswählen

Abbildung 7.5 zeigt Ihnen die Pflegemaske für die Materialstammdaten, über die Sie analog zu SAP ERP die Materialbezeichnung, die Basismengeneinheit, die Warengruppe etc. pflegen können. Wenn Sie Ihre Eingaben vorgenommen haben, können Sie sie mit **Sichern** speichern.

Die Daten werden in den Tabellen MARA, MARC, MARD etc. abgelegt, die Sie bereits aus SAP ERP kennen. Aber Sie finden Ihren neu angelegten Materialstamm auch bereits in der Tabelle des Produktstamms, /SAPAPO/MATKEY.

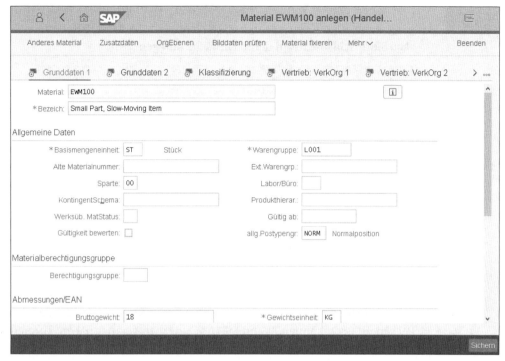

Abbildung 7.5 Materialdaten pflegen und sichern

In Abbildung 7.6 sehen Sie die Gruppe **Warehouse – Master Data**, über die Sie den Materialstamm um die Lagerdaten ergänzen. Klicken Sie zuerst auf **Produkte pflegen Lagerdaten**.

Warehouse – Master Data

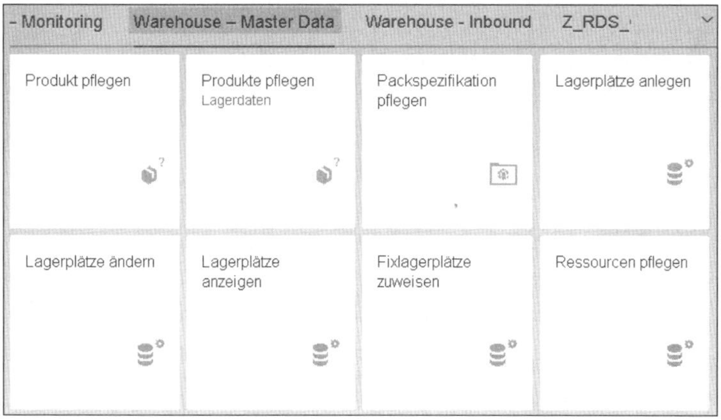

- Monitoring	Warehouse – Master Data	Warehouse - Inbound	Z_RDS_
Produkt pflegen	Produkte pflegen Lagerdaten	Packspezifikation pflegen	Lagerplätze anlegen
Lagerplätze ändern	Lagerplätze anzeigen	Fixlagerplätze zuweisen	Ressourcen pflegen

Abbildung 7.6 Fiori-Apps für die Stammdatenpflege in der Lagerverwaltung

Geben Sie dann, wie in Abbildung 7.7 dargestellt, im Einstiegsbild im Feld **Produktnummer** (hier »EWM100«) Ihre neue Produktnummer sowie im

Feld **Lagernummer** die Lagernummer (hier: »1710«) und im Feld **Verfü-
gungsberechtigter** den Verfügungsberechtigten (hier: »BP1710«) ein. Klicken Sie anschließend auf die Schaltfläche **Anlegen**.

Abbildung 7.7 Lagerproduktdaten pflegen

Abbildung 7.8 zeigt Ihnen die Pflegemaske für die Lagerproduktdaten, in
der Sie die für die Lagerlogistik relevanten Daten für die Lagerung und das
Packen erfassen können. Wenn Sie Ihre Eingaben getätigt haben, können
Sie mit einem Klick auf **Sichern** Ihre Werte speichern.

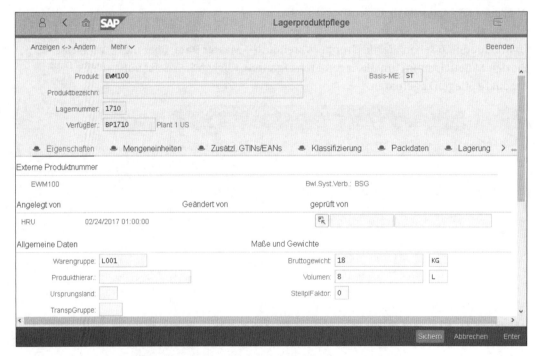

Abbildung 7.8 Lagerproduktdaten sichern

7.2.2   Lagerplätze/Packspezifikationen/Ressourcen anlegen

Sie können über die Gruppe **Warehouse – Master Data** Ihre Lagerplätze verwalten sowie Packspezifikationen und Ressourcen anlegen (siehe Abbildung 7.6).

Stammdatenpflege allgemein

Die Vorgehensweise entspricht im Wesentlichen dem bekannten Ablauf aus SAP EWM. Der Unterschied besteht darin, dass für die Entwicklung der Oberflächen HTML5 und JavaScript (SAP Fiori) verwendet werden.

7.3   Wareneingang mit Anlieferung

In diesem Abschnitt gehen wir zunächst auf die Unterschiede in der Belegerzeugung zwischen EWM als dezentralem System und EWM in SAP S/4HANA ein. Anschließend erfahren Sie am Beispiel eines Anlieferungsprozesses, wie SAP EWM in SAP S/4HANA die Einlagerungsprozessschritte abbildet.

7.3.1   Überblick über den Wareneingangsprozess mit SAP ERP und SAP EWM als dezentralem System

Wenn Sie SAP Extended Warehouse Management (EWM) als dezentrales System oder Add-on-Lösung zum SAP-ERP-System implementieren, müssen lieferungsrelevante Daten über Schnittstellen zwischen den beiden Systemen ausgetauscht werden. Die detaillierte Kommunikation zwischen Lieferant, SAP ERP und SAP EWM ist in Abbildung 7.9 dargestellt.

Wareneingangsprozess – dezentrales EWM

Der Ablauf stellt sich folgendermaßen dar:

1. Sie erzeugen in SAP ERP eine Bestellung und versenden diese an den Lieferanten.

2. Basierend auf dem Lieferavis, erstellen Sie dann in SAP ERP die zugehörige Anlieferung.

3. Das SAP-ERP-System überträgt diese ERP-Anlieferung per queued Remote Function Call (qRFC) an EWM und erzeugt hier eine EWM-Anlieferungsbenachrichtigung sowie eine EWM-Anlieferung.

4. Wenn die Produkte vom Lieferanten angeliefert werden, buchen Sie in EWM die Entladung des LKW, den Wareneingang und die Einlagerung.

5. Der EWM-Wareneingangsbeleg wird anschließend per qRFC an SAP ERP übergeben.

6. In SAP ERP werden dann der Bestand und die Bestellung entsprechend fortgeschrieben.

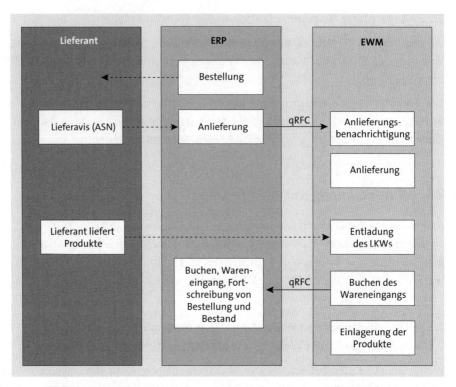

Abbildung 7.9 Wareneingangsprozess mit dezentralem SAP EWM
(Quelle SAP)

7.3.2   Überblick über den Wareneingangsprozess mit Embedded EWM

Wareneingangs-
prozess –
Embedded EWM

In diesem Abschnitt betrachten wir die Geschäftsprozesse von der Bestel-
lerfassung bis hin zur Wareneinlagerung.

Anlieferungs-
benachrichtigung

Im Embedded EWM in SAP S/4HANA wird kein Beleg für die Anlieferungsbenachrichtigung generiert. Diese Neuerung stellt einen großen Vorteil
dar, weil somit die Anzahl der Belegobjekte reduziert und das Belegvolu-
men verringert wird. Auch wird für den Endanwender der Wareneingangsprozess transparenter. Für die automatische Replikation der ERP- und
EWM-Anlieferung sowie der Bestell- und Werksbestandsfortschreibung benötigen Sie jedoch weiterhin die qRFC-Schnittstelle. In Abbildung 7.10 ist
der Wareneingangsprozess mit Embedded EWM dargestellt und wird im
Folgenden im Detail beschrieben.

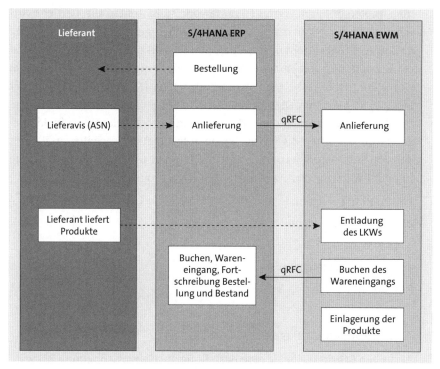

Abbildung 7.10 Wareneingangsprozess mit Embedded EWM in SAP S/4HANA (Quelle SAP)

Auch in diesem Szenario erzeugen Sie im ersten Schritt eine Bestellung und versenden diese an den Lieferanten. Sie buchen dann, Bezug nehmend auf das Lieferavis, eine Anlieferung. Sie können jetzt aber wählen:

Bestellung

- Sie legen die Anlieferung im SAP-S/4HANA-Geschäftsbereich **Einkauf/Logistik** an (ERP-Anlieferung).

- Sie legen die Anlieferung im SAP-S/4HANA-Geschäftsbereich **Warehouse Management** an (EWM-Anlieferung).

In beiden Fällen wird sowohl eine ERP-Anlieferung als auch eine EWM-Anlieferung erzeugt. Die eine der beiden Anlieferungen wird manuell, die andere automatisch im Hintergrund über queued Remote Function Call (qRFC) angelegt. Die Anlieferungsbenachrichtigung wird, wie bereits erwähnt, nicht mehr generiert und entfällt ersatzlos. In Embedded EWM buchen Sie dann die Entladung des LKW, den Wareneingang und die Einlagerung. Es wird genau ein Wareneingangsbeleg erzeugt, über den die Bestellung und die Werksbestände fortgeschrieben werden.

Anlieferung

In der Praxis werden Sie in der Regel nicht mit den von SAP ausgelieferten Dialogtransaktionen arbeiten, sondern das Radio Frequency Framework

Radio Frequency Framework

(RF) implementieren. Das RF-Framework stellt Ihnen alle betriebswirtschaflichen Funktionen zur Ausführung der Lagerlogistik zur Verfügung und unterstützt unter anderem den Einsatz von mobilen RF-Geräten und die Verwendung von Barcodes (EAN 128). Mit dem Einsatz eines RF-Frameworks können Sie eine schnelle und fehlerfreie Datenverarbeitung in der Lagerlogistik erzielen. Da wir aber an dieser Stelle nicht näher auf die Implementierung eines RF-Frameworks eingehen werden, buchen wir in den folgenden Abschnitten die im Nachgang aufgelisteten Geschäftsvorfälle mit den von SAP ausgelieferten Dialogtransaktionen, wobei wir die Anlieferung mit der EWM-Transaktion in SAP S/4HANA erzeugen werden:

1. Bestellung anlegen

2. Anlieferung anlegen

3. LKW entladen

4. Wareneingang buchen

5. Ware einlagern

7.3.3 Bestellung anlegen

Bestellungs-
bearbeitung

Als ersten Schritt legen Sie eine Bestellung an. Gemäß Abbildung 7.11 wählen Sie in der Gruppe **Bestellungsbearbeitung** die Fiori-App **Bestellung anlegen Erweitert**.

Abbildung 7.11 Bestellungsbearbeitung

Bestätigungs-
steuerung

Sie erfassen die Bestellart (Normalbestellung) und den Lieferanten, bei dem Sie die Ware bestellen möchten. In der Belegposition geben Sie das zu liefernde Material sowie Bestellmenge, Lieferdatum, Preis und das zu beliefernde Werk ein. Wichtig ist, dass das Feld **Bestätigungssteuerung** mit dem Wert »Anlieferung« gefüllt wird. Anschließend sichern Sie Ihre Eingaben (siehe Abbildung 7.12).

Abbildung 7.12 Bestellung anlegen

Für unser Beispiel erhalten wir die Meldung »Normalbestellung unter der Nummer 4500000175 angelegt«.

7.3.4   Anlieferung anlegen

Der Wareneingangsprozess beginnt, sobald Sie von Ihrem Lieferanten ein Lieferavis für die geplante Anlieferung erhalten. Bezug nehmend auf dieses Lieferavis, legen Sie die Anlieferung in SAP S/4HANA an, indem Sie gemäß Abbildung 7.13 aus der Gruppe **Warehouse – Inbound** die Fiori-App **Anlieferungen anlegen Lieferungen** wählen.

Lieferavis/
Anlieferung

Abbildung 7.13 Warehouse – Inbound

Geben Sie jetzt, wie in Abbildung 7.14 dargestellt, den Lieferzeitraum ein und klicken Sie auf den Button **Start**. Ihnen wird die Bestellung »4500000175« angezeigt.

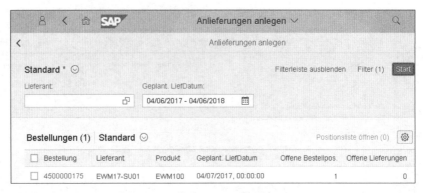

Abbildung 7.14 Bestellung zur Anlieferung auswählen

Per Doppelklick auf die Bestellnummer gelangen Sie in die Detailmaske zum Anlegen der Anlieferung (siehe Abbildung 7.15). Geben Sie hier das Lieferavis ein.

Abbildung 7.15 Anlieferung anlegen – Lieferavis eingeben

Handling Unit anlegen

Über die Zeile **Handling Unit anlegen** legen Sie die der Anlieferung zugehörige Handling Unit (HU) an. Dabei erfassen Sie gemäß Abbildung 7.16 die **Liefermenge**, die **zu packende Menge**, das **Packmittel**, den **Handling Unit-Typ** und die **Anzahl Handling Units**.

Bestätigen Sie mit **OK**. Daraufhin wird eine Handling Unit angelegt, und Sie springen automatisch zurück in die in Abbildung 7.15 dargestellt Maske. Markieren Sie nun die Position, und unten rechts wird der Button **Lieferung anlegen** ausführbar. Klicken Sie darauf, wird sowohl eine ERP-Anlieferung als auch eine EWM-Anlieferung angelegt.

Abbildung 7.16 Handling Unit zur Anlieferung anlegen

In unserem Beispiel wird eine EWM-Anlieferung mit der Nummer »712«
und eine ERP-Anlieferung mit der Nummer »1000000506« generiert.

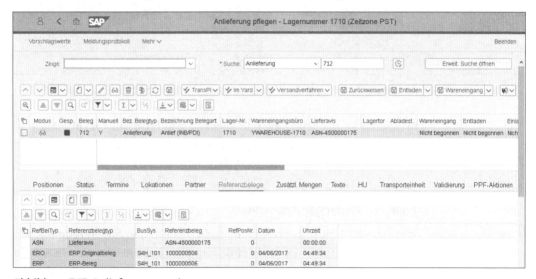

Abbildung 7.17 Anlieferung anzeigen

Mit Embedded EWM wird also nicht länger die ERP-Anlieferung auf eine   **SAP-Tabellen**
EWM-Anlieferungsbenachrichtigung repliziert, um dann in EWM eine An-
lieferung zu erzeugen, sondern die Anlieferung wird direkt in SAP S/4HANA
ERP und EWM generiert. Die ERP-Anlieferungen finden Sie in den gewohn-
ten LIKP- und LIPS-Tabellen, die EWM-Anlieferungen finden Sie in den
EWM-Tabellen /SCDL/DB_PROCH_I (Kopf: Anlieferung) und /SCDL /DB_
PROCI_I (Position: Anlieferung).

7.3.5   LKW entladen

Entladen   Die bestellte Ware wird angeliefert und in der Bereitstellungszone bzw. Wareneingangszone abgestellt. Wählen Sie die Kachel **Anlieferung pflegen**. Geben Sie die Anlieferungsnummer ein. Sie sehen dann die in Abbildung 7.18 dargestellte Eingabemaske.

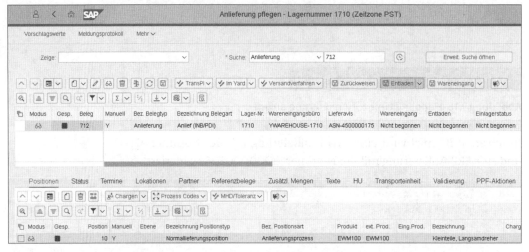

Abbildung 7.18 Angelieferte Ware entladen

Markieren Sie die Belegzeile und klicken Sie auf den Button **Entladen + Sichern**. Es erscheint die Meldung »Anlief (INB/PDI) 712 wurde geändert«. In der Anlieferung wird der Status **DUN = Entladen** auf **Beendet** gesetzt.

7.3.6   Wareneingang buchen

Wareneingangs-
buchung
Bereitstellungszone   Im nächsten Schritt rufen Sie erneut die Transaktion **Anlieferung pflegen** auf (siehe Abschnitt 7.3.5, »LKW entladen«) und buchen über einen Klick auf den Button **Wareneingang + Sichern** den Wareneingang. Es erscheint die Meldung »Anlief (INB/PDI) 712 wurde geändert«. Der Status **DGR = Wareneingang** wird auf **Beendet** gesetzt. Damit die Ware eingelagert werden kann, muss eine Lageraufgabe für die Einlagerung erzeugt werden (siehe Abbildung 7.19). Sowohl die Anlage der Lageraufgabe als auch die Quittierung erfolgen in unserem Beispiel automatisch im Hintergrund.

Der Bestand ist jetzt eingebucht und wird, wie in Abbildung 7.20 zu sehen, bestandswirksam auf einem Lagerplatz der Bereitstellungszone (GR-YDI1) ausgewiesen.

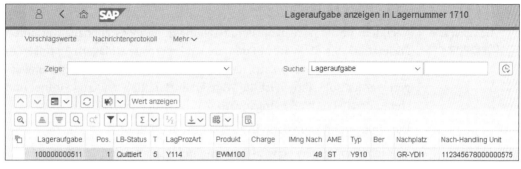

Abbildung 7.19 Lageraufgabe im Wareneingang anzeigen

Abbildung 7.20 Bestandsübersicht

In der Bestellentwicklungsübersicht (siehe Abbildung 7.21) erkennen Sie, dass ein Wareneingangsbeleg (5000000261) erzeugt wurde über »48« Stück (8 Kartons zu je 6 Stück). Der Warenzugang wurde mit der Bewegungsart »101« gebucht. Der Warenbestandswert hat sich um »480 USD« erhöht (48 Stück zu je 10 USD).

Wareneingangsbeleg

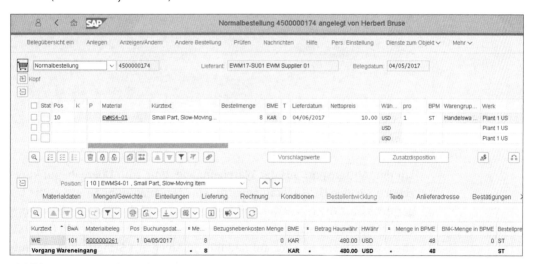

Abbildung 7.21 Bestellung anzeigen

7.3.7   Ware einlagern

Transport zum
Übergabepunkt

Nachdem Sie die Ware in die Bereitstellungszone abgestellt haben, erfahren Sie jetzt, wie Sie die Ware auf den finalen Lagerplatz einlagern. In unserem Beispiel gehen wir davon aus, dass die Ware in ein Hochregallager eingelagert werden soll. Aktuell ist die Ware einer Handling Unit zugeordnet und steht noch in der Wareneingangszone (Lagerplatz GR-YDI1).

Die Einlagerung kann dann in zwei Schritten erfolgen:

1. Nach dem Verpacken wird die Handling Unit an einen definierten Übergabepunkt (in unserem Beispiel Lagerplatz 001.02.00) transportiert.

2. An diesem Lagerplatz wird die Ware von einem Hochregalstapler abgeholt, um dann letztendlich ins Regallager (Lagerplatz 011.02.02.05) eingelagert zu werden.

Lageraufgabe
anlegen

Rufen Sie, wie in Abbildung 7.22 dargestellt, die Gruppe **Warehouse – Internal** auf und wählen Sie die Fiori-App **Lageraufgaben anlegen Handling-Units**.

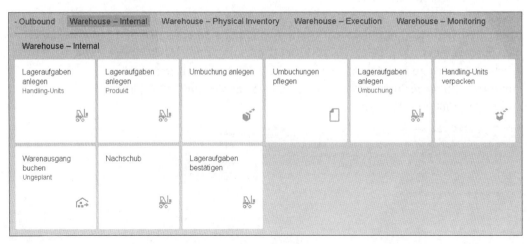

Abbildung 7.22 Warehouse – Internal

Für den Abtransport aus der Wareneingangszone zum Übergabepunkt erzeugen Sie eine HU-Lageraufgabe, indem Sie gemäß Abbildung 7.23 die Lagerprozessart (hier: »Y351«) und den Nachlagerplatz vorgeben bzw. vom System gemäß Einlagerungsstrategie ermitteln lassen. Anschließend sichern Sie mit einem Klick auf den Button **Anlegen + Sichern** die Lageraufgabe. In unserem Beispiel erhalten wir die Meldung »Lagerauftrag 2000517 wurde angelegt«.

Abbildung 7.23 Transport zum Übergabepunkt

Sie transportieren die Ware nun zum Übergabepunkt und bestätigen den Transport über die Fiori-App **Lageraufgaben bestätigen** (siehe Abbildung 7.22). In unserem Beispiel erhalten wir die Meldung »Lageraufgabe 100000514 wurde quittiert«.

Lageraufgabe quittieren

Abbildung 7.24 Lagerauftrag quittieren

Der Hochregalstapler holt jetzt die Ware vom Übergabepunkt ab und lagert sie endgültig ins Hochregal ein. Auch hier erzeugen Sie wieder eine Lageraufgabe und quittieren diese anschließend über den Button **Anlegen + Sichern** gemäß Abbildung 7.25.

Einlagerung ins Hochregallager

Abbildung 7.25 Einlagerung ins Hochregallager

Die Ware ist jetzt fertig eingelagert. In Abbildung 7.26 sehen Sie das Ergebnis: »48« Stück des Produkts »EWM100« liegen jetzt auf Lagerplatz »011.01.05.05«, verpackt in die Handling Unit »11234567800000575«.

Typ	Lagerplatz	Handling Unit	Produkt	Produktkurzbeschreibung	Menge	BME	BA	Bez. BestArt
Y011	011.01.05.05	11234567800000575	EWM100	Kleinteile, Langsamdreher	48	ST	F2	F2

Abbildung 7.26 Physischer Bestand im Regallager

Integration mit dem Qualitätsmanagement

EWM in S/4HANA nutzt bestehende QM-Funktionen von SAP S/4HANA. Die Quality Inspection Engine (QIE) ist nicht verfügbar. Im dezentralen EWM wird die QIE verwendet, in S/4HANA werden dagegen QM-Funktionen genutzt.

7.4   Lagerinterne Prozesse

In diesem Abschnitt beschreiben wir, welche Möglichkeiten Sie haben, um lagerinterne Prozessen mit Embedded EWM abzubilden. Hierbei gehen wir auf Beispielprozesse und deren Verwendung ein. Analog zu den Ein- und Auslagerungsprozessen spielen die Lagerungssteuerung und die Lagerprozessart auch für die lagerinternen Prozesse eine bedeutende Rolle.

7.4.1   Lagerungssteuerung

Lagerprozesse steuern   Mit der Lagerungssteuerung werden die Produkte entsprechend ihren notwendigen Lagerprozessen bewegt. Komplexe Prozesse vom Wareneingang bis zum Warenausgang können dabei prozessorientiert oder layoutorientiert abgewickelt werden. Die Einsatzmöglichkeiten und Unterschiede beschreiben wir im Folgenden.

Prozessorientierte Lagerungssteuerung

Prozessschritte im Wareneingang   Mit der prozessorientierten Lagerungssteuerung werden einzelne Prozessschritte abgebildet, die ein Produkt durchlaufen muss, bis es z. B. von der Anlieferung zum Lagerplatz verbracht werden kann.

Der Prozess des Wareneingangs lässt sich in EWM in folgende Schritte unterteilen:

- Entladung
- Qualitätsprüfung
- Zählung
- Dekonsolidierung
- Kitting
- logistische Zusatzleistung

Ein Lagerungsprozess bildet dabei die Klammer für mehrere Prozessschritte. Ein solcher Lagerungsprozess könnte z. B. aus Entladung, Qualitätsprüfung und Einlagerung bestehen.

Layoutorientierte Lagerungssteuerung

Mit der layoutorientieren Lagerung werden die Lagerbewegungen abgebildet, die aufgrund des Lagerlayouts notwendig sind. Dabei spielen auch Materialflusssysteme eine Rolle. Statt einer direkten Bewegung von einem Vonlagertyp (z. B. 9010 – WE-ZONE) auf einen Nachlagertyp (z. B. 5000 – Hochregallager) wird die Lagerbewegung über Zwischenlagerplätze abgebildet. Die layoutorientierte Lagersteuerung erstellt dafür mehrere Lageraufgaben unter Einbeziehung der Zwischenlagerplätze.

Layoutorientierte Lagerungs-steuerung

Für die Einlagerung einer Palette vom Wareneingang in das Hochregal mithilfe eines Materialflusssystems (MFS) erstellt das EWM-System zum Beispiel die in Tabelle 7.1 dargestellten Lageraufgaben.

Nr.	Vonlagertyp	Zwischenlagertyp/Nachlagertyp
1	9010 (WE-ZONE)	0100 (Vermessungsstation)
2	0100 (Vermessungsstation)	0200 Übergabe MFS
3	0200 Übergabe MFS	5000 Hochregallager

Tabelle 7.1 Beispiele für Vonlagertyp und Zwischenlagertyp/Nachlagertyp

Damit erstellt die layoutorientierte Lagersteuerung entsprechend viele Lageraufgaben, die aufgrund der Lagerbeschaffenheit und des Lagerlayouts notwendig sind.

7.4.2   Lagerprozessarten

SAP EWM steuert jede Lagerbewegung mittels einer sogenannten Lagerprozessart. Während einige Waren direkt eingelagert werden können, müssen andere Waren noch einer Prüfung oder einem Umpackvorgang unterzogen

Lagerbewegungen und Lagerprozessarten

werden. Jedem Lageraufgabenbeleg wird dafür eine Lagerprozessart zuge-ordnet, die dann die entsprechenden Aktivitäten oder Bewegungen wider-spiegeln.

Wird im System ein Lageranforderungsbeleg erstellt, wird zu diesem Zeit-punkt die entsprechende Lagerprozessart gefunden. Voraussetzung dafür ist die Pflege des Steuerungskennzeichens **ProzessartFindKn** im Lagerpro-duktstamm. Hierüber werden gleichartigen Waren entsprechend den durchzuführenden Lagerprozessen gleiche Lagerprozesse zugewiesen. Um-gekehrt ist es damit auch möglich, unterschiedliche Waren unterschiedli-chen Lagerprozessen zuzuführen.

Standard-
Lagerprozesstypen

In SAP S/4HANA sind folgende Lagerprozesstypen definiert:

- 1: Einlagerung
- 2: Auslagerung
- 3: Interne Lagerbewegung
- 4: Inventur
- 5: Wareneingangsbuchung
- 6: Warenausgangsbuchung
- 7: Umbuchung
- 8: Quereinlagerung

Die Findung der Lagerprozessart wird während der Anlage des Lageranfor-derungsbelegs durchgeführt. Für die Findung entscheidend ist der Pro-duktstamm. In dem Lageranforderungsbeleg befindet sich das Produkt auf der Positionsebene.

Findung der
Lagerprozessart

Die Lagerprozessart wird anhand folgender Kombination ermittelt:

- Lagernummer
- Belegart
- Positionsart
- Lieferpriorität
- Steuerungskennzeichen

7.4.3   Lagerauftragserstellung

Mit der Lagerauftragserstellung werden die im Lager durchzuführenden Operationen (wie z. B. die Erstellung sinnvoller Arbeitspakete durch die Bündelung gleichartiger Lageraufgaben) abgebildet, die innerhalb eines be-stimmten Zeitraums durchzuführen sind. Der Lagerauftrag kann Lagerauf-gaben oder Inventurpositionen beinhalten.

7.5 Warenausgang

In diesem Abschnitt geben wir Ihnen einen Überblick über den Warenausgangsprozess. Mithilfe der Systembelege leiten wir Sie Schritt für Schritt durch das SAP-S/4HANA-System.

Am Anfang einer jeden Auslieferung steht der Kundenauftrag. Die Erfassung des Kundenauftrags können Sie über SAP Fiori Launchpad mit der App **Kundenauftrag anlegen** vornehmen (siehe Abbildung 7.27).

Kundenauftrag anlegen

Abbildung 7.27 SAP Fiori Launchpad – »Kundenauftragsbearbeitung«

Im Kundenauftrag werden die grundlegenden Daten der Bestellung des Kunden erfasst. Abbildung 7.28 zeigt die Auftragsdaten im Kundenauftrag.

Abbildung 7.28 Auftragsdaten im Kundenauftrag

Dieser Kundenauftrag stellt unseren Anfangsbeleg dar. Auf dessen Grundlage wird die notwendige Auslieferung erzeugt. Dies können Sie über SAP Fiori Launchpad durchführen. Grundsätzlich ist es jedoch auch möglich, eine Auslieferung ohne einen Bezug zum Kundenauftrag vorzunehmen. In Abbildung 7.29 erkennen Sie die relevanten Kacheln von SAP Fiori Launchpad, über die Sie die Auslieferung anlegen oder bearbeiten können.

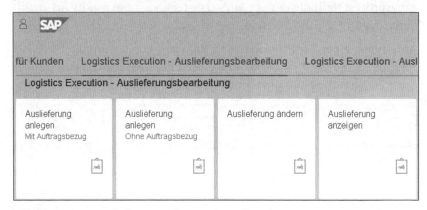

Abbildung 7.29 Auslieferung anlegen mit Auftragsbezug

Sobald die Auslieferung angelegt ist, wird sie an das Lager verteilt. Die Lieferung können Sie in Abbildung 7.30 sehen.

Abbildung 7.30 Auslieferung anzeigen

Die weitere Bearbeitung der Auslieferung wird nun mit den EWM-Transaktionen vorgenommen.

Als zentrale Transaktion bietet sich hierzu der Lagerverwaltungsmonitor an. Diese Transaktion können Sie auch über SAP Fiori Launchpad aufzurufen. Abbildung 7.31 zeigt die entsprechende Fiori-App.

Abbildung 7.31 Lagerverwaltungsmonitor

Die erstellte EWM-Auslieferung finden Sie nun auf der linken Seite: **Ausgang · Belege · Auslieferungsauftrag**, Selektion nach dem ERP-Beleg. Das Auswahlfenster öffnen Sie durch einen Doppelklick auf einen Menüpunkt auf der Registerkarte. Das Auswahlmenü des Lagerverwaltungsmonitors zeigt Abbildung 7.32.

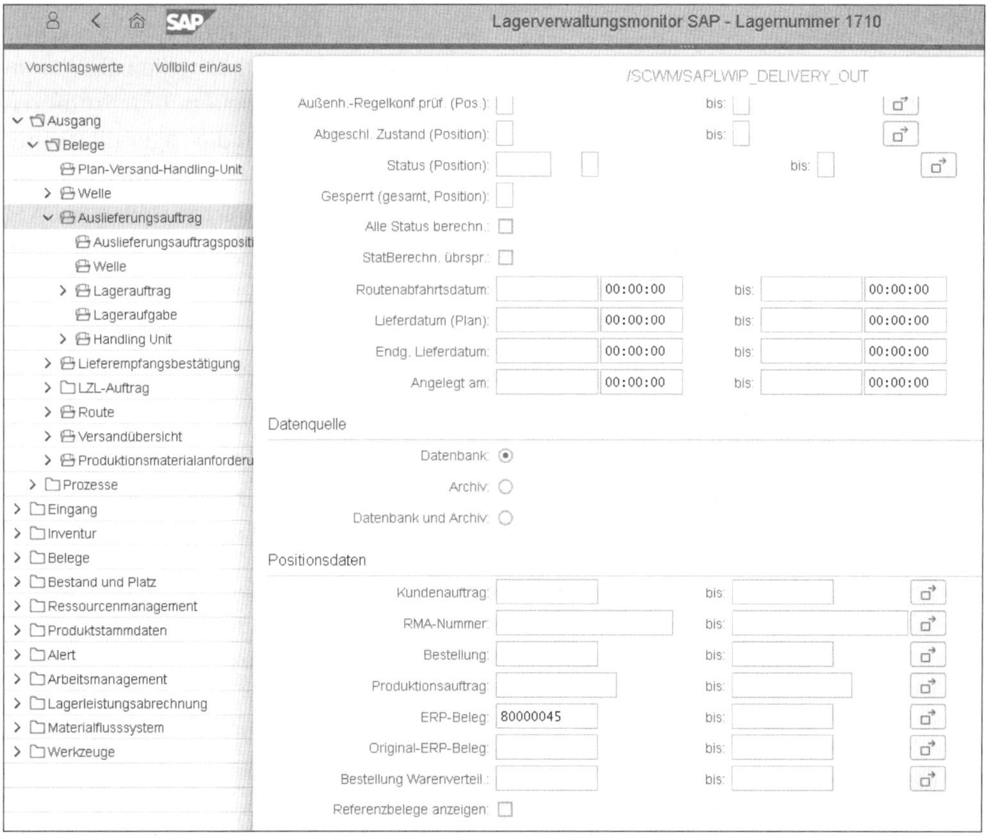

Abbildung 7.32 Selektion im Lagerverwaltungsmonitor

In Abbildung 7.33 sehen Sie den erzeugten Auslieferungsauftrag.

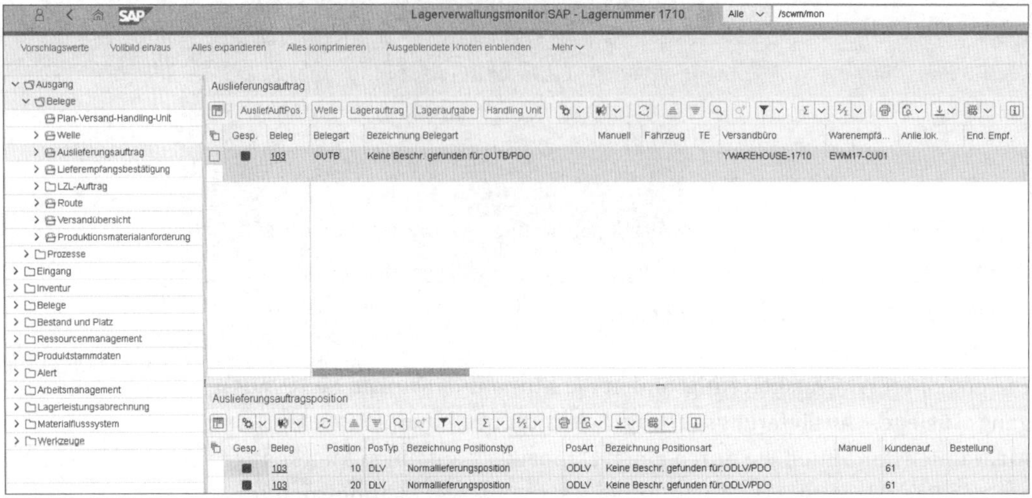

Abbildung 7.33 Auslieferungsauftrag

Den Auslieferungsauftrag gilt es nun zu beliefern. Dafür werden die Lageraufträge und dazugehörige Lageraufgaben erstellt. Diese stellen die Warenbewegungen im Lager dar, die von den Lagermitarbeitern durchzuführen sind. Mit der Zuweisung zu den RF-Queues können die Lagermitarbeiter diese Tätigkeiten mit Handheld-Geräten abwickeln. Dabei werden den einzelnen RF-Queues Ressourcen zugeordnet. Die Ressourcen stellen in EWM in diesem Fall die Lagermitarbeiter dar. Über die RF-Dialoge können nun die Lageraufträge bearbeitet werden, womit die Kommissionierung des Lagerauftrags abgeschlossen wird.

Kommissionierung   Die Kommissionierung kann in mehreren Schritten erfolgen:

1. Mehrere Produkte werden von einem ersten Lagermitarbeiter dem Lagerfach entnommen und an einem ersten I-Punkt abgestellt.

2. Ein zweiter Lagermitarbeiter greift die am I-Punkt abgestellten Waren und bringt sie zu einer Kommissionier- oder Verpackstation.

Mit SAP EWM können so gleichartige Tätigkeiten der Lagermitarbeiter an eine Ressource vergeben werden, was sich in der operativen Abwicklung positiv auf die Produktivität der Lagermitarbeiter auswirkt. Die kommissionierten Produkte wurden dafür in einer Handling Unit verpackt, die sich im Auslieferungsauftrag befindet. Diese Handling Units können anschließend auf eine Transporteinheit verladen werden. Die erstellte Transporteinheit spiegelt in EWM einen LKW oder Trailer wider, letztlich die Versandeinheit, in der die Waren versendet werden. Die Transporteinheit wird an einem Verladetor angedockt, und der Beladeprozess kann beginnen. Mit dem Abfertigen und Abdocken der Transporteinheit vom Verladetor kann schließlich der Warenausgang für die Auslieferung gebucht werden. Folgeprozesse wie beispielsweise die Erstellung einer Faktura über die versendeten Waren können im Anschluss beginnen.

7.6   Retouren

Wenn die gelieferte Ware oder auch nur ein Teil davon an den Lieferanten zurückgesendet wird, spricht man von einer Retoure. In diesem Abschnitt gehen wir auf die verschiedenen Prozessvarianten innerhalb der Retourenabwicklung ein. Dabei unterscheiden wir zwei Prozesse: Lieferantenretouren und Kundenretouren.

7.6.1   Lieferantenretoure

Bei der Lieferantenretoure wurde das Lager Ihres Unternehmens mit einer Bestellung beliefert. Die vom Lieferanten angelieferte Ware wurde im Lager vereinnahmt und befindet sich nun in der Wareneingangszone.

Die Gründe, die zu einer Lieferantenretoure führen können, sind vielfältig. Es ist möglich, dass die gelieferte Ware bereits äußerlich erkennbare Schäden aufweist. Ein weiterer Grund kann ein negatives Ergebnis einer Qualitätsprüfung im Rahmen des Wareneingangsprozesses sein.

In beiden Fällen entscheiden Sie sich für eine Retournierung der Waren, damit der Lieferant diese Waren nacharbeiten kann. Der für den Prozess verwendende Beleg kann entweder eine Retourenbestellung oder eine Retourenumlagerung sein. Die Retourenbestellung zieht eine Retoure an den Lieferanten nach sich.

Retourenbestellung und Retourenumlagerung

7.6.2   Kundenretoure

Bei der Kundenretoure ist eine Auslieferung an den Kunden vorausgegangen. Der Kunde hat seine bestellte Ware erhalten und sich dazu entschlossen, diese Waren zurückzusenden. Der Kunde ist also mit der gelieferten Ware nicht zufrieden und retourniert diese Lieferung oder auch nur einen Teil davon.

Das ist ein Prozess, der insbesondere im B2C-Geschäft eine immer wichtigere Rolle spielt. Im E-Commerce-Bereich sind wir als Endkunden mittlerweile daran gewöhnt, online gekaufte Produkt zu retournieren. Für Retouren

Retouren im E-Commerce

kann es ganz unterschiedliche Gründe geben. Unabhängig davon sind die rechtlichen Grundlage aber gleich. Es kann auch vorkommen, dass es bei der Kundenbestellung schon zu einer bewussten Überlieferung gekommen ist.

[zB]

> **Auswahlbestellung als Grund für Retouren**
>
> Ein Kunde möchte ein T-Shirt bei einem Onlinehändler im Textilbereich bestellen. Der Kunde geht auf Nummer sicher und bestellt das gleiche Produkt in zwei unterschiedlichen Größen und jeweils zwei Farben. Die Wahrscheinlichkeit, dass sich der Kunde nur für eine der beiden Größen zum Kauf entscheidet, ist sehr groß. Dieses Einkaufsverhalten vieler Endverbraucher führt zu einer wachsenden Quote an Kundenretouren. Die Retourenabwicklung ist also kein Sonderfall, sondern ein Kernprozess. Aus diesem Grund ist ein schneller und kostengünstiger Ablauf von zentraler Bedeutung für Unternehmen.

Retourenauftrag   Der für den Prozess verwendete Beleg ist der Retourenauftrag. Mit diesem Beleg wird der Prozess gestartet, und der gesamte Belegfluss des Prozesses basiert auf dem Beleg. Im Prozess der Kundenretoure sind nach Vereinnahmung der Ware verschiedene Folgeaktivitäten möglich. Beispielsweise wird nach Ankunft der Retoure in der Regel eine Qualitätsüberprüfung vorgenommen. So ist es z. B. notwendig, eine Prüfung der Identifikation und Quantität durchzuführen. Diese Prüfung ist wichtig, da mit der Vereinnahmung der Retoure auch eine Gutschrift an den Kunden erfolgen muss. Der Kunde erwartet nach Rücksendung seiner Waren die schnellstmögliche Abwicklung der Rückzahlung seiner bereits bezahlten Waren.

7.7   Inventur

Jedes Unternehmen in Deutschland ist gesetzlich verpflichtet, mindestens einmal im Jahr seine Bestände durch die körperliche Bestandsaufnahme von Produkten und Handling Units zu erheben und Abweichungen in der Buchhaltung zu erfassen. In diesem Abschnitt sehen Sie, wie mit SAP S/4HANA eine Inventur durchgeführt werden kann.

Inventurverfahren   Mit Embedded EWM in SAP S/4HANA können Sie wie gewohnt zwischen den beiden folgenden Inventurverfahren wählen:

- **Lagerplatzbezogene Inventur**
  Der Inventurbeleg wird generiert für einen Lagerplatz und bezieht sich auf alle Produkte und Handling Units auf diesem Lagerplatz.

- **Produktbezogene Inventur**
  Der Inventurbeleg wird generiert für ein bestimmtes Produkt auf einem oder mehreren Lagerplätzen.

SAP EWM unterstützt die gängigen Inventurverfahren, z. B.:

- Ad-hoc-Inventur
- Cycle-Counting-Inventur
- Einlagerungsinventur
- Nullkontrolle
- jährliche Inventur bzw. Stichtagsinventur
- Lagerplatzprüfung
- Niederbestandsinventur

7.7.1 Voraussetzungen im Customizing

Im Customizing müssen die folgenden Voraussetzungen erfüllt sein:

Voraussetzungen für die Inventur

- Im Customizing definieren Sie einen Inventurbereich und weisen diesem einen oder mehrere zulässige Inventurverfahren zu.

- Dem Inventurbereich ordnen Sie einen Aktivitätsbereich (einen logischen Bereich eines Lagers) zu, sodass Sie jetzt eine Regel dafür definiert haben, für welche Kombination von Aktivitätsbereich und Inventurbereich die Inventur durchgeführt werden kann.

- Des Weiteren definieren Sie über das Customizing eine Aktivität mit dem Lagerprozesstyp »Inventur«.

- Wichtig ist noch, dass Sie den Lagerplätzen die von Ihnen definierte Kombination Aktivitätsbereich und Aktivität zuordnen.

7.7.2 Inventur durchführen

In diesem Abschnitt zeigen wir Ihnen die Fiori-Apps von SAP Fiori Launchpad, die Sie bei der Durchführung der Inventur unterstützen. In Abbildung 7.34 sehen Sie die Gruppe **Warehouse – Physical Inventory**, über die Sie in den Inventurablauf einsteigen.

Abbildung 7.34 SAP Fiori Launchpad: Warehouse – Physical Inventory

Inventur anlegen

Sie starten die Inventur für einen Aktivitätsbereich, für ein Produkt oder gezielt für einen Lagerplatz über die Fiori-App **Inventur anlegen**. Sie wählen das Inventurverfahren, generieren einen Inventurbeleg und aktivieren diesen. Im Hintergrund wird dann ein EWM-Lagerauftrag angelegt.

Zählung erfassen

Nach der Zählung erfassen Sie die Zählergebnisse mit dem Namen des Zählers und mit dem Zähldatum über die Fiori-App **Zählung Inventur**. Der Bestand auf dem Lagerplatz wird automatisch gemäß den Zählergebnissen angepasst. Der EWM-Lagerauftrag wird im Hintergrund quittiert.

Inventurdifferenz buchen

Nun wählen Sie die Fiori-App **Differenzen analysieren** und buchen die Inventurdifferenz aus. Es wird, wie in Abbildung 7.35 dargestellt, ein entsprechender Materialbeleg mit den Buchhaltungs- und Kostenrechnungsbelegen erzeugt.

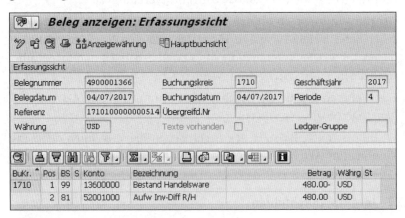

Abbildung 7.35 Buchhaltungsbeleg im SAP GUI

7.8   Reporting

In diesem Abschnitt erhalten Sie eine Übersicht der verschiedene Reporting-Möglichkeiten von SAP EWM, die Ihnen zur Verfügung stehen, um einen aktuellen und vollständigen Überblick über Ihre Lageraktivitäten zu bekommen. Wir erklären zum einen die Werkzeuge, die für eine kurzfristige operative Analyse zur Verfügung stehen, und zum anderen die Tools für eine mittelfristige Planung.

7.8.1   Werkzeuge für das operative Reporting

Im operativen Controlling planen und überwachen Sie die Abläufe im Lager. SAP EWM stellt verschiedene Werkzeuge für das Monitoring der Lageraktivitäten bereit. Wir stellen Ihnen in diesem Abschnitt die folgenden Werkzeuge vor:

- Lagerverwaltungsmonitor (kurz Lagermonitor)
- Lagercockpit
- grafisches Lagerlayout

Lagermonitor

Der Lagermonitor unterstützt Sie dabei, den Überblick über die aktuelle Situation im Lager zu behalten. Er zeichnet sich durch eine Vielzahl vordefinierter Reports für verschiedene Prozesse und Belege als zentrales Steuer- und Kontrollinstrument aus. Darüber hinaus können Sie Arbeitsabläufe zuordnen, initiieren und steuern. Sie rufen den Lagermonitor über die Transaktion /SCWM/MON auf oder wählen im SAP-Easy-Access-Menü in EWM den Punkt **Monitoring**.

Vordefinierte Reports

Das Layout des Monitors besteht aus drei Teilbereichen, dem Hierarchiebaum, dem oberen Sichtbereich und dem unteren Sichtbereich, deren Größe jeweils verändert werden kann. Der obere Sichtbereich zeigt Anlieferungen, entsprechend der Selektion im Hierarchiebaum (siehe Abbildung 7.36).

> **Erweiterung des Lagermonitors**
>
> Mithilfe des Frameworks, das dem Lagermonitor zugrunde liegt, können Sie den Standardmonitor anpassen und erweitern. Sie können darüber hinaus eigene Reports in den Lagermonitor integrieren. Sie können sogar einen eigenen Lagermonitor mit selbst programmierten Reports und Methoden anlegen.

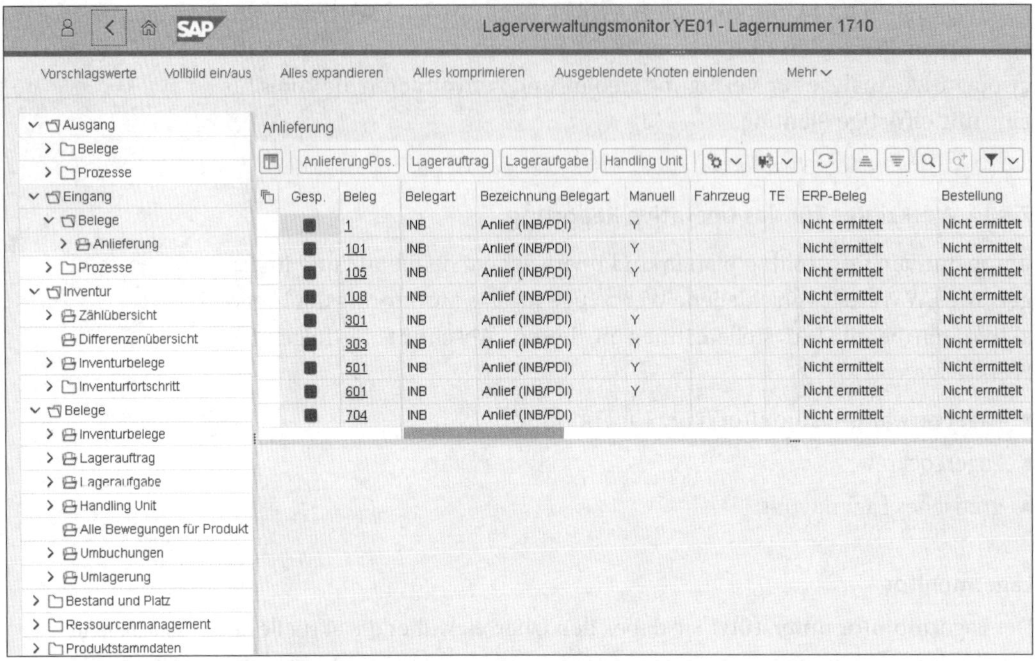

Abbildung 7.36 Beispiel für den Lagermonitor

Reports für den Wareneingang   Im Wareneingang stehen z. B. Reports für die folgenden Prozessschritte zur Verfügung:

- Entladung
- Dekonsolidierung
- Qualitätsprüfung
- Einlagerung

Reports für den Warenausgang   Im Warenausgang können Sie Reports unter anderem für die folgenden Prozessschritte nutzen:

- Kommissionierung
- Kittings
- Verpacken
- Beladen

Neben der Selektion und der Darstellung von Prozess- und Belegdaten bietet der Lagermonitor auch die Möglichkeit, in den operativen Ablauf einzugreifen. Sie können z. B. Lageraufgaben quittieren oder die Queue-Zuordnung zu Ressourcen ändern.

Lagercockpit

Mit dem Lagercockpit können Sie Ihre Lagerkennzahlen grafisch anzeigen. Damit ist das Lagercockpit eine gute Ergänzung zum Lagermonitor. Sie können Lagerkennzahlen wie z. B. den Füllgrad bestimmter Lagerbereiche oder offene Lageraufgaben pro Arbeitsbereich als Diagramm anzeigen. Zu den verfügbaren Chart-Typen gehören Ampeln, Balken-, Säulendiagramme und Tachometer. Durch die Definition von Folgeaktivitäten können Sie in andere Anwendungen navigieren.

Grafische Darstellung

Das Lagercockpit stellt Lagerkennzahlen (in unserem Beispiel überfällige Lageraufgaben), graphisch dar (siehe Abbildung 7.37). In diesem Lager wurde alles rechtzeitig bearbeitet, und es gibt keine überfälligen Lageraufgaben in der Anzeige.

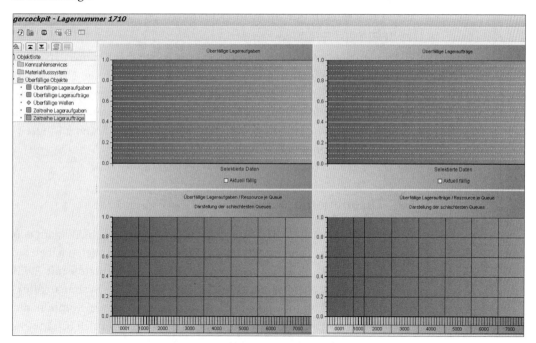

Abbildung 7.37 Beispiel für ein Lagercockpit

Grafisches Lagerlayout

Das grafische Lagerlayout stellt das Lagerinnere als zweidimensionale Grafik dar. Dabei werden nicht nur die Räumlichkeiten, sondern auch die aktuellen Bestände dargestellt und Informationen zu den Lagerplätzen und den Ressourcen, die aktuell im Lager arbeiten, mitgegeben. Sowohl das Lagercockpit als auch das grafische Lagerlayout bieten eine Auto-Refresh-Funktion, um aktuelle Informationen sicherzustellen.

7.8.2   Werkzeuge für die Planung

Im vorherigen Abschnitt haben Sie die EWM-Werkzeuge für eine kurzfristige operative Analyse kennengelernt. Darüber hinaus bestehen häufig Anforderungen, eine mittelfristige Planung vorzunehmen. Für solche Anforderungen wird oft SAP Business Warehouse (SAP BW) eingesetzt. SAP EWM enthält vordefinierte DataSources, um Daten, z. B. über die ausgeführte Arbeitslast, logistische Zusatzleistungen oder Lageraufträge, in SAP BW zu extrahieren.

Warehouse Performance Dashboard

Ist dort das Warehouse Performance Dashboard installiert, können Sie die gewünschten Informationen in einem Internetbrowser anzeigen. Standardmäßig werden vordefinierte Kennzahlen angeboten, wie z. B. termingerecht gelieferte Auslieferungen in Prozent, die Anzahl von Auslieferpositionen mit Fehlern oder der Auslastungsgrad pro Lagerstandort (belegte Lagerplätze in Prozent).

Sie können die Kennzahlen grafisch, z. B. als Balkendiagramme, darstellen und anwenderfreundlich auswerten. Darüber hinaus können Sie die Darstellung über einen Drill-down auf eine tiefere Detailebene herunterbrechen. Die übertragenen Daten können so analysiert werden, um auf Basis der Ergebnisse Geschäftsprognosen abzuleiten, die z. B. für eine Langzeitplanung des benötigten Personals notwendig sind.

7.9   Zusammenfassung

In diesem Kapitel haben wir die unterschiedlichen Prozesse in EWM für den Betrieb eines Lagers vorgestellt. Mit den Anwendungsbeispielen haben Sie nun einen ersten Überblick darüber, welche Funktionalitäten mit EWM möglich sind. Des Weiteren haben wir beschrieben, welche Systemarchitektur zum Tragen kommt und wie die Strategie von SAP zur Komponente WM und zu EWM ist. Mit Verfolgung dieser Strategie wird sich für Anwender des WM neben der Umrüstung auf eine SAP-HANA-Datenbank zusätzlich eine Migration auf EWM ergeben. Diese Migrationsszenarien wurden Ihnen ebenfalls beschrieben. Zuletzt gaben wir Ihnen einen Einblick in die Möglichkeiten des Reportings mit EWM. Standardmäßig stellt EWM sehr umfangreiche Reporting-Tools zur Verfügung, die Sie auch in SAP S/4HANA nutzen können.

Im nächsten Kapitel vertiefen wir das Thema Reporting und werfen einen genaueren Blick auf SAP Embedded Analytics in SAP S/4HANA.

Kapitel 8
Reporting mit Embedded Analytics

Nicht nur die Prozesse und Datenstrukturen wurden mit SAP S/4HANA ver-
einfacht, auch das Reporting wurde neu gestaltet. Dieses Kapitel gibt Ihnen
einen Überblick über die eingebetteten Analysefunktionen für ein opera-
tionales Reporting in SAP S/4HANA.

Nachdem Sie in Kapitel 7, »Lagerverwaltung mit Embedded EWM«, einen
Überblick über die Neuerungen von SAP EWM in SAP S/4HANA erhalten haben, bringen wir Ihnen in diesem Kapitel das neue operationale Reporting
in SAP S/4HANA näher: *Embedded Analytics*. Nicht nur das Konzept von
Embedded Analytics ist neu; darüber hinaus sind viele neue Werkzeuge
und Analysefunktionen unter dem Oberbegriff Embedded Analytics von
SAP implementiert worden.

In Abschnitt 8.1, »Überblick über das operationale Reporting mit SAP«, zeigen wir zunächst, wie sich das operationale Reporting in den letzten Jahren
entwickelt hat, wie es von SAP in der Zukunft voraussichtlich weiterentwickelt wird und welche Rolle das BW-Konzept bzw. die BW-Applikationen
noch spielen werden. Anschließend gehen wir auf die aktuellen Neuerungen im Bereich Embedded Analytics ein. In Abschnitt 8.2, »Architekturen
und Komponenten«, erklären wir das Konzept und die Architektur von Embedded Analytics. Zentraler Angelpunkt von Embedded Analytics sind die
ABAP Core Data Services und ihre Views. Deren Konzept und Komponenten
sowie die Modellierungsumgebung stellen wir in Abschnitt 8.3, »Datenmodellierung und CDS Views«, dar. Diesen Abschnitt zu CDS schließen wir
mit der Beschreibung praktischer Beispiele auf Basis der SAP Best Practices
für Embedded Analytics ab. Hierbei erzeugen wir einen *CDS View* und machen diesen anschließend mit Fiori-Apps für die Analyse nutzbar.

In Abschnitt 8.4, »Integration mit SAP BW und SAP BusinessObjects«, zeigen wir, wie sich das operationale Reporting mittels SAP S/4HANA Embedded Analytics mit SAP BW und SAP BusinessObjects erweitern lässt.

8.1   Überblick über das operationale Reporting mit SAP

In diesem Abschnitt geben wir Ihnen einen Überblick über das operationale Reporting. Wir gehen kurz auf die Entwicklung des operationalen Reportings ein und verdeutlichen die Unterschiede zwischen SAP Business Suite und SAP S/4HANA. Anschließend führen wir Sie in die Grundlagen von Embedded Analytics ein, um abschließend die aktuellen Features von Embedded Analytics zu beschreiben. Beginnen wir zunächst mit den Grundlagen des operationalen Reportings.

8.1.1   Reporting – Vergangenheit, Gegenwart und Zukunft

Möglichkeiten von SAP HANA

Die Einführung der SAP-HANA-Datenbank bedeutete eine Zäsur für die Art und Weise, wie Unternehmensdaten analysiert werden können. Die *spaltenbasierte In-Memory-Technologie* ermöglichte nicht nur einen mehrfach beschleunigten Ablauf von Prozessen innerhalb eines SAP-ERP-Systems, auch der Analyse der Daten wurden neue Möglichkeiten eröffnet.

In der Vergangenheit mussten die ressourcenintensiven Analysen und die zeitkritische transaktionale Verarbeitung in verschiedenen SAP-Systemen voneinander getrennt werden, da die bisherigen Datenbanksysteme immer nur für eine der beiden Verarbeitungsarten optimiert werden konnten. Das transaktionale SAP-ERP-System durfte nicht durch umfangreiche mehrdimensionale Analysen beeinträchtigt werden. Das hatte zur Folge, dass für diesen Zweck externe Business-Warehouse-(BW-)Systeme und Business-Intelligence-(BI-)Systeme aufgebaut werden mussten. Diese Vorgehensweise war sowohl für die Analyse von aktuellen, operationalen Daten als auch für die von historischen, strategischen Daten notwendig.

[»]

Was bedeutet »operationales Reporting«?

Operationales Reporting dient der Beantwortung von unternehmensrelevanten Fragen, die sich auf aktuelle (im Idealfall Echtzeit-)Aktivitäten und Transaktionen beziehen. Damit verbunden sind umfangreiche Datenmengen, die in einem hohen Detailgrad bis auf Belegebene vorliegen. Operationales Reporting unterstützt eine größere Anzahl von Anwendern im Unternehmen während des Tagesbetriebs.

Im Gegensatz dazu werden das *taktische* und das *strategische Reporting* für mittel- bis langfristige Planungen im Unternehmen benutzt. Diese stützen sich auf historische Daten, die mehrere Jahre umfassen können.

Die erforderliche Auslagerung des Reportings (OLAP – Online Analytical Processing) aus dem transaktionalen SAP-ERP-System (OLTP – Online Transactional Processing) machte es notwendig, die SAP-ERP-Daten (meistens während der Nacht und in der Regel batchbasiert) in das Reporting-System zu laden, was eine doppelte Datenhaltung zur Folge hatte.

OLAP und OLTP

Diese mehr oder weniger zeitnahe Replikation bedeutete, dass die Daten meistens nur vortagesaktuell für ein Reporting zur Verfügung standen, was wiederum die Fähigkeit zur Echtzeitanalyse beschränkt hat.

Die Entwicklung des operationalen Reportings lässt sich anhand des in Abbildung 8.1 gezeigten Zeitstrahls nachvollziehen.

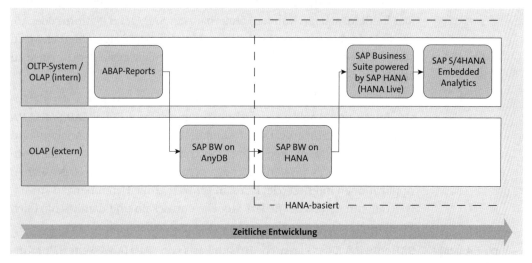

Abbildung 8.1 Entwicklung des operationalen Reportings

Seit SAP R/2 konnte ein rudimentäres operationales Reporting mittels ABAP-Reports betrieben werden. Durch eine systemnahe ABAP-Programmierung konnte das Reporting zwar in Echtzeit ablaufen, aber der Programmieraufwand war enorm, fehlerträchtig, rechenintensiv und auf kleine Datenmengen begrenzt. Das Reporting auf diese Weise war daher sehr limitiert. Anpassungen an diese Reports mussten immer von einem Programmierer durchgeführt werden. Erst im Laufe der Jahre bekam der Anwender im SAP-ERP-System mit Techniken wie »SAP Query« diese Möglichkeit in einem gewissen Rahmen zur Verfügung gestellt. Ein Fortschritt war die Auslagerung der rechenintensiven Analysen auf ein externes BW/BI-System, seinerzeit noch auf relationalen Datenbanken von unterschiedlichen Herstellern (im SAP-Umfeld kurz *AnyDB* genannt) betrieben. Diese Vorgehensweise zeigte jedoch wieder die bereits angesprochenen Nachteile eines externen OLAP-Systems.

Entwicklung des operationalen Reportings

Nach Einführung von SAP HANA – zuerst für BW-Systeme – blieb auch das operationale Reporting des SAP-ERP-Systems noch eine Zeit lang einem externen BW/BI-System vorbehalten. Erst als es möglich wurde, SAP ECC 6.0 (ERP Central Component) auf SAP HANA zu betreiben, konnte mit SAP HANA Live ein operationales Reporting zurück auf das transaktionale System geholt werden. Hiermit war der Anfang für »eingebettete« Analysefunktionen gemacht. Allerdings bedurfte es erst SAP S/4HANA, damit diese voll in das transaktionale SAP-ERP-System integriert werden konnten.

Zukunft des Reportings

Es ist ein strategisches Ziel von SAP, sämtliche Applikationen, die bisher über den AnyDB-Ansatz realisiert wurden, zukünftig ausschließlich auf Basis der HANA-Plattform anzubieten, entweder als On-Premise-Installation (das heißt lokal beim Kunden), innerhalb der SAP Cloud Platform oder sogar als Hybrid-Lösung aus beidem. Das Motto von SAP lautet hierbei: Mach so viel es geht in der SAP-HANA-Datenbank, um die beste Performance zu erhalten.

Das erfordert auch das Abschneiden alter Zöpfe hinsichtlich der Datenstrukturen und Applikationsarchitekturen, wie es z. B. bei SAP S/4HANA bereits umgesetzt wurde. Damit wandern zunehmend mehr Analyse- und Reporting-Funktionen weg vom klassischen externen BW/BI-System hinein in die SAP-HANA-Datenbank oder werden in die internen HANA-nahen Applikationen migriert. Ziel ist es, in Echtzeit große Datenmengen zu analysieren, um daraus bei Bedarf Modelle entwickeln und damit schließlich Prognosen (z. B. SAP Predictive Analytics) modellieren zu können.

Die zukünftige Rolle von BW

SAP entwickelt das klassische BW auf Basis von SAP HANA weiter: Vor Kurzem hat SAP die neue Data-Warehouse-Generation *SAP BW/4HANA* vorgestellt. BW soll zum einen dem strategischen Reporting und zum anderen der Verbindung von Big-Data-Quellen (z. B. Hadoop-Servern), historischen Daten aus dem Enterprise Data Warehouse (EDW) und aktuellen operationalen Daten aus SAP S/4HANA dienen. Damit können sich die Funktionen und Einsatzbereiche von Embedded Analytics in SAP S/4HANA und von SAP-BW/4HANA-Systemen sehr gut ergänzen. Zukünftige Standard-Datenextraktionen werden, wie bereits jetzt schon zwischen SAP S/4HANA und SAP BW/4HANA, auf der CDS-Technologie basieren.

[»]

Begrifflichkeiten in diesem Kapitel

In diesem Kapitel wird der Begriff *SAP BW* stellvertretend und generisch für die unterschiedlichen Versionen von SAP BW, einschließlich der neuesten Produktversion SAP BW/4HANA, verwendet.

8.1.2   SAP Business Suite Analytics

Die SAP Business Suite powered by SAP HANA, zu deren Kernkomponenten SAP ECC 6.0 gehört, konnte die Eigenschaften der transaktionalen und der analytischen Welt kombinieren: Einerseits konnte ein operationales Reporting direkt auf der *Single-Source-of-Truth* des SAP-ERP-Systems durchgeführt werden, das heißt auf dem aktuellen transaktionalen und normalisierten Datenbestand auf Belegebene. Eine doppelte Datenhaltung war dadurch obsolet. Anderseits konnten durch den Einsatz von SAP HANA große Datenmengen in Echtzeit analysiert werden. Dabei wurde der Betrieb des transaktionalen SAP-ERP-Systems nicht behindert.

Das SAP ECC 6.0 on HANA nutzt die Komponente *SAP HANA Live* für das operationale Reporting. Wo liegen nun die Hauptunterschiede im operationalen Reporting zwischen HANA Live und den Embedded Analytics des SAP-S/4HANA-Systems? Tabelle 8.1 stellt unter anderem die Unterschiede in Bezug auf VDMs und Core Data Services (CDS) vor.

HANA Live vs. Embedded Analytics

HANA Live	Embedded Analytics
• VDMs mittels Calculation Views in HANA erstellt • Nutzung des alten SAP-ECC-6.0-Datenmodells • Sicherheitsprofile in der Applikations- und HANA-Schicht. • Analyse-Add-on der SAP-HANA-Datenbank • Rudimentäre Hierarchie-unterstützung	• VDMs mittels CDS in ABAP-Applikationsschicht erstellt • Nutzung des vereinfachten SAP-S/4HANA-Datenmodells ohne redundante Strukturen (Aggregate, Summen etc.) • Sicherheitsprofile in Applikations-schicht • Voll integrierte Analysefunktionen in SAP S/4HANA • Umfangreiche Hierarchie-unterstützung • ABAP-Lifecycle-Integration

Tabelle 8.1 Hauptunterschiede zwischen HANA Live und Embedded Analytics

Die wichtigste Änderung gemäß Simplification List ist die technologische Umstellung von Calculation Views auf CDS Views. Calculation Views sind SAP-HANA-spezifische Composite Views. Sie können andere SAP-HANA-Views (Attribute, Calculation oder Analytical) oder Tabellen kombinieren. Für die Migration von SAP ECC 6.0 auf SAP S/4HANA können vorhandene Datenstrukturen (VDMs und Calculation Views) an das neue SAP-S/4HANA-Datenmodell adaptiert werden. Das Prinzip des virtuellen Datenmodells (VDM, engl. Virtual Data Model) besteht darin, eine semantische Schicht

auf einer vorhandenen Schicht aufzubauen und dabei deren technische Details zu verstecken. Die Ebenen eines virtuellen Datenmodells sind nichts
anderes als unterschiedliche CDS-Ansichten, die über ein View-on-View-
Konzept unter Verwendung von Assoziationen und Erweiterungen miteinander verknüpft sind. Beachten Sie, dass zuvor erzeugte VDMs in einer SAP-
S/4HANA-Umgebung immer noch ein separates Sicherheitsprofil in der
HANA-Schicht benötigen.

8.1.3   Embedded Analytics

Was bedeutet
Embedded
Analytics?
SAP stellt dem Benutzer mit Embedded Analytics nicht nur Werkzeuge,
sondern auch Content und darüber hinaus ein ganzheitliches Konzept zur
Verfügung. Diese Kombination dient dazu, die eingebauten Analysefunkti-
onen und das operationale Reporting in Echtzeit auf Transaktionsdaten an-
zuwenden. Zu den weiteren Komponenten gehören:

- Smart Business Key Performance Indicators (KPIs)
- Reporting Client für multidimensionale Reports
- Abfrage-Browser zur Auflistung und Bearbeitung von Abfragen (Queries)
- Query Builder bzw. Designer zur Erstellung von Abfragen
- Prognosefunktionen auf Basis entsprechender HANA-Funktionen
- Was-wäre-wenn-Analysen
- Prognose von KPIs
- Zugriff auf kontextbasierte Informationen, das heißt die Analyse von
  Daten innerhalb eines Geschäftsprozesses (z. B. Kosten- und Profitabili-
  tätsanalyse in SAP S/4HANA Finance)

Neben den internen Analyse- und Prognosefunktionen kann das Werk-
zeugsortiment auch mittels externer BusinessObjects- und BI-Applikatio-
nen erweitert werden (siehe Abschnitt 8.4, »Integration mit SAP BW und
SAP BusinessObjects«).

Da Embedded Analytics voll integrierter Teil von SAP S/4HANA ist, steht es
sowohl in der On-Premise-Version als auch in der Cloud-Version von SAP
S/4HANA zur Verfügung. Eine separate Lizenzierung für Embedded Analytics ist nicht notwendig. In der Cloud-Version bietet SAP einige zusätzliche Embedded-Analytics-Werkzeuge in Form von Fiori-Apps über die Fiori
Library an: *https://fioriappslibrary.hana.ondemand.com/sap/fix/external-
Viewer/*

Zusammenspiel Embedded Analytics, VDM und CDS

Embedded Analytics basiert auf vereinfachten VDMs, die die detaillierte Datenstruktur auf Belegebene virtuell, das heißt nicht persistent, abstrahieren. Das Konzept des VDM wurde 2013 mit HANA Live eingeführt. SAP S/4HANA bringt bereits einen Pool an vorgefertigten VDMs mit, die erweitert und angepasst werden können. Darüber hinaus können sie auch gänzlich neu erstellt werden. VDMs werden mittels *ABAP Core Data Services (CDS)* generiert. CDS selbst basieren auf ABAP-Code. Dieser erzeugt SQL-Statements, die in die SAP-HANA-Datenbank »gepusht« werden. Da initial ABAP-Code benötigt wird, ist der Ausgangpunkt für die Administration und Erstellung von CDS Views eine ABAP-Entwicklungsumgebung bzw. die ABAP-Konsole in der mit HANA-Tools erweiterten Entwicklungsumgebung *Eclipse*. Die erzeugten CDS Views können dann z. B. in der Fiori-Oberfläche genutzt werden. Die Administration der CDS Views innerhalb des ABAP-Stacks hat außerdem zur Folge, dass dort alle Sicherheitsaspekte und Berechtigungen für die CDS Views administriert werden können. Separate Sicherheitsprofile in der SAP-HANA-Datenbank selbst sind nicht mehr erforderlich.

8

Embedded Analytics bietet Ihnen als Benutzer diverse webbasierte Schnittstellen an. Basis ist die SAP-Fiori-2.0-Oberfläche (siehe Abschnitt 2.2.2, »SAP Fiori«). Hierüber sind diverse Views und Applikationen (z. B. für das KPI-Modeling) ansprechbar.

Abfrage-Browser

Der integrierte *Abfrage-Browser* (engl. Query Browser) deckt ca. 95 % der Funktionen des *BEx Query Designer*, den Sie von SAP BW kennen, ab. Der Abfrage-Browser listet die im System vorhandenen Abfragen (engl. Queries) auf.

Die in Abbildung 8.2 dargestellten CDS Views entsprechen in diesem Zusammenhang den klassischen Queries. Wenn Sie auf einen der gelisteten CDS Views klicken, gelangen Sie in eine Detailansicht, in der unter anderem die Datenelemente, die Datentypen und die Spaltenlänge aufgelistet werden. Der Abfrage-Browser listet allerdings nur einen Teil der im System befindlichen CDS Views auf.

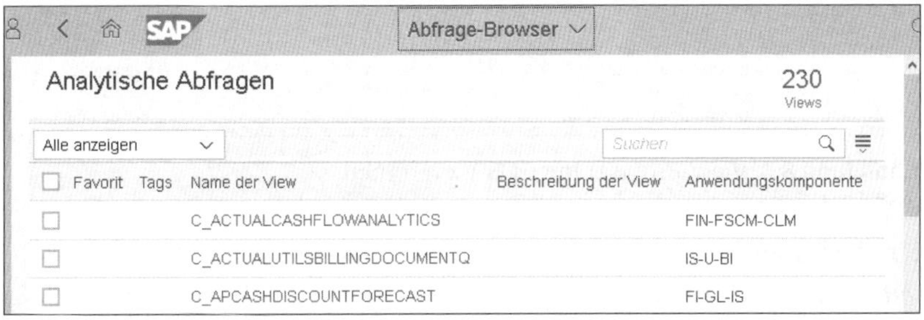

Abbildung 8.2 CDS Views im Abfrage-Browser

Über den Abfrage-Browser ist auch das *Design Studio* zur schnellen Anpassung von vorgefertigten Sichten für Abfragen bzw. Queries erreichbar. Dafür haken Sie den gewünschten CDS View an und klicken auf **Für Analyse öffnen**. In Abbildung 8.3 sehen Sie beispielhaft die sich dann öffnende Kreditorenzahlungsanalyse. Diese Ansicht wird bereits vom System fertig ausgegeben. Sie können dann individuelle Anpassungen auf Wunsch vornehmen. So können Sie z. B. andere Dimensionen in das Zeilenfeld ziehen oder die Ansicht und das Diagramm ändern.

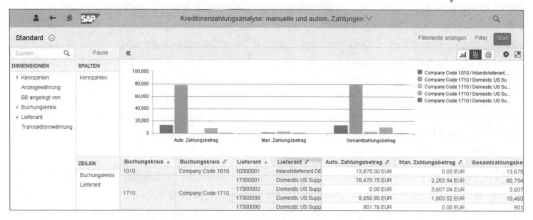

Abbildung 8.3 CDS-View-Analyse im Abfrage-Browser

View-Browser
Den vollständigen Katalog an CDS Views können Sie mit dem sogenannten *View-Browser* einsehen, der in der Fiori-Gruppe **Query Designer** zu finden ist. Mit diesem können Sie alle CDS Views kategorisiert nach Typen (**Basic**, **Composite**, **Consumption**, **Erweiterungen** und **Nicht definiert**) auflisten und sich Details dazu anzeigen lassen.

Abbildung 8.4 View-Browser mit CDS-View-Typen

SAP Activate
Für die Implementierung von Embedded Analytics stellt SAP das *SAP Activate Framework* (siehe Abschnitt 10.2.1, »Neuinstallation von SAP S/4HANA

(Greenfield-Ansatz)«, zur Verfügung. Hierbei wird die technische Umsetzung durch Nutzung des *Best-Practice-Pakets* vollzogen.

> **Zugriff auf das Best-Practice-Paket für Embedded Analytics**
>
> Das Best-Practice-Paket für Embedded Analytics (als Teil der *SAP Best Practices for Analytics with SAP S/4HANA*) wird über das SAP-Best-Practices-Portal *https://rapid.sap.com/bp/* zur Verfügung gestellt. Es enthält sämtliche relevanten Implementierungsinfos. Bei einer Registrierung auf der Seite mit dem S-User erhält man Zugriff auf zusätzliche Dokumentationen und Tools zum Paket.

8.1.4   Neuerungen in SAP S/4HANA

SAP S/4HANA Version 1610 (das zweite SAP-S/4HANA-Release) liegt seit Ende Oktober 2016 vor. In diesem Release wurde auch das Funktionsspektrum von Embedded Analytics erweitert:

- Die KPIs sind editierbar und wiederverwendbar.
- Es gibt eine Browsersicht (View-Browser) in SAP Fiori, um den Katalog der mitgelieferten CDS Views zu durchsuchen.
- Die Anzahl der mitgelieferten CDS Views wurde auf ca. 8.900 ausgebaut.
- Es stehen 143 eingebettete Analyse-Apps inklusive KPIs zur Verfügung.

In SAP S/4HANA Version 1709 ist eine noch bessere Integration von SAP S/4HANA mit SAP HANA 2.0 geplant. Daneben soll das Leistungsspektrum von SAP S/4HANA mittels SAP Leonardo z. B. mit SAP Cash Application powered by Machine Learning erweitert werden. Mithilfe des neuen SAP CoPilot soll ein digitaler Assistent in SAP S/4HANA Einzug halten und ähnlich wie Amazons Alexa oder Apples Siri dem Benutzer bei der täglichen Arbeit, z. B. auch bei Analysen, Unterstützung bieten. Bei Embedded Analytics selbst ist geplant, den sogenannten Varianten-Konfigurator zu unterstützen. Hiermit können Produktvarianten konfiguriert und simuliert werden. Ab Version 1709 soll Embedded Analytics nun auch das Transportmanagement von SAP S/4HANA unterstützen.

8.2   Architekturen und Komponenten

Im ersten Abschnitt dieses Kapitels haben Sie einen Überblick über Embedded Analytics und die Entwicklung des operationalen Reportings erhalten.

In diesem Abschnitt zeigen wir Ihnen, wie sich Embedded Analytics in die Architektur von SAP S/4HANA einfügt.

8.2.1   Architektur von SAP S/4HANA

Um zu verstehen, was »embedded« (eingebettet) im Hinblick auf die operationalen SAP-S/4HANA-Analysekomponente Embedded Analytics bedeutet, ist ein kurzer Blick auf die Architektur von SAP S/4HANA hilfreich. Abbildung 8.5 zeigt Ihnen einen Überblick über die Systemarchitektur von SAP S/4HANA.

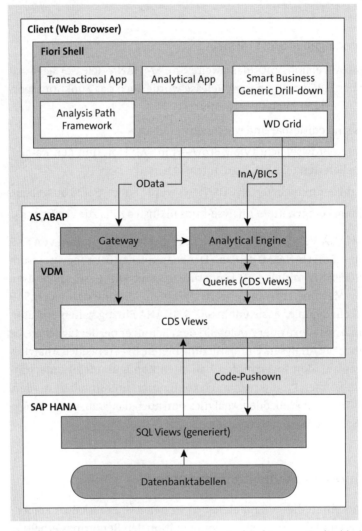

Abbildung 8.5 In SAP S/4HANA integrierte Architektur von Embedded Analytics

SAP Fiori Shell bietet mittels SAP Fiori Launchpad im Frontend den zentralen Zugriffspunkt für diverse Analysefunktionen wie Views und Apps (siehe Abschnitt 2.2.2, »SAP Fiori«). Daneben ist auch eine Suchfunktion integriert. Ein Zugriff über das klassische SAP GUI ist zwar auch möglich, allerdings wird es nur noch aus Kompatibilitätsgründen von SAP mitgeliefert. Der von SAP empfohlene Zugriffspunkt ist SAP Fiori Launchpad.

SAP Fiori Shell als zentraler Zugriffspunkt

SAP Gateway agiert zwischen SAP Fiori Shell und dem SAP-S/4HANA-Backend-System. Es empfängt unter anderem OData-basierte Systemzugriffe von SAP Fiori Shell und leitet diese an SAP-S/4HANA-Backend-Komponenten weiter. Es dient primär dazu, die Systemkomplexität zwischen Front- und Backend-System zu abstrahieren.

SAP-S/4HANA-Architektur

Optional können Zugriffe aus dem Internet z. B. per Mobilgerät mittels *Web Dispatcher* realisiert werden. Neben einer zusätzlichen Sicherheitsinstanz bietet dieser auch Load-Balancing an.

SAP S/4HANA ABAP Application Server fungiert als zentrale Funktionsplattform für SAP S/4HANA. Der Server beinhaltet das transaktionale SAP-ERP-System für Geschäftsprozesse, die Analytical Engine, um CDS Views zu bedienen, sowie die unternehmensweite Suche. Alle drei Komponenten benutzen CDS Views.

Die *Analytical Engine* wird auch als »Embedded BW« bezeichnet. Sie bietet die OLAP-Funktionen des SAP-S/4HANA-Systems. Das Embedded BW ist explizit nicht zum Aufbau eines Enterprise Data Warehouse (EDW) geeignet, da es im Vergleich zu einem vollwertigen externen BW-System nur einen eingeschränkten Funktions- und Leistungsumfang bietet.

Die *VDMs* bestehen aus CDS Views und abstrahieren die physischen Rohdaten bzw. Tabellen der HANA-Datenbank auf eine für die Geschäftsprozesse passende Ebene. Die Rohdaten werden hierfür mit semantischen Objekten angereichert. Die CDS Views werden zum einen von transaktionalen und analytischen Schnittstellen in SAP S/4HANA selbst genutzt. Zum anderen können sie zur Datenextraktion für externe BW-Systeme bzw. externe BusinessObjects-BI-Clients herangezogen werden (siehe Abschnitt 8.4.2, »Integrationsszenarien«).

8.2.2   Embedded-Analytics-Architektur

Im vorherigen Abschnitt haben Sie erfahren, wie Embedded Analytics in das SAP-S/4HANA-Systems integriert ist. In diesem Abschnitt erfahren Sie nun, wie Embedded Analytics strukturiert ist.

Architekturkomponenten

VDM als zentrale
Komponente

Die Embedded-Analytics-Architektur setzt sich aus diversen Komponenten zusammen, die in und um ein VDM angeordnet sind. Das VDM ist die zentrale Kernkomponente der Embedded Analytics, bestehend aus CDS Views. Diese können als von SAP vorgegebener Content oder in modifizierter Form benutzt werden. Alternativ können auch gänzlich neue CDS Views aufsetzend auf den benötigten Rohdaten erstellt werden.

Sämtliche Interaktionen zur Erstellung und Verwaltung von CDS Views geschehen über das Eclipse-Add-on *ABAP Development Tools* (ADT), da CDS Views im ABAP-Layer lokalisiert sind. Dies hat den Vorteil, dass sie wie reguläre ABAP-Entwicklungen bzw. Code per Transportsystem zwischen Entwicklungs- (D), Test- (Q) und Produktivsystem (P) transportiert werden können.

Während klassische BW-Systeme diverse Abstraktionsschichten aufweisen, dient das VDM als einzige semantische Schicht, die CDS Views verschiedener Typen enthält. Abbildung 8.6 zeigt die VDM-Struktur mit ihren unterschiedlichen View-Typen, die gleich näher beschrieben wird. Neben dieser funktionellen Darstellung ist auch die virtuelle Anordnung der CDS-View-Schichten zu sehen: Die Consumer-Schicht greift auf ein oder mehrere Composite Views zu, die wiederum auf einem oder mehreren Basic Views basieren. Diese greifen dann unmittelbar auf die Rohdaten zu.

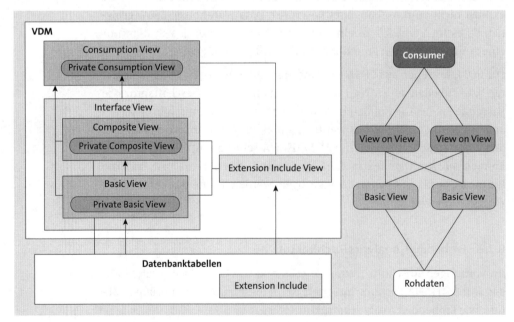

Abbildung 8.6 Geschichtete VDM-Struktur mit View-Typen

CDS Views gibt es in zwei Kategorien: private und public. *Private Views* haben unterstützenden Charakter für Public Views und dienen Transformationszwecken. Sie bleiben, wie der Name andeutet, vor dem End-User verborgen. *Public Views* sind zur Benutzung für End-User gedacht und entsprechend in dem View-Browser-Katalog zu finden. Daneben wird weiter zwischen vier verschiedenen CDS-View-Typen unterschieden:

Kategorien und Typen von CDS Views

- **Interface Views**
  Interface Views unterteilen sich weiter in Basic und Composite Interface Views und dienen als wiederverwendbare Basis z. B. für Consumption Views.

  - *Basic (Interface) Views*: Basic (Interface) Views sind die grundlegenden Kernelemente im VDM, die direkt auf die Rohdaten (HANA-Tabellen) zugreifen. Diese durch den Basic View repräsentierten Rohdaten sind weder aggregiert noch berechnet und liegen redundanzfrei vor.

  - *Composite (Interface) Views*: Composite (Interface) Views werden aus einem oder mehreren Basic Views zusammengesetzt. Sie befinden sich also eine Ebene über den Basic Views. Hier können Aggregationen und Berechnungen stattfinden. Auch können Composite Views selbst wiederverwendet werden und als Grundlage für weitere Composite Views dienen. Aufgrund von Kaskadierungen bzw. möglichen parallelen Strukturen können Composite Views redundante Daten beinhalten.

- **Consumption Views**
  Consumption Views dienen dem konsumierenden End-User als Basis zur Verwendung für analytische Anwendungen wie Reports, KPIs oder transaktionale Applikationen bzw. als Datengrundlage für Fiori-Kacheln.

- **Extension Include Views**
  Extension Include Views können für das Customizing bzw. kundenspezifische Erweiterungen eingesetzt werden. Sie sind sowohl auf der Interface-View-Ebene (Basic und Composite View) als auch auf Consumption-View-Ebene verfügbar. Als Besonderheit werden sie separat als DDL-Source (Datenquellenelement eines CDS View) erstellt und transportiert.

- **Compatibility Views**
  Compatibility Views gewährleisten die Abwärtskompatibilität zu früheren Business-Suite-Applikationen insoweit, dass auf obsolet gewordene Tabellen (z. B. Aggregations- und Indextabellen) noch zu Migrationszwecken zugegriffen werden kann.

SAP-HANA-Daten-
bank und Code
Pushdown

SAP hat im Laufe der Evolution der SAP-HANA-Datenbank zunehmend Funktionen aus der ABAP-Schicht in diese hoch performante In-Memory-Datenbank ausgelagert. Dies geschah und geschieht einerseits, um system-interne Kommunikationswege zu verkürzen, und andererseits auch, um die schnellere Ausführung von z. B. Analysefunktionen direkt in der SAP-HANA-Datenbank zu nutzen.

CDS Views werden zwar auf ABAP-Ebene erstellt und administriert, doch werden bei der Aktivierung der SQL Runtime Views in der SAP-HANA-Datenbank per Code Pushdown generiert. In dem Zusammenhang wird SQL-Code automatisiert erzeugt. Dadurch können z. B. Leseaktionen direkt innerhalb der Datenbank verarbeitet werden, ohne Umwege über die ABAP-Schicht nehmen zu müssen.

CDS Views als
OData-Services

Consumption Views, also die für den konsumierenden End-User erstellten Views, müssen auf den einschlägigen UI-Oberflächen wie z. B. SAP Fiori zur Verfügung gestellt werden, nachdem sie in Eclipse modelliert wurden. Dies geschieht durch die Veröffentlichung des Consumption View als *OData-Service*.

Viele der von SAP mitgelieferten Fiori-Kacheln bzw. -Apps sind über OData-Services mit CDS Views verbunden. Das hat einen Nebeneffekt auf die UI-Performance. So empfiehlt SAP, nur die Benutzerrollen bzw. die damit verbundenen Fiori-Kacheln zu benutzen, die tatsächlich notwendig sind. Übermäßig viele Rollen, wie sie z. B. beim BPINST-Standard-User enthalten sind, verlangsamen die Ladezeit im Browser.

Analytical Engine

In der Analytical Engine (Embedded BW) des SAP-S/4HANA-Systems werden die in CDS Views (z. B. Composite Views) enthaltenen Aggregations-, Formel- und Hierarchiefunktionen ausgeführt. Das bedeutet, hier sind alle OLAP-Funktionen zu finden, die aus der ABAP-Schicht ausgelagert wurden, aber noch nicht in der SAP-HANA-Datenbank selbst als Funktion implementiert sind. Um Consumption Views auch für externe SAP-Business-Objects-BI-Tools verfügbar zu machen, werden bei Aktivierung eines Consumption View automatisiert sogenannte *Transient (Info)Provider* in der Analytical Engine generiert. Daneben unterstützt sie auch andere Geschäftsprozesse bzw. Applikationen wie SAP BPC (SAP Business Planning and Consolidation).

Je nach Frontend-UI stehen verschiedene Kommunikationsschnittstellen zur Verfügung:

- **OData**

  OData wird primär in Kombination mit HTTPS von Fiori-Apps im Besonderen bzw. HTML5/SAPUI5-Applikationen im Allgemeinen benutzt.

- **SAP HANA Info Access (InA)**

  InA bietet statische Suchfunktionen für Benutzeroberflächen und wird in Kombination mit HTTPS z. B. von SAP Lumira 2.0/1.x verwendet.

- **SAP BW Info Access (InA Provider)**

  InA dient unter anderem dem Zugriff von SAP Enterprise Performance Management (EPM) via Add-in für Microsoft Excel auf Queries.

- **Business Intelligence Consumer Services (BICS)**

  BICS ist eine performante Schnittstelle zum Zugriff auf BEx-Queries im Speziellen und SAP-BusinessObjects-Werkzeuge im Allgemeinen. Die BICS-Schnittstelle wird von SAP empfohlen, um von den Business-Objects-Werkzeugen auf die für die Consumption Views generierten Transient Provider bzw. Queries zuzugreifen.

Kommunikationsablauf

In diesem Abschnitt lernen Sie kurz den Kommunikationsablauf zwischen den im vorherigen Abschnitt vorgestellten Komponenten kennen. Als Beispiel wird der Zugriff von einer Fiori-App (z. B. KPI-Kachel) auf die zugrunde liegenden Daten beschrieben.

| [«] |

> **Notwendige Benutzerrolle für Embedded Analytics**
>
> Um auf Fiori-Kacheln für Embedded-Analytics-Anwendungsfälle (z. B. KPI- oder APF-Modellierer) zugreifen zu können, wird die Rolle »SAP_BR_ANA-LYTICS_SPECIALIST« benötigt.

Rufen Sie eine KPI-Kachel in SAP Fiori Launchpad auf, wird via Frontend Gateway Server per OData-Service auf das zugrundeliegende VDM zugegriffen. Der Zugriff umfasst, je nachdem, wie kaskadiert die CDS-View-Struktur modelliert wurde, den Consumption View und ein oder mehrere Interface Views (Composite und Basic Views). Diese wiederum bieten die Rohdaten in den Tabellen der SAP-HANA-Datenbank unverändert (Basic View) oder aggregiert und transformiert (Composite View) an. Detaileinstellungen wie Drill-down, Filter, Anzeigetypen etc. werden in SAP Fiori selbst (z. B. im KPI Modeler) konfiguriert. Neben diesem geschilderten manuellen Zugriff findet der beschriebene Kommunikationsablauf bei bestimmten SAP-Fiori-Kacheltypen größtenteils bereits statt, wenn SAP Fiori Launchpad initial

Kachel-zu-Rohdaten-Kommunikation

nach dem Log-in aufgebaut wird. Da dabei bereits, wie beschrieben, über OData-Services Daten geladen werden, sollte ein Launchpad aus Performancegründen nicht mit SAP-Fiori-Kacheln überladen sein.

8.2.3   Benutzergruppenspezifische Entwicklungswerkzeuge

Benutzergruppen Für die Realisierung der Datenstruktur, die dem geschilderten Zugriff einer Fiori-App auf die Rohdaten vorangeht, differenziert SAP drei Benutzergruppen. Sie unterscheiden sich wie folgt in der Aufgabenstellung:

- **IT-User** (Entwickler)
  Der IT-User stellt die Single-Source-of-Truth-Daten für die weitere Nutzung bereit. Er erstellt und administriert die CDS Views in der Entwicklungsumgebung ABAP für Eclipse (ADT).

- **Key-User** (technisch affiner Benutzer/Analyst)
  Der Key-User sorgt für die Bereitstellung grundlegender Endbenutzerwerkzeuge. So modelliert er z. B. KPIs und nutzt unter anderem den Query Designer basierend auf den vom IT-User erstellten CDS Views. Zudem erzeugt er SAP-Fiori-Kachelgruppen und -kataloge und weist End-Usern zur Nutzung der darin enthaltenen Kacheln Rollen zu.

- **End-User** (konsumierender Endbenutzer)
  Der End-User analysiert mit den vom Key-User modellierten Werkzeugen die vom IT-User bereitgestellten Daten und trifft darauf basierend Entscheidungen. Hierbei bedient sich der End-User folgender Werkzeuge:
  - multidimensionale Reports und Visualisierungen (Web Dynpro)
  - SAP-Smart-Business-KPIs und Analytical Path Framework (APF)
  - Abfrage-Browser
  - Übersichtsseiten
  - analytische Fiori-Apps
  - optional: externe Analysewerkzeuge aus dem SAP-BusinessObjects-Analytics-Universum (z. B. Lumira, Cloud- oder Enterprise-Applikationen)

Für die dargestellten Benutzertypen werden in und außerhalb von SAP S/4HANA unterschiedliche (Entwicklungs-)Werkzeuge zur Verfügung gestellt. In Tabelle 8.2 finden Sie eine Übersicht hierzu:

User-Typ	Werkzeug	Zweck
IT-User	<ul><li>ABAP Development Tools for Eclipse (ADT)<ul><li>– ABAP Perspective</li><li>– HANA Modeler Perspective</li></ul></li><li>OData-Service-Editor Transactionscode \ IWFND\MAINT_SERVICE</li></ul>	<ul><li>Modellierungswerkzeuge für:<ul><li>– CDS Views</li><li>– HANA-DB</li></ul></li><li>Veröffentlichung von CDS Views via OData-Service</li></ul>
Key-User	<ul><li>Abfrage- und View-Browser (SAP Fiori Launchpad)</li><li>KPI Modeler (SAP Fiori Launchpad)</li><li>BusinessObjects Design Studio</li><li>Planning Modeler</li></ul>	<ul><li>Auflistung von zur Verfügung stehenden CDS Views</li><li>Erstellung und Verwaltung von KPI-Apps</li><li>Erstellung von Dashboards und Bereitstellung von Fiori-Apps</li><li>Fiori-Apps zur Erstellung von BPC-Planungsmodellen.</li></ul>

Tabelle 8.2 Übersicht über die Entwicklungswerkzeuge für die unterschiedlichen Nutzertypen

8.3   Datenmodellierung und CDS Views

In diesem Abschnitt zeigen wir Ihnen, was es mit dem CDS-Konzept auf sich hat. Hierfür werden wir, basierend auf SAP S/4HANA Best Practices Analytics, einen CDS View erstellen und darauf eine Analyse mittels APF-Fiori-App ausführen. Abgerundet wird das Unterkapitel mit der Erstellung einer SAP-Fiori-KPI-Kachel.

8.3.1   CDS-Konzept und Modellierungsumgebung

Zunächst vermitteln wir Ihnen etwas Theorie zum CDS-Konzept und seinen Komponenten. Danach bringen wir Ihnen die Eclipse-Entwicklungsumgebung näher.

Das CDS-Konzept

SAP HANA CDS vs.
ABAP CDS

Um die Vorteile von SAP HANA auch für die Applikationsentwicklung zu nutzen, wurde eine neue Datenmodellinfrastruktur eingeführt, die *Core Data Services* (CDS). CDS gibt es in zwei Implementierungen:

- **SAP HANA CDS**
  SAP HANA CDS können nur mit einer SAP-HANA-Datenbank verwendet werden.

- **ABAP CDS**
  ABAP CDS sind flexibler und weitgehend unabhängig vom darunterliegenden Datenbanktyp. Dafür unterliegt die ABAP-CDS-Implementierung allerdings größeren Restriktionen, um eine universelle Datenbankkompatibilität aufrechtzuerhalten.

Im Folgenden gehen wir näher auf die ABAP CDS bzw. deren Views ein. Die CDS setzen sich aus einer domänenspezifischen SQL-nahen Sprache und ebensolchen Services zusammen. CDS Views werden benutzt, um auf SAP-S/4HANA-Daten in einheitlicher Weise zu zugreifen. CDS wurden bereits mit SAP HANA 1.0 SPS 06 eingeführt und gewinnen seitdem an Bedeutung.

CDS-Entitäten

CDS Views, genauer ABAP CDS Views, gehören mit ABAP CDS Table Functions zu den ABAP-CDS-Entitäten. (ABAP-)CDS-Entitäten sind Datenmodelle, die auf der DDL-Spezifikation (*Data Definition Language*) basieren und vom ABAP Dictionary gemanagt werden. Entsprechend sind CDS-Objekte im ABAP Dictionary integriert. Mit CDS Views werden Datenmodelle auf der Datenbank definiert und konsumiert anstatt auf Applikationsebene. Per ABAP CDS können semantische Datenmodelle auf einer zentralen Datenbank (z. B. SAP HANA) des ABAP-Applikationsservers modelliert werden. Das heißt, sie dienen als semantische Schicht zwischen den Rohdaten in der SAP-HANA-Datenbank und den höheren Diensten im Applikationsserver. Die Gesamtheit der CDS bildet das VDM.

Im Gegensatz zu SAP HANA CDS sind die ABAP CDS unabhängig vom Datenbanksystem. Die ABAP CDS werden mittlerweile applikationsübergreifend unterstützt. Eine offene Architektur ermöglicht es, CDS Views auf jeder von SAP unterstützten Datenbank zu definieren.

CDS-Sprach-
komponenten

Die Modellierung in der ABAP-Schicht mittels ADT ist bereits seit NetWeaver 7.4 SPS 05 möglich. CDS werden mittels der folgenden SQL-nahen Sprachkomponenten modelliert:

- Data Definition Language (DDL)
- Query Language (QL)
- Data Control Language (DCL)

Mit DDL werden CDS Views erzeugt und erweitert. Technisch gesehen, sind CDS eine Verbesserung des SQL-ANSI-Standards SQL-92, der DDL für die Definition von semantisch angereicherten Datenbanktabellensichten (CDS-Entitäten) verwendet. DDL enthält Sprachelemente zur CDS-Datendefinition und für CDS-Metadatenerweiterungen.

DDL ermöglicht eine Ergänzung von zusätzlichen CDS-View-Komponenten, die die semantische Beziehung zwischen Entitäten wie z. B. Kunden oder Produkten näher beschreiben. Zu diesen Metadatenerweiterungen zählen:

CDS-View-Komponenten

- Associations

- Annotations

- Expressions

Auch hierbei werden alle Beziehungen in der ABAP-Schicht per ADT modelliert. Wird ein CDS View, genauer die DDL-Source, aktiviert, generiert das System eine CDS-Entität und einen SQL Runtime View. Letzterer ist für die Schreib- und Transformationsaktion in der HANA-Datenbank zuständig.

QL bzw. Open SQL ist ein proprietäres SQL-Derivat von SAP. Es umfasst eine Teilmenge des Standard-SQL und wurde von SAP mit eigenen Elementen erweitert. Da Open SQL in ABAP verwendet wird, ist der Code datenbankunabhängig und somit portierbar. Mit Open SQL kann daher unabhängig vom Datenbankhersteller auf Datenbanktabellen zugegriffen werden, die allerdings im ABAP Dictionary deklariert sein müssen. Die ABAP-Laufzeitumgebung setzt die Open-SQL-Befehle in native SQL-Befehle der eingebundenen Datenbank um.

Open SQL

Mit DCL wird ein voll integriertes Berechtigungskonzept für CDS Views umgesetzt. Mittels DCL können optional CDS-Rollen für das CDS-Berechtigungskonzept entwickelt werden.

Modellierungsumgebung

CDS Views werden auf der ABAP-Schicht modelliert. Hierzu kann entweder SAP HANA Studio mit aktivierter ABAP-Perspektive benutzt werden oder die universelle, quelloffene Standardentwicklungsumgebung *Eclipse* mit den Plug-in-Erweiterungen ABAP Development Tools (ADT).

ADT in Eclipse

Optional können Sie auch die HANA-Plug-in-Erweiterung einbinden. Im Folgenden zeigen wir Ihnen die von SAP bevorzugte Variante der Einbindung der Eclipse-Umgebung. Eclipse liegt zurzeit in der Version 4.6 (NEON) vor und unterstützt die meisten SAP-Entwicklungswerkzeuge. Der Upgrade-Zyklus ist jährlich, im Juni jeden Jahres gibt es eine neue Eclipse-Version. Die CDS-View-Entwicklung ist allerdings auch mit älteren Versionen möglich.

[»]

Kompatibilitätstabelle für Eclipse-Versionen

Welche Eclipse-Version mit welchen SAP-Entwicklungs-Plug-ins erweitert werden kann, können Sie in der Kompatibilitätstabelle über folgenden Link einsehen: *https://tools.hana.ondemand.com/*.

Über diesen Link können Sie das Eclipse-Programmpaket herunterladen: *https://www.eclipse.org/downloads/eclipse-packages/*.

Wenn keine weiteren spezifischen Anforderungen bestehen, empfiehlt sich die Nutzung der Variante *Eclipse IDE for Java Developers*. Nach dem Download wird das Softwarepaket entpackt und kann mittels Ausführung der Datei **eclipse.exe** installiert werden. Es ist zu bedenken, dass Eclipse auf einer Instanz (PC oder Server) installiert wird, von der ein Zugriff auf ein SAP-S/4HANA-System möglich ist. Hierbei ist zum einen die Netzwerkinfrastruktur (Routing, gegebenenfalls Firewall und DMZ-Regeln) zu berücksichtigen. Zum anderen muss ein User mit passender Entwicklerrolle bzw. Autorisierungen im SAP-S/4HANA-System angelegt sein. Es kann theoretisch auch ein passendes Sprachpaket für Deutsch nachinstalliert werden. Allerdings brach Eclipse nach der Sprachpaketinstallation in der Startphase mit einem Fehler ab.

SAP-Eclipse-Plug-ins
Um nun das ADT bzw. weitere SAP-Plug-ins in Eclipse zu installieren, müssen Sie unter **Help** · **Install New Software** · **Add** den URL-Pfad *https://tools.hana.ondemand.com/neon* einfügen. Wie an der URL zu sehen ist, ist der Pfad abhängig von der Eclipse-Version. Das heißt, wird eine andere Version installiert, sollte auch hier der Pfad angepasst werden (z. B. »/mars« statt »/neon«). Anschließend werden die zur Verfügung stehenden SAP-Entwicklungswerkzeuge kurz geladen und erscheinen im Fenster (siehe Abbildung 8.7). Es empfiehlt sich, alle zur Verfügung stehenden SAP-Werkzeuge zu installieren, mindestens jedoch die **ABAP Development Tools for SAP NetWeaver**.

Nachdem die benötigten Entwicklungslizenzen akzeptiert wurden, werden die Plug-ins installiert. Um alle Komponenten auf dem aktuellen Stand zu halten, sollten die Updates eingerichtet sein. Für einen Blick auf die aktiven Updates gehen Sie ins Menü **Window** · **Preferences** · **Install / Update** · **Available Software Sites**. Dort sollte neben den Eclipse-NEON-Update-Pfaden auch der für die SAP Development Tools gelistet und »enabled« sein.

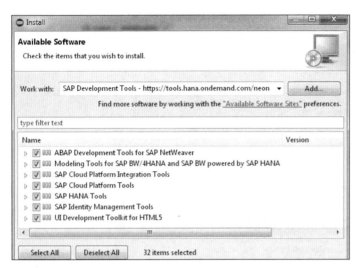

Abbildung 8.7 Eclipse-Installation, SAP-Entwicklungswerkzeugauswahl

Um nun die für die CDS-Modellierung notwendige *ABAP-Perspektive* aufzurufen, gehen Sie über das Menü zu **Window • Perspektive • Open Perspective • Other** und wählen **ABAP** aus der Liste aus. Im Project-Explorer-Teilfenster erstellen Sie über das Kontextmenü (rechter Mausklick) **New • ABAP Project** ein neues Projekt. »Projekt« heißt hier in erster Instanz Verbindung des SAP-S/4HANA-Backend-Systems. Sie können entweder ein System aus der Liste auswählen (das ADT greift auf Ihre SAP-Logon.ini-Datei zu und liest die dort gelisteten Systeme ein), oder Sie erstellen manuell eine neue Verbindung. In jedem Fall müssen Sie sich mit einem auf dem SAP-S/4HANA-System vorhandenen User mit passenden Rollen bzw. Berechtigungen zur Etablierung der Verbindung zum Backend-System authentifizieren.

ABAP-Perspektive

Wird die Verbindung erfolgreich erstellt, können Sie den vorgeschlagenen Projektnamen beibehalten oder anpassen. Daraufhin wird im Project-Explorer-Teilfenster die Systembibliothek mit allen vorhandenen ABAP-Objekten (z. B. den vorgefertigten CDS Views) geladen. Die Bibliothek enthält Packages, in denen wiederum Unterkomponenten hierarchisch kaskadiert sind. Als Beispiel sei hier in Abbildung 8.8 das OData-Analytics-Package für den MM-Bereich gezeigt.

Dieses Package zeigt die in der Objektkategorie **Core Data Services** gelisteten Datendefinitionen der CDS Consumption Views (z. B. C_OVERDUEPO). Kaskadiert man diese Datendefinition weiter, erscheinen das Datendefinitionsobjekt C_OVERDUEPO und das Dictionary-View-Objekt CMMOVER-DUEPO.

Abbildung 8.8 ABAP-CDS-Entwicklungsumgebung im Project Explorer von ADT

8.3.2   CDS Views und Komponenten

Ein CDS View, im Speziellen das Datendefinitionsobjekt, setzt sich wie zuvor beschrieben aus mehreren Komponenten zusammen. Diese werden wir im Folgenden näher beschreiben.

DDL-Source und DDL-Editor

Bei einem Doppelklick auf die *DDL-Source* eines CDS View werden rechts im Sourcecode-Fenster (*DDL-Editor*) der dazugehörige ABAP-Code und seine Metadatenerweiterungen (Annotations etc.) angezeigt (siehe Abbildung 8.9).

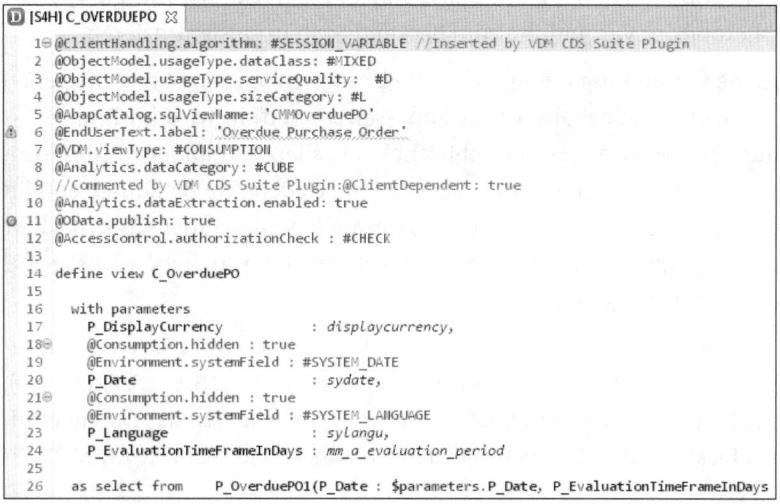

```
 [S4H] C_OVERDUEPO

  1⊖ @ClientHandling.algorithm: #SESSION_VARIABLE //Inserted by VDM CDS Suite Plugin
  2   @ObjectModel.usageType.dataClass: #MIXED
  3   @ObjectModel.usageType.serviceQuality:  #D
  4   @ObjectModel.usageType.sizeCategory: #L
  5   @AbapCatalog.sqlViewName: 'CMMOverduePO'
  6   @EndUserText.label: 'Overdue Purchase Order'
  7   @VDM.viewType: #CONSUMPTION
  8   @Analytics.dataCategory: #CUBE
  9   //Commented by VDM CDS Suite Plugin:@ClientDependent: true
 10   @Analytics.dataExtraction.enabled: true
 11   @OData.publish: true
 12   @AccessControl.authorizationCheck : #CHECK
 13
 14   define view C_OverduePO
 15
 16     with parameters
 17       P_DisplayCurrency           : displaycurrency,
 18⊖      @Consumption.hidden : true
 19       @Environment.systemField : #SYSTEM_DATE
 20       P_Date                      : sydate,
 21⊖      @Consumption.hidden : true
 22       @Environment.systemField : #SYSTEM_LANGUAGE
 23       P_Language                  : sylangu,
 24       P_EvaluationTimeFrameInDays : mm_a_evaluation_period
 25
 26     as select from    P_OverduePO1(P_Date : $parameters.P_Date, P_EvaluationTimeFrameInDays
```

Abbildung 8.9 Datendefinition eines CDS Consumption View

Annotations

Annotations dienen der zusätzlichen semantischen Beschreibung (Metadaten) eines CDS View bzw. dessen Sourcecode der CDS-Entität. Hierbei werden die zur Verfügung stehenden SQL-Syntax-Optionen erweitert. Durch Annotations können CDS-View-Modelle bzw. das VDM besser strukturiert und übersichtlich gehalten werden. Es gibt zwei Kategorien von Annotations:

Zwei Kategorien von Annotations

- **ABAP Annotations**
  ABAP Annotations werden bereits in der ABAP-Laufzeitumgebung verarbeitet, z. B.:
  - ABAP Catalog Annotation
  - AccessControl Annotation
  - EndUserText Annotation
- **Component Annotations**
  Component Annotations werden im entsprechenden SAP Framework verarbeitet, z. B.:
  - Analytics Annotation
  - Consumption Annotation
  - VDM Annotation

Component Associations können ihrerseits die Generierung von ABAP-Repository-Objekten triggern, wie z. B. OData-Services.

Hilfe über die `F1`**-Taste**

Um die Hilfe zu einer ABAP- oder Framework-spezifischen Annotation aufzurufen, können Sie den Cursor über der Annotation positionieren und die Taste `F1` drücken.

Die Definition einer Annotation im Sourcecode wird mit dem @-Zeichen eingeleitet. Annotations sind primär am Anfang des Sourcecodes einer DDL-Source zu finden und definieren Basisinformationen wie z. B. Berechtigungsfunktion (`@AccessControl.authorizationCheck`) oder VDM-Typ (`@VDM.viewType`). Neben der Vielzahl der vom System bereitgestellten Annotations können aber auch eigene entwickelt werden.

Annotation einfügen

Um Annotations direkt in der Datendefinition per Codevervollständigung einzufügen, rufen Sie sie per `Strg`+Leertaste auf. Hierbei ist es wichtig,

---

an welcher Position das geschieht (z. B. vor dem DEFINE-Ausdruck bzw. der SELECT-Liste). Sollte die Position falsch sein, wird sie vom DDL-Editor rot unterstrichen.

In Tabelle 8.3 finden Sie ein paar der wichtigsten Annotations im Überblick sowie ihren jeweiligen Anwendungszweck.

Annotation	Untertyp	Kurzbeschreibung	Wert
@AbapCatalog	.sqlViewName	Obligatorische Annotation für alle CDS Views. Spezifiziert DDL-Source-Namen bzw. CDS-Datenbank-View.	Freitext-String mit maximal 16 Zeichen
@VDM	.viewType	Definiert CDS-View-Typ.	#BASIC #CONSUMPTION #COMPOSITE #EXTENSION
@ObjectModel	.dataCategory	Definiert Typ der Stammdatenkomponente in Interface Views.	#HIERARCHY #TEXT
@Analytics	.dataCategory	Definiert analytische Datenkategorien.	#AGGREGATIONLEVEL #CUBE #DIMENSION #FACT
@AccessControl	.authorizationCheck	Legt fest, ob eine Berechtigungsprüfung beim Zugriff per Open SQL auf den CDS Views stattfinden soll.	#CHECK #NOT_REQUIRED #NOT_ALLOWED
@Semantics	.currencyCode	Identifiziert die Währung.	true

Tabelle 8.3 Die wichtigsten Annotation-Typen und -Untertypen

Eine vollständige Liste mit weiteren Annotations, deren Untertypen, Werten und Kurzbeschreibungen finden Sie z. B. im Programming Guide *ABAP Programming Model for SAP Fiori* oder in der *ABAP Keyword Documentation*, deren aktuelle Versionen über eine Websuche zugänglich sind.

Associations

Nachdem wir nun Annotations betrachtet haben, wenden wir uns einer weiteren technischen Komponente der CDS Views zu. Associations dienen der Definition von hierarchischen Beziehungen in der VDM-Schicht. Dies geschieht in einer für die Systemperformance optimierten Weise. Associations sind Metadaten über mögliche JOIN-Verbindungen. »Möglich« bedeutet bei Bedarf, das heißt, der JOIN wird erst dann erstellt, wenn die Association tatsächlich in einer Path Expression aufgerufen wird.

Associations für hierarchische Beziehungen

Eine Association verbindet einen CDS View als Ursprungsdatenquelle mit einer Zieldatenquelle. Bei der Spezifizierung wird eine ON-Bedingung benutzt. Als DataSource-Ziel kann eine Datenbanktabelle, ein Classic View, ein External View oder eine CDS-Entität dienen. Die Association kann eingesetzt werden, um Beziehungen zwischen CDS-Entitäten zu modellieren, auf die per Path Expression in CDS Views oder Open SQL zugegriffen werden kann. Zur Definition einer Association stehen folgende Komponenten zur Verfügung:

- Ziel-Entität (obligatorisch)
- Kardinalität (obligatorisch, mit Default-Wert [1])
- Alias-Name (optional)
- ON-Bedingung (obligatorisch)

In Listing 8.1 ist beispielhaft eine einfache Association dargestellt.

```
association[1..1] to I_PurchasingOrganization as _
PurchasingOrganization on $projection.PurchasingOrganization = _
PurchasingOrganization.PurchasingOrganization
```

Listing 8.1 CDS View Association

Die *Ziel-Entität* wird mittels Schlüsselwort TO definiert. Die *Kardinalität* legt die Art der Beziehung zwischen Quelle und Ziel der Association fest, z. B. eine 1:1- oder 1:n-Beziehung. Der optionale (der as-Deklaration folgende) *Alias-Name* vereinfacht das weitere Handling der Association durch einen kurzen Klarnamen. Durch die ON-Bedingung wird die Verknüpfung zwischen Quelle und Ziel definiert. Der Default für eine CDS Association ist ein LEFT-OUTER JOIN.

Path Expressions

Folge von Associations

Eine *Path Expression* ist eine Folge von ein oder mehreren Associations, die durch Punkte voneinander getrennt werden und deren Namen mit einem Unterstrich beginnen, z. B. _PurchaseOrder._Supplier.SupplierName Path Expressions können in der Datendefinition eines CDS View als Datenquelle, als Element einer SELECT-Liste und als Operand in WHERE- oder HAVING-Klauseln eingesetzt werden. Daneben werden sie auch in Bedingungen in einem ABAP-CDS-DCL-Objekt verwendet.

Input-Parameter

Einschränkung des Datensatzes

Mithilfe eines oder mehrerer *Input-Parameter* kann ein Datensatz für ein CDS View eingeschränkt bzw. näher gefiltert werden. Mehrere Input-Parameter werden in einer kommaseparierten Liste definiert. Die Definition findet vor dem SELECT-Statement statt. Daneben können sie als Operand dienen oder in Bedingungen bzw. Klauseln (z. B. WHERE od. HAVING) eingesetzt werden.

View Extensions

Kundenspezifische View-Erweiterung

View Extensions sind CDS-View-Entitätenerweiterungen. Sie erweitern einen bestehenden CDS View mit zusätzlichen Feldern innerhalb einer SELECT-Liste. Als Einschränkung darf eine SELECT-Liste dann keine Input-Parameter oder Path Expressions beinhalten. Die View Extension benutzt die AbapCatalog-Annotation sqlViewAppendName. Der zugrunde liegende erweiterte CDS View muss mit seinen CDS-Entitätennamen referenziert sein. CDS View Extensions können selbst nicht erweitert werden. View Extensions sollten im Kundennamensraum lokalisiert sein, um gegen Überschreiben bei Upgrades geschützt zu sein. Sie unterliegen eigenem ABAP-Sourcecode, werden separat vom CDS View editiert und auch als separater DDL-Source transportiert. Eine Verbindung zu ihrem CDS View besteht also nur durch die Querrefenrenzierung.

8.3.3   CDS Views erzeugen

Beispiel CDS Consumption View

Im vorherigen Abschnitt haben Sie die Komponenten eines CDS View kennengelernt. In diesem Abschnitt erfahren Sie, wie Sie einen CDS View erzeugen. Auch hier nutzen wir die SAP Best Practices, im Speziellen das Paket *SAP Best Practices for Analytics with SAP S/4HANA*. Es gilt hier, einen CDS (Consumption) View zu erzeugen, der die Daten zur Ermittlung des Materialbestands an einem bestimmten Buchungsdatum für konsumierende

Analyse-Apps in SAP Fiori bereitgestellt. Dieser Consumption View basiert auf einem Interface Composite View I_MaterialStock.

Die Erstellung eines CDS View obliegt dem IT-User, der über eine gewisse ABAP-Coding-Erfahrung verfügen sollte.

Ausgangspunkt ist die ABAP-Perspektive in Eclipse. Hier ist ein neues ABAP-Projekt anzulegen, entweder über die Symbolleiste mit einem Klick auf den Button **New** oder per Kontextmenü im Teilfenster **Project Explorer**. Hier müssen die Infos des SAP-S/4HANA-Backend-Systems einschließlich des berechtigten Benutzers angegeben werden. Nach erfolgreichem Abschluss lädt Eclipse den Repository-Baum mit SAP-Content-Objekten und gegebenenfalls bereits vorhandenen eigenen Objekten.

Modellierung in Eclipse

Nun öffnen Sie mit Rechtsklick das Kontextmenü des Ordners **Local Objects ($TMP)** und wählen **New · Other ABAP Repository Object**. Wie in Abbildung 8.10 gezeigt, kaskadieren Sie in der Dialogbox **Core Data Services** und wählen **Data Definition**.

Abbildung 8.10 Ein neues ABAP Repository Object anlegen

Sie bestätigen die Auswahl durch Klick auf **Next**, worauf sich das Fenster **New Data Definition** öffnet. Darin benennen Sie die hier anzulegende *DDL Data Source* mit einem aussagekräftigen Namen gemäß Ihrer Namenskonvention. Da es sich in diesem Fall um einen neu erstellten CDS Consumption View handelt, sollte das Customer-Präfix »Z« sowie »C« für Consumption View im Namen enthalten sein. Wir wählen hier ZC_MATBYDATE_N1. Zu unterscheiden davon ist der Name für das dazugehörige *Dictionary-View-*

DDL Data Source als Basis

Objekt (oder *DDL SQL View*), ZCMATBYKDATE_N1. Bei einem Doppelklick auf das dazugehörige Objekt öffnet sich SAP GUI im Hauptfenster und zeigt im Dictionary View, aus welchen View-Feldern und Tabellen sich der CDS View zusammensetzt. Als Beschreibung wählen Sie z. B. »Materialbestand zum Buchungszeitpunkt«. Im weiteren Dialog legen Sie einen Transport Request fest. Als Package kann entweder ein dediziertes Transport-Package oder der lokale Default $TEMP gewählt werden.

Hilfestellung Code-Template

Als Nächstes wählen Sie ein Template aus. Templates enthalten bereits vorgefertigte essenzielle ABAP-Codeteile gemäß ihres Anwendungszwecks. In diesem Fall wählen Sie **Define View**. Der Template-Code erscheint im unteren Teilfenster (siehe Abbildung 8.11).

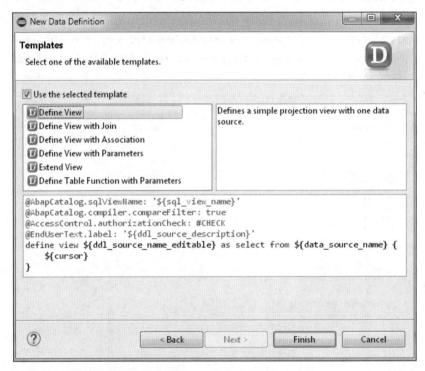

Abbildung 8.11 Neue Datendefinition – Template-Auswahl

Best-Practice-Codebeispiel

Nach dem Klick auf **Finish** wird ein *Datendefinitionsobjekt* im Project-Explorer-Fenster erstellt und der Template ABAP Code angepasst mit CDS View und Dictionary View Namen Code Editor Fenster angezeigt. Dem Best-Practice-Beispiel folgend, kopieren Sie folgenden beispielhaften ABAP-Code und fügen ihn im Code-Editor-Fenster ein, sodass der bisherige Code ersetzt wird.

```
@AbapCatalog.sqlViewName: 'ZCMATBYKDATE_N1'
@EndUserText.label: 'Material Stock at posting date'
@AbapCatalog.compiler.compareFilter: true
@AccessControl.authorizationCheck:#NOT_ALLOWED
@ObjectModel.usageType.sizeCategory: #XXL
@ObjectModel.usageType.serviceQuality: #D
@ObjectModel.usageType.dataClass:#TRANSACTIONAL
@ClientHandling.algorithm: #SESSION_VARIABLE
@VDM.private:false
@VDM.viewType: #CONSUMPTION
@Analytics.query : true
@Analytics:{dataExtraction.enabled:true}
@OData.publish: true
define view ZC_MATBYDATE_N1
 with parameters
  @Consumption.hidden: true
  @Environment.systemField: #SYSTEM_LANGUAGE
  P_Language : sylangu,
  @Environment.systemField: #SYSTEM_DATE
  P_KeyDate : vdm_v_key_date
 as select from I_MaterialStock
{
// Stock Identifier
@ObjectModel.text.element: ['MaterialName']
Material,
@ObjectModel.text.element: ['PlantName']
@AnalyticsDetails.query.axis: #ROWS
Plant,
@ObjectModel.text.element: ['StorageLocationName']
StorageLocation,
Batch,
@ObjectModel.text.element: ['InventoryStockTypeName']
InventoryStockType,
@ObjectModel.text.element: ['InventorySpecialStockTypeName']
InventorySpecialStockType,
// Further Stock Groups
CompanyCode,
// Quantity and Unit
MaterialBaseUnit,
@AnalyticsDetails.query.axis: #COLUMNS
MatlWrhsStkQtyInMatlBaseUnit,
// Names and descriptions
_Material._Text[1: Language=$parameters.P_Language].MaterialName,
```

```
_CompanyCode.CompanyCodeName,
_Plant.PlantName,
_StorageLocation.StorageLocationName,
_InventoryStockType._Text[1: Language=$parameters.P_
Language].InventoryStockTypeName,
_InventorySpecialStockType._Text[1: Language=$parameters.P_
Language].InventorySpecialStockTypeName
}
where
MatlDocLatestPostgDate <= $parameters.P_KeyDate
```

Listing 8.2 Beispielcode für CDS Consumption View

Der Beispielcode besteht aus den bereits in Abschnitt 8.3.2, »CDS Views und Komponenten«, beschriebenen CDS-View-Elementen. Wichtige Codeelemente, die CDS-View-Eigenschaften definieren, sind in Fettschrift hervorgehoben. Nun können Sie die Syntax des eingefügten ABAP-Codes prüfen (Strg+F2) und ihn dann per Strg+F3 aktivieren.

Datenvorschau Anschließend können Sie sich die Rohdaten mittels *Datenvorschau* ansehen, indem Sie im Kontextmenü der DDL-Source den Menüpunkt **Open With · Data Preview** anklicken. Je nach DDL-Source werden nun noch eingrenzende Umgebungsparameter – hier Buchungsdatum und Sprache – abgefragt. Bei mehrfach kaskadierten CDS-View-Strukturen bietet sich auch die Ansicht im **Graphical Editor** an.

OData-Service registrieren

CDS View veröffentlicht per OData-Service Um einen Consumption View im SAP-ERP-Backend verfügbar zu machen, müssen Sie ihn mit einem OData-Service registrieren und veröffentlichen. Diese Veröffentlichung wird durch die ABAP Annotation @OData.publish: true gefordert.

1. Hierzu greifen Sie mittels Transaktion /n/IWFND/MAINT_SERVICE auf das SAP-Gateway-System zu. Es öffnet sich der Service-Katalog. Hier können Sie OData-Services aktivieren und verwalten.

2. Klicken Sie auf **Service hinzufügen**. Selektieren Sie aus der Systemalias-Liste einen mit eingerichteter RFC-Verbindung. Als technischer Namen bietet sich der Consumption-View-Name mit dem Postfix »CDS« an, ZC_MATBYDATE_N1_CDS.

3. Rufen Sie nun den Service über die Schaltfläche **Services abrufen** ab. Ein passender Tabelleneintrag sollte jetzt im unteren Bereich **Ausgewählte Backend-Services** erscheinen (siehe Abbildung 8.12).

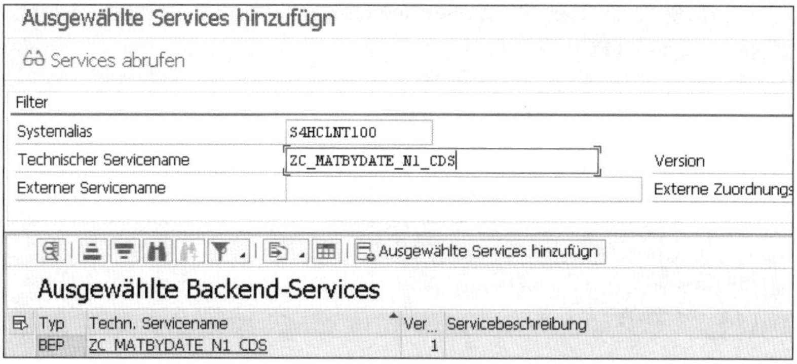

Abbildung 8.12 Neuen OData-Service hinzufügen

4. Markieren Sie die Zeile dieses Tabelleneintrags und klicken Sie auf **Ausgewählte Services hinzufügen**. Im Bereich **Paketzuordnung** des Pop-up-Dialogs klicken Sie auf **Lokales Objekt** oder ein für Sie passendes Transportpaket.

OData-Service-Prüfung

5. Sichern Sie nun. Es erscheint eine Meldung, die Ihnen sagt, dass der Service erfolgreich angelegt ist und Metadaten erfolgreich geladen wurden.

6. Kehren Sie nun in das Hauptfenster zur Service-Aktivierung und -Verwaltung zurück. Hier können Sie nun den registrierten OData-Service selektieren und die Funktionalität prüfen. Dafür klicken Sie auf **SAP Gateway Client**.

7. Darauf öffnet sich ein Fenster, in dem Sie mittels HTTP-Request (GET) die korrekte Funktionalität und Latenz prüfen können.

8. Klicken Sie auf **Ausführen**. Im Teilfenster **HTTP-Response** können Sie sowohl die Latenz (hier »41 ms«) als auch den Prüfcode »200« sehen (siehe Abbildung 8.13). Dieser weist auf einen fehlerfrei arbeitenden Service hin.

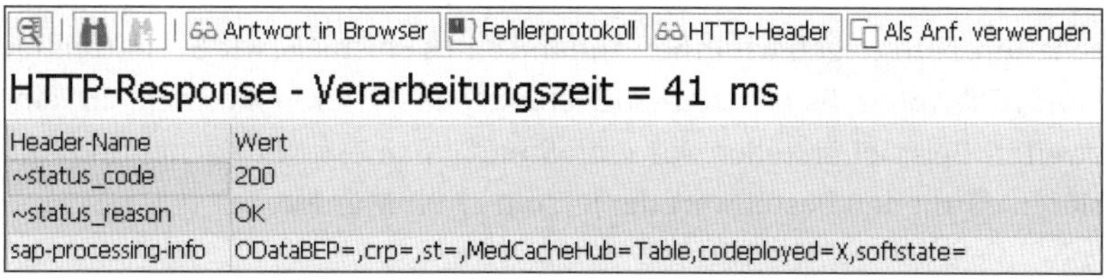

Abbildung 8.13 SAP Gateway Client – erfolgreicher Servicetest

9. Kehren Sie nun zurück zu den ADT in Eclipse. Dort können Sie ein gelbes Warndreiecksymbol vor der OData Annotation sehen. Wenn Sie den Mauszeiger darüber positionieren, sehen Sie ein Hinweis-Pop-up mit der

OData-Service-Status im ADT

Meldung, dass das OData-Service-Objekt noch nicht aktiv ist (siehe Abbildung 8.14).

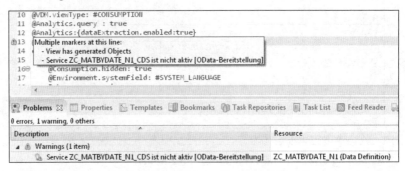

Abbildung 8.14 ADT Code Editor – OData-Services nicht aktiv

Die gleiche Warnung erscheint in der **Problems**-Tabelle unterhalb des Code-Editor-Teilfenster. Aus ABAP-Sicht müssen wir noch das OData-Interface im Consumption View aktivieren.

10. Hierfür klicken Sie zunächst auf das Prüfhaken-Icon (Check ABAP Development Object) und dann auf das Activate-Icon. Das Warndreieck verwandelt sich nun in ein »G«, das für »generierter OData-Service« steht.

Auf Grundlage des erstellten Consumption View und der OData-Service-Aktivierung werden wir im Folgenden eine Datenansicht mittels einer *Analysis-Path-Framework-Applikation* (*APF*) in der SAP-Fiori-2.0-Benutzeroberfläche erstellen.

8.3.4   Reporting und Analyse mit CDS Views

In den vorherigen Abschnitten haben Sie gesehen, wie Sie durch die Erstellung von CDS Views die Basis für weiterführende Analysen und Reports schaffen. Nun zeigen wir Ihnen anhand eines Beispiels, wie Sie mittels einer Fiori-APF-App z. B. Echtzeit-Ist-Bestände analysieren können. In einem zweiten Beispiel erstellen wir eine Smart-Business-KPI-Kachel und analysieren damit den Bestellwert der letzten zwölf Monate.

Analysis-Path-Framework-Applikation

APF für Ad-hoc-Analysen

APF-Apps gehören zu den vielfältigen Reporting- und Analyse-Werkzeugen von SAP S/4HANA. APF wird über die SAP-Fiori-Oberfläche konfiguriert und genutzt. Sie benötigen die Benutzerrolle des Analyst Specialist, um in SAP Fiori Launchpad auf die Kachel **APF-Konfigurationsmodellierer** zugreifen zu können.

1. Loggen Sie sich in SAP Fiori Launchpad ein und klicken Sie auf die Kachel **APF-Konfigurationsmodellierer**. Sie gelangen in die Anwendungsübersicht des Modellierers.

2. Über das **+**-Zeichen legen Sie eine neue APF-Applikation an. Es erscheint ein Pop-up-Dialog, der eine Applikationsbeschreibung bzw. einen Applikationsnamen und ein semantisches Objekt abfragt. Als Beschreibung geben Sie »Materialbestandanalyse« ein. Das semantische Objekt ist optional und kann in der Standardeinstellung (**FioriApplication**) erhalten bleiben.

3. Sichern Sie. Die neue Applikation erscheint nun in der Anwendungsübersicht. Wenn Sie auf die gerade angelegte Applikation klicken, gelangen Sie auf die Konfigurationsseite.

4. Geben Sie hier einen Konfigurationsnamen im entsprechenden Feld ein (z. B. »Materialbestandanalyse«). Sichern Sie.

5. Nun ergänzen Sie über **Hinzufügen · Neue Kategorie** eine Kategorie und benennen diese mit »Werk«. Sichern Sie erneut.

6. Als Nächstes fügen Sie per **Hinzufügen · Schritt · Neuer Schritt** einen Schritt hinzu, der die in Tabelle 8.4 gezeigten Parameter enthalten soll.

Feld	Auswahl/Eingabe
Schrittname	z. B. Materialbestand – Werk
Kategoriezuordnung	Auswahl **Plant** (dt. Werk)
Service	Hier wird der OData-Service eingetragen: /sap/opu/odata/sap/ZC_MATBYDATE_N1_CDS
Entitätsmenge	Hier der Eintrag des CDS-View-Namens: **ZC_MATBYDATE_N1**
Eigenschaften	Auswahl: **Plant, Plantname** und **MatlWrhsStkQtyInMatlBaseUnit**
Ausgewählte Eigenschaften	Auswahl **Plant**

Tabelle 8.4 Parameter für die Anlage der Kategorie Werk

7. Sichern Sie nun und gehen Sie über **Hinzufügen** zu **Neue Darstellung**, um unter der Rubrik **Visualisierung** den Typ **Säulendiagramm** auszuwählen. In der Rubrik **Sortierung · Sortierfeld** wählen Sie **Plantname** und im Feld **Richtung** die Auswahl **Absteigend**. Sichern Sie erneut.

8. Als Nächstes fügen wir eine Kategorie für das Material analog zum Werk hinzu. Wählen bzw. setzen Sie die in Tabelle 8.5 aufgelisteten Parameter. Sichern Sie.

Feld	Auswahl/Eingabe
Schrittname	z. B. Top 10 Materialien
Kategoriezuordnung	Auswahl **Material**
Service	Hier wird der OData-Service eingetragen: **/sap/opu/odata/sap/ZC_MATBYDATE_N1_CDS**
Entitätsmenge	Hier der Eintrag des CDS-View-Namens: **ZC_MATBYDATE_N1**
Eigenschaften	Auswahl: **Material**, **Materialname** und **MatlWrhsStkQtyInMatlBaseUnit**
Art der Datenreduzierung	Auswahl **Oberste n**
Anzahl der Datensätze	10
Sortierfeld	Auswahl **MatlWrhsStkQtyInMatlBaseUnit**
Richtung	Auswahl **Absteigend**

Tabelle 8.5 Parameter für die Anlage der Kategorie Material

Darstellungsart auswählen

9. Über **Hinzufügen · Neue Darstellung** fügen Sie eine Darstellungsart für die Materialkategorie hinzu. Wählen Sie auch hier **Säulendiagramm**. Sichern Sie. Wenn Sie sich auf der Konfigurationsseite auf der Visualisierungsebene befinden, können Sie sich auch eine Vorschau anzeigen lassen, um gegebenenfalls Anpassungen an der Darstellung vorzunehmen.

10. Nach Klicken auf **Vorschau** erscheint ein Pop-up mit einem Säulendiagramm mit passender Beschriftung und Legende (siehe Abbildung 8.15).

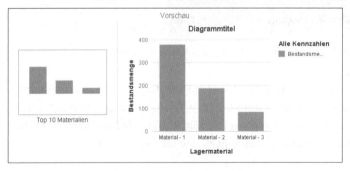

Abbildung 8.15 Vorschau der »Top-10-Materialien«

11. Nun können Sie die APF-Applikation **Materialbestandanalyse** ausführen. Dazu klicken Sie auf **Ausführen**. Bei erstmaliger Ausführung müssen Sie in der Folgeansicht mittels **Analyseschritt hinzufügen** einen Analyseschritt aus den beiden zuvor angelegten für Material und Werk auswählen, je nachdem, ob Sie den Materialbestand pro Werk oder die Top-10-Materialien sehen möchten.

12. Wenn Sie die anschließende Abfolge von Selektionen (Auswahl **Kategorie** • **Material**, Auswahl **Material Top 10** • **Materialien**, Auswahl **Säulendiagramm**) durchlaufen haben, werden Ihnen die Top-10-Materialien absteigend nach der Bestandsmenge in Säulendiagrammen angezeigt. Diesen Analysepfad können Sie nun sichern und bei Bedarf unter **Unbenannter Analysepfad** • **Öffnen** darauf wieder zugreifen.

KPI-Kacheln

KPI-Kacheln gehören zu den Smart-Business-Modeler-Applikationen. Im Folgenden werden wir beispielhaft

Mit fünf Schritten zur KPI-Kachel

1. eine KPI-App anlegen
2. dieser Inhalt mittels einer Auswertung hinzufügen
3. eine Kachel für den KPI erstellen
4. einen Drill-down für das Charting konfigurieren
5. die Kachel dem Startbildschirm hinzufügen

Für das Beispiel benutzen Sie den bereits vorhandenen CDS Consumption View C_PURCHASEORDERVALUE.

Zunächst erstellen Sie die KPI-App, die erst mal nur die Verbindung zum CDS View herstellt. Loggen Sie sich hierzu in SAP Fiori Launchpad ein und öffnen Sie in der Gruppe **KPI-Erstellung** die App **KPI anlegen**. Füllen Sie die in Tabelle 8.6 aufgeführten Felder mit den gezeigten Werten.

KPI-App anlegen

Feld	Auswahl/Eingabe
Titel	Bestellwert
Beschreibung	Wert der Bestellung
Zieltyp	Auswahl **Minimierung**
CDS View	C_PURCHASEORDERVALUE
OData-Service	/sap/opu/odata/sap/C_PURCHASEORDERVALUE_CDS

Tabelle 8.6 Parameter für Anlage des KPI »Bestellwert«

Feld	Auswahl/Eingabe
Entitätsmenge	C_PurchaseOrderValueResults
KPI-Kennzahl	PurOrdNetAmountInDisplayCrcy

Tabelle 8.6 Parameter für Anlage des KPI »Bestellwert« (Forts.)

Wenn Sie den CDS View selektiert haben, werden für die nachfolgenden Felder im Hintergrund bereits eindeutige bzw. eingeschränkte Parameterauswahlen geladen. Klicken Sie auf **Aktivieren**, um den KPI zu sichern und gleichzeitig zu aktivieren. Eine Aktivierung ist für die nachfolgende Konfiguration zwingend notwendig. Wenn das Pop-up-Fenster **Transport sichern** erscheint, wählen Sie **Lokales Objekt** oder einen Transportauftrag Ihrer Wahl. Damit ist der KPI angelegt.

KPI mit Auswertung füllen

Als Nächstes füllen Sie den KPI mit einer Auswertung. Hierfür gehen Sie auf die App **Auswertung anlegen** in der KPI-Gruppe. Im darauffolgenden Bildschirm können Sie Ihren zuvor angelegten KPI-Bestellwert unter **Ausgewählter KPI** auswählen. Dazugehörige Parameter, die zuvor bei der KPI-Erstellung angegeben wurden, werden jetzt automatisch vorausgefüllt. Vergeben Sie im Feld **Auswertung** eine sinnvolle Bezeichnung (z. B. »Letzte 12 Monate«). Belassen Sie in der Sektion **Datenquelle** die vorausgewählten Parameter. In den Sektionen **Eingabeparameter und Filter** sowie **Ziel, Schwellenwerte und Trend** geben Sie die in Tabelle 8.6 dargestellten Werte ein.

Feld	Auswahl/Eingabe
Anzeigewährung =	EUR
Auswertungszeitraum =	365 (Tage)
Werttyp	Fixer Wert
Kritisch	500000
Warnung	400000
Ziel	300000

Tabelle 8.7 Parameter der Auswertung für KPI »Bestellwert«

Klicken Sie nach der Parametereingabe auf **Aktivieren**. Alternativ können Sie auch auf **Kachel aktivieren und konfigurieren** klicken.

Im nächsten Schritt legen Sie eine Kachel für den KPI an. Entsprechend wählen Sie in der KPI-Gruppe die Kachel **Kachel anlegen**. Im Folgebildschirm sehen Sie links eine Listung aller aktiven Auswertungen. Wählen Sie nun Ihre zuvor angelegte Auswertung »Letzte 12 Monate« aus und klicken Sie unten rechts auf **Kachel hinzufügen**. Daraufhin kommen Sie auf die gleichnamige Seite. Geben Sie nun die Parameter aus Tabelle 8.8 für die Kachelkonfiguration ein.

KPI-Kachel anlegen

Feld	Auswahl/Eingabe
Kachelformat	Zahlenkachel
Titel	z. B. Bestellwertanalyse
Katalog	Auswahl eines thematisch (z. B. Einkauf oder Analyse) passenden Katalogs

Tabelle 8.8 Parameter der Kachelerstellung für KPI »Bestellwert«

Sichern Sie oder alternativ, um direkt in den nächsten Schritt zu springen, klicken Sie auf **Sichern und Drill-down konfigurieren**.

Beim Sichern kann es vorkommen, dass ein fehlendes semantisches Objekt oder eine Aktion bemängelt wird. Geben Sie in diesem Fall im Feld **Semantisches Objekt** ein *-Zeichen ein und im Aktionsfeld Folgendes: »analyzeKPIDetailsS4HANA«. Nach dem Speicherprozess wird Ihnen Ihre gerade konfigurierte Kachel mit Katalog und Navigation im Teilfenster **Konfigurierte Kacheln** angezeigt.

Im nächsten Schritt konfigurieren Sie den Drill-down. In der KPI-Gruppe klicken Sie auf die Kachel **Drill-down konfigurieren**. Im sich öffnenden Bildschirm sehen Sie auf der linken Seite Ihre aktive Auswertung »Bestellwert – Letzte 12 Monate«, im rechten Fensterteil wird angezeigt, dass noch kein Drill-down konfiguriert wurde. Markieren Sie nun Ihre Auswertung und klicken Sie auf **Konfigurieren**. Im Pop-up-Fenster **Auswählen** sehen Sie eine Registerkarte für **Dimension**. Selektieren Sie hier **Kalendermonat**. In der zweiten Registerkarte für **Kennzahl** selektieren Sie die Vorgabe **bestellnettobetrag(hauptkennzahl)**. Klicken Sie nun auf **OK**.

Drill-down konfigurieren

Sie gelangen dadurch in das Fenster für die Konfiguration des Drill-down-Diagramms. Angezeigt wird bereits ein Diagramm im Standardlayout, dessen Elemente, wie Diagrammtyp, Skalierung etc., Sie anpassen können. Selektieren Sie nun als Diagrammtyp **Säulen**. Geben Sie als **View-Titel** einen sinnvollen Namen ein wie z. B. »Bestellnettobetrag pro Monat«. Klicken Sie auf **OK**. In der folgenden Ansicht behalten Sie die Standardwerte bei. Hier

Einstellung der Diagrammoptionen

können Sie auch in eine Tabellensicht wechseln. Klicken Sie nun auf **Konfi-guration sichern**. Sie kehren dadurch in die Eingangssicht für die Drill-down-Konfiguration zurück. Hier sehen Sie, dass der View-Zähler für Ihre Auswertung um eins hochgezählt hat.

KPI-Kachel der Startseite hinzufügen

Jetzt bleibt noch das Hinzufügen der KPI-Kachel zu Ihrer SAP-Fiori-Launch-pad-Startansicht. Kehren Sie mit einem Klick auf 🏠 dorthin zurück. Klicken Sie dann auf das Benutzer-Icon oben links. Hier gelangen Sie mit einem Klick auf 🖉 in den Modus **Startseite bearbeiten**. Im Änderungsmo-dus können Sie Kacheln mit einem Klick auf das **x**-Zeichen entfernen, Ka-cheln mit dem großen **+**-Zeichen hinzufügen oder auch eine ganze Gruppe einfügen. Klicken Sie nun auf das große **+**-Zeichen in Ihrer Gruppe **Meine Startseite** oder in einer anderen zum KPI passenden Gruppe Ihrer Wahl. Sie gelangen in die Ansicht **App Finder – Gruppe »Meine Startseite« personali-sieren**. Sie können Ihre erstellte Kachel **Bestellwertanalyse** über das Such-feld im App-Katalog über die Themenkataloge auf der linken Seite oder se-quenziell im gesamten App-Pool suchen. Wenn Sie Ihre Kachel gefunden haben, klicken Sie auf der Kachel auf 📌 (**Kachel hinzufügen**). Daraufhin öffnet sich ein Pop-up-Fenster, in dem Sie die Gruppe auf Ihrer Startseite auswählen können, zu der die Kachel hinzugefügt werden soll – in Ihrem Fall die Gruppe **Meine Startseite**. Klicken Sie nun wieder auf 🏠, um auf Ihre Startseite zurückzukehren. Verlassen Sie dann den Bearbeitungsmo-dus. Sie sehen nun die von Ihnen erstellte Kachel **Bestellwertanalyse** in Ih-rer Gruppe **Meine Startseite** (siehe Abbildung 8.16).

Abbildung 8.16 Ergebnis: KPI-Kachel in der Startseitengruppe

8.4   Integration mit SAP BW und SAP BusinessObjects

In den vorherigen Abschnitten dieses Kapitels haben Sie einen Einblick in die Analysemöglichkeiten von Embedded Analytics in SAP S/4HANA erhal-ten. Jetzt schlagen wir den Bogen zum klassischen Reporting von SAP BW.

Auf zwei der wichtigsten Szenarien unter den vielen Möglichkeiten zur Integration von SAP S/4HANA und SAP BW gehen wir im ersten Teil des Abschnitts kurz ein. Im zweiten Teil werden wir die Integrationspunkte der SAP-BusinessObject-BI-Tools darstellen und zeigen, wie man das SAP-S/4HANA-Reporting ergänzen kann.

8.4.1 Integrations-Framework

Wir hatten bereits den Einsatz der SAP Best Practices für SAP S/4HANA Embedded Analytics beschrieben und in Abschnitt 8.3, »Datenmodellierung und CDS Views«, angewendet. Die Best Practices sind eine von drei Komponenten, aus denen das SAP Activate Framework besteht. Neben den *Best Practices* dienen des Weiteren die *Guide Configurations* und der *Methodology*-Teil als Komponenten, die SAP Activate als agiles Implementierungsrahmenwerk ausmachen.

SAP Activate als Rahmenwerk

In diesem Zusammenhang stellt SAP auch umfangreiche Informationen und Anleitungen für eine Integration von SAP BW bzw. SAP BusinessObjects in die SAP-S/4HANA-Landschaft zur Verfügung. In folgender Aufstellung sehen Sie die wichtigsten für SAP S/4HANA 1610, On-Premise-Version, zur Verfügung stehenden Integrationsleitfäden. Daneben gibt es noch weitere Integrationsleitfäden für SAP BusinessObjects, Cloud-Version, und Hybris:

- Integration between SAP S/4HANA and SAP BW
- Integration between SAP S/4HANA and SAP BusinessObjects BI
- Integration between SAP S/4HANA and SAP HANA Cloud Platform

8.4.2 Integrationsszenarien

In diesem Abschnitt geben wir Ihnen nun einen Überblick über die zwei gängigsten Integrationsszenarien, die auf dem SAP Active Framework basieren: die Integration von SAP BW sowie die Integration von SAP BusinessObjects BI bzw. deren Analyse-Reports.

Integration von SAP S/4HANA und SAP BW

Die Integration von SAP BW in eine SAP-S/4HANA-Systemlandschaft dient der Erweiterung der Analysemöglichkeiten zum Zweck eines strategischen Reportings. Hierbei wird auf die Echtzeit-SAP-S/4HANA-Daten aus SAP BW zugegriffen, diese werden angereichert und/oder mit historischen Daten erweitert. Das Embedded BW bzw. die Embedded-Analytics-Funktionen des SAP-S/4HANA-Systems ergänzen sich komplementär mit dem externen

SAP-BW-System. Das SAP-S/4HANA-System dient hierbei immer als Single Source of Truth.

Im ersten Fall aus Abbildung 8.17 beschreiben wir die Integration von SAP S/4HANA und SAP BW, wenn diese über separate SAP-HANA-Datenbanken verfügen.

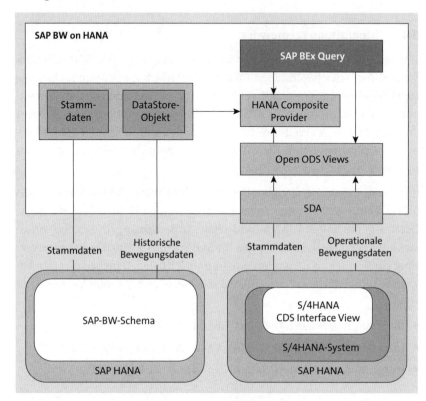

Abbildung 8.17 Integrationsszenario zwischen SAP S/4HANA und SAP BW

In diesem Szenario erfolgt ein Echtzeitzugriff auf die Stamm- und Bewegungsdaten im VDM des SAP-S/4HANA-Systems mittels Open ODS Views des SAP-BW-Systems, die hierbei SAP-S/4HANA-CDS-Views konsumieren. Die SAP-S/4HANA-CDS-Views werden in SAP BW mit Daten (z. B. mit Hierarchien oder mit Daten aus Non-SAP-Datenquellen) angereichert. Ein Reporting mittels BEx-Queries ist dann auf die Open ODS Views bzw. Composite-Provider möglich. Als Sicherheitskonzept kann hier auf die BW-Autorisierungen zurückgegriffen werden. Optional können Bewegungsdaten aus den SAP-S/4HANA-CDS-Views mit Daten aus einem BW-DataStore-Objekt (das z. B. historische Daten oder Plandaten enthält) mittels eines SAP-HANA-Composite-Providers angereichert werden.

Open ODS Views werden in SAP BW basierend auf den gewünschten SAP-S/4HANA-ABAP-CDS-Interface-Views manuell erstellt. Eine Separierung von Stamm- und Bewegungsdaten-Views wird seitens SAP empfohlen. Die Verbindung zwischen SAP-S/4HANA- und SAP-BW-System wird mittels *Smart Data Access* (SDA) realisiert. Diese dient in SAP BW als *DataSource* für die Open ODS Views, wobei das SAP-S/4HANA-System als *RemoteSource* deklariert wird. Abbildung 8.18 zeigt diesen Integrationsprozess im Überblick anhand der erforderlichen Arbeitsschritte. Die Details sind im Best Practice Building Block Configuration Guide zu finden.

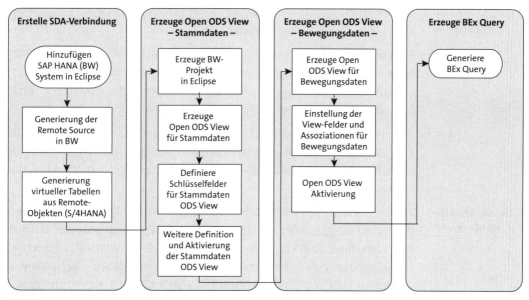

Abbildung 8.18 Integrationsprozess SAP S/4HANA und SAP BW

Mittels Open ODS View kann der ursprünglich virtuelle Datenzugriff im SAP-S/4HANA-VDM in einen persistenten Zugriff im SAP-BW-System umgewandelt werden. Ein entsprechender Datenfluss kann mit DataSource, *Advanced DataStorageObject* (ADSO) und Transformationen erzeugt werden (ab SAP BW 7.4 SP8 möglich).

Virtueller vs. persistenter Datenzugriff

Beim zweiten Fall wird auf die Embedded-BW-Komponente von SAP S/4HANA Embedded Analytics zurückgegriffen. Bei diesem Szenario ist keine Modellierung im BW (weder embedded noch extern) notwendig. Der Vorgang dient der schnellen Anzeige bzw. Nutzung von Queries, im Besonderen BEx Queries. Mit diesen wird auf die SAP-S/4HANA-Bewegungsdaten mittels CDS (Consumption) Views zugegriffen.

Nutzung des Embedded BW

Der Zugriff auf die Echtzeitbewegungsdaten, die durch die CDS Views präsentiert werden, geschieht über ODP Transient (Info)Provider. ODP Transient Provider sind speziell für operationale Analysen entworfen worden und werden automatisch bei der Aktivierung von neuen CDS Views aus deren ODP-Metadaten erzeugt. »Automatisch« heißt, dass keine zusätzliche manuelle Modellierung für deren Nutzung notwendig ist. Damit ist es möglich, diese direkt bei der Erstellung von BEx Queries zu nutzen. BEx Queries, die auf ODP Transient Provider basieren, können innerhalb einer SAP-S/4HANA-Systemlandschaft transportiert werden, da der Transient Provider mit demselben technischen Namen auf allen SAP-S/4HANA-Systemen generiert wird.

Einfache Abfragen mit BEx Queries

SAP empfiehlt, BEx Queries basierend auf SAP S/4HANA CDS Consumption Views (d. h. Query Views) zu erstellen.

Da das Embedded BW, wie bereits dargestellt wurde, kein vollwertiges BW-System ist, müssen einige Einschränkungen beachtet werden. Das Embedded BW unterstützt keine BW-Hierarchien oder Variablen (außer BEx-Variablen) und auch keine BW-Analyseberechtigungen.

Mittels der Transaktion RSRTS_ODP_DIS können Sie sich den Transient Provider für einen bestimmten CDS View anzeigen lassen. In der Maske wählen Sie **ABAP Core Data Services** als **ODP Kontext** und den CDS-View-Namen als **ODP Namen**.

Transient Provider für BEx Queries

Zur Erzeugung einer BEx Query öffnen Sie den *BEx Query Designer* und wählen als Ausgangselement den gewünschten Transient Provider. Hierbei ist zu beachten, dass ein Transient Provider in der InfoProvider-Selektion mit folgender Syntax erscheint: »2C + CDS-View-SQL-Name«. Beispielsweise wird also der CDS Interface View I_CUSTOMER_CDS (SQL-Name) als Transient Provider 2CI_CUSTOMER_CDS angezeigt.

Nun können Sie wie gewohnt eine BEx Query im Query Designer erstellen.

Neben den beiden geschilderten Integrationsszenarien stellen die Best Practices Analytics auch noch Szenarien für die Integration von SAP S/4HANA mit SAP BW im Zusammenhang mit SAP HANA Live zur Verfügung. Die Darstellung würde allerdings den Rahmen dieses Kapitels sprengen.

Integration von SAP S/4HANA und SAP BusinessObjects BI

Erweiterung der Reporting-Möglichkeiten

Neben den in den Embedded Analytics integrierten Analysewerkzeugen, wie z. B. Smart-Business-Apps, können diese um die Menge der Business-Objects-BI-Tools für strategisches Reporting bzw. Analyse erweitert werden. Die SAP BusinessObjects Suite wurde zuletzt konsolidiert, sodass die ursprüngliche Menge an Applikationen nun übersichtlicher geworden ist. Übrig geblieben sind:

- SAP Lumira 2.0 (verschmilzt SAP Lumira 1.x und SAP Design Studio)
- SAP BusinessObjects Analysis Office
- SAP Crystal Reports
- SAP BusinessObjects Web Intelligence

Um die SAP-BusinessObjects-BI-Tools in der SAP-Fiori-Oberfläche zu nut- **Weitere Infos im**
zen, muss zuvor SAP BusinessObjects BI sowohl im Frontend als auch im **Integrationsguide**
Backend von SAP S/4HANA integriert werden. Für die genaue Vorgehens-
weise können Sie den entsprechenden Building Block »Integration between
SAP BI Platform and Fiori Launchpad« des Best Practice Scope Item »Inte-
gration between SAP S/4HANA and SAP BusinessObjects BI« heranziehen.
Mit diesem Best Practice Scope Item werden auch vorgefertigte Reports für
SAP S/4HANA in Form von zu importierenden .LCMBIAR-Dateien für diver-
se der weiter oben genannten SAP-BusinessObjects-BI-Tools mitgeliefert.
Diese Reports sind in Tabelle 8.9 gelistet (Stand 06.2017).

BusinessObjects-Analyse-Tool	Funktionsbereich	Verfügbare Reports
Design Studio	Core Finance	Profit Center Plan/Actual Analysis
		Cost Center Plan/Actual Analysis
	Order-to-Cash	Accounts Receivable
		Sales Order Analysis
		Sales Order Comparison
		Rejected Sales Orders
		Sales Revenue Analysis
		Sales Revenue Comparison
	Procure-to-Pay	Accounts Payable
		Invoice Analysis
		Purchase Analysis
		Contract Analysis

Tabelle 8.9 SAP BusinessObjects BI Reports für SAP S/4HANA

BusinessObjects-Analyse-Tool	Funktionsbereich	Verfügbare Reports
Lumira	Finance	Accounts Receivable Analysis
	Sales	Sales Volume Analysis
	Materials Mgmt.	Inventory Analysis
Crystal Reports	Sales	Sales Revenue Analysis
Web Intelligence Reports	Sales	Sales Order Amount Analysis

Tabelle 8.9 SAP BusinessObjects BI Reports für SAP S/4HANA (Forts.)

Zugriffswege
für BusinessObjects-
BI-Tools

Neben den vorgefertigten Reports können die BI-Tools wie folgt auf die SAP-S/4HANA-Daten zugreifen:

- SAP Design Studio: Transient Provider für den Zugriff auf CDS Consumption Views

- SAP BusinessObjects Analysis for Microsoft Office: Transient Provider für den Zugriff auf Consumption CDS Views und Interface Cube CDS Views

- SAP Lumira: Transient Provider für den Zugriff auf CDS Consumption CDS Views

8.5   Zusammenfassung

In diesem Kapitel haben wir Ihnen das operationale Reporting mit Embedded Analytics und die dazugehörige Infrastruktur eines SAP-S/4HANA-Systems vorgestellt. Embedded Analytics als neues zentrales Analysemodul und Rahmenwerk ermöglicht Ihnen erstmals, ein ausgereiftes Echtzeit-Reporting innerhalb eines SAP-ERP-Systems durchzuführen. Embedded Analytics wurde eigens für das Zusammenwirken mit der Datenbank SAP HANA entwickelt. Das SAP-S/4HANA-System liefert eine neue, schlankere und vereinfachte Datenstruktur, die das genannte Echzeit-Reporting überhaupt erst in dieser Effizienz ermöglicht.

Die Basis für jegliches Reporting aus dem SAP-S/4HANA-System bilden die ABAP Core Data Services Views (CDS Views). Sie sind ABAP-Code-Objekte, die in erster Instanz den Zugriff auf die Rohdaten (Tabelle) ermöglichen. Diese können dann, aggregiert und semantisch angereichert, als Consumption (Query) Views die Daten den Reporting-Tools innerhalb und außerhalb von Embedded Analytics zur Verfügung stellen.

Ein internes Reporting wird z. B. mit APF-Apps und KPI-Kacheln in SAP Fiori Launchpad durchgeführt. Externe Reporting-Tools, wie sie in der SAP BusinessObjects Suite oder in SAP BW enthalten sind, können mittels der automatisch in SAP S/4HANA generierten Transient InfoProvider auf die CDS-View-Inhalte zugreifen.

Das strategische, auf historischen Daten basierende Reporting von SAP BW kann in diesem Zusammenhang als Ergänzung zu dem auf operationalen Daten basierende Echtzeit-Reporting von SAP S/4HANA Embedded Analytics genutzt werden.

Im folgenden Kapitel 9, »Integration mit SAP S/4HANA Finance«, bringen wir Ihnen die logistikrelevanten Neuerungen im Bereich SAP S/4HANA Finance am Beispiel von drei Kernprozessen näher. Darüber hinaus wird beleuchtet, wie SAP S/4HANA den Wandel in den Finanzabteilungen unterstützt und was die Funktion des Universal Journal ist bzw. die Vorteile der Tabelle ACDOCA sind.

Kapitel 9
Integration mit SAP S/4HANA Finance

SAP S/4HANA Finance bietet den Finanzabteilungen die Möglichkeit, die Daten für Reporting und Planung deutlich schneller bereitzustellen. Insbesondere Daten aus der Logistik haben im Zusammenhang mit neuen Anforderungen rund um Big Data und das Internet der Dinge eine besondere Bedeutung.

Die Finanzabteilungen der Unternehmen erleben zunehmend einen Wandel von transaktionalen Tätigkeiten wie z. B. der Rechnungsbuchung oder dem Zahlungsverkehr hin zu einer Rolle als strategischer Berater im Unternehmen. Nach wie vor gilt für alle Geschäftsprozesse im Unternehmen, dass der Finanzbereich – sei es im Zahlungsverkehr, beim Reporting, bei der Datenbereitstellung für das Controlling oder der Liquiditätssteuerung – der Flaschenhals ist, an dem Fehler aus den vorgelagerten Schritten auftauchen und analysiert werden müssen.

Ermöglicht wird diese neue Rolle durch die Verfügbarkeit der nötigen Daten in Echtzeit. Dabei sind auch die Controlling- und buchhaltungsrelevanten Daten aus der Logistik in das sogenannte Universal Journal (Tabelle ACDOCA) integriert. Die neue umfassende Tabelle ACDOCA enthält dabei alle mit den Einzelposten zusammenhängenden Informationen nicht nur aus dem Rechnungswesen, sondern auch aus dem Controlling, der Ergebnisrechnung, der Anlagenbuchhaltung und der Materialwirtschaft. Bei der Betrachtung der einzelnen Geschäftsprozesse wird deutlich, wie sich die Übernahme der Daten ins Universal Journal auf die Analyse der Buchungsdaten auswirkt.

In diesem Kapitel zeigen wir Ihnen die logistikrelevanten Neuerungen in SAP S/4HANA Finance am Beispiel dreier verschiedener Prozesse: Procure-to-Pay (siehe Abschnitt 9.3.1, »Kreditorenrechnungen prüfen und analysieren«), Procure-to-Pay mit Anzahlung (siehe Abschnitt 9.3.2, »Kreditorenrechnungen mit Anzahlung prüfen und analysieren«) sowie Order-to-Cash (siehe Abschnitt 9.3.3, »Debitorenrechnungen prüfen und analysieren«). Allen drei Prozessen ist gemeinsam, dass die Belege aus der Logistik kommend automatisch gebucht werden. Nach der Darstellung der Geschäftsprozesse und der erweiterten Analysemöglichkeiten in SAP S/4HANA mit dem Universal Journal werden im Anschluss die Auswirkungen auf das Controlling, die Anlagenbuchhaltung und das Reporting dargestellt.

9.1   Logistikdaten und Geschäftsprozesse im Rechnungswesen

Aufgaben des Rechnungswesens

Das Rechnungswesen hat die entscheidende Aufgabe, die durch den betrieblichen Leistungsprozess entstehenden Geld- und Leistungsströme systematisch zu erfassen, zu dokumentieren, zu überwachen und Daten für Managemententscheidungen aufzubereiten. Folglich sind die Komponenten externes Rechnungswesen (Financial Accounting, Finanzbuchhaltung) und internes Rechnungswesen (Management Accounting, Controlling) mit den dazugehörigen Komponenten zentrale Bestandteile in jedem ERP-System – von SAP S/4HANA ebenso wie von SAP ERP (z. B. SAP ECC 6.0). In diesem Abschnitt geben wir Ihnen einen kurzen Überblick über die Kernprozesse.

9.1.1   Finanzbuchhaltung

Das Financial Accounting (die Finanzbuchhaltung) ermöglicht die Erstellung von Abschlüssen nach nationalen und internationalen Richtlinien. Neben der Hauptbuchhaltung (General Ledger) enthält FI unter anderem die folgenden Nebenbücher:

- Kreditorenbuchhaltung (Procure-to-Pay)
- Debitorenbuchhaltung (Order-to-Cash)
- Anlagenbuchhaltung
- Bankbuchhaltung (Zahlungsverkehr)

Von der Bestellung bis zur Bezahlung durch den Lieferanten

Die Kreditorenbuchhaltung (FI-AP) verwaltet die buchhalterischen Daten aller Lieferanten bzw. Kreditoren und ist damit ein integraler Bestandteil im *Procure-to-Pay-Prozess*. Der Procure-to-Pay-Prozess beschreibt Vorgänge, die im Unternehmen von der Beschaffung bis zur Bezahlung einer Rechnung abgewickelt werden:

1. Liegt dem Einkäufer eine Bestellanforderung (Banf) vor, prüft er diese und holt gegebenenfalls Angebote ein (siehe Kapitel 3, »Einkauf«).
2. Der Einkäufer löst daraufhin die Bestellung in der Materialwirtschaft (MM) aus (siehe Kapitel 3, »Einkauf«).

3. Mit der Lieferung erfolgt eine logistische Rechnungsprüfung. Der Wareneingang wird gebucht und in der Regel gleichzeitig auch der Rechnungseingang.

4. Lieferungen und Rechnungen werden lieferantenbezogen geführt. In dem Zusammenhang entstehen Verbindlichkeiten aus Lieferungen und Leistungen z. B. beim Kauf von Roh-, Hilfs- und Betriebsstoffen oder Büromaterialien auf Rechnung mit Zahlungsziel.

5. In der Kreditorenbuchhaltung werden die Verbindlichkeiten auf dem Personenkonto des Lieferanten verbucht und gleichzeitig im Hauptbuch auf dem Sammelkonto »Verbindlichkeiten aus Lieferungen und Leistungen« mitgeschrieben.

6. Bei Bezahlung der Rechnung wird die Verbindlichkeit ausgeglichen.

7. Es kommt häufig vor, dass bereits Anzahlungen an den Kreditor geleistet wurden. Um den Anzahlungsprozess zu integrieren, gibt es verschiedene Ansätze: In unserem Beispiel in Abschnitt 1.3.1, »On-Premise«, führen wir sowohl die Anzahlungsanforderung als auch die Buchung der Anzahlung in der Finanzbuchhaltung durch (siehe Abschnitt 9.3.2, »Kreditorenrechnungen mit Anzahlung prüfen und analysieren«).

Buchen von Anzahlungen an den Kreditor

8. Abgänge und Zugänge von langlebigen Vermögensgegenständen (gemäß § 247 HGB) wie z. B. der Kauf von Maschinen, technischen Anlagen, Betriebs- und Geschäftsausstattung oder Fahrzeugen werden in der Anlagenbuchhaltung (FI-AA) erfasst und verwaltet. Dabei ist es erforderlich, unter anderem Abschreibungen zu buchen.

Kauf von langlebigen Vermögensgegenständen

9. Die Debitorenbuchhaltung (FI-AR) führt die buchhalterischen Daten aller Kunden bzw. Debitoren und ist ein integraler Bestandteil im Order-to-Cash-Prozess. Der Order-to-Cash-Prozess bezieht sich auf alle Aktivitäten von der Bestellung bis zum Zahlungseingang:

Vom Auftragseingang bis zur Bezahlung durch den Kunden

   – Ist ein Auftragseingang im Vertrieb (SD) zu verzeichnen, wird eine sogenannte Bestellung (Order) angelegt.

   – Bei Neukunden müssen darüber hinaus Kundenstammdaten angelegt werden.

   – Anschließend wird eine Lieferung erzeugt (siehe Kapitel 5, »Vertrieb«, Kapitel 6, »SAP Retail« und Kapitel 7, »Lagerverwaltung mit Embedded EWM«).

   – Der Auftrag wird kommissioniert.

   – Schließlich erfolgt die Fakturierung. Forderungen aus Lieferungen und Leistungen entstehen beim Verkauf von Waren und Dienstleistungen auf Rechnung mit Zahlungsziel (Zugang).

- Bei Bezahlung der Rechnung wird die Forderung ausgeglichen (Abgang).

- Die Buchungen werden in der Debitorenbuchhaltung auf dem Kundenkonto erfasst und gleichzeitig auf dem Sammelkonto »Forderungen aus Lieferungen und Leistungen« im Hauptbuch mitgeschrieben.

- Bei Bezahlung durch den Kunden wird die offene Forderung ausgeglichen.

Zahlungs-abwicklung

10. In Abschnitt 9.3.3, »Debitorenrechnungen prüfen und analysieren«, schauen wir uns diesen Prozess in SAP S/4HANA an.

11. Im Rahmen der Bankbuchhaltung (FI-BL) können mithilfe des Zahlprogramms die Ein- und Auszahlungen gegenüber Kunden bzw. Lieferanten automatisiert werden.

9.1.2 Controlling

Controlling der Geschäftsprozesse

Die Koordination, Überwachung und Optimierung der beschriebenen Geschäftsprozesse erfolgt über das *Management Accounting* (Controlling, CO). CO ist sowohl mit FI als auch mit Logistikmodulen wie der Materialwirtschaft verbunden, damit alle Daten, die für die Kostenrechnung relevant sind, zur Verfügung stehen.

Zu den wichtigsten CO-Komponenten zählen unter anderem die *Gemeinkostenrechnung* (Overhead Cost Management, CO-OM) und die *Ergebnis- und Marktsegmentrechnung* (Profitability Analysis, CO-PA) Die Gemeinkostenrechnung unterteilt sich in die Kostenartenrechnung, die Kostenstellenrechnung und die Kostenträgerrechnung. Bei der *Kostenartenrechnung* (CO-OM-CEL) werden die Kosten von Aufwendungen und die Erträge von Leistungen, die innerhalb einer Periode angefallen sind, festgestellt und abgegrenzt. Die *Kostenstellenrechnung* dient unternehmensinternen Steuerungszwecken. Sie ist ein geeignetes Hilfsmittel, um angefallene Gemeinkosten verursachungsgerecht dem Ort ihrer Entstehung zuzuordnen. Die *Kostenträgerrechnung* (z. B. Innenaufträge, CO-OM-OPA) beantwortet die Frage, wofür die Kosten angefallen sind. Sie ordnet die angefallenen Kosten den Leistungseinheiten des Betriebs (z. B. Erzeugnisse, Erzeugnisgruppen, Aufträge) zu.

Um schließlich dem Informationsbedarf des Managements und der gesetzlichen Dokumentationsaufgabe gerecht zu werden, schafft das Berichtswesen (Reporting) eine Verbindung zwischen Entstehungs- und Anwendungsort der Daten.

9.2 Neuerungen in SAP S/4HANA Finance im Überblick

Um auch den technischen Hintergrund der im Folgenden vorgestellten Geschäftsprozesse nachvollziehen zu können, ist es wichtig, den Wandel im SAP-Finanzwesen zu verstehen. Welche Geschäftsprozesse dabei in diesem Kapitel im Vordergrund stehen, wurde bereits in Abschnitt 9.1, »Logistikdaten und Geschäftsprozesse im Rechnungswesen«, näher erläutert. Wir konzentrieren uns dabei auf die drei Kernprozesse Procure-to-Pay, Procure-to-Pay mit Anzahlung und Order-to-Cash.

Für die Komponente SAP S/4HANA Finance ist das neue sogenannte Universal Journal die zentrale Datenquelle. Hier werden Daten aus bzw. für die Bereiche Hauptbuch, Controlling, Ergebnisrechnung, Anlagenbuchhaltung und Material Ledger erfasst. Damit ist der Wandel vor allem vom logischen zum physischen einheitlichen Rechnungswesen-Dokument vollzogen: Bislang gab es lediglich einen logischen Zusammenhang zwischen dem Rechnungswesen- und dem Controlling-Beleg. Das System erzeugte aber zwei physisch getrennte Belege. In SAP S/4HANA Finance wird nur noch ein Beleg erzeugt. Die Controlling-Belegnummer wird nur pro forma gesondert vergeben, um Reporting aus der »alten Welt« auch in SAP S/4HANA zu ermöglichen. Gespeichert sind aber alle Daten jetzt in einem Beleg und die Belegpositionsdaten sämtlich im Universal Journal (siehe Abbildung 9.1).

Universal Journal

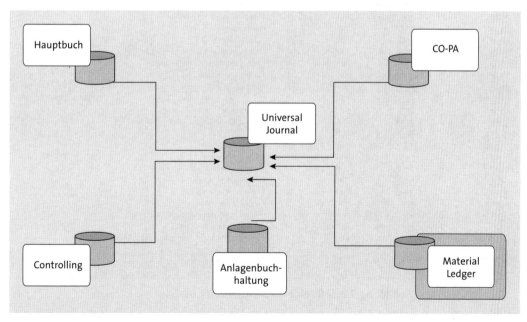

Abbildung 9.1 Universal Journal als zentraler Speicherort

Daten, die in SAP ERP in verschiedenen Tabellen gespeichert wurden, werden jetzt zentral in der Tabelle ACDOCA gesichert, die dem Universal Journal zugrunde liegt. Damit sind auch Aggregationen in Summentabellen, wie z. B. Tabelle GLTO oder Tabelle FAGLFLEXT, die Summensätze (also die zu Summen aggregierten Belegpositionsdaten) aus der Hauptbuchhaltung enthalten, unnötig geworden. Die Abbildung zeigt exemplarisch, welche Daten jetzt ins Universal Journal integriert werden.

Allein die Anzahl der Felder in der Tabelle ACDOCA zeigt, wie diese Informationen aufgenommen und damit auch ausgelesen werden können: Abbildung 9.2 zeigt einen Ausschnitt, der über die Transaktion SE11 aufgerufen wurde und zumindest einen Teil der Felder anzeigt. Im SAP-System besteht natürlich die Möglichkeit, nach unten zu scrollen und sich die weiteren Felder anzeigen zu lassen. In Abbildung 9.2 sehen Sie einen Ausschnitt aus der Tabelle ACDOCA mit der Transaktion SE11.

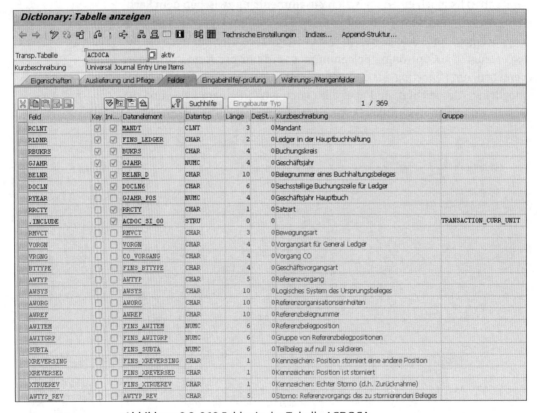

Abbildung 9.2 369 Felder in der Tabelle ACDOCA

> **Tabelle ACDOCA und Schlüsselfelder**
>
> Alle Felder in der Tabelle ACDOCA sind Schlüsselfelder, also Felder, die stets als erste Felder in einer Tabelle stehen und der eindeutigen Identifikation eines Tabelleneintrags dienen; es gibt keine Sekundärindizes mehr. Aber weil auch weiterhin Programme auf die Tabelle ACDOCA zugreifen werden, die auf der alten Tabellenlogik basieren, sind einige Felder nach wie vor explizit als Schlüsselfelder gekennzeichnet. Damit wird die alte Programmlogik zum Auslesen der Daten weiter ermöglicht. Die bereits bestehenden Reports – auch kundeneigene Reports – funktionieren also weiterhin.

Die Tabelle ACDOCA enthält eine Reihe von Standardfeldern, kann aber auch um kundeneigene Felder erweitert werden. Dabei können Felder aus allen Bereichen ergänzt werden, die das Universal Journal nutzen, wie z. B. das Controlling, die Anlagenbuchhaltung und das Material Ledger.

> **Belegkopf und Belegpositionen in der Tabelle ACDOCA**
>
> Die neue Journalbuchung besteht aus einem Belegkopf – die Tabelle BKPF gibt es physisch auch weiterhin – und den Belegpositionen, die in der Tabelle ACDOCA gespeichert werden.

Daneben ist auch die maximale Anzahl Belegzeilen pro Beleg von 999 auf sechs Stellen erweitert worden (999.999 Belegzeilen). Dies war unter anderem notwendige Voraussetzung für die Umstellung von der kalkulatorischen auf die buchhalterische Ergebnisrechnung, die bei der Migration auf SAP S/4HANA Finance im Standard aktiviert wird (siehe Abschnitt 9.6, »Management Accounting«). Damit stellt die Tabelle ACDOCA alle Daten in Echtzeit zur Verfügung und ermöglicht aktuelles Reporting. In SAP ERP konnten die Daten nur periodisch in Summentabellen bereitgestellt werden. Damit wurden beim Aufruf des Reportings nur historische Daten ausgelesen.

Abbildung 9.3 zeigt, wie sich der Übergang von der alten SAP-ERP-Tabellenwelt in die neue SAP-S/4HANA-Tabellenwelt gestaltet.

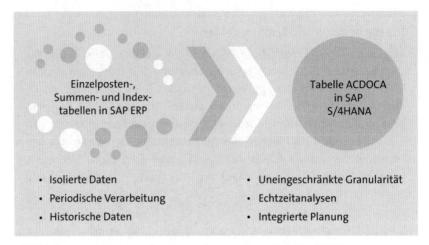

Abbildung 9.3 Wandel im Zusammenhang mit der Tabelle ACDOCA

Migration auf das neue Hauptbuch

Im Zusammenhang mit der Nutzung von SAP S/4HANA Finance wird häufig die Frage gestellt, inwieweit eine Migration auf das neue Hauptbuch erforderlich ist. Ob eine solche Migration sinnvoll ist, sollte stets im Einzelfall geprüft werden. Eine pauschale Empfehlung ist an dieser Stelle nicht möglich. Ein Argument für die Umstellung auf das neue Hauptbuch ist der Umstand, dass SAP S/4HANA technisch auf dem Ledgerprinzip basiert. Ihre Entscheidung sollte z. B. auch davon abhängen, ob künftig eine Segmentberichterstattung (wie von IFRS 8 gefordert) notwendig ist oder freiwillig als Ergänzung zum Konzernabschluss erstellt werden kann. In diesem Fall ist eine Belegaufteilung für die Segmentberichterstattung erforderlich.

Ledger- und Kontenlösung

Es ist auch in SAP S/4HANA möglich, sowohl das neue Hauptbuch mit der Ledgerlösung als auch die parallele Rechnungslegung mit der Kontenlösung (auch Mickymaus-Lösung genannt) zu realisieren. Bei der Ledgerlösung werden neben dem führenden noch weitere Standard-Ledger verwendet, bei der Kontenlösung gibt es nur das führende Ledger OL.

[»]
Zu beachten bei der Belegaufteilung
Eine nachträgliche Einführung der Belegaufteilung für die Segmentberichterstattung ist nach wie vor nicht möglich.

Die Möglichkeit, sowohl die Ledger- als auch die Kontenlösung einzurichten, besteht für alle Bestandteile von SAP S/4HANA Finance inklusive der Anlagenbuchhaltung. Am Beispiel der Anlagenbuchhaltung wird auch deutlich, dass die Kontenlösung dennoch auf der Ledgerlösung basiert, aber die Einstellungen so erfolgen, dass die Kontenlösung auf der Ledgerlösung aufbauend eingerichtet werden kann (siehe Abschnitt 9.5, »Die neue Anlagenbuchhaltung«).

9.3   Belegfluss und Analysemöglichkeiten

In Kapitel 3 bis Kapitel 6 dieses Buchs haben wir die verschiedenen Prozesse im Unternehmen genau bis zur Übergabe ins Finanzwesen beschrieben, aber nicht, wie mit den offenen Posten weiter verfahren wird. Dieser letzte Schritt im Prozess wird in diesem Kapitel dargestellt. Wir zeigen Ihnen in diesem Abschnitt im Hinblick auf die folgenden drei Prozesse, wie der Belegfluss und die Analysemöglichkeiten in SAP S/4HANA aussehen:

- **Procure-to-Pay**
  Bei der Bestellung bei einem Lieferanten (Kreditoren) wird die Kreditorenrechnung automatisch in MM erzeugt und in FI gebucht (siehe Abschnitt 9.3.1, »Kreditorenrechnungen prüfen und analysieren«).

- **Procure-to-Pay mit Anzahlung**
  Der zweite Prozess basiert auf dieser Grundlage, ergänzt aber um die Anzahlung, die beim Kreditor geleistet wird (siehe Abschnitt 9.3.2, »Kreditorenrechnungen mit Anzahlung prüfen und analysieren«).

- **Order-to-Cash**
  Die Bestellung des Kunden wird in SD erfasst und die Debitorenrechnung anschließend automatisch in FI gebucht (siehe Abschnitt 9.3.3, »Debitorenrechnungen prüfen und analysieren«).

Für alle drei Prozesse gilt, dass die Daten aus den Vorkomponenten wie aus SAP ERP gewohnt als automatische Buchung an das Finanzwesen übergeben werden. Auf der Grundlage des Universal Journal stehen allerdings deutlich weitergehende Analysemöglichkeiten zur Verfügung (siehe Abschnitt 9.3.4, »Übergreifende Analysen in SAP S/4HANA Finance«).

In FI – dem »Flaschenhals« – laufen immer wieder fehlende oder falsche Buchungsinformationen auf, die zu einer falschen Kontenfindung bei den automatischen Buchungen führen konnten. Die Ursachenermittlung gestaltete sich in SAP ERP für die Anwender in der Buchhaltung allerdings mangels Berechtigungen häufig schwierig, da z. B. der Zugriff auf Materialstammdaten nicht ohne Weiteres möglich war.

Recherche mit Daten des Universal Journal

Über das Universal Journal und den umfassenden Buchungsbeleg sind in SAP S/4HANA aber Daten wie z. B. der gleitende Durchschnittspreis (also Daten aus dem Material Ledger) oder Controlling-Daten in erheblichem Umfang direkt im Beleg sichtbar (gespeichert in der Tabelle ACDOCA) und erfordern weder mühsame Recherchen oder Kommunikation mit anderen Abteilungen noch die Anforderung weitergehender Berechtigungen mehr.

Datentransfer via IDocs in SAP S/4HANA

Der Datentransfer zwischen SAP-Systemen, aber auch innerhalb eines Systems zwischen Modulen, kann auch weiterhin über IDocs funktionieren. Bis SAP S/4HANA Release 1511 waren bestimmte IDoc-Typen bereits abgeschafft, aufgrund des vehementen Widerspruchs etlicher User aber wieder eingeführt worden. Bezüglich des IDoc-Nachrichtentyps INVOIC gibt es derzeit noch keine Aussage, ob dieser Typ abgeschafft werden soll. Wir gehen daher vorläufig davon aus, dass dieser Nachrichtentyp erst mal beibehalten wird. Die gute Nachricht ist: Solange nichts dazu in der Simplification List steht, bleiben die IDoc Typen erhalten.

Der neue Geschäftspartner

Die für die zentralen Prozesse nötigen Stammdaten der Kreditoren und Debitoren werden in SAP S/4HANA zentral im Geschäftspartner verwaltet. (Für Anwender mit FI-CAx-Erfahrung ist das ein vertrautes Szenario). In Abschnitt 9.4, »Geschäftspartnerdaten pflegen«, erfahren Sie Näheres zur Pflege der Geschäftspartnerdaten.

9.3.1   Kreditorenrechnungen prüfen und analysieren

Auf Basis der Bestellanforderung und der daraus resultierenden Faktura wird eine Kreditorenrechnung erzeugt, die in FI automatisch gebucht wird. Wir haben also einen offenen Posten auf dem Kreditorenkonto. Abbildung 9.4 gibt Ihnen einen Überblick über den Procure-to-Pay-Prozess.

Der zentrale Prozess hat sich also nicht geändert, wohl aber die Herangehensweise zur Überprüfung der Daten und die Konfiguration der für den zentralen Prozess nötigen Daten. In SAP S/4HANA sind deutlich mehr Daten bereits im FI-Beleg verfügbar und im Universal Journal bzw. der Tabelle ACDOCA gespeichert. Die Kreditorenrechnung erreichen Sie über die Fiori-App **Kreditorenposten bearbeiten**, wie in Abbildung 9.5 gezeigt.

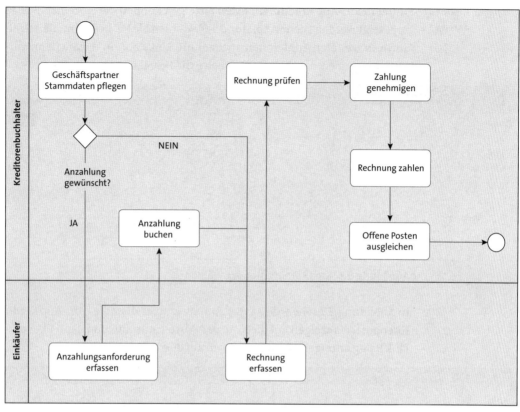

Abbildung 9.4 Überblick über den Procure-to-Pay-Prozess

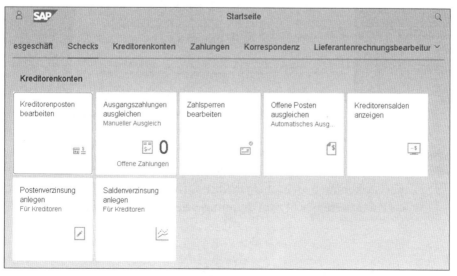

Abbildung 9.5 Offene Posten der Kreditoren prüfen und ausgleichen

**Kreditorenposten
anzeigen**

Mit der Fiori-App **Kreditorenposten anzeigen** können die einzelnen Belege angezeigt werden (siehe Abbildung 9.6). Wählen Sie bei Bedarf für den Drill-down in weiteren Funktionen sogenannte Links aus, in die Sie dann verzweigen können, z. B. hier für den Beleg die Beleganzeige.

Abbildung 9.6 Kreditorenposten auswählen

In Abbildung 9.7 sehen Sie das Ergebnis, wenn Sie über die Fiori-App **Kreditorenposten anzeigen** auf die Liste der Posten aufrufen und dann über den Link **Beleg anzeigen** einen Drill-down auf den Beleg vornehmen.

Abbildung 9.7 Links für die Beleganzeige oder Beleganalyse definieren

**Ursprungsbeleg
aus der Logistik
anzeigen**

In der Zeile für die einzelnen Funktionen sind lediglich die Symbole aus der SAP-ERP-Anwendersymbolleiste eingefügt. An die Funktionen aus der Menüleiste kommt man über einen Klick auf **Mehr** – auch zum Belegfluss bzw. aus Finanzwesen-Sicht zum Ursprungsbeleg (siehe Abbildung 9.8).

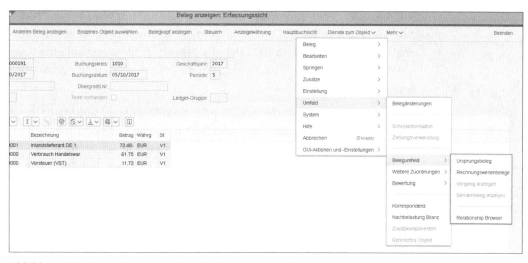

Abbildung 9.8 Verzweigung aus dem Rechnungswesenbeleg zum Ursprungsbeleg

Über den Beleg können Sie sich Informationen aus dem Controlling oder dem Material Ledger anzeigen lassen. Bei Anzeige einer Belegposition gelangen Sie in ein Bild, das der Enjoy-Sicht in der Darstellung in SAP GUI ähnelt (siehe Abbildung 9.9). In der Belegposition haben Sie alle Möglichkeiten, die Sie bereits aus SAP ERP kennen, um sich die gefüllten Felder anzeigen zu lassen.

Anzeige einer Belegposition

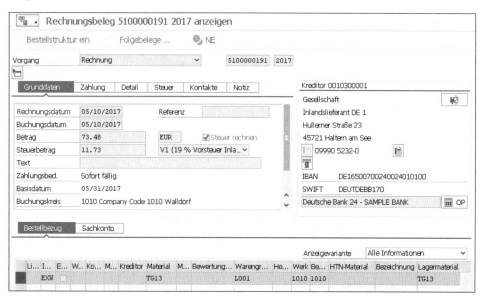

Abbildung 9.9 Materialkennung und Werk sind im FI-Beleg sichtbar.

Für den erfahrenen Anwender werden sich die Sichten beim Vergleich von SAP S/4HANA zu SAP ERP nicht ändern. Diese enthalten aber mehr Informationen. Der Vorteil ist, dass sich die Anwender nicht erst auf eine neue Oberfläche einstellen müssen, sondern die Informationen an »gewohnter Stelle« wiederfinden.

Üblicherweise wird von der Logistik der Kreditorenbeleg automatisch im Finanzwesen gebucht. Im Ausnahmefall muss eine Korrektur manuell erfasst und gebucht werden. Für einen solchen Fall ist es auch in SAP S/4HANA möglich, den FI-Beleg zunächst zu simulieren und dann erst zu buchen. In Abbildung 9.10 ist ein simulierter Beleg zu sehen.

Abbildung 9.10 Beleg simulieren

Belegnummern in FI

Sollte in FI ein Beleg gebucht werden und dieser Beleg zuvor simuliert worden sein, ist die in der Simulation angezeigte Nummer in Klammern oben links nur ein Platzhalter für temporäres Speichern und noch nicht die endgültige Belegnummer. Diese wird erst erzeugt, wenn der Beleg in FI gebucht wird.

Der gebuchte Beleg wird anschließend, wie in Abbildung 9.11 dargestellt, angezeigt.

Wenn der Beleg gebucht ist, verfügen Sie über die Belegnummer im vorgegebenen Belegnummernkreis. Der weitere Prozess unterscheidet sich in SAP S/4HANA nicht im Vergleich zu SAP ERP. Damit können Sie den Geschäftsprozess für die Kreditoren wie gewohnt abschließen.

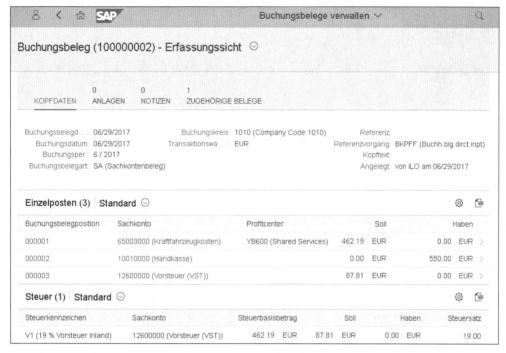

Abbildung 9.11 Gebuchter Beleg mit Belegnummer oben links

9.3.2 Kreditorenrechnungen mit Anzahlung prüfen und analysieren

Je nach Zuständigkeit für bestimmte Teile im Geschäftsprozess werden Anzahlungsanforderungen oder sogar Anzahlungen bereits in der Logistik und nicht erst im Finanzwesen gebucht. In diesem Kapitel gehen wir davon aus, dass in der Logistik lediglich die vom Lieferanten kommende Anzahlungsanforderung gebucht wird, die Anzahlung selbst aber dann im Finanzwesen – eine in der Praxis weitverbreitete Aufteilung.

Umgang mit Anzahlungen beim Lieferanten

Im Gegensatz zu dem im vorherigen Abschnitt dargestellten Ablauf wird in diesem Beispiel zunächst eine Anzahlungsanforderung über die Logistik vom Lieferanten/Kreditor gestellt. Daraufhin wird im Finanzwesen eine Anzahlung gebucht. Erst danach erfolgt die Abrechnung mit dem gemäß Kreditorenrechnung noch zu zahlenden Restbetrag. Damit wird auch in diesem Prozess nicht nur eine Faktura, sondern auch eine Anzahlungsanforderung aus der Logistik ins Finanzwesen übermittelt.

In SAP S/4HANA stehen sowohl für die Anzahlungsanforderung als auch für die Anzahlung Fiori-Apps zur Verfügung. Abbildung 9.12 zeigt den Bereich **Zahlungen** der Fiori-Apps, unter denen sich unter anderem die Apps **Anzahlungsanforderungen verwalten**, **Kreditoren Anzahlung buchen** und **Kreditorenanzahlungsanforderung anlegen** befinden.

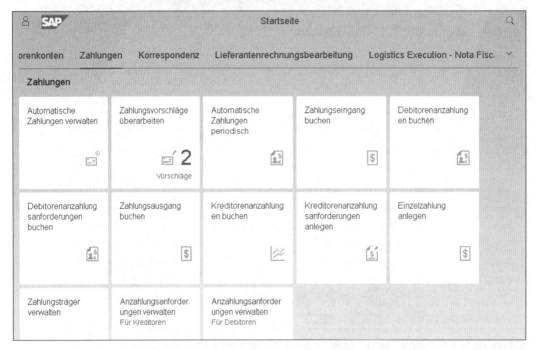

Abbildung 9.12 Anzahlungen im Bereich »Zahlungen«

Wird die Anzahlungsanforderung bereits in der Logistik gebucht, wird in FI bei Zahlung der Anzahlung diese über die Fiori-App **Kreditorenanzahlung buchen** gebucht. Weil die Lieferanten/Kreditoren über die Geschäftspartnernummer miteinander verknüpft sind, wird die Zuordnung der Anzahlungsanforderungen und Anzahlungen in SAP S/4HANA einfacher als bisher, da bislang »nur« die Bestellnummer verwendet werden konnte.

Sobald die Buchung der Anzahlung erfolgt ist, läuft der restliche Prozess wie bereits in Abschnitt 9.3.1, »Kreditorenrechnungen prüfen und analysieren«, beschrieben weiter.

9.3.3 Debitorenrechnungen prüfen und analysieren

Auch der Ablauf der Buchung einer Debitorenrechnung läuft in SAP S/4HANA analog zu SAP ERP ab. Hier gibt es bei der Umstellung auf SAP S/4HANA Finance ebenfalls keine Systembrüche: Bei einem Kundenauftrag und der dazugehörigen Faktura in SD wird gegebenenfalls automatisch eine Debitorenrechnung erzeugt und in FI gebucht. Der Geschäftspartner hat jetzt die Rolle des Debitors (in den vorherigen beiden Abschnitten hatte er die Rolle des Kunden). Abbildung 9.13 zeigt den Überblick über den Geschäftsprozess beim Order-to-Cash-Prozess.

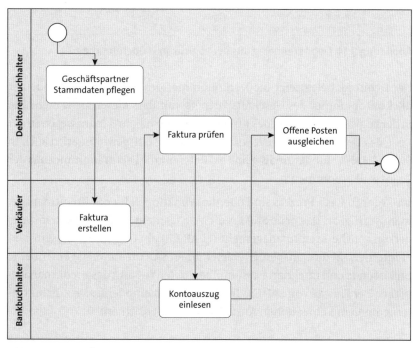

Abbildung 9.13 Überblick über den Order-to-Cash-Prozess

Auch dieser Prozess wird in SAP S/4HANA durch Fiori-Apps unterstützt. In SAP S/4HANA sind allerdings deutlich mehr Daten für die Analyse auch im Finanzwesen verfügbar. Theoretisch kann sogar der Warenkorb des Kunden auch im Finanzwesen eingesehen werden: Hier stellt sich dann die Frage, in welcher Granularität die Daten in der Finanzbuchhaltung zu Auswertungszwecken zur Verfügung stehen sollten.

Debitorenprozess und Datenverfügbarkeit

Abbildung 9.14 zeigt den in der Logistik ans Finanzwesen automatisch gebuchten und übergebenen Beleg an.

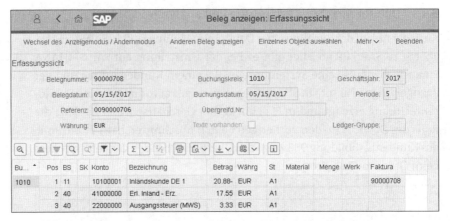

Abbildung 9.14 Debitorenbeleg aus der Logistik in FI übernommen

Der Debitorenbeleg zeigt die Kontonummer des Debitors – das bedeutet die Kontonummer des Geschäftspartners, nur dass dieser nicht mehr wie in der Logistik in der Rolle des Kunden, sondern hier im Finanzwesen in der Rolle des Debitors dargestellt wird. Wie aus SAP ERP gewohnt, wird auch in SAP S/4HANA standardmäßig im Feld **Referenz** die Fakturanummer aus der Logistik übernommen.

SAP Credit Management   Im Order-to-Cash-Prozess sind überdies Funktionen für das Kreditmanagement verfügbar. Das neue SAP Credit Management (FIN-FSCM-CR) löst das herkömmliche Kreditmanagement (FI-AR-CR) ab. Gegenüber diesem rein FI-internen Kreditmanagement bietet Ihnen SAP Credit Management eine umfassende und integrierte systemübergreifende Form des Kreditmanagements. Der Einsatz von SAP Credit Management empfiehlt sich z. B. für Unternehmen mit einer hohen Anzahl an Geschäftspartnern.

9.3.4   Übergreifende Analysen in SAP S/4HANA Finance

Die Analysemöglichkeiten haben sich durch die Echtzeitbuchungen ins Universal Journal deutlich vereinfacht. In diesem Abschnitt zeigen wir Ihnen, welche Analysemöglichkeiten Sie zusätzlich haben, die unabhängig von Kreditoren- oder Debitoren-Apps in SAP Fiori zur Verfügung stehen.

Buchungs-beleganalyse   Es bieten sich Ihnen verschiedene Fiori-Apps, wie z. B. die Buchungsbeleganalyse (**Buchungsbelege verwalten**). Abbildung 9.15 zeigt die Möglichkeiten, die im Rahmen der Beleganalyse zur Verfügung stehen, wenn Sie die Beleganzeige aufgerufen haben. Über die sogenannten Dimensionen für Zeilen, Spalten und Felder können Sie sich eine Belegauswertung über zahlreiche Belege so gestalten, dass Sie eine auf Ihre Belange zugeschnittene Übersicht erhalten.

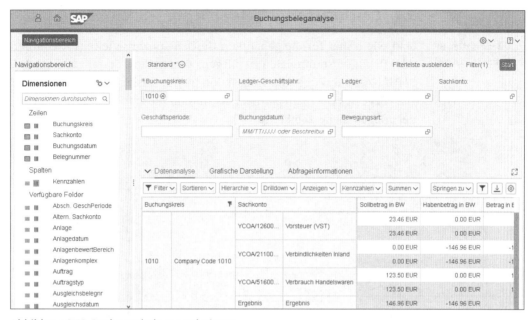

Abbildung 9.15 Buchungsbelege analysieren

Sie können passend zu Ihren spezifischen Anforderungen Varianten dieser Analysen speichern. Es ist möglich, die verschiedenen Fiori-Apps rollenspezifisch oder passend zum Aufgabengebiet zu gestalten. Abbildung 9.16 zeigt die Fiori-App für die Buchungsbeleganalyse im Bereich **Reporting**. Sie sehen, dass schon im Standard zahlreiche Analysevorgänge abgebildet werden. Sie können auch eigene auf Ihre Anforderungen genau ausgerichtete Apps anlegen oder die vorhandenen über Filter anpassen.

Abbildung 9.16 Fiori-Apps im Bereich »Reporting« für Analysen im Finanzwesen

9.4   Geschäftspartnerdaten pflegen

Transaktion BP (Business Partner)

Statt wie bisher für die genannten Geschäftsprozesse jeweils Kreditoren oder Debitorenstammdaten zu pflegen, werden diese Stammdaten in SAP S/4HANA zentral über die Transaktion BP (für Business Partner) gepflegt. Die Pflege des Geschäftspartners übernimmt die Fiori-App **Geschäftspartner pflegen** (siehe Abbildung 9.17).

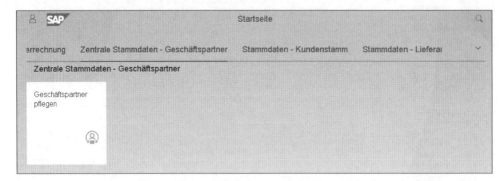

Abbildung 9.17 Geschäftspartner pflegen – Transaktion BP aufrufen

Geschäftspartner als zentraler Stammsatz für alle Komponenten

Über die verschiedenen Rollen können so zu einem Geschäftspartner sowohl Kreditoren- als auch Debitorendaten hinterlegt werden. Auch weitere Rollen, wie die Kunden- oder Lieferantenrolle, können an dieser Stelle gepflegt werden. Sämtliche Rollen werden dann einem Geschäftspartner-Stammsatz zugeordnet.

Hintergrund hierfür ist, dass in der digitalen Welt die Geschäftspartner nicht mehr nur in einer Rolle in Kontakt mit einem Unternehmen stehen, sondern regelmäßig sowohl als Kreditor/Lieferant als auch als Debitor/Kunde sowie möglicherweise in weiteren Rollen. Die einfache – und gelegentlich umständliche – Verknüpfung von Kreditor und Debitor in FI reicht dafür längst nicht mehr aus. Auch die Trennung von Stammdaten in der Logistik von den Stammdaten im Rechnungswesen ist wenig sinnvoll. In SAP S/4HANA wurde als Konsequenz der Geschäftspartner das zentrale Instrument.

Umleitung der »alten« SAP-GUI-Transaktionen

Abbildung 9.18 zeigt die aufgerufene Fiori-App mit dem dazugehörigen Pfad, wenn Sie einen Geschäftspartner neu anlegen wollen: Die bisherigen Transaktionen für die Pflege der Kreditoren- oder Debitorenstammdaten im Finanzwesen, desgleichen diejenigen für die Pflege der Kunden- und Lieferantenstammdaten in der Logistik (z. B. Transaktion FK0x/FD0x, XD0x, VD0x, XK0x sowie MK0x), sind in SAP S/4HANA obsolet und werden auf die Transaktion BP umgeleitet. Wenn Sie die »alten« SAP-GUI-Transaktionen aufrufen, wird zwar das gewohnte Einstiegsbild gezeigt, doch es erscheint die Meldung, dass auf die neue Transaktion umgeleitet wird (siehe Abbildung 9.18).

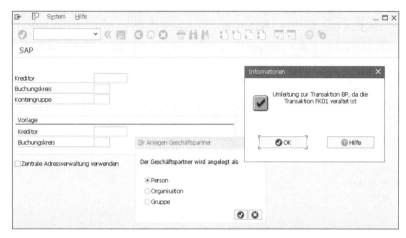

Abbildung 9.18 Umleitung auf Transaktion BP am Beispiel von Transaktion FK01 in SAP GUI

Im Folgenden wird am Beispiel der Pflege der Kreditorendaten und der Lieferantendaten die entsprechende Steuerung der Daten gezeigt. Bei der Definition eines neuen Geschäftspartners werden im Standard immer zwei Rollen vergeben: zum einen die Rolle **allgemein** und zum anderen die Rolle **FinServ**. Die allgemeine Rolle wird beim Anlegen vom System automatisch vergeben, die zweite Rolle wählen Sie aus (in unserem Beispiel für den Bereich der Kreditorenbuchhaltung). Dabei ist es egal, welche Rolle Sie auswählen – die allgemeine kommt stets mit dazu. In Abbildung 9.19 legen wir als Beispiel die »Test GmbH« zunächst als sogenannte **Geschäftspartner allgemein** an.

Geschäftspartnerrollen

Abbildung 9.19 Geschäftspartner mit zwei Rollen anlegen

Je nach ausgewählter Rolle werden dann die entsprechend zugehörigen Registerkarten mit Feldern angezeigt. Im Folgenden verwenden wir als Beispiel die Rolle **Lieferant**. Im Unterschied zur Rolle **Lieferant (Finanzbuchhaltung)** sind in der Rolle **Lieferant** andere Felder pfleg- bzw. einsehbar. In Abbildung 9.20 ist zunächst der Geschäftspartner mit der Rolle **Lieferant** zu sehen. Bitte achten Sie auf die Registerkarten, die für die Lieferantendaten zur Verfügung stehen. Hier ist auch das sogenannte **Beschaffungsmonitoring** zu sehen, das Daten z. B. zum Transportweg und zur Verfügbarkeit des Materials hat.

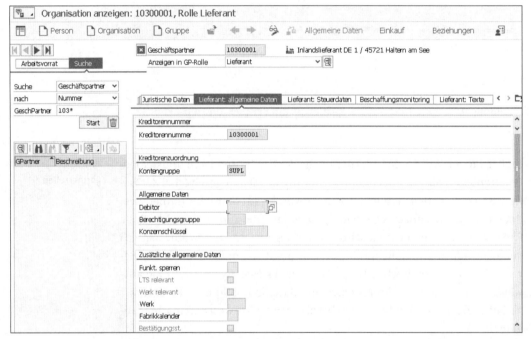

Abbildung 9.20 Geschäftspartnerrolle »Lieferant« – mit Beschaffungsmonitoring

Abbildung 9.21 hingegen zeigt denselben Geschäftspartner, nur diesmal mit der Rolle **Lieferant (Finanzbuchhaltung)**. Hier ist diese Registerkarte nicht zu sehen.

Zeitabhängige Adresssteuerung   Eine für die Anwender sehr praktische Änderung: Die Adresse des Geschäftspartners kann jetzt zeitabhängig gesteuert werden (siehe Abbildung 9.22).

Abbildung 9.21 Geschäftspartnerrolle »Lieferant« in der Finanzbuchhaltung – ohne Beschaffungsmonitoring

Abbildung 9.22 Adressen zeitabhängig steuern beim Geschäftspartner

Diese zeitabhängige Adresssteuerung ermöglicht es, bei Adressänderungen die alte Anschrift im System zu behalten. Damit ist besser ersichtlich, wann genau die alte Anschrift noch verwendet werden konnte und ab wann eine neue Anschrift gilt, ohne in Änderungsbelege verzweigen zu müssen.

Die neue Pflege sowohl der Kreditoren- und Lieferantendaten als auch der Debitoren- und Kundendaten über eine zentrale Geschäftspartnernummer erleichtert im Gesamtprozess die Zuordnung einzelner Vorgänge wie z. B. eines erstellten Belegs in der Buchhaltung. Bei der Umstellung von SAP ERP auf SAP S/4HANA ist für die zentrale Geschäftspartnernummer die Abstimmung mit den Fachbereichen für die Nummernkreispflege notwendig, wie in Abschnitt 10.3.2, »Stammdaten«, für die Customer-Vendor-Integration (CVI) nachzulesen ist.

9.5   Die neue Anlagenbuchhaltung

Zahlreiche Logistik- und Retail-Unternehmen arbeiten intensiv mit der Anlagenbuchhaltung. Wichtig ist an dieser Stelle das Verständnis dafür, dass in SAP S/4HANA nur die neue Anlagenbuchhaltung aktivierbar ist. Wird in SAP ERP noch die klassische bzw. alte Anlagenbuchhaltung verwendet, ist es wichtig, zu verstehen, worin die grundlegenden Unterschiede bestehen, damit sich die Anlagenbuchhaltung weiter nahtlos in die Geschäftsprozesse mit Kreditoren und Debitoren einfügt.

Ist das SAP-System entsprechend konfiguriert, werden Anlagen normalerweise im integrierten Beschaffungs- und Fakturierungsprozess angelegt und aktiviert.

Leider ist die sehr umfassende Übersichten erstellende Fiori-App **Anlagen verwalten** erst in Release 1709 verfügbar und noch nicht in Release 1610 (in der Cloud-Version ab 1705).

Wenn Sie SAP S/4HANA nutzen, müssen Sie die neue Anlagenbuchhaltung zwingend einführen; die klassische Anlagenbuchhaltung ist nicht mehr verfügbar. Grund dafür ist, dass (ähnlich wie im neuen Hauptbuch) das Ledger als zentrales Element fungiert. Das macht es erforderlich, Bewertungsbereiche auf eine Ledgerbasis zu bringen, was nur in der neuen Anlagenbuchhaltung möglich ist.

Die neue Anlagenbuchhaltung aktivieren

Sie können die neue Anlagenbuchhaltung bereits vor der Migration auf SAP S/4HANA in SAP ERP einrichten. Es ist also nicht zwingend notwendig, dass die SAP-HANA-Datenbank bereits im Einsatz ist. In SAP ERP können Sie die neue Anlagenbuchhaltung allerdings nur im Zusammenhang mit dem neuen Hauptbuch einrichten.

Voraussetzung ist, dass Sie bereits SAP ECC 6.0 EHP7 nutzen. Bei der System Conversion auf SAP S/4HANA stehen die Daten der Anlagenbuchhaltung dann bereits zur Verfügung. Mehr Informationen zur Umstellung finden Sie in Kapitel 10, »Migration von SAP ERP auf SAP S/4HANA«.

[»]

Neue Anlagenbuchhaltung und Kontenlösung

Die Kontenlösung ist auch in der neuen Anlagenbuchhaltung abbildbar. Das geht allerdings nur dann, wenn noch nicht auf das neue Hauptbuch migriert wurde. Bei der Umstellung auf SAP S/4HANA sollten Sie prüfen, ob sich eine Umstellung auf das neue Hauptbuch lohnt. In diesem Zusammenhang sollte dann auch die Umstellung der Anlagenbuchhaltung berücksichtigt werden.

Der größte Vorteil der neuen Anlagenbuchhaltung ist, dass nunmehr keine Bewegungsarten auf bestimmte Bewertungsbereiche eingeschränkt werden müssen. Die Zuordnung erfolgt jetzt über die Ledgergruppe zur Rechnungslegungsvorschrift. Beim Buchen wird eine Ledgergruppe mitgegeben, die via Customizing mit der jeweiligen Rechnungslegungsvorschrift wie z. B. local-GAAP oder IFRS verbunden ist.

Bewegungsarten/ Bewertungs- bereiche

Auch die damit zusammenhängende Buchungslogik hat sich verändert: Es wird ein zusätzlicher Buchungsschritt eingefügt, der eine Buchung über ein technisches Verrechnungskonto laufen lässt, von dem aus die ledgerspezifischen Buchungen in Echtzeit vorgenommen werden. Durch das technische Verrechnungskonto entfallen die bis dahin notwendigen Delta-Buchungen und Delta-Bewertungsbereiche.

Technisches Ver- rechnungskonto

Die Belegerfassung bucht nach wie vor von Kreditor an Anlagenkonto. Es wird aber, je nachdem, wie viele Ledgergruppen bebucht werden sollen, je ein Beleg erzeugt. Dadurch erfolgt die Buchung in der Anlagenbuchhaltung in Echtzeit in alle nötigen Ledger über das technische Verrechnungskonto. Als weitere Angabe bei der Belegerfassung muss noch mitgegeben werden, welche Ledgergruppe bebucht werden soll. Mit dem Feld **Ledgergruppe** beim Buchen in der Anlagenbuchhaltung werden die Bewertungsbereiche mitgegeben.

Parallele Währungen und Bewertungsbereiche

Beachten Sie, dass jetzt pro Ledger pro Währung ein Bewertungsbereich eingerichtet werden muss. Wenn Sie vor der Umstellung auf SAP S/4HANA also noch ungenutzte (unbebuchte) Bewertungsbereiche im System führen, löschen Sie diese, um nicht später jeden Bewertungsbereich auch noch pro Währung pro Ledger replizieren zu müssen und so die Anzahl der Bewertungsbereiche unnötig aufzublähen.

In SAP S/4HANA hat sich auch in der Anlagenbuchhaltung die Tabellenstruktur verändert. Die beispielsweise bisher in Tabelle ANEP oder Tabelle ANEA gespeicherten Daten sind jetzt ebenfalls in der Tabelle ACDOCA bzw. im Universal Journal gespeichert (siehe Abbildung 9.23).

Tabellenstruktur in der Anlagenbuch- haltung

Feldanzeige in der Tabelle ACDOCA

Die Tabelle ACDOCA enthält so viele Felder, dass Sie diese eventuell nicht auf einem Bildschirm sehen können. Zu den weiteren Daten kommen Sie gegebenenfalls über den Button **Nächstes Dynpro** in der Anwendersymbolleiste.

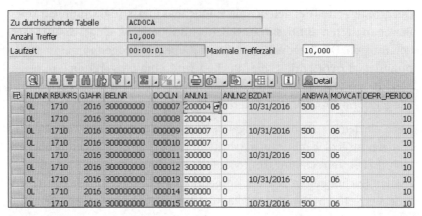

	RLDNR	RBUKRS	GJAHR	BELNR	DOCLN	ANLN1	ANLN2	BZDAT	ANBWA	MOVCAT	DEPR_PERIOD
	0L	1710	2016	300000000	000007	200004	0	10/31/2016	500	06	10
	0L	1710	2016	300000000	000008	200004	0				10
	0L	1710	2016	300000000	000009	200007	0	10/31/2016	500	06	10
	0L	1710	2016	300000000	000010	200007	0				10
	0L	1710	2016	300000000	000011	300000	0	10/31/2016	500	06	10
	0L	1710	2016	300000000	000012	300000	0				10
	0L	1710	2016	300000000	000013	500000	0	10/31/2016	500	06	10
	0L	1710	2016	300000000	000014	500000	0				10
	0L	1710	2016	300000000	000015	600002	0	10/31/2016	500	06	10

Abbildung 9.23 ANL*-Daten in der Tabelle ACDOCA

Die Ist-Daten aus der Tabelle ANEK werden nun in der Tabelle BKPF gespeichert. Die Tabelle BKPF gibt es neben der Tabelle ACDOCA auch weiterhin. Eine Abstimmung der Anlagenbuchhaltung mit dem Hauptbuch über die Transaktion ABST2 ist damit nicht mehr erforderlich, da die Daten bereits in Echtzeit auch im Hauptbuch gebucht werden. Abbildung 9.24 zeigt, wo die Daten aus der Anlagenbuchhaltung künftig gespeichert sind.

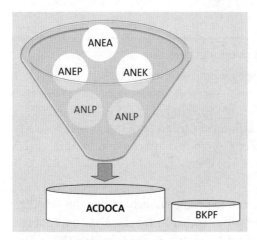

Abbildung 9.24 Übersicht über die geänderte Tabellen-struktur in der Anlagenbuchhaltung

Immobilien-management

Im Zusammenhang mit der Anlagenbuchhaltung in SAP S/4HANA ist überdies zu beachten, dass das klassische Immobilienmanagement nicht auf die neue Anlagenbuchhaltung umgestellt werden kann. Eine Option ist der Umstieg auf das flexible Immobilienmanagement. Etliche Unternehmen haben nach wie vor die Lease Accounting Engine (LAE) im Einsatz. Mit der

LAE ist aber eine Umstellung auf die neue Anlagenbuchhaltung nicht möglich und damit auch (noch) keine Umstellung auf SAP S/4HANA.

9.6   Management Accounting

Eine Vielzahl von Transaktionen aus SAP ERP sind in SAP S/4HANA obsolet. Darunter fallen auch einige Controlling-Transaktionen, die im Management Accounting von SAP S/4HANA nicht mehr enthalten sind. Für die Controlling-Daten bedeutet dies, dass alle echten und statistischen Controlling-relevanten Daten jetzt im Universal Journal erfasst werden. Alle anderen Controlling-Einzelposten sind weiterhin in den Tabellen COBK und COEP zu finden.

Weil sämtliche Konten einzelpostengeführt sind und eine Buchung unter anderem direkt ins Universal Journal erfolgt, ist eine Abstimmung von FI und CO mit der Transaktion KALC zum Periodenende überflüssig.

Weitere CO-Transaktionen, die nicht mehr vorkommen, sind z. B.:

- Transaktionen KA01 bis KA06 (künftige Pflege der Kostenart via Transaktion FS00)
- Transaktionen KKC1 bis KKC5 (ohne Ersatz)
- Transaktionen KKE1 bis KKE3 (werden ersetzt durch Transaktion CKUC)
- Ein weiterer Bereich ist die Anpassung der Sachkonten, die sich auf das Controlling auswirkt. In SAP S/4HANA führen alle Sachkonten zusätzlich zu den Merkmalen bezüglich Bestands- oder Erfolgskonto, Offene-Posten- oder Einzelpostenführung noch ein weiteres Merkmal: die Kontenart. Das hat zur Folge, dass künftig auch alle Kostenarten Teil der Gewinn-und-Verlust-Struktur sind.

Kontenart als drittes Sachkontomerkmal

Pflege der Kostenarten und Berechtigungen

Bei der Rollenpflege ist künftig zu beachten, dass jedes Konto automatisch bei Neuanlage als Kostenart definiert ist. Es benötigen also unter Umständen auch User aus dem Controlling künftig die Berechtigung, Sachkontenstammdaten zu pflegen, um die Kostenart korrekt einzustellen. Eine weitere Möglichkeit ist, die Stammdatenpflege komplett ins FI-Team zu übernehmen – auch hier wird dann die Berechtigung benötigt, bei Neuanlage eines Kontos die Kontenart und damit die Kostenart zu pflegen –, was aber im Rahmen eines Migrationsprojekts mit den beiden Fachbereichen zu klären ist.

Für den Logistiker, der sich z. B. für die Einstellung der Kontenfindung in SD die Stammdaten eines Kontos anzeigen lässt, ist daher künftig nicht mehr die Kostenart gesondert aufzurufen. Welche Kostenart für das jeweilige Konto relevant ist, ist direkt im Stammsatz ersichtlich. Für die Kontenart sind vier unterschiedliche Einstellungen möglich, und sie ist in den allgemeinen Daten als Musseingabe beim Anlegen zu befüllen (siehe auch Abbildung 9.25):

- X: Bilanzkonto, zu sehen in der Bilanzstruktur
- N: Betriebsfremde Aufwände/Erträge, Erfolgskonto, zu sehen in der GuV-Struktur
- P: Primäre Kosten-/Erlösart, ebenfalls in der GuV-Struktur zu sehen
- S: Sekundäre Kostenart

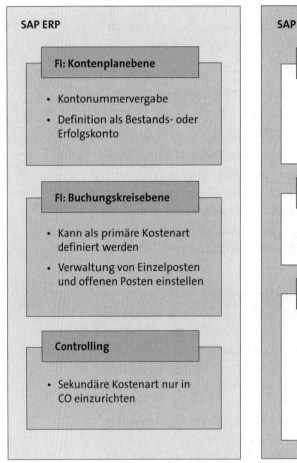
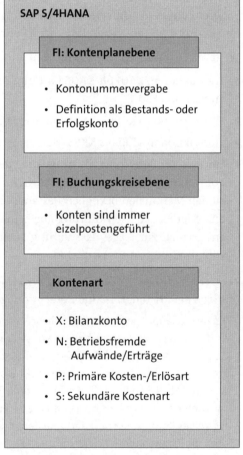

Abbildung 9.25 Sachkonten und Kostenarten im Vergleich

- Wählt man für die Kontenart P oder S aus, ist eine weitere Musseingabe die sogenannte Kostenartenkategorie. Diese ist nicht in den allgemeinen Daten, sondern kostenrechnungskreisspezifisch in den Buchungskreisdaten zu pflegen.

Kontenarten und Kontenfindung   [«]

Für Kostenstellen und Profit-Center kann in SAP ERP im Kostenelement eine Default-Kontenfindung eingestellt werden. In SAP S/4HANA Finance geht das nur noch über die Transaktion OKB9.

Die aus der Logistik kommenden Daten können nun also auf die Hauptbuchkonten gebucht werden und sind damit für die Kostenrechnung und die Ergebnis- und Marksegmentrechnung verfügbar. Im Controlling in SAP S/4HANA ist jetzt allerdings die buchhalterische Ergebnisrechnung eingestellt. Die kalkulatorische Ergebnisrechnung kann zwar nach wie vor durchgeführt werden, aber dadurch, dass sich durch die neue Tabellenarchitektur die Anzahl verfügbarer Belegzeilen auf 999999 erhöht und sämtliche Daten bereits in Echtzeit ins Hauptbuch gebucht werden, ist die buchhalterische Ergebnisrechnung ohne Weiteres möglich.

Buchhalterische Ergebnisrechnung

Vor allem die Anzahl der Belegzeilen ermöglicht die Aufgliederung von Herstellkosten als Kosten des Umsatzes. Über- oder Unterdeckungen auf Kostenstellen können jetzt per Umlage ebenfalls in die buchhalterische Ergebnisrechnung überführt werden. Abweichungen vom Plan können auf Kontenebene nach Abweichungskategorien getrennt ausgewiesen werden. Damit führt das neue Datenmodell mit dem Universal Journal auch für den Bereich der Ergebnisrechnung zu einer Verbesserung der Performance und zur Möglichkeit der Berechnung der Daten praktisch in Echtzeit.

Bei der Buchung der Daten aus der Logistik ins Finanzwesen und ins Controlling galt in SAP ERP, dass sowohl ein Rechnungswesen- als auch ein Controlling-Beleg erstellt wurden. In SAP S/4HANA wird lediglich ein Beleg ins Universal Journal gebucht.

In Abbildung 9.26 wird der Unterschied zwischen dem Belegfluss in SAP ERP und dem in SAP S/4HANA deutlich gemacht.

Für SAP ERP gilt dabei, dass die Summentabellen und Indextabellen in FI und CO festgelegt waren. In SAP S/4HANA wird die Aggregation bei Abfrage im Rahmen der Verarbeitung oder von Analysen sozusagen »on the fly« erstellt.

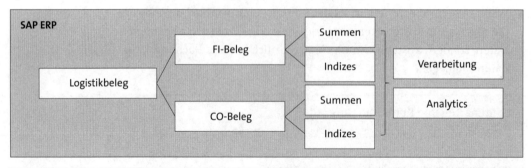

Abbildung 9.26 Physisch einheitlicher Beleg in SAP S/4HANA

Ein Rechnungs-
wesenbeleg mit
ergänzender
CO-Belegnummer

Die Verschmelzung von FI und CO auch auf Belegseite führt dazu, dass sich die Tätigkeiten von Controlling und (Bilanz-)Buchhaltung zunehmend aneinander annähern werden (hier wird gelegentlich vom »Biltroller« gesprochen). Das Management Accounting ist als logische Konsequenz keine eigene Komponente mehr, sondern bildet mit den Rechnungswesen-Bestandteilen zusammen die große Financials-Komponente.

[»]

Controlling- vs. Rechnungswesenbeleg und Belegnummer

Es sind weiterhin verschiedene Belegnummern für z. B. den Rechnungswesen- und den Controlling-Beleg verfügbar, obwohl der Beleg unter einer Nummer in der Tabelle BKPF gespeichert wird. Bei dieser »Verschmelzung« von Rechnungswesen- und Controlling-Beleg ist der Rechnungswesenbeleg der führende. Die Positionen in der Tabelle ACDOCA werden allerdings zwei unterschiedlichen Belegnummern zugeordnet, um auch hier weiterhin die Logik der »alten Welt« zu ermöglichen.

Die Belegnummer im Controlling-Beleg ist jetzt alphanumerisch, um sich deutlich von der Rechnungswesenbelegnummer abzugrenzen. Der »künstliche« Controlling-Beleg hat dann eine Beleg-ID, die z. B. mit dem Buchstaben »A« beginnt. In Abbildung 9.27 sehen Sie einen Beleg mit der mit »A« beginnenden Controlling-Belegnummer.

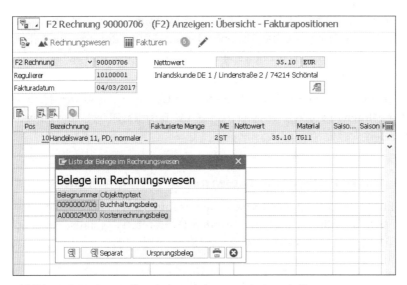

Abbildung 9.27 Controlling-Beleg, alphanumerisch erstellt

Wichtig für die Buchungen im Management Accounting: In SAP S/4HANA gibt es keine abweichenden Buchungsperioden mehr. Ist die Buchungsperiode in FI geschlossen, gilt dies auch für CO. Hier ist eine Anpassung der bisherigen Geschäftsprozesse im Fachbereich Controlling erforderlich, da eine zeitliche Abstimmung mit der Buchhaltung erfolgen muss. Der Grund dafür ist, dass die Berechtigung für das Öffnen und Schließen der Buchungsperioden jetzt nur noch in der Finanzbuchhaltung möglich ist und nicht mehr im Management Accounting.

Keine abweichenden Buchungsperioden für FI und CO

Erweiterungsledger bei abweichenden Buchungsperioden

Da einige Abstimmungs- und Überleitungsprozesse von CO auf FI künftig ebenfalls entfallen, ist zu prüfen, für welche Tätigkeiten genau auch weiterhin abweichende Buchungsperioden notwendig wären und ob hierfür das sogenannte Erweiterungsledger eine Lösung wäre. Das Erweiterungsledger ist ein gesondertes Ledger, das in sich geschlossen ist und in das mit abweichenden Buchungsperioden gebucht werden kann.

9.7   Reporting zwischen Finanzwesen und Logistik

Der Begriff *Reporting* umfasst die Datengewinnung, die Datendokumentation, die Datenaufbereitung und die Zurverfügungstellung gewünschter Informationen.

SAP kommt mit SAP S/4HANA und der damit verbundenen In-Memory-Datenbank, dem Universal Ledger sowie den Fiori-Apps der ursprünglichen Vision des SAP R/3 als Echtzeitsystem einen Schritt näher und bietet ein flexibles und aussagekräftiges Reporting

Im Folgenden zeigen wir Ihnen die Reporting-Optionen aus Anwendersicht auf, die Ihnen mit SAP S/4HANA Finance, SAP BusinessObjects und Embedded Analytics zur Verfügung stehen.

9.7.1   Das klassische Berichtswesen mit SAP S/4HANA Finance

Das Reporting dient zunächst dazu, den Anforderungen von Wirtschaftsprüfern und Auditoren gerecht zu werden. Darunter ist das statische Reporting zu verstehen, das typischerweise im Rahmen des Perioden- und Jahresabschlusses stattfindet.

Klassische Rechercheberichte

Hier nutzen Sie Rechercheberichte, z. B. für die Erstellung von Bilanz und GuV, die Sie in SAP ERP z. B. über die Transaktion S_ALR_87012284 aufrufen. Rechercheberichte sind im Informationssystem für das Hauptbuch, in der Ergebnisrechnung, in der Profit-Center-Rechnung, im Produktkosten-Controlling, im Material Ledger und im Investitionsmanagement zu finden. Bei der Nutzung dieser klassischen Berichte in SAP ERP bestand zwar die Möglichkeit, mehrere Dimensionen auszuwerten, Sie konnten in einem Recherchebericht aber nur die Dimensionen auswerten, die in den Summentabellen des Hauptbuchs vorhanden waren. Aus Performancegründen war es jedoch üblich, nur wenige Dimensionen wie z. B. Kontonummer oder Kostenstellen in den Navigationsbereich aufzunehmen, die auch nur durch wiederholtes Aufrufen des Reports aktualisiert werden konnten.

Wer mehr Dimensionen in seinem Bericht benötigte, war gezwungen, seine Daten in ein Data Warehouse wie SAP Business Warehouse (BW) zu extrahieren.

Der Abruf der Rechercheberichte aus SAP ERP ist in SAP S/4HANA Finance dabei dank der Kompatibilitätsviews (Compatibility Views) weiterhin möglich. Das gilt selbst dann, wenn Sie eigene Berichte definiert haben. Kompatibilitätsviews wurden in Kapitel 8, »Reporting mit Embedded Analytics«, bereits vorgestellt. Mit ihrer Hilfe ist es möglich, dass Verweise auf »alte« Tabellen, z. B. auf die Tabelle GLT0, weiterhin funktionieren. Darüber hinaus stehen Ihnen in SAP Fiori Launchpad für solche klassischen Berichte entsprechende Fiori-Apps wie **Bilanz/GuV anzeigen** zur Verfügung (siehe Abbildung 9.28).

Abbildung 9.28 Eingabemaske für die Fiori-App »Bilanz/GuV anzeigen«

In SAP S/4HANA Finance ist nun ein flexibles Reporting auf Einzelposten-ebene mit vielfältigeren Navigationsoptionen möglich. Die Datenbank-abfragen erfolgen in Echtzeit. Eine Auswertung ist somit sowohl nach Kos-tenstellen, Aufträgen oder Projekten als auch nach Geschäftspartnern und/oder Buchungskreisen möglich.

Reporting auf Einzelpostenebene

Berichtspezifika mit SAP S/4HANA Finance

SAP liefert eine Vielzahl an Standardberichten in SAP ERP. Haben Sie viele eigene Berichte definiert, können Sie diese grundsätzlich weiterverwen-den. Allerdings müssen Sie prüfen, ob es dafür in SAP S/4HANA erforder-lich ist, eigene CDS Views aufzubauen. Für Reporting-Szenarios mit SAP HANA Live Content, wie etwa dem Abstimmungsmonitor für Waren- und Rechnungseingänge, ist dies nach aktuellem Stand erforderlich (siehe SAP-Hinweis 2270359)). Informationen zur Datenmodellierung mit CDS Views können Sie in Abschnitt 8.3, »Datenmodellierung und CDS Views«, nach-lesen.

9.7.2   Empfehlungen zur Auswahl von Reporting-Werkzeugen

Ein flexibles und aussagekräftiges Reporting wird in Zukunft immer wichti-ger, da SAP S/4HANA Finance logistische Daten erhält, die man bisher kaum betrachtet hat. Genauere Finanzanalysen sind möglich, wenn z. B. in-nerhalb einer Fertigungslinie Daten über technische Probleme und Verzö-gerungen gesammelt werden. So erfolgt nicht erst am Ende der Fertigungs-prozesse eine Rückmeldung über eine retrograde Materialentnahme, sondern es besteht ein kontinuierlicher Informationsfluss, der es ermög-licht, Kennzahlen realistischer zu bewerten und die unternehmerische Handlungsfähigkeit sicherzustellen.

Vernetzung zwi-schen Fertigung und Finanzwesen

Der Fokus liegt demnach in Zukunft auf dem operationalen Reporting, das einer größeren Anzahl an Anwendern unternehmensrelevante Fragen beantworten soll, die sich auf aktuelle Aktivitäten und Transaktionen von Geschäftsprozessen beziehen.

Welche Daten sollen ausgewertet werden?

Führungskräfte stehen damit vor der Aufgabe, zu bestimmen, welche Ereignisse im Unternehmen eine Relevanz für das Reporting haben, und müssen entscheiden, wie mit diesen Daten in Zukunft umgegangen werden soll. Der erste Schritt besteht darin, zu analysieren, welche Informationen für das Geschäftsmodell Ihres Unternehmens relevant sind, welche Informationen Sie für die Unternehmenssteuerung verwenden wollen und welche Managemententscheidungen unterstützt werden sollen.

Welche Reporting-Werkzeuge stehen zur Verfügung?

Im nächsten Schritt müssen Sie sich für Reporting-Werkzeuge entscheiden, mit denen Sie zur Optimierung Ihres Unternehmens Bereiche analysieren sowie Daten an Ihren unternehmerischen Bedarf anpassen können.

Als Entscheider stehen Sie vor der Herausforderung, die für das Unternehmen und den Anwender am besten funktionierenden Reporting-Werkzeuge unter Berücksichtigung von Kosten-Nutzen-Aspekten bereitzustellen. Hinsichtlich der eben beschriebenen Anforderungen an das operationale Reporting werden Sie in Zukunft bei der Auswahl Ihrer Reporting-Werkzeuge um die Möglichkeiten von Embedded Analytics und den SAP-Business-Objects-Tools nicht herumkommen. Daher stellen wir Ihnen im Folgenden die Reporting-Optionen für das Finanzwesen mit Embedded Analytics und SAP BusinessObjects vor.

9.7.3   Reporting mit SAP Embedded Analytics

Kennzahlen-reporting

SAP Embedded Analytics (siehe Kapitel 8, »Reporting mit Embedded Analytics«) umfasst eine Reihe von Analysewerkzeugen, die in SAP S/4HANA integriert sind und die es Anwendern ermöglichen, Echtzeit-Analytics auf den Live-Transaktionsdaten durchzuführen. . Dazu zählen SAP Smart Business sowie das Analysis Path Framework für das Kennzahlen-Reporting, das im Geschäftsalltag immer wichtiger wird (siehe Abschnitt 9.7.2, »Empfehlungen zur Auswahl von Reporting-Werkzeugen«).

Smart Business

Wenn Sie Ihr SAP Fiori Launchpad öffnen, erkennen Sie eine SAP-Smart-Business-App (SMBA) daran, dass die Kachel stets eine Kennzahl anzeigt. *Smart Business* ist dabei ein generisches Framework, um eine Kennzahl zu ermitteln und darzustellen, wie z. B. offenen Umsatz (siehe Abbildung 9.29).

Abbildung 9.29 SAP-Fiori-Kachel: offenen Umsatz nachprüfen

Sie haben hier gegenüber SAP ERP eine deutlich intuitivere Bedienung. Mit einem Klick auf die Kachel kommen Sie auf die verschiedenen Sichten der Kennzahl (siehe Abbildung 9.30). Sie können den offenen Umsatz z. B. nach Kundengruppen, Vertriebswegen oder Monaten auswerten. Dafür verwenden Sie das Drop-down-Menü am oberen linken Rand.

Analysepfade für Kennzahlen

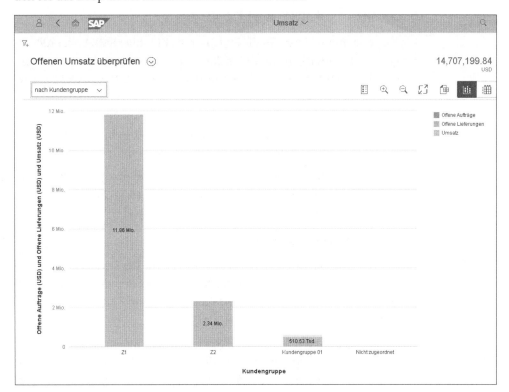

Abbildung 9.30 Auswertung für die Kennzahl »Offenen Umsatz überprüfen«

Die Anzeige der Kennzahlen über SAP Smart Business ist eher statisch und erlaubt dem Benutzer, die Daten anhand von vorgefertigten Views anzuzeigen.

Das *Analysis Path Framework* (APF) bietet hingegen mehr Flexibilität, da die eigenen Analysepfade (engl. Analysis Paths) durch die Daten modelliert und für einen wiederholten Aufruf gesichert werden können. APF-basierte Apps ermöglichen es, die Daten von mehreren Key Performance Indicators (KPIs) bzw. aus verschiedenen Datenquellen anzuschauen und stufenweise aus verschiedenen Perspektiven zu analysieren. KPIs verstehen sich als Kennzahlen, die den Erfüllungsgrad hinsichtlich wichtiger Zielsetzungen abbilden. Das APF wird unter anderem zur Darstellung folgender relevanter Finanzkennzahlen verwendet:

- Margenanalyse
- Nettomargenergebnisse
- Erfolgsanalyse
- Working Capital Analytics – DSO-Analswwyse
- Working Capital Analytics – DPO-Analyse

Die Key-User modellieren für die End-User die KPIs über SMBA oder APF, erzeugen die Fiori-Kacheln und Fiori-Kataloge und weisen den Endanwendern die benötigten Rollen zur Nutzung der Kacheln zu. Dabei wird der Key-User wiederum vom IT-User bzw. Entwickler unterstützt, der die CDS Views erstellt und administriert. Die Insformationen zur Nutzung der KPIs finden Sie in den entsprechenden Dokumentationen der Apps in der Fiori Library unter: *https://fioriappslibrary.hana.ondemand.com/sap/fix/externalViewer/*.

Beispielhaft wird die Erstellung von Kennzahlen und Analysepfaden in Abschnitt 8.3.4, »Reporting und Analyse mit CDS Views«, erläutert.

9.7.4   Reporting mit SAP BusinessObjects

Neben den eben beschriebenen Anwendungen für das Kennzahlen-Reporting stehen Ihnen optional zahlreiche zu lizenzierende SAP-Business-Objects-Tools zur Verfügung, die wir Ihnen in diesem Kapitel kurz vorstellen wollen.

Wenn Sie z. B. gern mit Microsoft Excel arbeiten, können Sie auf SAP BusinessObjects Analysis for Microsoft Office zurückgreifen. Sie müssen sich in keine neue Anwendung hineinfinden, da die Datenintegration in Excel bzw. PowerPoint erfolgt. Sie bereiten Ihre Daten in Excel wie gewohnt z. B. in Tabellen und Diagrammen vor und stellen dann Ihre Ergebnisse mit einer PowerPoint-Präsentation vor.

Fokussieren Sie sich auf die Berichterstellung, haben Sie die Wahl zwischen SAP Crystal Reports und SAP BusinessObjects Web Intelligence. Beide

Anwendungen können Daten per Drag-and-drop in das Layout und verschiedene Diagramme integrieren. SAP Crystal Reports lässt sich jedoch von der Benutzerfreundlichkeit her einfacher und intuitiver bedienen als SAP BusinessObjects Web Intelligence. Allerdings erfordern beide Anwendungen ein Verständnis für Datenbankstrukturen, um die richtigen Informationen und Kennzahlen aus der Datenbank entnehmen zu können, bzw. Programmierkenntnisse unter anderem für das Filtern von Daten.

Eine leistungsstarke Lösung für Visualisierung und Self-Service Analytics bietet SAP Lumira 2.0 mit seinen beiden Benutzeroberflächen SAP Lumira Discovery und SAP Lumira Designer. SAP Lumira 2.0 vereint SAP BusinessObjects Design Studio 1.x und SAP Lumira 1.x in einem Tool. Es vereinfacht den Workflow von der Datenermittlung und -nutzung bis zur Erstellung der Dashboards und Analyseanwendungen und wird dabei den Anforderungen der Fachabteilungen als auch der IT gerecht.

SAP Business-Objects Design Studio

9.8   Zusammenfassung

Die in diesem Kapitel betrachteten drei Geschäftsprozesse auf Grundlage des Order-to-Cash- und des Procure-to-Pay-Prozesses zeigen, dass mit SAP S/4HANA die bisherigen Prozesse wie gewohnt unterstützt werden – auch z. B. kundeneigene Berichte. Sie haben erfahren, welche umfassenden Möglichkeiten bei der Nachverfolgung von Belegen, bei Analysen von Daten und im Reporting durch die Echtzeitbuchungen ins Universal Journal möglich sind.

Entscheidend bei der Einführung von SAP S/4HANA ist, welche Berechtigungen künftig wie zu vergeben und welche Abstimmungen zwischen den Fachabteilungen nötig sind, um den neuen Anforderungen an Rollen gerecht zu werden. Dies wird vor allem deswegen wichtig, weil sich Anforderungen z. B. in Bezug auf die Neuanlage von Sachkonten bezüglich der Kostenarten künftig fachabteilungsübergreifend überschneiden. Für alle diejenigen, die mit klar definierten Rollen und Vorgängen im Alltag arbeiten, bieten Fiori-Apps eine einfache Möglichkeit für den Zugriff auf Funktionen, die schon in der Übersicht einen ersten Blick auf aktuelle Daten bieten.

Welche Funktionen benötigt werden, sollte frühzeitig mit den einzelnen Fachbereichen geklärt werden. Im folgenden Kapitel 10, »Migration von SAP ERP auf SAP S/4HANA«, lesen Sie, wie Sie sich auf den Umstieg am besten vorbereiten.

Kapitel 10

Migration von SAP ERP auf SAP S/4HANA

In Kapitel 1 bis Kapitel 9 dieses Buchs haben Sie erfahren, welche Vorteile SAP S/4HANA für Sie haben kann. Wie aber sehen die nächsten Schritte aus, wenn Sie auf SAP S/4HANA umstellen wollen? In diesem Kapitel erfahren Sie, worauf Sie bei der Vorbereitung der Migration auf SAP S/4HANA besonders achten sollten.

Im Unterschied zu den Projekten für die Migration auf das neue Hauptbuch in SAP ECC 6.0 ist die Migration auf SAP S/4HANA ein Migrationsprojekt auf ein komplett neues System. Seit SAP S/4HANA Release 1610 ist der Einsatz der Datenbank SAP HANA notwendige Voraussetzung; das heißt, Sie müssen SAP HANA einführen, um die Komponenten von SAP S/4HANA z. B. im Finanzbereich nutzen zu können.

Das bedeutet, dass Sie sämtliche Stamm- und Bewegungsdaten in entsprechender Qualität auf SAP HANA migrieren müssen. Aus diesem Grund bedarf ein Migrationsprojekt von SAP ERP auf SAP S/4HANA einer sorgfältigen Vorbereitung und Analyse im Hinblick auf die Daten, die migriert werden müssen. Des Weiteren ist eine sorgfältige Abstimmung mit den einzelnen Fachbereichen eine zentrale Voraussetzung für den Projekterfolg.

In diesem Kapitel bekommen Sie zunächst einen Überblick über die Zielsetzung eines SAP-S/4HANA-Projekts und die notwendigen Migrationspfade. Im Anschluss daran werden die nötigen Vorbereitungsarbeiten und dann die verschiedenen Möglichkeiten der Umsetzung eines SAP-S/4HANA-Projekts erläutert.

10.1   Zielsetzungen eines SAP-S/4HANA-Projekts

Bevor wir uns im Einzelnen mit den notwendigen Migrationsschritten beschäftigen, vergegenwärtigen wir uns in diesem Abschnitt, welche Ziele ein SAP-S/4HANA-Projekt hat. Zu diesen Zielen gehören:

- Auswertung großer Datenmengen in Echtzeit.
- Die Bereinigung des alten Systems.
- Eine verbesserte Systembedienung und dadurch größere Benutzerakzeptanz.

Erweiterte Reporting-Möglichkeiten

Das erste Ziel, das bei der Entscheidung für SAP S/4HANA im Vordergrund steht, sind die erheblich erweiterten Reporting-Möglichkeiten. Auf deren Basis können Sie z. B. den Anforderungen gerecht werden, die das Internet der Dinge (*Internet of Things*, kurz IoT) an Handelsunternehmen stellt. Gerade im IoT-Umfeld fallen immense Datenmengen an: Bis zum Jahr 2020 werden voraussichtlich 50 Milliarden Geräte mit dem Internet verbunden und damit in der Lage sein, ein IoT zu nutzen. Damit muss das SAP-ERP-System innerhalb kürzester Laufzeiten Extrakte aus großen Datenmengen bereitstellen, um die Daten aus Onlineeinkäufen, Onlinebanking und weiteren Onlineanwendungen zu integrieren und für die verschiedenen Zwecke nutz- und auswertbar zu machen. Dies funktionierte bislang nur entweder mit hohem Zeitaufwand und hohem Detaillierungsgrad oder aber einfach und dafür mit schnellem Zugriff.

Unterstützung von OLAP und OLTP

Mit der von SAP S/4HANA genutzten neuen Technologie, die sowohl OLTP (Online Transaction Processing) als auch OLAP (Online Analytic Processing) realisieren kann, ist eine solche Entweder-oder-Entscheidung nicht mehr erforderlich. Stattdessen ist beides möglich: Operative und analytische Prozesse nutzen dieselben Tabellen.

[»]

Installation auf Systemebene

Die Installation von SAP S/4HANA erfolgt auf Systemebene und nicht pro Mandant.

Um die Auswertung großer Datenmengen in Echtzeit mit den neuen Reporting-Möglichkeiten voll ausschöpfen zu können, müssen im Rahmen des Projekts zentrale Geschäftsprozesse integriert und neue Geschäftsprozesse aufgenommen werden. Bestehende Geschäftsprozesse und das zugehörige Customizing werden neu bewertet und bei Bedarf angepasst.

Systembereinigung

Als zweites Ziel steht die Bereinigung des vorhandenen Systems im Vordergrund. Die Bereinigung bezieht sich zum einen auf den Datenbestand der Stamm- und Bewegungsdaten, zum anderen aber auch auf kundeneigenes Coding.

In vielen Unternehmen hat das kundeneigene Coding über die Jahre ein solches Volumen angenommen, dass ein einfacher und schneller Überblick nicht mehr möglich ist. Das Wissen zum kundeneigenen Coding erstreckt sich in der Regel über zahlreiche Abteilungen und ist schlimmstenfalls bei wenigen Personen gebündelt, die unter Umständen ihr Wissen mitnehmen, ohne Dokumentationen zu hinterlassen. Durch die spaltenorientierte Datenspeicherung in SAP HANA muss das gesamte kundeneigene Coding daraufhin auf den Prüfstand gestellt werden, ob eventuell in Tabellen geschrieben wird, die künftig nicht mehr zur Verfügung stehen (z. B. weil es sich um Summentabellen handelt), oder ob es sich um Coding handelt, das Indizes oder Sekundärindizes aufbaut, die ebenfalls nicht mehr benötigt werden. Daher ist es auch Ziel des SAP-S/4HANA-Projekts, das kundeneigene Coding zu bereinigen.

Für die Bereinigung der Daten ist das Datenvolumen zu analysieren und exakt zu bestimmen, welche Daten wie bereinigt werden sollen. Im zweiten Schritt wird das Data Aging durchgeführt und im dritten Schritt die Datenarchivierung nicht mehr benötigter Daten.

Damit schließt sich der Kreis zur Bereitstellung der Daten in Echtzeit: Die IT-Landschaft kann im Zuge der Systembereinigung ebenfalls vereinfacht werden, da zahlreiche Prozesse, die bislang in SAP BW realisiert werden mussten, jetzt im zentralen SAP-ERP-System, also in SAP S/4HANA, durchgeführt werden können. Die Wartung, das Monitoring und die Durchführung der Datentransferjobs in die BW-Systeme entfallen. Somit steht Ihnen nach der SAP-S/4HANA-Einführung eine vereinfachte IT-Landschaft zur Verfügung, in der die bereinigten Daten in Echtzeit aus der SAP-HANA-Datenbank gelesen werden können.

Viele Anwendungen sind in SAP S/4HANA als Fiori-Apps verfügbar (siehe Kapitel 2, »Benutzeroberflächen«). Der rollenbasierte Zugriff auf das System über SAP Fiori Launchpad macht es Anwendern, aber auch dem Management leichter, sich im SAP-System zurechtzufinden. Viele Fiori-Apps sind über mobile Geräte nutzbar, was das Tagesgeschäft weiter erleichtert. Abbildung 10.1 zeigt exemplarisch die Apps, die im Standard für das Tagesgeschäft zur Verfügung stehen.

Vereinfachter Systemzugriff über Fiori-Apps

Ziel und Ergebnis des SAP S/4HANA-Projekts ist also der rollenbasierte, vereinfachte Zugriff über SAP Fiori auf die bereinigten Daten in Echtzeit.

Abbildung 10.1 Kacheldarstellung der Fiori-Apps für das Tagesgeschäft

10.2   Migrationspfade – auf dem Weg zu SAP S/4HANA

In diesem Abschnitt erfahren Sie, welche Möglichkeiten und Projektansätze für die Migration auf SAP S/4HANA zur Verfügung stehen.

Für SAP-S/4HANA-Projekte definieren Business und IT ganzheitliche Ziele

Der Umstieg auf SAP S/4HANA ist keine isolierte, nur von der IT-Abteilung durchzuführende Aufgabe, wie ein SAP Enhancement Package Upgrade oder eine Datenbankmigration. Vielmehr ist die gesamte IT-Systemlandschaft betroffen; daher müssen alle Schritte ganzheitlich und zukunftsorientiert betrachtet werden. Diese Betrachtung sollte von der angestrebten SAP-Zielarchitektur aus erfolgen.

Die Vereinfachung einer oftmals über viele Jahre gewachsenen und daher heterogenen IT- und Prozesslandschaft bietet gleichermaßen Chancen und Herausforderungen. Die Rückkehr zum Standard sowie die Reduzierung der Komplexität vieler Schnittstellen sind wichtige Bestandteile der Vorüberlegungen, um eine neue SAP-Zielarchitektur zu schaffen.

Die verschiedenen Möglichkeiten für die Migration erfordern grundsätzlich voneinander abweichende Voraussetzungen. Abhängig von den Gegebenheiten in Ihrem Unternehmen, das heißt von Ihrer Prozess- und Systemlandschaft sowie der technischen Basis Ihres Ausgangssystems (SAP-Release-Stand, Datenbankversion, angestrebter Migrationspfad), müssen Sie die Ansätze individuell vergleichen und bewerten.

Es stehen drei unterschiedliche Optionen für die Implementierung von SAP S/4HANA zur Wahl (siehe Abbildung 10.2):

- *Greenfield-Ansatz*: Neuinstallation eines SAP-S/4HANA-Systems
- *Brownfield-Ansatz*: System Conversion des bestehenden SAP-Business-Suite-Systems
- *Landscape Transformation*: Konsolidierung verschiedener SAP-Anwendungen in ein SAP-S/4HANA-System

Eine weitere Möglichkeit besteht im Upgrade des bestehenden Systems SAP S/4HANA Edition 1511. Diese Variante wird im Folgenden jedoch nicht weiter ausgeführt, da hier bereits der Schritt in die SAP-S/4HANA-Welt vollzogen wurde.

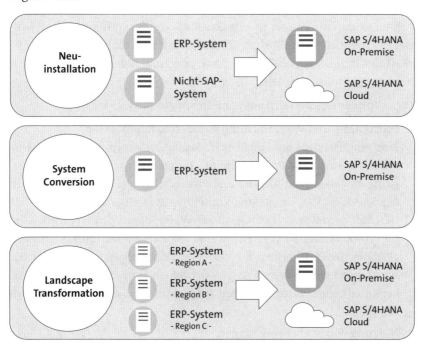

Abbildung 10.2 Optionen für die Implementierung von SAP S/4HANA (Quelle SAP)

Erstellen und verfolgen Sie eine unternehmensspezifische Roadmap auf der Grundlage der Implementierungs- und Migrationspfade zum Umstieg auf SAP S/4HANA, die Sie in diesem Abschnitt kennenlernen. Ihre individuelle Roadmap enthält in der Regel die konsolidierten Ziele Ihrer operativen Einheiten (Business-Ziele) ebenso wie die Ihrer IT-Systemlandschaft und die Anforderungen an den IT-Betrieb (IT-Ziele). Sie priorisiert die notwendigen Maßnahmen und führt letztlich zu Ihrer neuen SAP-Zielarchitektur.

Roadmap für Ihr Projekt

10.2.1   Neuinstallation von SAP S/4HANA (Greenfield-Ansatz)

Die Neuinstallation eines SAP-S/4HANA-Systems (Greenfield-Ansatz) ist für Ihr Unternehmen sinnvoll, wenn Sie mit SAP neu beginnen, also aus einer Non-SAP-Umgebung kommen. Ebenfalls empfehlenswert ist dieser Ansatz, wenn Sie SAP bereits sehr lange im Einsatz haben und eine Vereinfachung Ihrer Geschäftsprozesse in einer neuen Umgebung aufsetzen wollen. In beiden Fällen beginnen Sie mit der Einführung von SAP S/4HANA, priorisieren Ihre Geschäftsprozesse und entscheiden im Projektverlauf, ob und welche Geschäftsprozesse und Daten gegebenenfalls zu migrieren sind.

Achten Sie darauf, dass der jeweils aktuelle Stand der verfügbaren SAP-Software verwendet wird. Dies gewährleistet Ihrem Vorhaben zum einen jeweils den neuesten Stand der Technik und zum anderen eine möglichst hohe Investitionssicherheit.

Diese Vorteile ergeben sich aus dem Greenfield-Ansatz:

| Vorteile des Greenfield-Ansatzes im Vergleich

- **Umstellung und Vereinfachung von Geschäftsprozessen**
  Zum einen besteht die Möglichkeit des Re-Engineerings von Geschäftsprozessen sowie von Prozessvereinfachungen (Simplifications) der langjährig eingefahrenen Abläufe und Prozessschritte. Hierzu bietet SAP in der SAP-S/4HANA-Umgebung vordefinierte sogenannte Ready-to-run-Geschäftsprozesse und vergleichende Referenzprozesse an. Diese sind im Projektverlauf zu verifizieren und mit den eigenen Anforderungen abzugleichen. So können Sie störende Designprobleme in Ihren Geschäftsprozessen beheben und in der neuen Umgebung einen schlankeren, an neuen Anforderungen ausgerichteten Geschäftsprozess aufsetzen.

- **Nutzung von Branchenlösungen**
  In SAP S/4HANA sind darüber hinaus die derzeit führenden Geschäftsprozesse der SAP-Branchenlösungen verfügbar, sodass Sie bei deren Nutzung auf die aktuellen Entwicklungen zurückgreifen können.

- **Nutzung vorkonfigurierter Migrationsobjekte**
  SAP stellt für das in SAP S/4HANA verwendete Datenmodell vorkonfigurierte Migrationsobjekte bereit, mit deren Hilfe Sie in der Lage sind, aus einer Legacy-Umgebung oder aus den bisherigen SAP-ERP-Anwendungen die relevanten Geschäftsdaten in das neue System zu übernehmen.

  Zudem wird zum Abgleich der Anforderungen an die eigenen Geschäftsprozesse die Unterstützung mit Best Practices Guides angeboten.

Um Neukunden die Einführung bzw. SAP-Bestandskunden die Migration auf SAP S/4HANA zu erleichtern, ist die Einführungsmethode SAP Activate in SAP S/4HANA integriert. SAP Activate wurde als modulare und agile Projektmethodik von SAP entwickelt und bietet eine Kombination aus SAP Best Practices, geführter Konfiguration und einer durchgängigen Methodik für Cloud-, On-Premise- oder hybride Umgebungen.

Einführungsmethode SAP Activate

In einer kostenlosen Testversion von SAP S/4HANA können Interessenten SAP Activate ausprobieren und kennenlernen.

SAP Activate orientiert sich bei der SAP-S/4HANA-Einführung oder -Migration an den folgenden vier Phasen (siehe Abbildung 10.3):

Projektphasen mit SAP Activate

1. Vorbereitung und Planung
2. Analyse und Validierung der Anforderungen
3. Realisierung/Umsetzung
4. Produktivsetzung/Übergang in den Betrieb

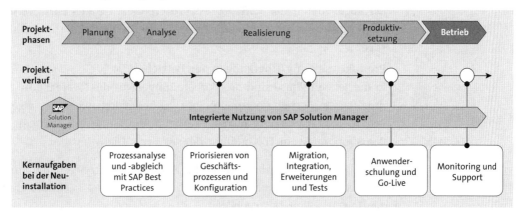

Abbildung 10.3 Projektphasen in SAP Activate bei der Neuinstallation von SAP S/4HANA (Quelle SAP)

1. **Vorbereitung und Planung**
   In Phase 1 wird die initiale Planung des Projekts vorgenommen. Diese basiert auf der bereits vorab festgelegten unternehmensspezifischen Roadmap, in der Sie die Entscheidung für den grundlegenden Implementierungsansatz getroffen haben.

   Auf Basis dessen wird die Systemumgebung SAP S/4HANA bereitgestellt und für die Verwendung der Best Practices und der Ready-to-run-Geschäftsprozesse vorbereitet.

2. **Analyse und Validierung der Anforderungen**

In Phase 2 erarbeiten sich die Key-User einen Überblick über die Lösungsmöglichkeiten in SAP S/4HANA für ihre jeweiligen Geschäftsprozesse. Begleitend von Experten oder einem Beratungspartner, werden in dieser Phase die Anforderungen analysiert. In gemeinsamen Workshops wird anschließend der Abgleich vorgenommen, um zu identifizieren, welche Anpassungen an Konfigurationen und Erweiterungen für die bestmögliche Abbildung Ihrer Prozesse notwendig sind.

3. **Realisierung/Umsetzung**

In Phase 3 werden die Konfiguration und die Erweiterungen im System vorgenommen. Hierbei sind zuvor festgelegte Prioritäten zu beachten, um für Ihr Unternehmen geschäftskritische Geschäftsprozesse vorrangig zu behandeln.

Die Fertigstellung erfolgt in kurzen iterativen Zyklen, um regelmäßiges Feedback der Fachbereichsvertreter zu Vollständigkeit und Richtigkeit der abgebildeten Geschäftsprozesse zu erhalten. Parallel dazu werden Migrations- und Testpläne erstellt und diese in die Validierung einbezogen.

4. **Produktivsetzung/Übergang in den Betrieb**

In der letzten Phase sind die Vorbereitungen für die Übergabe in den produktiven Betrieb vorzunehmen. Dies beinhaltet neben der eigentlichen Produktivsetzung auch die Vorbereitungen und den Übergang an den Support (eigene IT-Abteilung oder externer Dienstleister).

In SAP Activate sind darüber hinaus eine Reihe von Werkzeugen und Vorlagen für jede Projektphase verfügbar, die einen schnellen Projektfortschritt gewährleisten sollen. Dazu gehören:

- Templates
- Fragebogen
- Checklisten
- Guidebooks

10.2.2   System Conversion eines bestehenden SAP-ERP-Systems (Brownfield-Ansatz)

Mit dem sogenannten Brownfield-Ansatz können Sie eine bestehende SAP Business Suite auf ein SAP-S/4HANA-System konvertieren (siehe Abbildung Abbildung 10.4).

Der Brownfield-Ansatz ermöglicht Ihnen eine Migration der bestehenden Prozesse und Daten in die neue Umgebung.

Ein Wechsel auf SAP S/4HANA ist technisch ab Release SAP ECC 6.0 mit dem Enhancement Package 0 oder höher möglich. Beachten Sie, dass für manche Service Packs Level-Einschränkungen existieren. Hierzu sind entsprechende SAP-Hinweise verfügbar, die zuvor geprüft werden müssen. Als weitere Voraussetzung gilt, dass die verwendete Datenbank auf dem aktuellen Release betrieben wird und dass Ihr System bereits auf Unicode umgestellt ist. Wird das Ausgangssystem als Dual-Stack-System (Java- und ABAP-Stack) betrieben, kann die Konvertierung nicht durchgeführt werden, da SAP S/4HANA die Dual-Stack-Variante nicht mehr unterstützt. Daher ist ein vorheriger Splitt notwendig. Die Nutzung von SAP HANA als Datenbank im Ausgangsystem ist hingegen keine zwingende Voraussetzung. Dieser Schritt ist, sofern erforderlich, bei der Konvertierung eingeschlossen.

Technische Voraussetzungen für die System Conversion

Der Software Update Manager (SUM) mit der integrierten Database Migration Option (DMO) unterstützt ein Upgrade und den Datenbankwechsel in einem Schritt bei der System Conversion. Somit ist der Software Update Manager (SUM) gleichzeitig der wichtigste Begleiter bei allen Konvertierungsschritten.

Software Update Manager und Database Migration Option

Damit die spätere Konvertierung Ihres Systems gelingt, sollten die individuellen Voraussetzungen in Ihrem Ausgangsystem zunächst sorgfältig in einem Readiness Check vor Beginn des Projekts geprüft werden. Dies geschieht während der Vorbereitungsphase (Prepare-Phase) des Projekts. Anders als bei der Neueinführung geht es in der Vorbereitungsphase um die Analyse der Voraussetzungen im Ausgangsystem und die Ableitung der notwendigen Konvertierungsschritte in der späteren Umsetzungsphase. Beim Durchlaufen des Readiness-Checks werden daher zum einen die IT-technischen Bedingungen angepasst und zum anderen die bestehenden Prozesse mit den neuen Funktionen von SAP S/4HANA abgeglichen. Im Ergebnis können Sie die notwendigen prozessualen Anpassungen bewerten.

Vorbereitungsphase der Konvertierung

Der Ablauf der wichtigsten für die Konvertierung relevanten Schritte und die eingesetzten Tools sind in Abbildung 10.4 dargestellt.

Zu den vorbereitenden Schritten in der ersten Phase zählen:

1. Prüfung der Prozesse mittels Simplification List
2. Prüfung der Systemvoraussetzungen mit dem Maintenance Planner
3. Pre-Checks der eigenen SAP-Systemeinstellungen
4. Custom Code Check Ihres kundenspezifischen Codings

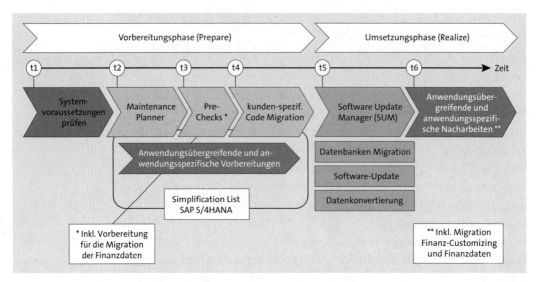

Abbildung 10.4 Überblick über die SAP-S/4HANA-Systemkonvertierung
(Quelle SAP)

Hardwarevoraus-
setzungen

Beachten Sie bei der Vorbereitung die Empfehlungen von SAP zur erforderlichen Hardware für das SAP-S/4HANA-System. Dazu zählen sowohl der
Einsatz der durch SAP zertifizierten Hardware als auch die Durchführung
eines entsprechenden Sizings des späteren Zielsystems. Zu beiden Aspekten sind detaillierte Informationen im SAP Net bzw. in entsprechenden
SAP-Hinweisen verfügbar, die vorab sorgfältig geprüft und in die Planungen einbezogen werden müssen.

Simplification List

Um eine Abschätzung der Änderungen und Vereinfachungen im prozessualen Umfeld zu erhalten, prüfen Sie mittels Simplification List (*https://
help.sap.com/viewer/product/SAP_S4HANA_ON-PREMISE/1610%20001/en-
US*) aus prozessualer und technischer Sicht, wie sich Transaktionen und
Funktionen unter SAP S/4HANA verhalten und wie hoch der Aufwand für
die Umstellung abgeschätzt wird. Zu den in der Simplification List enthaltenen Informationen sind oftmals ergänzende Hinweise vorhanden, die
ebenso in die Analyse einbezogen werden müssen. Der Wegfall von zuvor
verwendeten Transaktionen und die Zusammenlegung von Funktionen
werden aufgezeigt und ermöglichen so eine Abschätzung über den Grad
der Veränderung in den Prozessen. Auf diese Weise wird der Umfang Ihrer
spezifischen System Conversion deutlich und bildet die Grundlage für die
Projektplanung.

Maintenance
Planner

Der Einsatz des Maintenance Planners ist unumgänglich. Mit ihm werden
die relevanten eingesetzten Business Functions, Industrielösungen und

Add-ons auf die SAP-S/4HANA-Umstellungsfähigkeit geprüft. Beim Einsatz von Add-ons von Drittanbietern empfiehlt sich zudem die Einbindung des jeweiligen Lieferanten bzw. die vorherige Anfrage, ob eine SAP-S/4HANA-Konvertierung möglich ist oder bereits erfolgreich umgesetzt wurde. Kann kein möglicher Upgrade-Pfad für die Konvertierung vorgeschlagen werden, z. B. wenn ein eingesetztes Add-on im Ausgangssystem für SAP S/4HANA nicht freigegeben ist, kann die Konvertierung nicht durchgeführt werden. Die Prüfungen durch den Maintenance Planner sind vor den Pre-Checks durchzuführen. An deren Ende werden notwendige Dateien erzeugt, die im späteren Verlauf vom Software Update Manager benötigt werden.

Die Pre-Checks, die anhand einer Reihe von SAP-Hinweisen durchgeführt werden, sind notwendig, um die erforderlichen Schritte vor dem eigentlichen Beginn der SAP-S/4HANA-Konvertierung zu durchlaufen – denn hierdurch werden die eigenen SAP-Systemeinstellungen und die Voraussetzungen für die System Conversion geprüft. Ergänzend müssen für die Prüfung der Finanzdaten und Einstellungen zusätzliche Pre-Checks durchgeführt werden. Die Ergebnisse der Pre-Checks müssen analysiert und empfohlene Einstellungen vor Beginn der Konvertierung durchgeführt werden.

Durchführung von Pre-Checks

> **Prüfungen im SUM während der Umstellung**
>
> Die Prüfungen werden während der Umstellungen zweimal im Software Update Manager (SUM) durchlaufen. Wenn Fehler auftreten, führt das zum Stoppen des Prozesses. Die Fehler müssen behoben werden, bevor Sie fortfahren können.

Eine Prüfung des kundenindividuellen Quellcodes (Custom Code) auf SAP-S/4HANA-Kompatibilität ist kein zwingendes Muss, wird jedoch dringend empfohlen, um auch hierfür eine Abschätzung der Änderungen zu erhalten. Dazu bietet SAP ein Prüfwerkzeug auf Basis von SAP NetWeaver 7.50 an, das eine Liste der notwendigen Anpassungen ausgibt. Die Prüfungen werden auf Basis des Simplification-List-Konzepts durchgeführt. Das heißt, sämtliche Änderungen, die in SAP S/4HANA an SAP-Objekten vorgenommen wurden, sind auch für den eigenen Quellcode relevant und müssen angepasst werden.

Custom Code Check

Eine frühzeitige Durchführung der vorgenannten Analyseschritte zu Beginn des Projektverlaufs wird empfohlen, da abhängig von den Ergebnissen der Umfang der erforderlichen Arbeitsschritte einen nicht zu unterschätzenden Einfluss auf die Projektplanung haben kann.

Neben den zuvor beschriebenen spezifischen Vorbereitungen für die Konvertierung sind zusätzlich einige übergreifende Aktivitäten vorzunehmen, wie z. B. das Löschen des Early-Watch-Mandanten 066 und die Deinstallation von Fiori-Apps.

Realize-Phase der Konvertierung

Ist die Vorbereitungsphase für die Konvertierung auf SAP S/4HANA abgeschlossen (Prepare-Phase), beginnt die Umsetzungsphase (Realize-Phase), also die Konvertierung auf SAP S/4HANA mit dem Software Update Manager.

Während der Umsetzung mit dem Software Update Manager werden die folgenden Schritt durchlaufen:

1. Datenbankmigration (optional), wenn im Ausgangssystem SAP HANA noch nicht eingesetzt wird

2. Update auf SAP S/4HANA

3. Konvertierung der Daten in die neuen SAP-S/4HANA-Datenstrukturen

4. Nacharbeiten

Im Anschluss an die automatische Datenmigration sind weitere teilweise anwendungsspezifische Nacharbeiten vorgesehen, deren Bearbeitung die Konvertierung zu einem erfolgreichen Abschluss bringt. So sind z. B. Anpassungen am User Interface vorzunehmen, indem Felder hinzugefügt, entfernt oder verschoben werden können. Ebenso können geänderte Einstellungen für das Output-Management erforderlich sein, insbesondere dann, wenn das neue mit SAP S/4HANA angebotene Konzept des Output-Managements genutzt werden soll. Für jede Applikation sind darüber hinaus weitere spezifische Nacharbeiten erforderlich. Diese sind in der Simplification List sowie in SAP-Hinweisen aufgelistet und müssen sorgfältig geprüft werden.

Erfolgsfaktoren für den Umstieg

Zu den wesentlichen Voraussetzungen für die erfolgreiche Konvertierung in ein SAP-S/4HANA-System zählt ein fachlich gut besetztes Projektteam, in dem Basis-, Entwicklungs- und Fachberater-Know-how gleichermaßen vorhanden ist. Des Weiteren sind Ansprechpartner von großem Vorteil, die über Kenntnisse des Ausgangssystems und deren Konfiguration (Ist-Konfiguration) verfügen und ihr Wissen in das Projekt einbringen. Für eventuell auftretende Probleme während der Konvertierung des Produktivsystems ist der schnelle Kontakt zur SAP und den dortigen Ansprechpartnern in der Entwicklung unerlässlich (Development-/Support-Angel). Die Verfügbarkeit eines solchen Ansprechpartners sollte zuvor mit der SAP vereinbart und der schnelle Kontakt sichergestellt werden.

Aufgrund der sich rasant ändernden Konvertierungstools (Release-Updates für SUM, eingesetzte Prüfreports, Hinweise etc.) empfiehlt es sich, in einem engen Zeitrahmen bei der Konvertierung vorzugehen, um nicht durch angepasste Tools veränderte Ergebnisse bei der Durchführung der Konvertierungsschritte zu erhalten und somit erneute Vorbereitungen durchführen zu müssen.

10.2.3   Landscape Transformation mehrerer SAP-ERP-Systeme

Die Option der Landscape Transformation für einen Wechsel auf SAP S/4HANA ist für diejenigen Unternehmen interessant, die ihre existierende SAP-Business-Suite-Systemlandschaft mit mehreren, z. B. länderabhängigen, Instanzen in eine zentrale Instanz überführen und somit konsolidieren wollen.

Konsolidierung Ihrer Systemlandschaft

Hohe Betriebskosten einer heterogenen Systemlandschaft oder auch die notwendigen Prozessänderungen gleichzeitig in mehreren Systemen durchführen zu müssen, sind bei den Verantwortlichen häufig der Ausgangspunkt zu den Überlegungen für diese Projektvariante. Letzteres kann längerfristig dazu führen, dass die Weiterentwicklung von Prozessen nur mit verminderter Geschwindigkeit erfolgt und die durch die Digitalisierung erforderlichen kürzeren Anpassungszyklen nicht mehr erreicht werden. Hinzu kommt die ständig wachsende Anforderung nach der Verfügbarkeit aller Daten in Echtzeit.

Bei der Wahl dieses Konvertierungsszenarios gilt es zunächst zu entscheiden, ob der Greenfield-Ansatz oder der Brownfield-Ansatz genutzt werden soll. Daraufhin analysieren Sie, in welcher Reihenfolge die SAP-ERP-Systeme abgelöst werden müssen. Dies führt zu einer entsprechenden Planung, in der die Systeme benannt und die ersten wichtigen vorbereitenden Aktivitäten festgehalten werden.

Startpunkt für die Landscape Transformation

Als Startpunkt eines solchen Wegs empfiehlt es sich, zunächst eine systemübergreifende Sicht im Bereich Finanzen schaffen. Mit dem neuen S/4HANA-System unter Nutzung von Central Finance wird so die Möglichkeit geschaffen, alle Finanzdaten in Echtzeit zu sehen.

[«]

Mit den weiteren Schritten der Transformation wird das neue System sukzessive weiter ausgebaut. Je nach gewähltem Prozess oder gewählter Organisationseinheit wird die Konfiguration des SAP-S/4HANA-Systems vervollständigt und die relevanten Daten schrittweise aus dem jeweiligen SAP-ERP-Ausgangssystem übernommen. Hierbei sind vorherige Datenbereinigungen und Qualitätsprüfungen des Datenbestands zu empfehlen.

Individuelle Roadmap für die Landscape Transformation

Diese Schritte werden gemäß der individuellen Roadmap so lange durchgeführt, bis die Ziel-Systemlandschaft SAP S/4HANA erreicht ist. Die Landscape Transformation führt so zu einer deutlichen Verkleinerung Ihrer Systemlandschaft sowie unternehmensweit zu einheitlichen Prozessen und einem konsistenten Prozessverständnis. Verfolgen Sie diese Zielsetzung und wollen Sie langfristig in kurzen Zyklen Innovationen nutzbar machen, ist die Landscape Transformation der richtige Weg in Richtung SAP S/4HANA.

10.2.4   Gegenüberstellung der Ansätze

In diesem Abschnitt haben wir Ihnen die grundlegenden Umstellungspfade auf dem Weg zu Ihrer SAP-S/4HANA-Lösung aufgezeigt. Mit Blick auf die zum Teil prozessualen und auch technischen Unterschiede der vorgestellten Implementierungsansätze – Greenfield-Ansatz versus Brownfield-Ansatz – können wir zusammenfassend festhalten, dass im Greenfield-Ansatz die Chancen besser stehen, sich von Altlasten zu befreien, Prozesse zu vereinfachen und neu auszurichten.

[»]

Höherer konzeptioneller Aufwand

Beim Greenfield-Ansatz ist jedoch mit einem deutlich höheren konzeptionellen Aufwand für die Prozesskonvertierung sowie die anschließende Realisierung zu rechnen. Die Erfahrungen, die die beteiligten Anwender/ Key-User in vielen Jahren praktischer Arbeit in ihrer vertrauten Systemumgebung gesammelt haben, können dabei – zumindest teilweise – verloren gehen.

Im Brownfield-Ansatz bleiben die Prozesse und somit auch das Prozess-Wissen weitestgehend erhalten. Eine begleitende Optimierung kann natürlich geplant und eingeleitet werden, erfordert aber für eine konsequente Durchführung erfahrungsgemäß eine hohe Disziplin aller Beteiligten im Projektverlauf. Der Aufwand für die Migration ist im Gegensatz zum ersten Fall wesentlich niedriger. Dafür profitiert man nach der Umstellung jedoch lediglich von der technischen Innovation, die die SAP-S/4HANA-Lösung in sich birgt – ein Mehrwert aus den prozessualen Innovationen kann dagegen kaum realisiert werden.

Implementierungs-ansatz	Vorteile	Nachteile
Greenfield	<ul><li>Größere Chancen, Prozesse zu redesignen</li><li>Prozessuale Innovationen sind von Beginn an für neue Prozesse nutzbar</li></ul>	<ul><li>Hoher konzeptioneller Aufwand</li><li>Know-how der Key-User geht teilweise verloren</li></ul>
Brownfield	<ul><li>Prozesswissen bleibt erhalten</li><li>Aufwand für Migration fällt geringer aus</li></ul>	<ul><li>Optimierung der Prozesse steht nicht im Vordergrund</li><li>Nur technische Innovationen werden genutzt</li></ul>

Tabelle 10.1 Vor- und Nachteile von Greenfield- und Brownfield-Ansatz

Welchen Weg Ihr Unternehmen schließlich beschreitet, sollten Sie auf der Grundlage einer Analyse entscheiden, die Dauer, Komplexität, Aufwand sowie den erzielbaren Nutzen einer System Conversion einbezieht, und diese einem Greenfield-Ansatz gegenüberstellen.

10.3   Datenqualität und Voraussetzungen für die Datenmigration

Um die vorhandenen Daten aus dem ECC in ein SAP-S/4HANA-System zu migrieren, müssen sowohl die Bewegungs- als auch die Stammdaten bestimmte Anforderungen an die Datenqualität erfüllen, um auf die SAP-HANA-Datenbank migriert werden zu können.

Im Migrationsprojekt wird in der sogenannten Erkundungsphase das vorhandene Datenvolumen erfasst und analysiert. Das schließlich zu migrierende Datenvolumen ist einer der entscheidenden Einflussfaktoren für die Projektdauer. Dies wird im Folgenden für den Brownfield-Ansatz erläutert.

Vorhandenes Datenvolumen analysieren

In SAP HANA werden die Daten nicht mehr zeilen-, sondern spaltenbasiert gespeichert. Das macht zusätzliche Aggregate und Indizes überflüssig und erlaubt eine Aggregation aus jeder beliebigen Positionstabelle. Andererseits ist die SAP-HANA-Datenbank eine In-Memory-Datenbank und hat somit einen hohen Speicherbedarf.

Damit also die SAP-HANA-Datenbank nicht mit veralteten Daten unnötig aufgebläht wird, sind vor der Migration die bisher verfügbaren Daten aufzuarbeiten. Dazu gehören die Festlegung der Datenvolumenstrategie, Datenbereinigung, die Datenarchivierung und die Data-Aging-Konfiguration im System.

10.3.1   Vorbereitung der Datenübernahme und der Anlagenbuchhaltung

Zur Vorbereitung der Datenübernahme gehören die Analyse des Datenvolumens, die Datenbereinigung und die Datenarchivierung, aber auch solche Tätigkeiten wie die in Abschnitt 10.3.2, »Stammdaten«, beschriebene Customer-Vendor-Integration.

Entscheidung für die Legder- oder die Kontenlösung

Daneben sind Einstellungen im System auf die künftige Ledgerlösung hin zu analysieren. Dazu gehören vor allem auch die Bewertungsbereiche für die Anlagenbuchhaltung (siehe Abschnitt 9.4, »Geschäftspartnerdaten pflegen«). Ist die sogenannte neue Anlagenbuchhaltung noch nicht aktiv, ist zu beachten, dass mit der Migration die neue Anlagenbuchhaltung automatisch mit aktiviert wird. Und damit sind alle bis dahin genutzten Bewertungsbereiche jeweils für jedes Ledger anzulegen, das in SAP S/4HANA genutzt werden soll. Grund hierfür ist, dass das Ledgerprinzip das führende Prinzip ist und deswegen Daten wie die Bewertungsbereiche in der Anlagenbuchhaltung pro Ledger verfügbar sein müssen.

[»]

Abgrenzung von Ledgerlösung und Kontenlösung

Bei der Kontenlösung wird nur ein Ledger genutzt, aber auch hier müssen alle Bewertungsbereiche im führenden Ledger angelegt sein. Im Gegensatz dazu werden bei der Ledgerlösung neben dem führenden Ledger noch weitere genutzt, um eine getrennte Bewertung durchführen zu können.

Für eine bessere Übersicht ist es also sinnvoll, nicht genutzte Bewertungsbereiche zu eliminieren, bevor die Migration stattfindet. Für die Umstellung sind bestimmte Customizing-Schritte und Prüfungen zu durchlaufen. Diese sollten Sie nach Möglichkeit manuell durchführen, um eine bessere Kontrolle bei den einzelnen Schritten zu gewährleisten.

Zunächst müssen Rechnungslegungsvorschriften und Ledgergruppen angelegt werden, die im zweiten Schritt der Ledger- oder der Kontenlösung zugeordnet werden. Dann können die Bewertungspläne in einem eigenen Transportauftrag migriert werden.

10.3.2   Stammdaten

Abgesehen von der geänderten Tabellenstruktur in SAP S/4HANA mit der spaltenbasierten Speicherung sind geänderte Stammdatenkonzepte zu beachten, die komponentenübergreifend wirken. Seit SAP S/4HANA 1610 werden beispielsweise die Komponenten für das Finanzwesen (siehe Kapitel 9, »Integration mit SAP S/4HANA Finance«) in der Regel zu den gleichen Zeitpunkten wie die Logistikkomponente ausgeliefert. Hintergrund hierfür ist z. B. das geänderte Stammdatenkonzept auf die sogenannten Geschäftspartner, die eine der Migration vorausgehende Debitoren-/Kreditorenintegration erforderlich machen (engl. Customer-Vendor-Integration, im Folgenden abgekürzt mit CVI).

Customer-Vendor-Integration

Das Geschäftspartnermodell ist beispielsweise aus dem Vertragskontokorrent im Finanzwesen bereits vertraut und wird jetzt komponentenübergreifend genutzt. Jeder neue Geschäftskontakt, sei es Debitor, Kreditor, Kunde oder Lieferant, aber auch eine Hausbank, wird dann über die Rolle spezifiziert. Jeder Geschäftspartner kann mehreren Rollen zugeordnet sein. In jeder Rolle können die komponentenspezifisch benötigten Daten hinterlegt werden. Die Pflege des Geschäftspartners erfolgt in SAP S/4HANA über die zentrale Transaktion BP (Business Partner).

Geschäftspartnermodell

> **Übergang »alter« Transaktionen im Rahmen der CVI**
>
> Die CVI ist für SAP S/4HANA obligatorisch (Stand 1610). Zahlreiche »alte« Transaktionen wie z. B. FD01 bis FD03, FK01 bis FK03 oder VD01 bis VD03 sind in die Transaktion BP überführt worden.

Planen Sie für die CVI ein Vorprojekt vor der eigentlichen SAP-S/4HANA-Einführung ein! Wenn Sie die CVI im Rahmen des Migrationsprojekts durchführen, muss diese zu Beginn der Datenkonvertierung abgeschlossen sein. Die CVI ist notwendige Voraussetzung für eine Migration auf SAP S/4HANA.

Die große Herausforderung liegt darin, die verschiedenen Kontengruppen, Nummernkreise und Feldzuordnungen aus den unterschiedlichen Bereichen in den zentralen Geschäftspartner zu integrieren. In der Planungsphase für die CVI sind daher auch die jeweiligen Fachbereiche zu beteiligen, um Unstimmigkeiten wie z. B. sich überschneidende Nummernkreise gemeinsam zu klären. Auch hier ist gegebenenfalls eine Datenbereinigung erforderlich, z. B. im Hinblick auf Steuer- oder Kontaktdaten, um nur aktuelle und korrekte Daten zu migrieren.

Feldsteuerung wird zu Feldzuordnung

Prüfreports in SAP-
Hinweisen Um anschließend eine reibungslose Konvertierung zu ermöglichen, stellt SAP eine Vielzahl von Prüfreports zur Verfügung – die genannten SAP-Hinweise müssen dafür im System eingespielt werden, wie z. B.:

- SAP-Hinweis 974504: Prüfreport für Inkonsistenzen in Verknüpfungstabellen für die Stammdatensynchronisation
- SAP-Hinweis 1623677: Prüfreport für CVI-Customizing CVI_FS_CHECK_CUSTOMIZING
- SAP-Hinweis 2216176: Prüfreport für die Prüfung vor und nach der Konvertierung PRECHECK_UPGRADATION_REPORT

Je nach zu migrierendem Modul bzw. zu migrierender Komponente gilt es die entsprechenden Hinweise zu beachten.

> **[»]**
>
> ### Einspielen der SAP-Hinweise
>
> Die genannten SAP-Hinweise 974504, 1623677 und 2216176 sind keine Migrationspfade, wie in Abschnitt 10.2, »Migrationspfade – auf dem Weg zu SAP S/4HANA«, beschrieben, sondern zusätzlich einzuspielende Hinweise. Diese Reports stehen nicht im Migrationsmenü zur Verfügung.

Neben den Standardfeldern müssen natürlich auch kundeneigene Felder integriert werden. Prüfen Sie dafür zunächst die Felder in den alten Stammdatentabellen wie z. B. Tabelle KNB1.

Hausbankkonten Zum Teil gibt es erhebliche Veränderungen bei den Stammdaten wie z. B. bei den Hausbankkonten. In SAP ECC 6.0 gehörten die Hausbankkonten zum Customizing, sodass Anpassungen nur mit den entsprechenden Berechtigungen und via Transport möglich waren.

In SAP S/4HANA gehören die Hausbankkonten zu den Stammdaten und sind nicht mehr über SAP GUI pflegbar, sondern z. B. über eine Fiori-App. Die Hausbankkonten gehören damit dann auch nicht mehr zur Komponente Finance, sondern zum Cash-Management. Dort sind sie in SAP Bank Account Management (BAM) zu finden. Es sind aber keine zusätzlichen Lizenzen nötig, stattdessen ist dies bereits in der Standardversion in SAP Bank Account Management Light enthalten. Abbildung 10.5 zeigt die Fiori-App für die **Bankkontenverwaltung**.

Damit ist es notwendig, bereits in der Vorbereitungsphase mit dem Fachbereich abzustimmen, wer künftig die Berechtigung zur Pflege der Hausbankkonten erhalten soll.

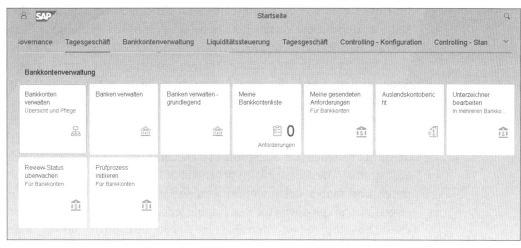

Abbildung 10.5 Bankkontenverwaltung

Daneben sind weitere Anpassungen im System nötig, wie z. B. Nummernkreisintervalle für technische Bankkonto-IDs und für Änderungsbelege bei Änderungen an den Hausbankkonten. Abbildung 10.6 zeigt den Customizing-Pfad für die Einrichtung der technischen Bankkonten-IDs.

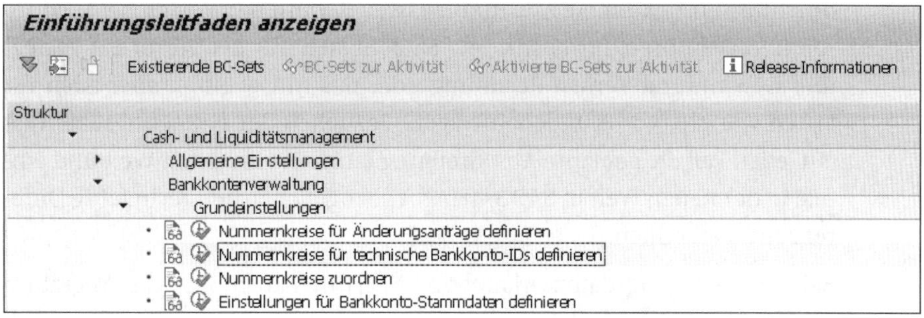

Abbildung 10.6 Bankkonten-Customizing – technische Bankkonto-IDs

10.3.3 Bewegungsdaten

Auch bezüglich der Bewegungsdaten gilt: Im ersten Schritt ist zu prüfen, welcher Datenbestand sich für eine Archivierung eignet, um die Datenmenge so weit wie möglich zu reduzieren.

Datenarchivierung als erster Schritt

Um zu prüfen, ob alle Belege vollständig und korrekt sind, stellt SAP im Rahmen der Migration entsprechende Transaktionen zur Verfügung, wie z. B. die IMG-Aktivität **Bewegungsdaten abstimmen**. Prüfen Sie vorab, ob die nötigen Berechtigungen für diese Transaktionen dem Migrationsprojektteam zur Verfügung stehen!

Prüfung der Belege auf Vollständigkeit und Richtigkeit

Fehlerbehebung | Im Unterschied zu den Stammdaten sind bei den Bewegungsdaten aber keine ausführlichen Vorarbeiten notwendig, sondern wiederholte Testmigrationen der Daten. Im SAP S/4HANA Migration Cockpit werden die bei einer Migration auftretenden Fehlerdaten pro Beleg aufgelistet. Anschließend – je nach Anzahl der gemeldeten Fehler – bietet es sich an, nach Fehlermeldungen zu gruppieren und dann die einzelnen Fehlergruppen durchzuarbeiten. Nicht alle Fehler sind kritisch für eine Migration; so sind z. B. Fehler in einem Controlling-Beleg, der vor dem Jahr 2000 gebucht wurde, nicht kritisch für die Migration. Es ist wichtig, dies mit dem Fachbereich abzustimmen, da diese Fehler gegebenenfalls bei der Migration erneut auftreten und sauber dokumentiert werden müssen. Zudem erfordert das Migrationscockpit auch eine Bestätigung jedes Fehlers – ein Fehler ist also kein »Showstopper«, erfordert aber eine Bestätigung, um mit der Migration fortfahren zu können.

Fehler können z. B. auch bei manuellen Buchungen auf Konten, die nur automatisch bebuchbar sind, auftreten oder bei Werten, etwa in der Zuordnung, die über einen User Exit verändert werden.

Berichte für den Vorher-nachher-Vergleich generieren | Um auch die Salden der Bewegungsdaten sauber zu migrieren, empfiehlt es sich, diverse Berichte zu generieren, um einen Vorher-nachher-Abgleich durchführen zu können, z. B. für die Listen der offenen Posten bei Kreditoren und Debitoren, für bestimmte Saldenlisten, für den Abruf der Bilanz- und Gewinn-und-Verlust-Rechnung oder das Anlagegitter, aber auch für Listen wie z. B. von Kundenaufträgen. Bezüglich der Bewegungsdaten ist auf jeden Fall die geplante Abschreibung einmal in der alten Welt und einmal in der neuen Welt in SAP S/4HANA abzugleichen, um rechtzeitig Differenzen zu erkennen.

Bei den Bewegungsdaten erlaubt SAP S/4HANA auch nach der Migration noch Nacharbeiten, sodass hier eine gewisse Flexibilität besteht. Dennoch ist es wichtig, die vorgegebenen Migrationsschritte sorgfältig und der vorgegebenen Reihe nach abzuarbeiten.

10.3.4   Kundeneigenes Coding

Bereinigung von kundeneigenem Coding | Das Migrationsprojekt für die Einführung von SAP S/4HANA bietet nach der Datenbereinigung und der Verringerung des Datenvolumens auch eine hervorragende Möglichkeit, das kundeneigene Coding zu überprüfen.

Beachten Sie, dass sich in SAP S/4HANA nicht nur die Tabellenstruktur verändert hat: Etliche Tabellen aus dem Vorsystem stehen nicht mehr als Tabelle, sondern nur noch als sogenannte CDS Views zur Verfügung. CDS steht für Core Data Services; die Views sind sogenannte Vertreterobjekte und werden als SQL-Datenbankviews generiert. Abbildung 10.7 zeigt das Einstiegsbild zur Tabelle GLT0 mit Transaktion SE16N. Hier ist oben rechts neben dem Feld mit dem Tabellennamen die Beschreibung **Generierte Tabelle zu einem View** zu sehen.

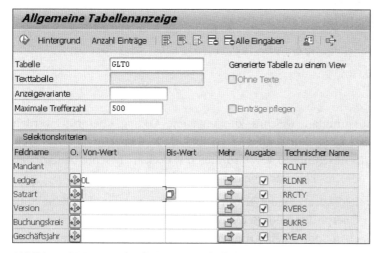

Abbildung 10.7 Datenbankview von Tabelle GLT0 mit Transaktion SE16N

Vor allem bei der Migration in die Struktur der umfassenden Buchungsbelege ist dies wichtig. Die Migration beruht auf SQL und kann z. B. nicht mit einer Migration vom klassischen ins neue Hauptbuch verglichen werden; eine Partitionierung der hierfür zentralen Tabelle ACDOCA ist auch nur erforderlich, wenn mehr als 500 Millionen Datensätze erwartet werden. Im Vergleich dazu musste zur Vermeidung von Performancerisiken bei der Migration ins neue Hauptbuch schon ab 500.000 Summensätzen Beratung von SAP hinzugezogen werden.

[«]

Aufbau der Datenbankviews

Im Rahmen der Migrationsaktivität »CDS Views und Feldzuordnungen neu generieren« werden zunächst die CDS Views aufgebaut. Im zweiten Schritt werden kundenspezifische Felder in den CDS Views neu generiert und im dritten Schritt neu zugeordnet.

Kundeneigenes Coding, das bisher mit SELECT-Anweisungen auf die jetzt in CDS Views vorhandenen Tabellen zugegriffen hat, wird also auch weiterhin funktionieren. Schreibende Zugriffe funktionieren nicht mehr. Hier sind entsprechende Anpassungen im Coding erforderlich – oder aber eine Rückführung in den Standard. Der Lesezugriff funktioniert weiterhin über die

Zugriff auf Tabelle ACDOCA von CDS View

CDS Views, wobei dieser automatisch auf das Universal Journal als zentrale Datenquelle umgeleitet wird.

Die folgenden Indextabellen sind unter SAP S/4HANA entfernt worden:

- BSI*, z. B. BSIS
- BSA*, z. B. BSAS

Weitere Tabellen, die entfernt wurden, sind z. B.:

- FAGLFLEXA
- ANEP

SAP Code Inspector Um herauszufinden, welches kundeneigene Coding überprüft werden muss, nutzen Sie den sogenannten SAP Code Inspector (SAP-Hinweis 1976487). In Abschnitt 10.4.5, »Prüfungen (Checks)«, beschreiben wir die Custom Code Checks etwas genauer.

Im Brownfield-Ansatz findet also mit der Verschlankung des Datenvolumens, der Überprüfung der Bewegungsdaten und der Überarbeitung des kundeneigenen Codings ein gründliches »Entrümpeln« des Systems statt, wenn eine Conversion bzw. Migration auf SAP S/4HANA ansteht.

[»]

Add-ons zu SAP-Produkten

Binden Sie den Hersteller der Add-ons, die Sie einsetzen, rechtzeitig in das Projekt ein und lassen Sie sich die Kompatibilität zu SAP S/4HANA bescheinigen.

10.3.5 Datenübernahme

Bei der Neuinstallation Ihrer SAP-S/4HANA-Lösung, aber auch in bestimmten Anwendungsfällen der Landscape Transformation im Brownfield-Ansatz, sind Daten aus den jeweiligen Quellsystemen zu migrieren – mit entsprechender Vorbereitung und Nutzung von Migrationswerkzeugen sind Altdaten also in die neuen Datenstrukturen zu übernehmen. Hierzu bietet SAP integrierte Werkzeuge und Best-Practice-Inhalte, um Datenbestände auf Basis von Migrationsdateien ins SAP-S/4HANA-System zu übernehmen.

Migration Cockpit zur Unterstützung der Datenübernahme Mit dem SAP S/4HANA Migration Cockpit wird ein neues Migrationswerkzeug direkt im SAP-S/4HANA-Umfang ausgeliefert, das auf bewährten Technologien basiert und die Kunden bei der Datenübernahme unterstützt.

Während das Migration Cockpit für die SAP-S/4HANA-Cloud-Lösung die einzige Möglichkeit zur Datenübernahme bietet, steht das Migration Cockpit mit dem Release 1610 nun auch erstmals für die On-Premise-Lösung zur Verfügung. Die angebotenen Migrationsobjekte basieren auf den ausgewählten vorkonfigurierten Best-Practice-Prozessen. Das Migration Cockpit ist ein webbasiertes Tool, aus dem per Download die vorkonfigurierten Excel-Templates zur Verfügung gestellt werden. Die zu übernehmenden Daten können in diese Struktur aufgenommen und manuell bearbeitet werden. Im Anschluss erfolgt der Upload ins SAP S/4HANA Migration Cockpit. Zudem stehen einfache Mapping-Funktionalitäten zur Verfügung. Beim Import und Verarbeiten der Daten werden Standard-BAPIs für die Verarbeitung im Zielsystem genutzt. Der Importprozess wird mit Fehlerprotokollen unterstützt, mit denen die Nacharbeiten und Korrekturen vorgenommen werden können.

Die in der nachfolgenden Liste aufgeführten Migrationsobjekte stehen im Migration Cockpit in SAP S/4HANA zur Verfügung (Quelle SAP):

Migrationsobjekte im Migration Cockpit

- Activity Types
- Activity Price
- Cost Center
- Profit-Center
- Bank Master Data
- Customer Master (BP)
- Supplier Master (BP)
- Customer Open Items
- Vendor Open Items
- Material Master
- Material Long Text
- Material Consumptions
- Inventory Balance
- Purchasing Info Records
- Purchase Order
- Sales Order

- G/L Account Balances
- G/L Account Open Items
- Internal Order
- Fixed Asset (incl. Balances)
- Exchange Rate
- Characteristics
- Class
- Source List
- Contracts (Purchasing)
- Batches
- Bill of Material
- Work Center
- Routing
- Equipment
- Equipment Task List
- Functional Location

Sind in den Quelldaten Objekte enthalten, die nicht zum mitgelieferten Umfang der Migrationsobjekte gehören, können diese allerdings nicht mit dem SAP S/4HANA Migration Cockpit übernommen werden. Der Vorteil bei Nutzung des vorkonfigurierten Umfangs besteht darin, dass der neu aufgebaute Datenbestand nahe am SAP-Standard liegt, den neuen

SAP-S/4HANA-Datenstrukturen entspricht und Datenaltlasten zuvor bereinigt wurden.

Migration Object Modeler Zusätzlich in der On-Premise-Version enthalten ist der Migration Object Modeler (MOM), der das Migration Cockpit für erweiterte Anforderungen an die Datenübernahme ergänzt. Der Migration Object Modeler kommt zum Einsatz, wenn zusätzliche Felder (kundeneigene Tabellenerweiterungen) an die verfügbaren Standardobjekte angefügt oder weiterreichende Änderungen vorgenommen werden sollen. Diese Funktionen ermöglichen die Erweiterung der Datenstrukturen von SAP S/4HANA, wenn sich bei der Validierung der Best-Practice-Prozesse zusätzliche Anforderungen ergeben, die diese Erweiterungen notwendig machen.

Im MOM stehen die Anzeigefunktionalitäten für alle Objekt-Ziel-Strukturen und Zielfelder sowie die Erweiterungsfunktionalitäten zur Verfügung, um die Quellstrukturen zu erweitern. Die Funktion zur Anpassung des Feldmappings aufgrund durchgeführter Objektänderungen wird ebenfalls unterstützt. Für jedes Migrationsobjekt steht ein Bearbeitungsmenü zur Verfügung, mit dem die Anzeige oder die Anpassung durchgeführt werden kann (siehe Abbildung Abbildung 10.8).

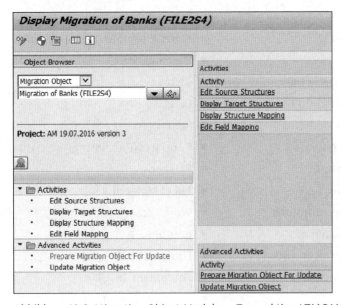

Abbildung 10.8 Migration Object Modeler – Transaktion LTMOM (Quelle SAP)

Migration Cockpit als Ersatz für LSMW Das SAP S/4HANA Migration Cockpit ersetzt die aus Migrationen in SAP-R/3- oder SAP-ERP-Systemen bekannte Legacy System Migration Workbench (LSMW). Diese wird in den SAP-S/4HANA-Lösungen nicht mehr unterstützt. Die LSMW ist zwar technisch noch vorhanden, unterliegt jedoch einigen Restriktionen, z. B. bei den bisher verwendeten Standardschnittstellen wie z. B. BAPIs oder IDocs, bei denen sich die Struktur der Zielobjekte verändert hat. Somit ist es mit entsprechendem technischem Know-how in Einzelfällen noch möglich, die vorhandenen LSMW-Funktionen und -Schnittstellen weiter zu nutzen. Das erfolgt jedoch auf eigene Gefahr und wird von SAP nicht empfohlen!

Stattdessen bietet SAP mit SAP Data Service und dem Rapid Data Migration Content (RDM) einen umfassenden Service, um den gesamten individuellen Datenübernahmeprozess zu unterstützen. Hierbei wird vor allem den Anforderungen an die qualitativ sehr hochwertigen Daten, die die Grundlage für eine Echtzeitsystemumgebung bilden, Rechnung getragen. Schließlich sollen morgen geschäftsrelevante Entscheidungen aus Ihrer neuen SAP-S/4HANA-Lösung getroffen werden, denen konsistente und vollständige Informationen und deren Abhängigkeiten zugrunde liegen sollten.

SAP Data Service und Rapid Data Migration Content

Im Basisumfang von SAP Data Service stehen allen Kunden die Unterstützung der Extraktion und das Laden von Daten aus verschiedenen Altsystemen im Rahmen der SAP-S/4HANA-Lizenz zur Verfügung.

Diese Funktionen basieren auf dem sogenannten SAP Data Integrator, bestehend aus einem zentralen Data-Services-Server sowie einem lokalen Frontend für die Modellierung. Im mitgelieferten vorkonfigurierten Best-Practice-Umfang sind mehr als 40 Objekte für Stamm- und Bewegungsdaten verfügbar. Er ist damit zudem umfangreicher als das SAP S/4HANA Migration Cockpit (siehe Liste der Migrationsobjekte).

SAP Data Integrator

Der technische Aufwand für diese Art der Datenübernahme ist ohne Frage höher und erfordert in der Vorbereitung und Planung wesentlich mehr Zeit. Bei der Umsetzung ist umfangreicheres Expertenwissen gefragt als im Fall der Nutzung des SAP S/4HANA Migration Cockpit.

Durch eine Lizenzerweiterung erhalten die Kunden zusätzlich die Möglichkeit, ihre Datenqualität deutlich zu verbessern. Hierfür stehen umfassende Funktionen für die Datenbereinigung, die Dublettenreduzierung sowie Datenauswertungen in der Vorbereitung und Bearbeitung der Daten zur Verfügung.

10.3.6   Migrationscustomizing am Beispiel von SAP S/4HANA Finance

Entsprechend den neuen Programmen und Transaktionen, die SAP S/4HANA bietet, muss auch das Customizing angepasst werden. In SAP S/4HANA Finance betrifft das vor allem die Hauptbuchhaltung und die Anlagenbuchhaltung. In diesem Abschnitt erläutern wir die wichtigsten Schritte im

Migrationscustomizing, um Ihnen einen ersten Eindruck davon zu geben, welche Tätigkeiten und wie viel Aufwand mit dem Migrationscustomizing zusammenhängen können.

[»]

> ### Chronologisches Abarbeiten der Schritte
>
> Die Schritte im Migrationscustomizing bauen aufeinander auf: Achten Sie also darauf, dass Sie sie in der angegebenen Reihenfolge abarbeiten und dabei keinen Schritt auslassen.

Zuerst gilt es, den Customizing-Pfad für die neue Hauptbuchhaltung einzuschalten, falls dieser noch nicht sichtbar ist (Programm: RFAGL_SWAP_IMG_NEW).

Als Nächstes stehen die Vorbereitungen für das Migrationscustomizing an. Der erste Schritt ist auch hier wieder eine Vorabprüfung, die mit dem Programm FINS_MIG_PRECHECK durchgeführt wird.

Anschließend sind die Schritte, die die Hauptbuchhaltung betreffen, nacheinander abzuarbeiten.

Keine manuelle Aktivierung der neuen Hauptbuchhaltung Die neue Hauptbuchhaltung wird auf keinen Fall manuell aktiviert. Die Aktivierung erfolgt automatisch nach Abschluss der Migration des Customizings der Hauptbuchhaltung – unabhängig davon, ob das neue Hauptbuch schon aktiv war oder nicht. Die neue Datenstruktur zieht die Daten aus Ledger 0L.

Danach folgen die Customizing-Schritte für die Anlagenbuchhaltung und das Controlling. Hilfestellung geben in jedem Schritt die Dokumentationen, die z. B. eine Reihenfolge der abzuarbeitenden Schritte enthalten, nach der man sich unbedingt richten sollte.

[»]

> ### Buchungen vor der Installation von SAP S/4HANA abschließen
>
> Periodische Buchungen müssen vor der Installation von SAP S/4HANA abgeschlossen sein. Nach der Installation von SAP S/4HANA sind Buchungen erst wieder möglich, wenn die Migration abgeschlossen wurde.

10.4   SAP-Werkzeuge und -Guidelines für die Migration

In Abschnitt 10.2, »Migrationspfade – auf dem Weg zu SAP S/4HANA«, haben wir die verschiedenen Wege zur Umstellung auf die SAP-S/4HANA-Lösung beschrieben und die Unterschiede hinsichtlich der vorhandenen

Ausgangsituationen aufgezeigt. In diesem Abschnitt fassen wir die SAP-Werkzeuge und -Guidelines für den Wechsel von einem SAP-ERP-System zu einem SAP-S/4HANA-System zusammen. Die im Projekt anstehenden Aufgaben können hierbei nach technischen und inhaltlich fachlichen Aspekten getrennt betrachtet werden.

Für die Erfüllung der technischen Aufgaben bei der Systemkonvertierung nutzen Sie den Maintenance Planner, den Software Update Manager (SUM) sowie die Database Migration Option (DMO). Das wichtigste Dokument in diesem Projektansatz ist in jedem Fall der *Conversion Guide for SAP S/4HANA 1610* in seiner jeweils aktuellsten Version, der die Grundlage für die Planung und Durchführung der Systemkonvertierung bildet.

Technische Aufgaben und Werkzeuge

Die in diesem Abschnitt beschriebenen Aufgaben und Werkzeuge stellen die Basis für die Vorbereitungen und die Durchführung der SAP-S/4HANA-Konvertierung dar. Viele weitere Informationen und Dokumente sind unter anderem im Internet unter *www.sap.com*, *https://help.sap.com* und *https:\\blogs.sap.com* sowie als SAP-Hinweise im SAP Support Portal (Service Marketplace) verfügbar. In diesen Quellen finden Sie wichtige und nützliche Tipps, die Ihnen helfen, auf Basis Ihrer individuellen Ausgangslage die Umsetzung Ihrer SAP-S/4HANA-Roadmap in die Tat umzusetzen.

10.4.1   Maintenance Planner

Der Maintenance Planner kommt zwingend in der Vorbereitungsphase der Systemkonvertierung bei der Überprüfung der notwendigen Kompatibilität des Ausgangssystems zum Einsatz. Konkret wird geprüft, ob für die folgenden Komponenten die Unterstützung während der Konvertierung gewährleistet ist:

Maintenance Planner

- Verwendung installierter Add-ons
- aktivierte Business Functions
- aktivierte/verwendete Branchenlösungen

Bei aktiven nicht unterstützten Komponenten wird die Konvertierung des Systems unterbunden, das heißt, der Migrationspfad kann nicht erfolgreich durchgeführt werden.

Nachdem alle Prüfungen durchlaufen wurden, generiert der Maintenance Planner die Stack-Configuration-Datei (**stack.xml**), die im weiteren Umstellungsprozess benötigt wird.

10.4.2   Software Update Manager

Software Update Manager

Der Software Update Manager (SUM) ist das technische Tool, mit dem die eigentliche Systemkonvertierung des Systems durchgeführt wird. Zum Einsatz kommt jeweils eine für SAP S/4HANA optimierte Version. Konkret werden mit der sogenannten One-Step-Konvertierung folgende Schritte durchgeführt:

1. Datenbankmigration (optional, sofern noch keine SAP-HANA-Datenbank zugrunde liegt)

2. Installation der SAP-S/4HANA-1610-Software

3. Konvertierung Ihrer Daten in die SAP-S/4HANA-Strukturen

SAP stellt zwei Verfahren für die technische Konvertierung zur Verfügung:

- **Performanceoptimiertes Verfahren (Standardverfahren)**
  Das voreingestellte Standardverfahren versucht, ein ausgewogenes Verhältnis zwischen der System-Downtime, dem Ressourcenverbrauch und der Gesamtlaufzeit herzustellen.

- **Verfahren mit optimierter Downtime**
  Das zweite Verfahren optimiert die Downtime und führt daher die Datenkonvertierung in das SAP-S/4HANA-Datenformat schon während des laufenden Systembetriebs durch. Dies geht allerdings zulasten des Ressourcenverbrauchs und führt teilweise zu einer längeren Gesamtlaufzeit der technischen Umsetzung.

10.4.3   Database Migration Option

Database Migration Option – bei HANA-Datenbank-Migration

Die Database Migration Option (DMO) ist als Teil des Software Update Manager (SUM) erhältlich und kommt zum Einsatz, wenn Ihr Ausgangssystem noch nicht über eine SAP-HANA-Datenbank verfügt. In diesem Fall wird die Ein-Schritt-Migration (One-Step Migration) angewandt, bei der die Installation der SAP-S/4HANA-Software mit der Datenmigration kombiniert wird.

Basiert das Ausgangssystem bereits auf SAP HANA, z. B. SAP Business Suite powered by SAP HANA, führen Sie die Konvertierung mit dem klassischen Software Update Manager durch. DMO ist als Teil von SUM erhältlich und kann für alle Systeme verwendet werden, die auf SAP NetWeaver AS ABAP basieren.

Fachliche Aufgaben der SAP-S/4HANA-Umstellung

Zu den fachlichen vorbereitenden Aufgaben und eingesetzten Werkzeugen rund um die Durchführung der Konvertierung zählen Simplification List, Conversion Pre-Checks sowie Custom Code Checks.

10.4.4   Simplification List

Um Ihnen eine bessere Planung und Abschätzung des anstehenden Wechsels zu SAP S/4HANA zu ermöglichen, stellt SAP die Simplification List bereit. Die Prüfung Ihrer bestehenden Prozesse vor der SAP-S/4HANA-Konvertierung ist notwendig, da einige Prozesse in SAP S/4HANA verändert worden sind oder Funktionen unter Umständen gar nicht mehr unterstützt werden. In diesen Fällen müssen Sie vorbereitend inhaltliche Anpassungen an Ihren Prozessen vornehmen.

Wie Sie die prozessualen Änderungen vornehmen, ist in der Simplification List beschrieben. Zu jedem Eintrag in der Liste (einem sogenannten Simplification Item) erhalten Sie entsprechende SAP-Hinweise für Pre-Checks und Custom Code Checks.

Detaillierte Informationen sind in der aktuellen Version der »SAP S/4HANA Simplification List« enthalten.

10.4.5   Prüfungen (Checks)

SAP bietet Ihnen verschiedene Prüfungen, die sogenannten Pre-Checks, zu den Einträgen und Themen in der Simplification List an. Diese Prüfungen stehen Ihnen in Form von SAP-Hinweisen im SAP Support Portal (Service Marketplace) zur Verfügung. In den SAP-Hinweisen ist Quellcode in Form von ABAP-Klassen und Reports enthalten, die Sie im Ausgangssystem einspielen müssen. Nach der Ausführung liefern die Pre-Checks eine Liste der betroffenen Themen oder Objekte, die Sie vor der Konvertierung auf SAP S/4HANA zunächst prüfen und anpassen müssen.

Während der Konvertierung werden die Pre-Checks noch zweimal im Software Update Manager durchlaufen. Im Fehlerfall stoppt die Konvertierung, und die Fehler müssen nachbearbeitet werden, bevor der Prozess fortgesetzt werden kann.

Die Custom Code Checks verwenden Sie, um zu überprüfen, welchen Einfluss Ihre kundenspezifischen Entwicklungen oder Erweiterungen von Datenobjekten, z. B. Appends an SAP-Tabellen und -strukturen, auf die SAP-S/4HANA-Konvertierung haben.

Die Custom Code Checks basieren auf dem Konzept der Simplification List und prüfen, ob in Ihrem Ausgangssystem für SAP S/4HANA relevante Entwicklungsobjekte inhaltlich modifiziert worden sind.

Dabei wird die Verwendung von SAP-Objekten geprüft, und die durchgeführten Tabellenerweiterungen oder Modifikationen werden mit der Simplification List abgeglichen.

Simplification List

10

Pre-Checks als Voraussetzung für die SAP-S/4HANA-Umsetzung

Bearbeiten der Empfehlungen der Custom Code Checks

Als Ergebnis erhalten Sie eine Liste mit Empfehlungen dazu, an welchen Stellen das kundeneigene Coding nicht kompatibel zur Verwendung mit den SAP-S/4HANA-Datenstrukturen ist.

10.5   Zusammenfassung

Insgesamt lässt sich sagen, dass für die Umstellung auf die SAP-S/4HANA-Datenbank mit den SAP-S/4HANA-Komponenten für z. B. Logistik, Finanzwesen oder Cash Management zahlreiche Funktionen sowie ein gut dokumentiertes und aufbereitetes Customizing zur Verfügung stehen, um sowohl eine solide Vorbereitung als auch die Migration selbst durchführen zu können.

Die Vorteile von SAP S/4HANA werden sich in Form schnellerer Datenbankrecherchen nach der Einführung bezahlt machen. Dennoch wird es eine Herausforderung sein, dafür Sorge zu tragen, dass die Anwender in den unterschiedlichen Fachabteilungen die neue Lösung akzeptieren. Bezüglich der Änderungen im Handling muss eine schnelle Akzeptanz der unterschiedlichen Fachabteilungen im Unternehmen erreicht werden. Daher ist es unerlässlich, die Fachabteilungen ebenso wie die IT-Mitarbeiter bereits zu Beginn des Projekts einzubinden. Aus unserer Sicht ist das Change-Management ein essenzieller Faktor für den Erfolg der SAP-S/4HANA-Einführung in Ihrem Unternehmen. Aus diesem Grund widmet sich das folgende Kapitel 11 ganz dem Thema Change-Management.

Kapitel 11
Change-Management

Die Einführung von SAP S/4HANA ist nicht bloß ein IT-Projekt. Durch neue Technologien, Vereinfachungen z. B. im Finanzwesen und den Einsatz mobiler Anwendungen werden Prozesse verschlankt oder fallen sogar weg. Im Einklang mit den Prozessen verändert sich auch die Organisation des Unternehmens. Wie Sie damit umgehen, lesen Sie in diesem Kapitel.

Mit Einführung der neuen SAP-Lösungen, SAP S/4HANA und der daraus resultierenden digitalen Transformation, ergeben sich immer auch Veränderungen in den Arbeitsabläufen, in Prozessen und Organisationen. Diese betreffen nicht nur die Mitarbeiter, sondern können auch Kunden und Lieferanten berühren. Veränderungen an gewohnten Abläufen erzeugen aber schnell auch Verunsicherung oder sogar Ablehnung und beeinflussen somit den Projekterfolg.

Ein nachhaltiges *Change-Management* berücksichtigt nicht nur die Widerstände im Veränderungsvorhaben, sondern entwickelt auch Maßnahmen, um die Beteiligten auf den Weg der Veränderung zu bringen und in den Veränderungsprozess mit einzubeziehen. In diesem Kapitel gehen wir auf die Besonderheiten im Change-Management im Zusammenhang mit der Einführung von SAP S/4HANA ein.

Wir zeigen Ihnen, welche Faktoren für die Akzeptanz einer Veränderung im Unternehmen maßgeblich sind (siehe Abschnitt 11.1, »Akzeptanz im Unternehmen«). Anschließend gehen wir die einzelnen Phasen von der Planung des Veränderungsprozesses über die Durchführung bis zur Verankerung der neuen Abläufe im Unternehmensalltag durch (siehe Abschnitt 11.2, »Change-Management in SAP-S/4HANA-Projekten«).

11.1   Akzeptanz im Unternehmen

Die neue, rollenbasierte Benutzeroberfläche SAP Fiori (siehe Kapitel 2, »Benutzeroberflächen«) ermöglicht den Anwendern eine intuitive Bedienung des SAP-Systems. SAP-Anwendungen lassen sich nicht nur auf einem Desktoprechner, sondern auch auf Smartphones oder Tablets nutzen. Die Ar-

Veränderungen im Unternehmen

beitsprozesse werden damit flexibler, denn sie sind nicht mehr orts- und zeitgebunden.

Das Einbeziehen von sozialen Netzwerken in den privaten, aber auch den geschäftlichen Informationsaustausch schafft ebenfalls neue Prozesse bzw. verändert andere. Es ist möglich, neue Kommunikationskanäle und neue Marketingkonzepte für das Unternehmen zu erschließen. Sie können damit aber auch neue Aufwandstreiber z. B. bei negativen Produktbewertungen sein.

Veränderungsprozess und Emotionen

Mitarbeiter können auf die Vielzahl der Veränderungen, die die Umstellung auf eine neue Software wie SAP S/4HANA mit sich bringt, mit Angst und Unsicherheit reagieren. Die folgenden Ängste beschäftigen dabei viele Mitarbeiter und können dazu führen, dass sie dem Projektvorhaben skeptisch gegenüberstehen:

- Die bewährten Verhaltens- und Arbeitsweisen werden durch das Projekt hinterfragt, altes Wissen wird nicht mehr benötigt, und neues Wissen muss erst aufgebaut werden.

- Mitarbeiter können sich Wissensinseln aufgebaut haben. Sie fürchten, nun nicht mehr wichtig genug zu sein, da andere Mitarbeiter Wissen aufbauen können.

- Da einige Prozesse in eine Cloud ausgelagert werden können, fürchten Mitarbeiter um ihren Arbeitsplatz.

Key-User, die sich vorher nur auf der GUI-Oberfläche gut auskennen mussten, müssen nun auch die neuen Vorgehensweisen und Funktionen der Apps verstehen.

Ängste und Widerstände

Diese Ängste können zu massiven Widerständen führen. Die Emotionen in einem Veränderungsprozess haben teilweise ein wiederkehrendes Muster. Abbildung 11.1 zeigt eine Variante der bekannten »Veränderungskurve« von Elisabeth Kübler-Ross. Die Kurve verdeutlicht den Zusammenhang zwischen dem zeitlichen Verlauf des Veränderungsprozesses und den Emotionen der Mitarbeiter:

1. Zuerst herrschen der Schock, die Angst vor der Veränderung und die Unsicherheit darüber vor, wie mit der neuen Situation umzugehen ist.

2. Daus folgt die Verneinung sowie das Leugnen der Notwendigkeit für eine Veränderung.

3. Schließlich wird den Mitarbeitern klar, dass die Veränderung unumgänglich ist. Viele Beteiligte reagieren nun mit Zorn und Auflehnung. Dieser Widerstand kann verschiedene Formen annehmen und verdeckt oder offen auftreten.

4. Wird dann erkannt, dass der Wandel unvermeidlich ist, kommt es erst einmal zur rationalen Akzeptanz, die Mitarbeiter stehen aber noch nicht zum Wandel.

5. Erst durch Ausprobieren und positive Bestätigung können die Mitarbeiter dem Wandel zustimmen.

Die Veränderungskurve kann für jede Person anders und in unterschiedlichen Zeitintervallen verlaufen.

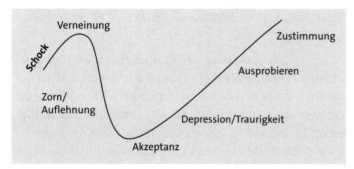

Abbildung 11.1 Change-Kurve in Anlehnung an Elisabeth Kübler-Ross

Auch wenn die digitale Transformation technisch gelingt, so ist doch die Akzeptanz durch die Mitarbeiter im Unternehmen unerlässlich, um das Einführungsprojekt erfolgreich abzuschließen.

Folgende Aktionen und Maßnahmen bieten sich an, um die neuen Prozesse auf allen Unternehmensebenen zu implementieren und zu verankern: **Säulen des Change-Managements**

- Klare Kommunikation der SAP-S/4HANA-Strategie im Unternehmen und der damit verbundenen Vorteile für das Unternehmen und seine Mitarbeiter.
- Motivation der Mitarbeiter, Schaffung von Anreizmodellen.
- Schulungen und Weiterbildungsmöglichkeiten für Mitarbeiter in den einzelnen Fachbereichen und in der IT-Abteilung.
- Ausbau der bereichsübergreifenden und interdisziplinären Teamarbeit.
- Begleitendes Change-Management im Projekt.
- Change-Management gegenüber den Kunden und Lieferanten.

Der Umstieg auf SAP S/4HANA und die einhergehende digitale Transformation sind eher langfristige Projekte. Daher ist es entscheidend, dass der Nutzen und die Vorteile des Einführungsprojekts von oben nach unten transportiert werden: Das heißt, die Strategie sollte von der Top-Management-Ebene klar und positiv kommuniziert und auch selbst gelebt werden. Wenn das Management nicht sichtbar hinter der neuen Technologie und den da- **Top-down-Prinzip** mit verbundenen Möglichkeiten von SAP S/4HANA im Unternehmen steht, können Irritationen entstehen und somit Unsicherheiten in der Zielsetzung. Dies wiederum gefährdet nicht nur den Projekterfolg, sondern begünstigt auch die Ängste und Widerstände der Beteiligten.

Neue Prozesse und Strukturen kommunizieren

Durch Workshops und Schulungen können Mitarbeiter in die Lage versetzt werden, die neuen Prozesse und Strukturen zu verstehen und zu beachten. Neue Zusammenarbeits- und Kommunikationstools, wie z. B. virtuelle Lernräume, Chats, Blogs und Ähnliches, können dabei behilflich sein und eine teamübergreifende Kommunikation und damit die Zusammenarbeit fördern.

In vielen Fällen ist es auch notwendig, den Kunden mit in die Kommunikation einzubeziehen. Denn Änderungen im Kundenerlebnis in den Filialgeschäften bzw. beim Point of Sale haben immer Auswirkungen auf den Kunden. Das Change-Management sollte in das Projektmanagement eingebunden werden und somit auf Änderungen im Projekt sinnvoll reagieren. Abbildung 11.2 zeigt das Zusammenspiel der Maßnahmen in übersichtlicher Form.

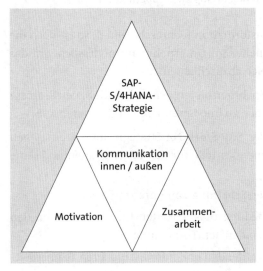

Abbildung 11.2 Maßnahmen im Change-Management

11.2   Change-Management in SAP-S/4HANA-Projekten

Vorteile für das SAP-S/4HANA-Projekt

Das Zusammenspiel von klarer Digitalisierungsstrategie, angemessener Kommunikation, Begünstigung der Zusammenarbeit und Maßnahmen zur Motivationsförderung kann in einem hohen Maße zum Projekterfolg beitragen. Für das SAP-S/4HANA-Projekt bedeutet dies:

- **Bessere Unterstützung von Führungskräften**
  Werden Führungskräfte rechtzeitig, das heißt am besten noch in der Planungsphase, mit einbezogen, steigt ihre Zustimmung. Im besten Fall werden hier genügend Promoter unter den Führungskräften herausgebildet, die das Projektvorhaben positiv begleiten.

- **Bessere Problemlösungskompetenz**
  In jedem Projekt werden Probleme und Stolpersteine eintreten, Meilensteine können nicht eingehalten werden, oder es gibt Diskrepanzen zwischen Anforderung und umgesetzter IT-Lösung. Solche Schwierigkeiten können von den Mitarbeitern und von Führungskräften schneller und besser gelöst werden, wenn sie gut in den Change-Prozess eingebunden sind.

- **Besseres Verständnis für Neuerungen**
  Die Veränderungsziele und die damit verbundenen Vorteile für das Unternehmen und für den einzelnen Mitarbeiter müssen klar und offen kommuniziert werden.

Im Rahmen eines SAP-S/4HANA-Projekts sollte für das Change-Management eine verantwortliche Person bestimmt werden. Dieser *Change-Manager* kann als zentraler Ansprechpartner für alle Belange des Change-Prozesses dienen. Die Aufgaben und Anforderungen an einen Change-Manager sind vielfältig mit dem Schwerpunkt auf den folgenden Aufgaben:

Die Rolle des Change-Managers

- **Erkennen der Auswirkungen**
  Identifizierung der Auswirkungen des Projekts auf Unternehmenskultur, Organisationsstruktur sowie auf Mitarbeiter und Führungskräfte. Daraus können schlussendlich auch die Widerstände, Konflikte und kommende Krisen abgeleitet werden.

- **Auswahl der geeigneten Change-Management-Tools**
  Um den Veränderungsprozess erfolgreich zu steuern, müssen je nach Art und Umfang des Projekts geeignete Mittel im Change-Management eingesetzt werden. Dazu gehören insbesondere die Auswahl und der zeitgerechte Einsatz der Kommunikationstools.

- **Zentraler Ansprechpartner**
  Der Change-Manager übernimmt die zentrale Rolle als Vermittler und Coach bei Konflikten und Krisen im Projektverlauf.

Das Change-Management als Begleitung eines SAP-S/4HANA-Projekts kann ebenso wie das IT-Projekt sein Vorgehensmodell in verschiedene Phasen unterteilen. Abbildung 11.3 zeigt einen möglichen Phasenplan und deren Schwerpunkte. Diese Schwerpunkte werden im Folgenden näher erläutert.

Phasen des Change-Managements im Projekt

Abbildung 11.3 Phasenplan für das Change-Management

11.2.1   Planung des Change-Prozesses

Umfang des Change-Managements

Es gibt keinen allgemeingültigen Change-Management-Prozess, der auf alle Situationen und Unternehmen passt. Der Prozess muss vielmehr individuell auf die jeweiligen Veränderungen, die sich aus dem SAP-S/4HANA-Projekt ergeben, angepasst werden. Bei der Analyse und Bewertung des Bedarfs wird ermittelt, ob und in welchem Umfang das Change-Management durchgeführt wird. Beispielsweise kann der Veränderungsumfang bei einem Leuchtturmprojekt, bei dem nur einzelne Geschäftsprozesse in die Cloud verlegt werden, proportional kleiner sein, als wenn die wichtigen Kernprozesse eines Unternehmens auf die neuen SAP-S/4HANA-Anwendungen umgestellt werden. Ähnlich verhält es sich mit Rahmenbedingungen eines Unternehmens. Ressourcen, Budget, Unternehmenskultur und Konfliktpotenzial müssen in der Planung berücksichtigt werden.

Verschiedene Roadmaps beachten

Hilfreich können auch die unternehmensinternen Roadmaps zur IT-Infrastruktur und die SAP-S/4HANA-Roadmaps sein, um den Umfang und die Dauer des Change-Managements zu klären. Weiterführende Informationen finden Sie unter:

https://www.sap.com/germany/products/s4hana-erp/cloud.details.html

Motivationen und Bereitschaften der Beteiligten (Stakeholder)

Die Stakeholder-Analyse ist auch im Projektmanagement bekannt und berücksichtigt alle internen und externen Beteiligten. Identifiziert werden Motivationen und Bereitschaften der Beteiligten für das Projekt. Daraus leiten sich verschiedene Maßnahmen ab, die geplant und durchgeführt werden. Es soll sichergestellt werden, dass möglichst viele Stakeholder dem Projekt optimistisch gegenüberstehen. Das bedeutet gleichzeitig, dass das veränderte Verhalten der Stakeholder auch neue Maßnahmen im Change-Management erforderlich machen kann. Es ist deshalb notwendig, kontinuierlich mit den Stakeholdern im Austausch zu bleiben, um die Change-Management-Strategie bei Bedarf anpassen zu können.

[!]

Big Data und rechtliche Rahmenbedingungen

Bei Auswertungen von personenbezogenen Daten aus verschiedenen Kanälen, z. B. Social Media, Foren, Blogs etc., müssen auch die rechtlichen Bedingungen beachtet werden. Berücksichtigen Sie das in Ihrer Stakeholder-Analyse und binden Sie frühzeitig entsprechende Bereiche ein.

Zudem sollte der Wandel mit positiven Kernbotschaften unterstützt werden, die die Gesamtausrichtung des Unternehmens für die Zukunft bestärken (siehe Abbildung 11.4). Solche Kernbotschaften können auch in einer Storyline gebündelt werden. Damit kann die Aufbruchsstimmung noch verstärkt werden. Mögliche Themen können sein:

Positive Kernbotschaften

- Wo steht das Unternehmen jetzt, welche Geschäftsprozesse werden mit SAP S/4HANA neu ausgerichtet?

- Welche Marktchancen werden durch die neuen Funktionen genutzt, was sind die Ziele und Erfolgskriterien?

- Können dadurch neue Produkte oder Dienstleistungen auf den Markt gebracht werden, und werden damit Wettbewerbsfähigkeit und Zukunftssicherheit sichergestellt?

- Welche Anforderungen der Nutzer in puncto Mobilität, Flexibilität und einfaches Bedienen der Software werden erfüllt?

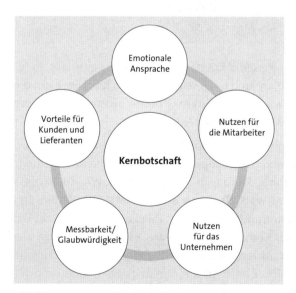

Abbildung 11.4 Merkmale der Kernbotschaft

[!]

Die neue SAP-S/4HANA-Oberfläche

Beachten Sie, dass nicht jeder Mitarbeiter die Bedienung von Apps gewohnt ist und dass die Botschaft, die Sichten und damit das Arbeiten seien nun einfacher, von diesen Mitarbeitern erst einmal nicht angenommen wird.

11.2.2   Definition und Konzept des Change-Prozesses

Wichtige
Erfolgsfaktoren

Nach der Analyse wird eine Strategie für die angestrebte Veränderung gewählt. Neben organisatorischen und strukturellen Aspekten sollten die kritischen Erfolgsfaktoren in die Change-Planung einbezogen werden, um eine nachhaltige Steuerung der Veränderungsvorhaben zu ermöglichen. Wichtige Erfolgsfaktoren sind die Kommunikation sowie die Vermeidung von Widerständen bzw. deren Begegnung. Dabei helfen klare Rollen- und Verantwortungsverteilungen. Damit werden Konflikte hinsichtlich Zuständigkeiten und Kompetenzen während des Prozesses vermieden.

[»]

Wichtige Erfolgsfaktoren im Change-Prozess

Die wichtigsten Erfolgsfaktoren im Change-Prozess sind

- die Kommunikation sowie
- Widerstände zu vermeiden bzw. sie zu erkennen und ihnen zu begegnen.

Diese Punkte sollten deshalb den Schwerpunkt Ihres Change-Managements im SAP-S/4HANA-Projekt bilden.

Kommunikationsplan

Im Kommunikationsplan werden Aktionen aufgeführt, die einmalig, in Intervallen oder ständig geplant und umgesetzt werden sollen. Dies kann die interne Kommunikation wie auch die externe Kommunikation in Richtung Öffentlichkeit, Kunden oder Lieferanten sein.

Der Inhalt eines Kommunikationskonzepts hängt von Art und Umfang von SAP S/4HANA ab, Tools und Methoden müssen entsprechend der Unternehmenskultur oder der Projektgröße angepasst werden. Wichtig ist, dass die einzelnen Aspekte des Wandels durch die SAP-S/4HANA-Einführung durchgängig und klar kommuniziert werden. Tabelle 11.1 verdeutlicht die wichtigsten Merkmale des Kommunikationsplans. Es wird festgesetzt, was mit welchen Tools kommuniziert wird, wer die Zielgruppe ist und wann die Kommunikation stattfindet. Je nach Art und Umfang des Projekts kann der Kommunikationsplan in seiner Komplexität angepasst werden.

Bezeichnung	Inhalt	Wer	Wann
Kick-off	Vorstellung des Projekts	alle	einmalig
Newsletter	ständiger Fortschritt	alle	monatlich
Onlinetraining	Grundlagen, neue Bedienoberfläche	Anwendergruppe I und II	ständig
Networking	persönliche Kontakte knüpfen	CM	bei Gelegenheit

Tabelle 11.1 Einfacher Kommunikationsplan

Widerstände werden unvermeidlich auftreten. Diese sollten rechtzeitig erkannt werden, damit folgerichtig darauf reagiert werden kann.

Um Widerstände zu erkennen, können folgende Anhaltspunkte dienen.

■ Die Entscheidungsprozesse werden blockiert, da Nebensächlichkeiten diskutiert werden und dabei der eigentliche Sinn verloren geht. Es geht nicht mehr um die Sache, sondern um das Prinzip. Das überträgt sich auch auf positiv gestimmte Mitarbeiter, die nun eher defensiv agieren. Auf Fragen wird nur vage geantwortet.

■ Es kommt keine ernsthafte Diskussion zustande, entweder werden die Themen bagatellisiert oder ins Lächerliche gezogen.

■ Es kommt zu offenen Vorwürfen und Gegenargumentationen.

■ Es kommt zu vermehrten Ausfallzeiten durch Fehlzeiten oder sogar zu erhöhten Kündigungsraten.

Es wird zwischen passivem und aktivem Widerstand unterschieden. Auch wenn die Stärke des Widerstands variieren und somit einen unterschiedlichen Einfluss auf das SAP-S/4HANA-Projekt haben kann, sollten die Anzeichen ernst genommen und im jeweiligen Unternehmenskontext analysiert werden. Tabelle 11.2 zeigt auf, in welcher Form sich diese Widerstände formieren können.

Widerstände erkennen

Passiver und aktiver Widerstand

Passiver Widerstand	Offener Widerstand
Unlust, unmotiviert, Krankheit	offene Widerrede und Streit
schweigen, nicht antworten	offene Kritik und Beschwerde
Entscheidungen immer wieder hinterfragen	Gegenargumentation

Tabelle 11.2 Unterscheidung zwischen passivem und offenem Widerstand

Passiver Widerstand	Offener Widerstand
unwichtige Themen unnötig in die Länge ziehen	Streit
Randthemen in den Mittelpunkt stellen	Gruppenbildung

Tabelle 11.2 Unterscheidung zwischen passivem und offenem Widerstand

Aktionsplan

Der Aktionsplan dokumentiert die einzelnen Schritte des Change-Projekts. Es wird sichergestellt, dass kein Schritt vergessen wird oder dass unsinnige Reihenfolgen der Aktionen den Erfolg minimieren. Dabei werden die einzelnen Phasen mit Zielen und Zeiten dokumentiert. Dies ist insbesondere dann wichtig, wenn der Veränderungsprozess langfristig angelegt ist.

[!]

Zeithorizont und Unternehmensstruktur beachten

Gerade die SAP-S/4HANA-Cloud-Lösungen lassen kurzfristige Ziele zu. Beachten Sie aber auch die längerfristigen Ziele des Unternehmens, die mit der SAP-Lösung realisiert werden sollen. Diese Trends sollten im Aktionsplan berücksichtigt werden.

Ebenso ist es wichtig, bereichsübergreifende Veränderungen zu unterstützen. Gerade bei der Simplifizierung im SAP-Finance-Bereich rücken die Bereiche Finanzen und Controlling auch organisatorisch näher zusammen.

11.2.3 Realisierung des Wandels

Zeitpunkt der Schulungsmaß-nahmen

Die Mitarbeiter im Unternehmen werden wenig oder keine Erfahrungen im Umgang mit SAP S/4HANA haben und müssen daher geschult werden. Wichtig ist, dass die richtige Mitarbeitergruppe zum richtigen Zeitpunkt geschult wird. Mitarbeiter aus den hauseigenen IT-Abteilungen benötigen das Wissen möglicherweise schon vor Projektbeginn. Diese Schulungen sollten deshalb rechtzeitig geplant werden. Wenn noch nicht vorhanden, muss ein Key-User-Konzept erstellt werden. Key-User wie auch interne Trainer müssen ebenfalls eine tief greifende Schulung erhalten. Eine exemplarische Darstellung einer Schulungsplanung in mehreren Etappen zeigt Abbildung 11.5.

Der Umfang des Weiterbildungsbedarfs muss ermittelt werden und sollte sich an das im Unternehmen übliche Personalentwicklungskonzept anpassen. Dabei müssen die schon vorhandenen Kompetenzen und die zukünftig benötigten Qualifikationen abgeglichen werden.

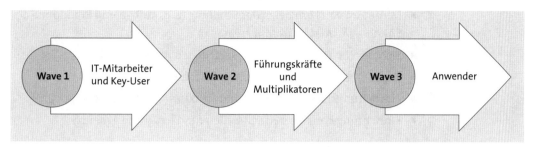

Abbildung 11.5 Exemplarische Planung der Schulungszeiträume

Bedenken Sie bei der Wahl der Weiterbildungsmöglichkeiten, dass einige Mitarbeiter im Umgang mit neuen Medien schon vertraut sind. Hier könnten sich Webinare und Onlinekurse anbieten. Für andere Mitarbeiter ist es eventuell sinnvoller, Präsenzschulungen und Workshops anzubieten. Wie aus Abbildung 11.6 ersichtlich, können die Schulungsmöglichkeiten im Projektverlauf auch variieren. Je weiter der Projektfortschritt, desto mehr Einzelheiten zur neuen Arbeitsumgebung können in neuen Medien häppchenweise präsentiert werden.

Wahl der Schulungsmaßnahmen

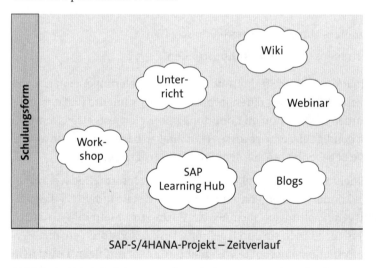

Abbildung 11.6 Mögliche Arten der Schulung im Projektverlauf

Welche Form auch immer für das Unternehmen und die Zielgruppen sinnvoll erscheint, eine gute Schulungs- bzw. Seminarplanung sollte folgende Aspekte aufweisen:

Sorgfältige Seminarplanung

- Klärung von Zielen und Hintergründen des Trainingsbedarfs. Welche Inhalte sollen vermittelt werden, welche Mitarbeiter sollen teilnehmen?
- Zeit- und Methodenplanung bzw. Planung von Medieneinsatz.

- Definition von Lernzielen der Schulung (z. B. Aufbau und Ergonomie des SAP-S/4HANA-Moduls MM kennen).
- Sicheres Navigieren in den verschiedenen Apps.
- Reporting-Funktionen kennen und ausführen.
- Erarbeitung aussagekräftiger und strukturierter Seminarunterlagen.
- Einrichtung konkreter Arbeitshilfen für die tägliche Arbeit.

Anforderung an die Führungskraft

Die Schulung für Führungskräfte sollte nicht nur einen fachlichen Bezug zu SAP S/4HANA haben, sondern auch die besonderen Anforderungen an eine Führungskraft im Veränderungsprozess berücksichtigen. Da sie als Promotoren fungieren und einen wesentlichen Einfluss auf die Mitarbeiter und deren Weiterbildungsbereitschaft haben, stellen sich die Anforderungen an eine Führungskraft im Veränderungsprozess wie folgt dar:

- Frühzeitig Ängste und Widerstände der Mitarbeiter erkennen und ihnen begegnen.
- Analyse der Gründe von Ängsten und Widerständen. Sind sie auf die Veränderung im Unternehmen zurückzuführen, oder gibt es andere Ursachen?
- Motivierendes Umfeld für Mitarbeiter schaffen.
- Eine Vertrauens- und Fehlerkultur schaffen.

Informationsfluss

Der Informationsfluss sollte kontinuierlich und zielgruppengenau erfolgen. Die dazugehörigen regulären Informationsinstrumente und deren Intervalle wurden vorab schon im Kommunikationsplan festgelegt. Dennoch wird es notwendig sein, eine gewisse Flexibilität zu behalten, um auf außerplanmäßige Begebenheiten aus dem Projekt zu reagieren.

Informationskanäle

Ist der Teilnehmerkreis groß, eignen sich zentrale Informationsveranstaltungen. Sie können in allen Phasen des Prozesses stattfinden. Da diese Informationsveranstaltungen auch als Plattform zum Meinungsaustausch genutzt werden, können sie durch geführte Diskussionsforen ergänzt werden. Der Informationsfluss sollte über mehrere Kanäle erfolgen. Dabei richtet sich die Auswahl der Informationskanäle nach den Gepflogenheiten und Möglichkeiten des Unternehmens:

- So könnten Informationen zum Projektverlauf oder Projektmeilensteine über Newsletter oder über Meldungen im Intranet stattfinden.
- Führungskräfte können im persönlichen Gespräch überzeugt und positiv gestimmt werden.
- Für den Wissenstransfer können How-to-Videos, Wikis oder Projektblogs angeboten werden.

- Auch negative Meldungen, also Projektverzögerung, Änderung des Scopes und Misserfolge, sollten kommuniziert werden – dann aber besser direkt und möglichst auf persönlichen Kanälen.

- Die informellen Kommunikationskanäle sollten genau beobachtet werden. Hier können Sie das beste Stimmungsbild der Belegschaft bekommen.

Zusammenfassend wird in Abbildung 11.7 aufgelistet, welche Möglichkeiten sich zur Streuung der Kommunikation anbieten.

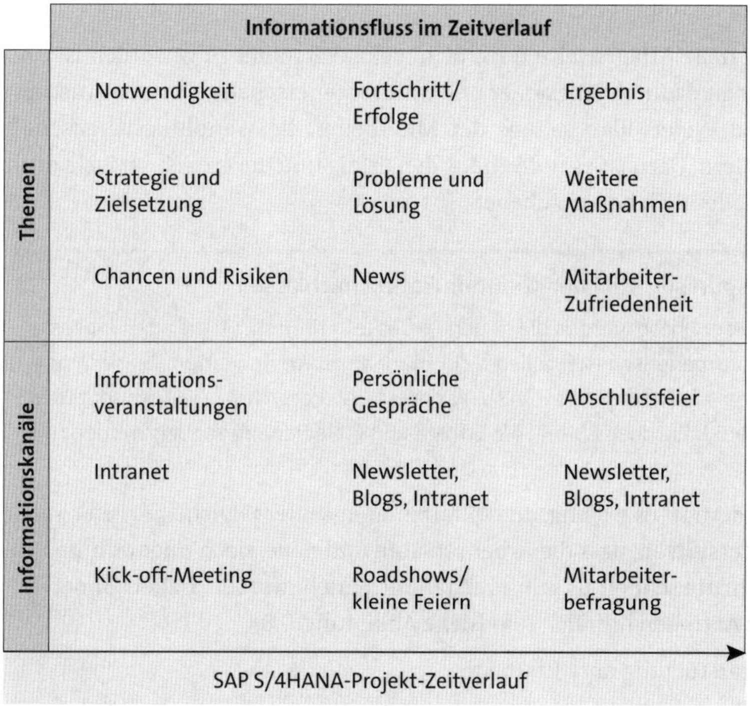

Streuung der Kommunikation

Informationsfluss im Zeitverlauf		
Themen		
Notwendigkeit	Fortschritt/ Erfolge	Ergebnis
Strategie und Zielsetzung	Probleme und Lösung	Weitere Maßnahmen
Chancen und Risiken	News	Mitarbeiter-Zufriedenheit
Informationskanäle		
Informations-veranstaltungen	Persönliche Gespräche	Abschlussfeier
Intranet	Newsletter, Blogs, Intranet	Newsletter, Blogs, Intranet
Kick-off-Meeting	Roadshows/ kleine Feiern	Mitarbeiter-befragung

SAP S/4HANA-Projekt-Zeitverlauf

Abbildung 11.7 Informationsfluss und Informationskanäle

[!]

Zielgruppe beachten

Gerade die neuen Begrifflichkeiten rund um die Digitalisierung und die neuen Informationskanäle, wie Chat oder Twitter, lassen einige Mitarbeiter ratlos zurück. Bitte holen Sie gerade diese Mitarbeiter rechtzeitig ab.

Eine öffentliche Kommunikation über soziale Medien, Kundenkommunikation und Ähnliches kann ebenso eine Akzeptanzsteigerung und eine Identifikation mit den Veränderungen hervorrufen. Wichtig ist hierbei, dass die

Öffentliche Kommunikation

Abstimmung zwischen interner und externer Kommunikation funktioniert. Hier gilt der Grundsatz: erst intern, dann extern kommunizieren.

11.2.4   Verankerung der neuen Prozesse

Nachdem die neuen SAP-S/4HANA-Prozesse im Unternehmen implementiert sind, die Anwender nun mit den neuen Apps arbeiten und vielleicht auch cloudbasierte Lösungen im Unternehmen eingeführt wurden, beginnt nun die Phase der Verankerung. Die neuen Prozesse und Strukturen müssen im Alltag gelebt werden.

Erfolg und erreichte Ziele hervorheben

Da die neue Arbeitsweise noch nicht selbstverständlich geworden ist und die Arbeit dadurch langsamer und mühsamer erscheint, können Frustration und Widerwillen seitens der Mitarbeiter die Wandlungsbereitschaft schmälern. Dazu ist es notwendig, den Erfolg und die erreichten Ziele noch einmal deutlich hervorzuheben.

[»]

> **Endspurt: nicht in der Kommunikation nachlassen**
>
> In dieser Phase werden die neuen Prozesse verinnerlicht, die alten Prozesse und Vorgehensweisen sollen nicht mehr angewandt werden. Bei Unsicherheiten wird aber gern auf Altbekanntes zurückgegriffen. Deshalb sollten in dieser Phase noch einmal die Erfolge und Ziele hervorgehoben werden.

Unterstützung der Mitarbeiter

Außerdem ist es wichtig, den Mitarbeiter in seiner täglichen Arbeit so weit zu unterstützen, dass die Arbeitsabläufe und neue, noch ungewohnte Prozessschritte schnell als selbstverständlich erlebt werden. Dabei können folgende Aktionen hilfreich sein (siehe Abbildung 11.8):

- Unterstützung der Mitarbeiter.
- HyperCare-Phase mit telefonischer Hotline oder einem Key-User-Konzept, das eine persönliche Unterstützung anbietet.
- Weitere Trainings on the job.
- Etablieren von Wissensdatenbanken oder Wikis.
- Einbeziehung der Mitarbeiter.
- Durch Mitarbeiterbefragung, wobei die Ergebnisse stets auch kommuniziert und die daraus gewonnenen Erkenntnisse durch geeignete Maßnahmen zeitnah bearbeitet werden sollten.
- Einrichtung eines Verbesserungsvorschlagswesens, bei dem die Mitarbeiter aktiv und zielgerichtet Verbesserungswünsche äußern und Lösungsmöglichkeiten anbieten können.

- Motivieren der Mitarbeiter.

- Hervorheben der neuen Rollen und Verantwortlichkeiten.

- Herausragende Mitarbeiter/Teams loben und deren Anteil am Erfolg der Einführung betonen.

- Projekterfolg mit kleinen Feiern würdigen.

- Sicherheit durch messbare Ergebnisse.

- Erhebung des im Projekt definierten messbaren Projektnutzens und die sich daraus ergebenen Resultate. Die Resultate sollten an alle Beteiligten kommuniziert werden.

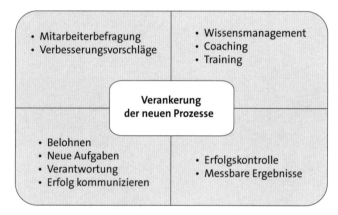

Abbildung 11.8 Vorgehensweise zur Verankerung der neuen Prozesse im Unternehmen

11.3   Zusammenfassung

In diesem Kapitel haben wir erläutert, warum ein begleitendes Change-Management beim Umstieg auf SAP S/4HANA sinnvoll ist. Jeder Veränderungsprozess kann bei Stakeholdern Ängste und Widerstände erzeugen und sich so negativ auf das SAP-S/4HANA-Projektergebnis auswirken. Die einzelnen Phasen der Emotionen im Veränderungsprozess wurden aufgezeigt und die Säulen des Change-Managements erklärt. Wir sind auf einzelne Werkzeuge und Rollen des Change-Managements eingegangen und haben anschließend die einzelnen Phasen Planung, Konzept, Realisierung und Einführung erläutert. Dabei haben wir Ihnen dargestellt, warum die rechtzeitige Einbeziehung aller Mitarbeiter in den Veränderungsprozess und eine ständige und gezielte Kommunikation ein wichtiges Erfolgskriterium darstellen.

Anhang

Anhang A
Abkürzungen

Abkürzung	Begriff
ACID	Atomicity, Consistency, Isolation, Durability
ADSO	Advanced DataStorageObject
ADT	ABAP Development Tools
Ajax	Asynchronous JavaScript and XML
APF	Analysis Path Framework
APO	Advanced Planning and Optimization
AS	Application Server
ATP	Available-to-Promise
BAdI	Business Add-In
BAPI	Business Application Programming Interface
BICS	Business Intelligence Consumer Services
BOP	Back-Order-Processing
BPC	Business Planning and Consolidation
BW	Business Warehouse
CDS	Core Data Services
CO	Controlling
CRM	Customer Relationship Management
CRUD	Create, Read, Update, Delete
CVI	Customer-Vendor-Integration
cXML	commerce eXtensible Markup Language
DAS	Dock Appointment Scheduling
DCL	Data Control Language
DDI	Demand Driven Institute

Abkürzung	Begriff
DDL	Data Definition Language
DMO	Database Migration Option
E2EE	End-to-End Encryption (Ende-zu-Ende-Verschlüsselung)
EAN	European Article Number
ECC	Enterprise Core Component
EPM	Enterprise Performance Management
ERP	Enterprise Resource Planning
EWM	Extended Warehouse Management
FTP	File Transfor Protocol
GUI	Graphical User Interface
HCM	Human Capital Management
HTML	Hypertext Markup Language
HTTP	Hypertext Transfer Protocol
HU	Handling Unit
IaaS	Infrastructure-as-a-Service
IBAN	International Bank Account Number
ID	Identifier
IDoc	Intermediate Document
IMG	Implementation Guide (Einführungsleitfaden)
InA	Info Access
IoT	Internet of Things
ITS	Internet Transaction Server
KPI	Key Performance Indicator (Kennzahl)
LKW	Lastkraftwagen
MFS	Materialflusssteuerung
MM	Materials Management
MOM	Migration Object Modeler

Abkürzung	Begriff
MRP	Material Requirements Planning
MVC	Model View Controller
OCI	Open Catalog Interface
OData	Open Data Protocol
PaaS	Platform-as-a-Service
PAM	Product Availability Matrix
PCC	Payroll Control Center
PI	Process Integration
PM	Plant Maintenance
PP	Production Planning
QIE	Quality Inspection Engine
QL	Query Language
QM	Quality Management
RDS	Rapid Deployment Solutions
RF	Radio Frequency
RFC	Remote Function Call
RFID	Radio Frequency Identification
RFQ	Request for Quotation
SaaS	Software-as-a-Service
SD	Sales and Distribution
SDK	Software Development Kit
SLA	Service-Level-Agreement
SOP	Sales & Operations Planning
SPS	Support Package Stack
SQL	Structured Query Language
SUM	Software Update Manager
UX	User Experience

Abkürzung	Begriff
VAS	Value-Added Service
VDM	Virtual Data Model
VMS	Vendor Management System
VPN	Virtual Private Network
WM	Warehouse Management
WPM	Worker Profile Management
XML	Extensible Markup Language

Anhang B
Literaturverzeichnis

- Agarwal, Rahul (2017): »Global Available to Promise as a part of S/4HANA 1610 – What's new? OR We Call it aATP now!«, *https://blogs.sap.com/2017/02/02/global-available-to-promise-as-a-part-of-s4hana-1610-whats-new-or-we-call-it-aatp-now/* (abgerufen am 24.06.2017)

- Andres, Markus (2016): »Potential Migration Scenarios«, Produktpräsentation

- Behr, Patrick (2016): »Migration zu S/4HANA – Ihr Einstieg in ein neues Zeitalter«, Vortrag BIT Group Forum

- Bergmann, Michael (ohne Jahr): »SAP S/4HANA Cloud«, Solution Update Webinar, MEE Partner Solution Center

- Bundesministerium des Inneren (2009): »Change Management, Anwendungshilfe zu Veränderungsprozessen in der öffentlichen Verwaltung«, *https://verwaltung-innovativ.de* (abgerufen am 16.08.2017)

- Butsmann, Jürgen; Fleckenstein, Thomas; Kretschmer, Matthias; Tenholte, Andreas; Christ, Ulrich (2015): »SAP S/4HANA Analytics & SAP BW Data Integration«, *https://www.sap.com/documents/2016/06/a221357d-767c-0010-82c7-eda71af511fa.html* (abgerufen am 16.08.2017)

- Butsmann, Jürgen; Ruf, K. (2017): »Analytics for SAP S/4HANA«

- Craymer, Elisabeth; Hofler, Drew; Keays, Lloyd; Koch, Michael (ohne Jahr): »Introduction to Ariba«, *https://open.sap.com/courses/bnar1* (abgerufen am 10.05.2017)

- Denecken, Sven (2016): »#S4HANA 1610 use case series: 1a – advanced Availability to Promise (biz view)«, *https://blogs.sap.com/2016/11/10/s4hana-1610-use-case-series-1a-advanced-availability-to-promise-biz-view/* (abgerufen am 24.06.2017)

- Densborn, Frank (2016): »How do you Migrate to SAP S/4HANA«, *https://blogs.sap.com/2016/06/21/how-to-migrate-to-sap-s4hana/* (abgerufen am 09.05.2017)

- Densborn, Frank; Finkbohner, Frank; Freudenberg, Jochen; Mathäß, Kim; Wagner, Frank (2017): »Migration nach SAP S/4HANA«, Rheinwerk Verlag

- Dorsner, Oliver (2016): »SAP S/4HANA – Der strategische Plan für den Übergang«, Whitepaper, *https://www.cbs-consulting.com/s4hana-transition/* (abgerufen am 20.04.2017)

- El Meleegy, Amr (2017): »Optimiertes Order Promising: mit SAP S/4HANA Liefertermine effizienter planen und einhalten«, *http://news.sap.com/germany/s4hana-order-promising/* (abgerufen am 24.06.2017)

- Elfner, Stefan (ohne Jahr): »Prinzipien der Simplifizierung und Architektur von SAP S/4HANA«, www.DSAG.de, *https://www.dsag.de/news/s4hana-mal-anders-webinar-prinzipien-der-simplifizierung-und-architektur-von-sap-s4hana-0* (abgerufen am 29.05.2017)

- Graf, Alexander (ohne Jahr): »SuccessFactors für Einsteiger«, *https://activate-hr.de/e-book-successfactors-fuer-einsteiger/* (abgerufen am 09.04.2017)

- Hamm, Roland (2016): »SAP S/4HANA System Conversion – At a glance«, *https://blogs.sap.com/2016/11/02/sap-s4hana-system-conversion-at-a-glance/* (abgerufen am 22.05.2017)

- Hille, Maximilian; Janata, Steve; Michel, Julia (ohne Jahr): »Leitfaden Digitalisierung«, Crisp Research AG

- Hunt, Steven T.; Gregory, Steven; Shean, Andy; McHugh, Dave: »An Introduction to SuccessFactors Solutions«, *https://open.sap.com/courses/sf1* (abgerufen am 03.02.2017)

- Knaus, Jörg (2017): »Getting started with the S/4Hana Migration Cockpit (OnPremise)«, *https://blogs.sap.com/2017/02/28/getting-started-with-the-s4hana-migration-cockpit-onpremise/* (abgerufen am 09.05.2017)

- Koglin, Ulf (2015): »SAP S/4HANA«, 2. Auflage, Rheinwerk Verlag

- Lauer, Thomas (2014): »Change Management – Grundlagen und Erfolgsfaktoren«, 2. Auflage, Springer Gabler

- Masters, Jeremy (2015): »S/4HANA: Your Deployment Options with SAP HCM/SF«, *http://www.jeremymasters.com/2015/07/27/s4-hana-your-deployment-options-with-sap-hcm-sf/* (abgerufen am 05.04.2017)

- Müller, Jürgen (2013): »In-Memory Data Management In a Nutshell«, openSAP.com, *https://open.sap.com/courses/hana-warmup* (abgerufen am 01.11.2015)

- Niemann, Frank (2015): »Trendstudie: S/4HANA – Relevanz für SAP-Kunden, Erwartungen und Hindernisse«, Studie zu SAP S/4HANA, PAC, *https://www.pac-online.com/trendstudie-s4-hana-relevanz-f-r-sap-kunden-erwartungen-und-hindernisse* (abgerufen am 16.08.2017)

- Pattanayak, Abani; Koppulu, Rajeev (2016): »Introducing SAP S/4HANA Embedded Analytics«, Rheinwerk Publishing

- Plattner, Hasso (ohne Jahr): »In-Memory Data Management 2017«, Open.hpi.com, *https://open.hpi.de/courses/imdb2017* (abgerufen am 05.04.2017)

- Plattner, Hasso; Leukert, Bernd (2015): »The In-Memory Revolution«, Springer International Publishing Switzerland

- Ruebsam, Marcus; Feurer, Sven & Team (2016): »Experience SAP Hybris Solutions«, *https://open.sap.com/courses/hyb1* (abgerufen am 07.05.2017)

- Salmon, Janet; Kunze, Thomas; Reinelt, Daniela; Kuhn, Petra; Giera, Christian (2016): »SAP S/4HANA Finance«, Rheinwerk Verlag

- Sanjongco, Michael (2016): »The DM Guys Episode 9, OpenSAP, Data Migration to SAP S/4HANA and more...«, *https://blogs.sap.com/2016/06/ 21/the-dm-guys-episode-9-opensap-data-integrator-license-and-more/* (abgerufen am 09.05.2017)

- SAP Fieldglass (ohne Jahr): »Lösungen«, *http://www.de.fieldglass.com/ solutions* (abgerufen am 14.05.2017)

- SAP-Hinweis 2190420, SAP S/4HANA: »Recommendations for adaption of customer specific code«, Version 17 from 22.05.2017 in English

- SAP (2016): »Anforderungen (18J_DE) – Test Script SAP S/4HANA«

- SAP (2016): »Ariba – Sourcing-Integration (1AO_DE) – Test Script SAP S/4HANA«, SAP SE

- SAP (ohne Jahr): »Back Order Processing«, *https://www.sap.com/docu-ments/2016/10/80dea9ba-927c-0010-82c7-eda71af511fa.html* (abgerufen am 15.08.2017)

- SAP: »Conversion Guide for SAP S/4HANA 1610 – Feature Package Stack 01«, *https://uacp.hana.ondemand.com/http.svc/rc/PRODUCTION/ pdfe68bfa55e988410ee10000000a441470/1610%20001/en-US/CONV_ OP1610_FPS01.pdf* (abgerufen am 09.05.2017)

- SAP: »Conversion Guide for SAP S/4HANA 1610 – Feature Package Stack 02«, *https://help.sap.com/doc/6c71675dc0464ea7a7f9-be8ee6edafab/1610%20002/en-US/CONV_OP1610_FPS02.pdf* (abgerufen am 27.07.2017)

- SAP (2016): »Einkaufskontrakt (BMD_DE) – Test Script SAP S/4HANA«

- SAP (ohne Jahr): »Feature Scope Description – SAP NetWeaver 7.51 for SAP S/4HANA 1610«, *https://uacp.hana.ondemand.com/http.svc/rc/ PRODUCTION/pdfa3ec0db8df99460abbc799b2d06d230b/1610%20001/ en-US/FDSNW751_OP1610_FPS01.pdf* (abgerufen am 23.06.2017)

- SAP (ohne Jahr): »Finanzbuchhaltung in SAP S/4HANA«, Collection Version 03, Teilnehmerhandbuch S4F01

- SAP (ohne Jahr): »Getting Started with SAP S/4HANA 1610 – Feature Package Stack 01«, *https://uacp.hana.ondemand.com/http.svc/rc/ PRODUCTION/pdfaabf2756696fc44ee10000000a44147b/1610%20001/ en-US/START_OP1610_FPS01.pdf* (abgerufen am 09.05.2017)

- SAP (ohne Jahr): »Installation Guide for SAP S/4HANA 1610 – Feature Package Stack 01«, *https://uacp.hana.ondemand.com/http.svc/rc/ PRODUCTION/pdf3be8f85500f17b43e10000000a4450e5/1610%20001/ en-US/INST_OP1610_FPS01.pdf* (abgerufen am 09.05.2017)

- SAP (ohne Jahr): » Simplify Hybrid and Cloud Integration – Integrating SAP S/4HANA Cloud with SAP Ariba: Digital document integration and streamlined source to pay«, *https://www.sap.com/documents/2016/10/ feea964c-8e7c-0010-82c7-eda71af511fa.html* (abgerufen am 05.04.2017)

- SAP (ohne Jahr): » Simplify Hybrid and Cloud Integration – Integrating SAP S/4HANA and SAP Fieldglass Solutions: Streamline Contingent Labor Processes«, *https://www.sap.com/documents/2016/11/c8cb56b9-937c-0010-82c7-eda71af511fa.html* (abgerufen am 14.05.2017)

- SAP (ohne Jahr): » Simplify Cloud and Hybrid Integration – SAP S/4HANA and SAP Hybris Cloud for Customer Integration Scenario: Opportunity-to-Order Management«, *https://www.sap.com/documents/2016/10/ d0ac994c-8e7c-0010-82c7-eda71af511fa.html* (abgerufen am 21.05.2017)

- SAP (ohne Jahr): » Simplify Cloud and Hybrid Integration – Integration of SAP S/4HANA with SAP SuccessFactors Employee Central«, *https:// www.sap.com/documents/2016/10/6c53934c-8e7c-0010-82c7-eda71af511-fa.html* (abgerufen am 04.02.2017)

- SAP (ohne Jahr): »Integration with the Ariba Network«, *https://help.sap.com/viewer/78511ab19112428badb047c7ccdca817/ 1705%20500/en-US/d6e7533133c043f08aa6a8da85207359.html* (abgerufen am 14.04.2017)

- SAP (ohne Jahr): » Dienstleistungsbeschaffung und externe Mitarbeiter«, *https://www.sap.com/germany/solution/lob/sourcing-procurement/ services-procurement.html* (abgerufen am 07.05.2017)

- SAP (ohne Jahr): »Migration von Finance nach SAP S/4HANA«, Collection Version 03, Teilnehmerhandbuch S4F03

- SAP (2016): »Neuerungen in SAP S/4HANA 1610, Dokumentversion 1.0«

- SAP (ohne Jahr): »Product Availability Matrix«, *https://support.sap.com/ en/release-upgrade-maintenance/product-availability-matrix.html* (abgerufen am 23.06.2017)

- SAP (ohne Jahr): »Back Order Processing«, *https://www.sap.com/documents/2016/10/80dea9ba-927c-0010-82c7-eda71af511fa.html* (abgerufen am 24.06.2017)

- SAP (2017): »SAP Best Practices – Technical Setup and Enablement for SAP S/4HANA Embedded Analytics«

- SAP (ohne Jahr): »SAP Fiori Apps library«: *https://fioriappslibrary.hana.ondemand.com/sap/fix/externalViewer/* (abgerufen am 16.08.2017)

- SAP (2016): »SAP S/4HANA 1610 Innovation Highlights«, Produktpräsentation November 2016

- SAP (ohne Jahr): »SAP S/4HANA 1610 Feature Package Stack 01 – Feature Scope Description«, *https://uacp.hana.ondemand.com/http.svc/rc/PRODUCTION/pdfa90fd6551ed88809e10000000a441470/1610%20001/en-US/FSD_OP1610_FPS01.pdf* (abgerufen am 23.06.2017)

- SAP (ohne Jahr): »SAP S/4HANA 1610 – Transition Scenarios«, *https://de.scribd.com/document/333379341/S4HANA-1610-Transition-Scenarios* (abgerufen am 20.04.2017)

- SAP (2017): » SAP S/4HANA 1709 – Overview for planned deliveries«, *https://blogs.sap.com/2017/08/04/sap-s4hana-1709-overview-for-planned-deliveries/* (abgerufen am 16.08.2017)

- SAP (2016): »SAP S/4HANA Der digitale Kern«, SAP_S4HANA_L1_deck_DE_new, Produktpräsentation Juni 2016

- SAP (2015): »SAP S/4HANA Embedded Analytics – Frequently Asked Questions«, *https://www.sap.com/documents/2015/11/7e25a80f-507c-0010-82c7-eda71af511fa.html* (abgerufen am 16.08.2017)

- SAP (ohne Jahr): »Simplification List for SAP S/4HANA 1610 – Feature Pack Stack 01«, *https://uacp.hana.ondemand.com/http.svc/rc/PRODUCTION/pdfa4322f56824ae221e10000000a4450e5/1610%20001/en-US/SIMPL_OP1610_FPS01.pdf* (abgerufen am 09.05.2017)

- SAP (ohne Jahr): »Strategische Sourcing-Lösungen«, *http://de.ariba.com/l%C3%B6sungen/einkaufen/f5d0/strategische-sourcing-l%C3%B6sungen* (abgerufen am 05.02.2017)

- SAP (ohne Jahr): »Upgrade Guide for SAP S/4HANA 1610 – Feature Package Stack 01«, *https://uacp.hana.ondemand.com/http.svc/rc/PRODUCTION/pdfd61b9f57e5146b10e10000000a441470/1610%20001/en-US/UPGR_OP1610_FPS01.pdf* (abgerufen am 09.05.2017)

- SAP-Hinweis 1655335: »Use Cases for Splitting Dual-Stack Systems«, Version 5 from 19.01.2016 in English

- SAP-Hinweis 2166271: »Maintenance Mode for SAP Cloud for Travel and Expense«, Version 2 from 05.07.2017 in English

- Schmitt, Bernd (2015): »Order-to-Cash Performance Monitoring in S/4HANA«, *https://blogs.sap.com/2015/09/23/ppm-in-s4hana/* (abgerufen am 22.06.2017)

- Schuler, Frank (2016): »How to decide between a Greenfield and Brownfield S/4HANA transition«, *https://blogs.sap.com/2016/04/22/how-to-decide-between-a-greenfield-and-brownfield-s4hana-transition/* (abgerufen am 23.05.2017)

- Singh, Sanjjeev K (2016): »SAP Hybris Confusion?«, *https://www.linkedin.com/pulse/sap-hybris-confusion-sanjeev-singh* (abgerufen am 20.05.2017)

- Sokollek, Michael (2016): »S/4HANA – HOW (Wie...)«, Produktpräsentation November 2016

- Sokollek, Michael (2016): »So realisieren Sie den Mehrwert von SAP S/4HANA«, *http://news.sap.com/germany/sap-s4-hana-mehrwert-realisieren/* (abgerufen am 09.05.2017)

- Springer Gabler (ohne Jahr): »Gabler Wirtschaftslexikon«, *http://wirt-schaftslexikon.gabler.de/Definition/enterprise-resource-planning-sys-tem.html* (abgerufen am 02.06.2017)

- Wagner, Frank; Mathäß, Kim: »The Road to SAP S/4HANA – Transition and deployment options for SAP S/4HANA«, White Paper Document Version 1.10 – 15.02.2016

- Wormbs, Andreas (2017): »SAP im Handel – Status Quo und Ausblick«, Webinar Mai 2017: »SAP Partner Update Industrie Retail«

Anhang C
Die Autoren

Remo Bettin ist seit August 2009 mit der Entwicklung von Software betraut, und seit Anfang 2014 ist er vorrangig in der Welt der SAP-UX-Themen zu Hause. Er entwickelt überwiegend SAPUI5-Anwendungen und beherrscht die Konzeption auf Basis des »Design Thinking«. Auf diese Weise kann er bereits von Beginn an bei Projekten mitwirken. Mit den neuen Technologien und den daraus entstandenen Besonderheiten bei der Durchführung von UX-Projekten ist er mit entsprechendem SCRUM-Know-how unterwegs. Zusätzlich führt er bei Kunden erfolgreich UX-Workshops durch.

Herbert Bruse ist diplomierter Kaufmann und seit fast drei Jahrzehnten im SAP-Business tätig. Nach seinem Studium der Betriebswirtschaftslehre startete er in der IT-Beratung als Systemberater. 1991 wechselte er die Fronten – vom Berater zum Anwender – und arbeitete viele Jahre als Business Process Architect in einem international tätigen Unternehmen aus der Lebensmittelbranche. Hier verantwortete er als Projektleiter viele SAP-Einführungsprojekte, insbesondere im Rechnungswesen und im Supply Chain Management. Unter dem Motto »Back to the Roots« kam dann der Wechsel zurück zu einem Beratungshaus: Seit 2015 ist er als SAP-Senior-Berater bei der QSC AG tätig mit den Schwerpunkten Supply Chain Execution und Warehouse Management.

Jasmin Burgdorf begeistert sich für SAP S/4HANA Finance und die damit verbundenen Chancen und Herausforderungen der Digitalisierung. Sie ist als SAP-Finance-Beraterin bei der QSC AG tätig. Neben ihrem Masterstudium für Business Consulting, das sie im März 2016 abgeschlossen hat, arbeitete sie in der Investitions- und Finanzierungsberatung für kleine und mittelständische Unternehmen. Sie begleitete verschiedene Projekte zur Prozessoptimierung und entwickelte dabei eine Balanced Scorecard zur Beurteilung der Projektmanagementqualität in Beratungsprojekten.

Mit großer Leidenschaft unterstützt sie Kunden, ihre IT-Prozesse rund um das Rechnungswesen zu verstehen und zu optimieren. Beim E-Geige-Spielen und Joggen findet sie ihren persönlichen Ausgleich zum herausfordernden Berateralltag.

Manuel Chandramohan begann im Jahr 2012 seine Karriere bei der apsolut GmbH als SAP-SRM-Prozessberater mit dem Schwerpunkt der katalogbasierten Beschaffung. In dieser Position leitete er unterschiedliche Schulungen und begleitete Implementierungsprojekte. Aktuell ist er Prozessberater und Application Manager für SAP SRM bei der QSC AG.

Alina Demuth ist zertifizierte SAP-ERP-HCM-Beraterin bei der QSC AG. In ihrer Position unterstützt sie Kunden in den Bereichen Personalzeitwirtschaft, Personaladministration, Personalabrechnung und Organisationsmanagement. Darüber hinaus begeistert Alina sich für die neuen Technologien von SAP und ist daher seit Gründungsbeginn Mitglied des Arbeitskreises SAP UX der QSC AG. Im Rahmen dieses Arbeitskreises beschäftigt sie sich unter anderem mit den neuen Strategieansätzen von SAP und implementiert SAP-Fiori-Apps im HCM-Umfeld.

Mario Destradi ist gleichermaßen in der IT- und der BWL-Welt zu Hause. Er verbindet beide Kompetenzen als Consultant im Bereich Business Intelligence und Analytics bei der QSC AG. Im Kern beschäftigt er sich mit dem produktübergreifenden Thema Analytics (z. B. in SAP S/4HANA, CAR, BW). Darüber hinaus hat er langjährige Erfahrung im Management technischer Projekte und arbeitete zuvor im IP-Datennetz-Engineering. Es reizt ihn besonders, sich mit neuen Technologien auseinanderzusetzen und diese in Pionierprojekten zu implementieren. Neben dem Bereich Analytics interessieren ihn Themen wie »Künstliche Intelligenz« und »Machine Learning« sowie »IoT« und »Big Data«. Mario Destradi schloss sein Studium als Diplom-Kaufmann an der Universität zu Köln ab.

Ferenc Gulyássy arbeitet seit seinem Abschluss als Diplom-Kaufmann und Diplom-Volkswirt (Universität zu Köln) als SCM-Berater bei SAP Deutschland AG & Co. KG. Schwerpunkt seiner Tätigkeit ist die kapazitierte Projekt- und Produktionsplanung. Er hat im In- und Ausland eine Vielzahl von Projekten bei großen Unternehmen verschiedener Industrie- und Dienstleistungsbranchen, wie British American Tobacco, Siemens, Bosch und SABIC, sowie bei mittelständischen Gesellschaften, wie Metabo, Ritter Sport und Fraport, durchgeführt. Diese Projekte befassten sich vor allem mit den Komponenten bzw. Funktionalitäten PS, PP, PP/DS und CTM. Zu seinen Aufgaben zählt neben der Implementierung von SAP-Systemen die Optimierung von Systemeinstellungen zur Umsetzung von Prozessverbesserungen. Aufgrund dieser Erfahrungen war er an der fachlichen Konzeption der SCM Consulting Solutions von SAP Consulting zur Optimierung von Planungsprozessen im SAP-ERP- und SAP-APO-System maßgeblich beteiligt.

Carmen Hölter ist zertifizierte IT-Beraterin mit fast 20-jähriger Erfahrung im SAP-Umfeld. Ihr Schwerpunkt liegt hauptsächlich in der Konzeption, Umsetzung und Optimierung der Geschäftsprozesse entlang der Wertschöpfungskette in den Bereichen Marketing, Sales, Vertrieb und CRM. Sie verfügt über langjährige Erfahrung in der Einführung von SAP-Softwareprodukten. Dies beinhaltet die Planung, Analyse und Implementierung sowie die Erstellung von Business Cases. Sie ist seit 2013 für die QSC AG tätig. Als Teamleiterin ist sie für die Koordination der Serviceerbringung und für Beratungsleistungen in den Bereichen CRM und CRM on HANA verantwortlich.

Tanja Jauer-Duske hat über 20 Jahre SAP-Beratungserfahrung im gesamten Logistikumfeld (SD, MM, WM, PP, EWM). Ihre Erfahrungen reichen vom Aufbau des Funktionsprofils über die Systementwicklung und -analyse, die Modulberatung, Geschäftsprozessoptimierung, Restrukturierung und Fusion bis hin zur Teilprojekt- und Projektleitung im In- und Ausland. Ihre Tätigkeit wird begleitet von den Aufgabenbereichen Machbarkeitsstudien, Aufwandsschätzungen, Präsentationen, Vertriebsunterstützung und Kundenschulungen. Schwerpunktmäßig hatte sie die Rolle einer Lösungsarchitektin inne und betreut bei der QSC AG seit 2009 als Application Manager Kunden ganzheitlich im Logistik-Support.

Matthias Jürs ist Projektmanager und Berater von SAP-Projekten mit langjähriger Beratungserfahrung im Logistik- und Retail-Umfeld. Seine Leidenschaft besteht sowohl in den technischen als auch in den prozessualen Herausforderungen, die sich in seinen Kundenprojekten widerspiegeln. Seit 2005 arbeitet der nach PMI zertifizierte Projektmanager für die QSC AG und beschäftigt sich hier stets mit den neuesten SAP-Technologien und der Weiterentwicklung des SAP-Lösungsportfolios. Sein Schwerpunkt liegt in der Unterstützung seiner Kunden bei der Analyse, dem Design und der Integration von systemübergreifenden Geschäftsprozessen auf dem Weg zur Digitalisierung.

Die vielfältigen Projektansätze der SAP-S/4HANA-Einführungen stellen die treibende Kraft dar, mit der er die Kunden der QSC AG in das innovative Zeitalter der intelligenten Informationsvernetzung führen will.

Martin Kiss versteht es, mittels moderner Technologie komplexe Aufgaben effizient und simpel zu gestalten. Als Informatikkaufmann mit mehrjähriger Berufserfahrung in den Branchen Logistik und Handel ist er bei der QSC AG als SAP-Berater mit dem Schwerpunkt Retail tätig. Anwendungssupport, Kundenberatung sowie die Implementierung neuer Prozesse gehören dabei zu seinem Aufgabenbereich. Vor allem seine Affinität zu neuen Technologien brachte ihn zum Mitwirken an diesem Buch.

Mareike Koczy ist 2002 während ihrer Ausbildung zur Fachinformatikerin erstmals mit SAP in Berührung gekommen. Seitdem hat sie in mehreren SAP-Projekten in verschiedenen Rollen mitgewirkt und ist 2011 zur QSC AG gewechselt. Ihr Schwerpunkt liegt dabei auf der ABAP-Entwicklung in der Logistikbranche. Sie bildet sich gern weiter und beschäftigt sich ebenfalls gern mit den neuen Technologien. Das dabei erlangte Wissen gibt sie an ihre Kollegen und die Leser dieses Buchs weiter.

Christian Lorey ist bei QSC als Leiter SAP Warehouse Management tätig. Er studierte Betriebswirtschaftslehre mit der Fachrichtung Logistikmanagement und war anschließend mehrere Jahre als Niederlassungsleiter in der Logistik für die Automobilindustrie tätig. Sein fachlicher Schwerpunkt liegt seit dem Wechsel zu QSC auf der Abbildung von logistischen Geschäftsprozessen in SAP ERP und SAP EWM. Er verfügt über langjährige Projekterfahrung mit den Schwerpunkten Beschaffung, Bestandsmanagement, Lagerverwaltung, Vertrieb und Systemintegration.

Dr. Isabella Löw ist bereits erfahrene Buchautorin und Autorin zahlreicher Trainingsunterlagen für Weiterbildungsakademien. Als Senior Consultant und zertifizierte SAP Financials Consultant ist sie seit September 2015 für die QSC AG im Einsatz, vornehmlich für Kunden aus dem Retail- und Logistiksektor. Zuvor war sie als Projektmanagerin im Bereich des internationalen Zahlungsverkehrs für Retail- und Automotive-Kunden unterwegs. Spannend sind für sie stets die Schnittstellen der unterschiedlichen Bereiche und der zugehörigen Datentransfers. In ihrem Team kümmert sie sich auch um das Coaching von Werkstudenten und Junioren und sieht sich in der Rolle des Coachs für die künftigen Herausforderungen ihrer Kunden im SAP S/4HANA-Financials-Umfeld.

Jonathan Opel ist seit 2007 im logistischen Umfeld zu Hause. Als Geschäftsführerassistent eines chinesischen Luftfrachtunternehmens überwand er sowohl prozess- als auch sprachbedingte Hürden bei der Sicherstellung effizienter Logistikprozesse. Seit 2016 arbeitet er als SAP Consultant für die QSC AG. Als Application Manager im Modul MM überwindet er derzeit sprachbedingte Hürden zwischen ABAP-Entwicklern und SAP-Usern. Immer interessiert an neuen Themengebieten, möchte er in diesem Buch nicht nur sein Wissen, sondern auch seine Begeisterung für Logistik mit SAP S/4HANA mit den Lesern teilen.

Tanja Sannmann begleitet die Technologiewechsel von SAP bereits seit über 20 Jahren. Als HCM-Beraterin und Entwicklerin hat sie Implementierungen auf den unterschiedlichen Release-Ständen als Teil- und Projektleiterin durchgeführt. Seit 1997 kann sie bei der QSC AG ihr Interesse für die Programmierung und ihr Fachwissen in den verschiedenen Komponenten von SAP ERP HCM für die Prozessberatung einsetzen. Ihre Tätigkeitsschwerpunkte liegen in der Personaladministration und dem Organisationsmanagement. Daneben implementiert sie ebenfalls die Module Reisekostenmanagement, Personalabrechnung sowie Personalkostenplanung. In Trainings vermittelt sie die Zusammenhänge zwischen den Prozessen und der technischen Umsetzung.

Maik Schubert ist SAP-Berater und Trainer mit Herzblut, seine Themen sind Retail und Logistik. Seit 2001 zu Hause in der SAP-Welt, ist er seit 2014 bei der QSC AG als SAP Retail Consultant tätig. In seiner Position berät er Kunden in den verschiedensten Entwicklungsprojekten und beschäftigt sich maßgeblich mit den neuesten SAP-Technologien. Seine Kompetenzen konnte er bei verschiedenen mittelständischen Unternehmen, unter anderen als Leiter des SAP-Competence-Centers und der Technikabteilung, unter Beweis stellen. Er versteht es stets, Expertenwissen klar und verständlich zu formulieren. Als SAP-Trainer hielt er regelmäßig SAP-Schulungen und erstellte hierfür auch mehrere Schulungsunterlagen.

Stefano Schütte blickt auf eine langjährige Berufserfahrung im IT- und Telekommunikationsumfeld zurück. Als Projekt- und Teilprojektleiter hat er zahlreiche SAP-HCM- und -Business-Process-Management-Projekte erfolgreich durchgeführt. Im Mittelpunkt der Wertschöpfung steht der Geschäftsprozess. Mit diesem Leitgedanken berät Stefano Schütte seine Kunden ganzheitlich – immer mit dem Ziel, eine für den Kunden und seine Geschäftsprozesse maßgeschneiderte Lösung zu erreichen. Der Einsatz neuer Technologien steht für ihn dabei ebenso im Fokus wie die Erarbeitung von Strategien, um Unternehmen mit ihrer IT-Landschaft zukunftsfähig zu machen. Seit 2014 ist Stefano Schütte bei der QSC AG als Teamleiter SAP HCM Consulting tätig. Mit seinem Team führt er SAP-ERP-HCM-Projekte und SAP-Application-Management-Services für Bestands- und Neukunden durch.

Index

W

X

Z

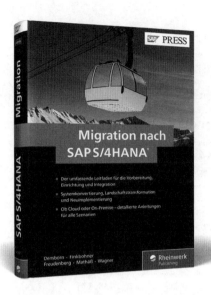

- Architektur, Migration und Implementierung

- Datenintegration und Datenmodellierung, Analyse und Administration

- Big-Data-Szenarien mit SAP Vora, Hadoop und Spark

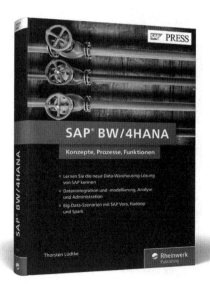

Thorsten Lüdtke

SAP BW/4HANA

Konzepte, Prozesse, Funktionen

Lernen Sie mit SAP BW/4HANA die neue Generation des Data Warehousing kennen! Erfahren Sie, wie die Architektur des BW-Nachfolgers aussieht, wie die vereinfachte Datenmodellierung funktioniert und welche Möglichkeiten der Datenbeschaffung bestehen. Nutzen Sie die Integration mit Hadoop und Spark, um Big-Data- und In-Memory-Analysen durchzuführen. Dieses Buch zeigt Ihnen alle wichtigen Prozesse und Funktionen.

610 Seiten, gebunden, 69,90 Euro
ISBN 978-3-8362-4551-7
erschienen Juni 2017
www.sap-press.de/4384

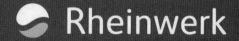

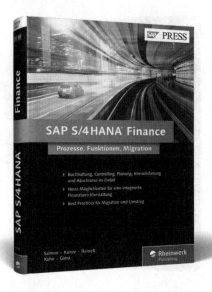